4차산업 인재양성을 위한

의사소통능력

남상엽 · 이현선 공저

도서출판 상학당

欲爲大者 當爲人役

크고자 하거든 남을 섬기라

학습 모듈코드				직업기초능력
대분류	중분류	소분류	세분류	능력단위
정보통신/20	정보기술/01	인공지능/07	인공지능플랫폼구축/01 인공지능서비스기획/02	의사소통능력

의사소통능력

머리말

이 교재는 우리나라 직업인들에게 공통적으로 요구되는 10가지 기초직업능력 가운데 하나인 의사소통능력에서 직장생활 중 문서를 읽거나 상대방의 말을 듣고 의미를 파악하고, 자신의 의사를 정확하게 표현하고, 간단한 외국어 자료를 읽거나 외국인의 간단한 의사표시를 이해하는 능력을 향상시키기 위한 교재이다. 의사소통은 조직과 팀의 효율성과 효과성을 성취할 목적으로 이루어지는 구성원간의 정보와 지식의 전달과정으로서, 여러 사람의 노력으로 공통의 목표를 추구해 나가는 집단 내의 기본적인 존재기반이고 성과를 결정하는 핵심기능이라 할 수 있다. 자신의 생각과 느낌을 효과적으로 표현하는 것과 타인의 생각과 느낌, 사고를 이해하는 노력은 개인은 물론이고 조직이나 팀과 관련된 핵심적인 요소이다.

의사소통의 역할은 개인들이 집단을 이루어 활동할 때 그 활동을 효과적으로 수행할 수 있도록 해준다. 효과적이고 원활한 의사소통은 조직과 팀의 핵심적인 요소로서, 구성원간에 정보를 공유하는 중요한 기능을 한다.

이 교재는 대학교에서 요구되는 의사소통능력을 보다 효과적으로 학습하기 위한 지침으로 활용할 수 있으며, 의사소통능력 표준에 기초하여 개발된 학습자용 워크북을 활용하여 효과적으로 지도하기 위한 교재이다. 특히 의사소통능력은 직업인이 직장생활에서 다른 이해와 의미를 가지고 있는 사람들이 공통적으로 공유할 수 있는 의미와 이해를 만들어 내기 위해 서로 언어 또는 문서, 그리고 비언어적인 수단을 통해 상호 노력하는 과정을 통하여 이를 올바르게 인식하고 적절히 해결해야 경쟁력 있는 직업인이 될 수 있다는 측면에서 매우 중요하다고 할 수 있다. 이에 따라 대학교에서는 기초직업능력으로서 의사소통능력의 중요성을 인식하고 있기는 하지만, 손쉽게 활용할 수 있는 교재가 없는 실정이다. 그러므로 이 교재는 의사소통능력과 관련된 다양한 사례, 활동 및 관계지식에 대한 지도 방법 및 해설을 구체적으로 제시함으로써 학생들이 의사소통능력을 보다 효과적으로 학습할 수 있도록 하는 데 목적이 있다.

이 교재는 특히 4차산업 관련 직업군에 대한 정보를 추가함으로써 전자, 정보통신, 의료 IT, 컴퓨터, 블록체인, 콘텐츠, 핀테크 엔지니어링, 보안 등 관련 공학, 금융 및 인문사회, 예체능, 자연과학 등 분야의 직업인으로 관심을 두고 학습하고자 하는 학생을 대상으로 의사소통능력에 대한 기본적인 지식이 없어도 단계별 필요지식 및 수행과정을 꾸준히 따라오면 의사소통능력 관련 지식을 얻어 이해하는 단계로 발전하여 능력향상이라는 숲을 볼 수 있도록 눈높이를 맞추는 데 1차적인 목표를 두었다.

이 교재의 주요구성은 다음과 같다.

학습 1. 의사소통의 개념 및 종류, 학습 2. 의사소통의 저해요인과 능력개발, 학습 3. 문서이해의 개념과 종류, 학습 4. 문서이해의 절차와 요약, 학습 5. 문서작성의 개념과 작성법, 학습 6. 문서작성의 원칙과 표현법, 학습 7. 경청의 개념과 방해요인, 학습 8. 경청방법과 훈련, 학습 9. 의사표현의 개념과 방해요인, 학습 10. 의사표현법과 지침, 학습 11. 기초외국어의 개념과 상황, 학습 12. 기초외국어의 표현방법과 향상교육법, 학습 13. 질문활용능력으로 구성되어 있다.

특히 각 장에서는 수행순서에 따른 수행질문에 따라 임의적으로 해법을 제시하여 창의적인 사고를 학생들이 추가로 작성하고 제시된 수행과제를 보다 많은 지식을 상호간 문제점에 대하여 토론하고 확인할 수 있다.

이 교재가 출간되기까지 가장 많은 지원과 아낌없는 격려를 보내주신 도서출판 상학당 남승우 사장님, 직업기초능력 관련 의사소통능력의 학습자용과 교수용 자료 NCS 활용/자문 및 논문, 보고서, 사이트 등 자료제공을 해주신 관련 교수님, 기업 및 단체에 대하여 지면을 빌려 깊은 감사의 말씀을 드리고, 특히 의사소통능력 관련 자료를 인터넷 블로그 및 관련 연구소 자료집에 올려주신 저자들 등 관련 관계자 여러분에게 감사의 마음을 전합니다.

이 책에서 부족했던 점이나 기타 문의사항과 관련한 자료제공 및 지원은 도서출판 상학당을 통해 지속적으로 지원할 계획이며, 수행에 필요한 자료 등, 기타 보충자료 또한 지속적으로 업데이트할 예정이므로 독자 여러분의 따뜻한 질책과 조언을 부탁드립니다.

저자 씀

차 례

의사소통능력 학습모듈 위치

대분류	20. 정보통신
중분류	01. 정보기술
소분류	07. 인공지능

세분류	능력단위
직업기초능력	01. 의사소통능력
	02. 수리능력
	03. 문제해결 능력
	04. 자기개발능력
	05. 자원관리능력
	06. 대인관계능력
	07. 정보능력
	08. 기술능력
	09. 조직이해 능력
	10. 직업윤리

1. 학습 모듈의 목표

직장생활에서 문서를 읽거나 상대방의 말을 듣고 의미를 파악하고, 자신의 의사를 정확하게 표현하고, 간단한 외국어 자료를 읽거나 외국인의 간단한 의사표시를 이해하는 능력을 향상시킨다. 또한 직장생활에서 필요한 문서를 확인하고 읽으며 내용을 이해하여 업무 수행에 필요한 요점을 파악하는 능력을 향상시키고 직장생활에서 직장인으로서 자신에게 주어진 상황과 목적에 따라 다양하게 요구되는 문서를 파악하고 작성하는 능력을 향상시키는 데 목표가 있다. 그리고 경청의 개념과 중요성을 확인하고, 업무 수행 상황 및 대상에 따라 실천할 수 있는 능력을 향상시키고 의사표현의 개념과 중요성을 확인하고, 의사표현력을 기를 수 있다. 학교 및 직장생활에서 필요한 기초외국어능력이 무엇인지 이해하고 상황에 따라 적절한 기초외국어를 구사하고 능력을 향상시킬 수 있다. 이에 대한 정보수집, 기술동향, 특허정보 및 활용 동향 등을 이해하고 분석하는 데 목표를 두고 있다.

2. 선행 학습

직업기초능력의 직업윤리, 조직이해능력, 기술능력, 정보능력, 대인관계능력, 자원관리능력, 자기개발능력, 수리능력, 문제해결능력. 정보통신, 4차산업혁명으 주요기술 관련 기본 용어 및 이해

3. 핵심 용어

의사소통, 인상적인 의사소통, 의사소통 저해요인, 의사소통능력개발, 문서이해능력, 문서작성능력, 경청능력, 의사표현력, 기초외국어능력, 문서이해, 문서의 종류, 정보획득, 문서내용 종합, 문서내용 요약, 문서적성, 경청, 경청의 방해요인,효과적인 경청방법, 경청훈련, 의사표현 의사표현의 방해요인, 효과적인 의사표현, 설득력 있는 의사표현, 질문활용능력

4. 교육과정 학점 및 이수시간

학 습	교육과정 학점 및 이수시간	
	학점	이수시간
1. 의사소통의 개념 및 종류	3	3
2. 의사소통의 저해요인과 능력개발	3	3
3. 문서이해의 개념과 종류	3	3
4. 문서이해의 절차와 요약	3	3
5. 문서작성의 개념과 작성법	3	3
6. 문서작성의 원칙과 표현법	3	3
7. 경청의 개념과 방해요인	3	3
8. 경청방법과 훈련	3	3
9. 의사표현의 개념과 방해요인	3	3
10. 의사표현법과 지침	3	3
11. 기초외국어의 개념과 상황	3	3
12. 기초외국어의 표현방법과 향상교육법	3	3
13. 질문활용능력	3	3

의사소통능력 학습모듈 명세서

학습명	학습내용명
1. 의사소통의 개념 및 종류	1-1 의사소통의 개념 1-2 의사소통의 구성요소 1-3 의사소통의 종류
2. 의사소통의 저해요인과 능력개발	2-1 의사소통의 저해요인 2-2 의사소통 능력의 개발 2-3 인상적인 의사소통
3. 문서이해의 개념과 종류	3-1 문서이해의 개념 3-2 문서의 종류와 내게 필요한 문서 알기
4. 문서이해의 절차와 요약	4-1 문서이해의 절차 4-2 문서 요약의 종류와 고려사항 4-3 문서 핵심 요약문 작성과정
5. 문서작성의 개념과 작성법	5-1 문서작성의 개념 5-2 문서작성 방법
6. 문서작성의 원칙과 표현법	6-1 문서작성의 원칙과 주의사항 6-2 문서내용의 효과적인 전달방법
7. 경청의 개념과 방해요인	7-1 경청의 개념 7-2 올바른 경청의 방해요인
8. 경청방법과 훈련	8-1 경청의 개념 8-2 경청훈련
9. 의사표현의 개념과 방해요인	9-1 의사표현의 개념 9-2 올바른 경청의 방해요인
10. 의사표현법과 지침	10-1 의사표현법 10-2 설득력 있는 의사표현 지침
11. 기초외국어의 개념과 상황	11-1 기초외국어 능력의 개념과 필요성 11-2 의사표현능력으로써 기초외국어 능력 11-3 기초외국어 능력이 필요한 상황
12. 기초외국어의 표현방법과 향상교육법	12-1 외국인과의 언어소통 방법 12-2 기초외국어 능력의 향상교육법
13. 질문활용능력	13-1 질문의 개념과 효과성 13-2 질문의 종류 13-3 마음을 열고 소통하기 위한 질문 13-4 정보를 얻기 위한 질문

체크리스트

다음은 모든 직업인에게 일반적으로 요구되는 의사소통능력 수준을 스스로 알아볼 수 있는 체크리스트이다. 본인의 평소 행동을 잘 생각해 보고, 행동과 일치하는 것에 체크해 보시오.

문 항	그렇지 않은 편이다	보통인 편이다	그런 편이다
1. 나는 의사소통능력의 종류를 설명할 수 있다.	1	2	3
2. 나는 의사소통의 중요성을 설명할 수 있다.	1	2	3
3. 나는 의사소통의 저해요인에 대하여 설명할 수 있다.	1	2	3
4. 나는 효과적인 의사소통개발 방법을 설명할 수 있다.	1	2	3
5. 나는 문서이해의 개념 및 특성에 대하여 설명할 수 있다.	1	2	3
6. 나는 문서이해의 중요성에 대하여 설명할 수 있다.	1	2	3
7. 나는 문서이해의 구체적인 절차와 원리를 설명할 수 있다.	1	2	3
8. 나는 문서를 통한 정보획득 및 종합방법을 설명할 수 있다.	1	2	3
9. 나는 체계적인 문서작성의 개념 및 중요성을 설명할 수 있다.	1	2	3
10. 나는 목적과 상황에 맞는 문서의 종류와 유형을 설명할 수 있다.	1	2	3
11. 나는 문서작성의 구체적인 절차와 원리를 설명할 수 있다.	1	2	3
12. 나는 문서작성에서 효과적인 시각적 표현과 연출방법을 안다.	1	2	3
13. 나는 경청의 개념 및 중요성을 설명할 수 있다.	1	2	3
14. 나는 경청을 통해 상대방 의견의 핵심내용을 파악할 수 있다.	1	2	3
15. 나는 올바른 경청을 방해하는 요인들과 고쳐야할 습관을 알고 있다.	1	2	3
16. 나는 대상과 상황에 따른 경청법을 설명할 수 있다.	1	2	3
17. 나는 정확한 의사표현의 중요성을 설명할 수 있다.	1	2	3
18. 나는 원활한 의사표현의 방해요인을 알고, 관리할 수 있다.	1	2	3
19. 나는 논리적이고 설득력 있는 의사표현의 기본요소 및 특성을 안다.	1	2	3
20. 나는 기초외국어능력의 개념 및 중요성과 필요성을 설명할 수 있다.	1	2	3
21. 나는 비언어적 기초외국어 의사표현에 대해 설명할 수 있다.	1	2	3
22. 나는 기초외국어능력 향상을 위한 교육방법을 설명할 수 있다.	1	2	3

의사소통능력 학습모듈 사후평가

체크리스트

기초직업능력으로서 의사소통능력을 학습한 것을 토대로 다음 표를 이용하여 자신의 수준에 해당되는 칸에 ✔표 하시오.

구 분	문 항	매우 미흡	미흡	보통	우수	매우 우수
의사소통능력	1. 나는 의사소통의 중요성을 설명할 수 있다.	1	2	3	4	5
	2. 나는 의사소통의 능력과 종류를 구분하여 설명할 수 있다.	1	2	3	4	5
	3. 나는 의사소통을 적절히 하여야만 하는 이유를 설명할 수 있다.	1	2	3	4	5
	4. 나는 올바른 의사소통을 저해하는 요인에 대해 설명할 수 있다.	1	2	3	4	5
	5. 나는 올바른 의사소통을 저해하는 요인을 제거하는 방법에 다해 설명할 수 있다.	1	2	3	4	5
	6. 나는 효과적인 의사소통능력을 개발하기 위한 방법을 설명할 수 있다.	1	2	3	4	5
문서이해능력	1. 나는 문서가 무엇인지 설명할 수 있다.	1	2	3	4	5
	2. 나는 문서이해의 개념 및 특성에 대하여 설명할 수 있다.	1	2	3	4	5
	3. 나는 문서이해의 중요성에 대하여 설명할 수 있다.	1	2	3	4	5
	4. 나는 문서이해의 구체적인 절차와 원리를 설명할 수 있다.	1	2	3	4	5
	5. 나는 문서를 통한 정보 획득 및 종합 방법을 설명할 수 있다.	1	2	3	4	5
	6. 나는 다양한 문서의 종류를 구분하여 설명할 수 있다.	1	2	3	4	5
	7. 나는 다양한 문서에 따라 각기 다른 이해방법을 알고 있다.	1	2	3	4	5
	8. 나는 문서이해능력을 키우기 위한 방법을 알고 설명할 수 있다.	1	2	3	4	5
문서작성능력	1. 나는 직업생활에서 필요한 문서가 무엇인지 확인할 수 있다.	1	2	3	4	5
	2. 나는 문서를 작성해야하는 목적 및 상황을 파악할 수 있다.	1	2	3	4	5
	3. 나는 내가 주로 작성하는 문서가 어떻게 작성되어야 하는지 방법을 설명할 수 있다.	1	2	3	4	5
	4. 나는 문서의 종류에 따라 적절하게 문서를 작성할 수 있다.	1	2	3	4	5
	5. 나는 문서작성에서 시각적인 표현의 필요성을 설명할 수 있다.	1	2	3	4	5
	6. 나는 문서작성에서 시각적인 표현을 효과적으로 사용할 수 있다	1	2	3	4	5

의사소통능력 학습모듈 사후평가

구 분	문 항	매우 미흡	미흡	보통	우수	매우 우수
경청 능력	1. 나는 경청의 개념을 설명할 수 있다.	1	2	3	4	5
	2. 나는 경청의 중요성을 설명할 수 있다.	1	2	3	4	5
	3. 나는 올바른 경청을 방해하는 요인들을 설명할 수 있다.	1	2	3	4	5
	4. 나는 효과적인 경청방법에 대해 설명할 수 있다.	1	2	3	4	5
	5. 나는 경청훈련을 통하여 올바른 경청방법을 실천할 수 있다.	1	2	3	4	5
의사 표현 능력	1. 나는 의사표현의 개념을 설명할 수 있다.	1	2	3	4	5
	2. 나는 의사표현의 중요성을 설명할 수 있다.	1	2	3	4	5
	3. 나는 원활한 의사표현을 방해하는 요인들을 설명할 수 있다.	1	2	3	4	5
	4. 나는 효과적인 의사표현법에 대해 설명할 수 있다.	1	2	3	4	5
	5. 나는 설득력 있는 의사표현을 실천할 수 있다.	1	2	3	4	5
기초 외국어 능력	1. 나는 직업생활에서 필요한 기초외국어능력이 무엇인지 설명할 수 있다.	1	2	3	4	5
	2. 나는 직업생활에서 기초외국어능력이 왜 필요한지 설명할 수 있다.	1	2	3	4	5
	3. 나는 기초외국어능력이 필요한 상황을 알 수 있다.	1	2	3	4	5
	4. 기초외국어능력으로서 비언어적 의사소통법을 설명할 수 있다.	1	2	3	4	5
	5. 나는 기초외국어능력을 향상시키는 방법을 설명할 수 있다	1	2	3	4	5

학습 1	의사소통의 개념 및 종류
학습 2	의사소통의 저해요인과 능력개발
학습 3	문서이해의 개념과 종류
학습 4	문서이해의 절차와 요약
학습 5	문서작성의 개념과 작성법
학습 6	문서작성의 원칙과 표현법
학습 7	경청의 개념과 방해요인
학습 8	경청방법과 훈련
학습 9	의사표현의 개념과 방해요인
학습 10	의사표현법과 지침
학습 11	기초외국어의 개념과 상황
학습 12	기초외국어의 표현방밥과 향상교육법
학습 13	질문활용능력

학습 목표

1. 의시소통의 개념 및 종류를 이해할 수 있다.

1-1 의사소통의 개념

1. 의사소통이란

의사소통(意思疏通)이란 직장생활에서 상대방과 대화를 나누거나 문서를 통해 의견을 교환할 때, 상호 간의 전달하고자 하는 의미를 정확하게 전달할 수 있는 것을 의미한다. 의사(意思)는 뜻 의(意) 생각 사(思)이다. 모두 心이 있다. 心은 심장을 본뜬 글자로서 심장의 가장 큰 특징 2가지는 생명력이며, 보이지 않는 것이다. 의사(意思)는 자신의 마음이며, 생각인 것을 인지해야한다. 즉, 생각을 뽑아서 상대에게 전달하는 방법이 바로 '표현'이며, '언어'이다. 의사소통은 마음의 나눔이고, 생각을 함께 하는 것이다. 함께 한다는 것은 피자를 주문해서 나눠서 먹는 것과 같다. 나의 생각을 피자라고 하면 그것을 나눠서 상대방에게 주는 것이고, 상대방의 생각피자도 내가 함께 먹는 것이다. 내가 말하는 것을 상대가 듣고 있는지, 상대의 입장에서 나는 제대로 말하고 있는지, 의사소통은 상대의 입장에서 나를 관찰하는 것도 포함된다.

또한 글로벌 국제시대에서 필요한 간단한 외국어 문서이해 및 간단한 의사표현 능력도 요구된다. 이와 같이 현대를 살아가는 모든 사람들에게 사회생활에서 필요한 원만한 인간관계를 유지하고, 업무 성과를 높이기 위해서는 최소한의 의사소통능력이 요구된다.

자신이 얼마만큼 알고 있는가 보다 자신의 생각을 얼마나 잘 표현하고, 상대방의 의견을 들어주는가가 중요한 시대가 되었다. 이에 따라 발표나 토론, 문서작성, 경청 등 의사소통에 관련한 내용을 담은 서적이 수없이 출간되고 있다. 이처럼 요즘에는 의사소통능력의 중요성이 강조되고 있으며, 의사소통이 원활하지 못하면 그만큼 직장생활뿐 아니라 기타 사회생활에서 많은 어려움을 겪기도 한다.

2. 의사소통의 의미

1) 의사소통의 사전적 의미

① 의사소통(communication)의 원래 뜻은 '상호 공통점을 나누어 갖는다.' 로 라틴어 'communis(공통, 공유)'에서 나온 말이다.

② 의사소통이란 두 사람 또는 그 이상의 사람들 사이에서 일어나는 의사의 전달과 상호교류가 이루어진다는 뜻이며, 어떤 개인 또는 집단이 개인 또는 집단에 대해서 정보, 감정, 사상, 의견 등을 전달하고 그것들을 받아들이는 과정을 의미한다.

3. 직장생활에서 의사소통

1) 직장생활에서 의사소통의 의미

직장생활에 있어서의 의사소통의 의미는 공식적인 조직 안에서의 의사소통을 의미한다. 직장생활에서의 의사소통은 조직의 생산성을 높이고, 사기를 진작시키고 정보를 전달하고, 설득하려는 목적을 가지고 있다.

2) 직장생활에서 의사소통의 기능

의사소통은 조직과 팀의 효율성과 효과성을 성취할 목적으로 이루어지는 구성원간의 정보와 지식의 전달 과정으로서, 여러 사람의 노력으로 공통의 목표를 추구해 나가는 집단내의 기본적인 존재 기반이고 성과를 결정하는 핵심 기능이다.

자신의 생각과 느낌을 효과적으로 표현하는 것과 타인의 생각과 느낌, 사고를 이해하는 노력은 개인은 물론이고 조직이나 팀과 관련된 핵심적인 요소이다.

의사소통의 역할은 개인들이 집단을 이루어 활동할 때 그 활동을 효과적으로 수행할 수 있도록 해준다. 효과적이고 원활한 의사소통은 조직과 팀의 핵심적인 요소로, 구성원 간에 정보를 공유하는 중요한 기능을 한다.

3) 직장생활에서 의사소통의 중요성

개인들이 집단을 이루어 활동할 때 그 활동을 효과적으로 수행하기 위해서는 조직구성원간의 의사소통이 원활하게 이루어져야 한다. 효과적이고 원활한 의사소통은 조직과 팀의 핵심적인 요소이며, 구성원 간에 정보를 공유하거나 의사결정을 전달하는 중요한 수단이기도 하다. 의사소통이란 가장 단순하게 말하면 개인 간에 정보를 교환하는 과정이라고 할 수 있다. 다시 말해 의사소통은 조직과 팀의 효율성과 효과성을 성취할 목적으로 이루어지는 구성원간의 정보와 지식의 전달 과정으로서, 여러 사람의 노력으로 공통의 목표를 추구해 나가는 집단내의 기본적인 존재 기반이고 성과를 결정하는 핵심 기능이라 할 수 있다. 자신의 생각과 느낌을 효과적으로 표현하는 것과 타인의 생각과 느낌, 사고를 이해하는 노력은 개인은 물론이고 조직이나 팀과 관련된 핵심적인 요소이다.

인간관계 특히 조직 내에서 의사소통이 중요시 되는 이유는 직장생활에서 필수이며, 대인관계의 기본이 되고 인간관계가 의사소통을 통해서 이루어지는 상호과정이고, 상호간의 일반적 이해와 동의를 얻기 위한 유일한 수단이기 때문이다. 또한 의사소통은 제각기 다른 사람들이 서로에 대한 지각의 차이를 좁혀주며, 선입견을 줄이거나 제거해 줄 수 있는 수단이다.

우리들은 직장에서 상사나 동료 혹은 부하와의 사이에 작업상 의사소통이 이루어져 상호 간에 공감하게 된다면 직장의 팀워크는 높아지고 그로 인해 사기가 높아져 능률이 향상될 것이다.

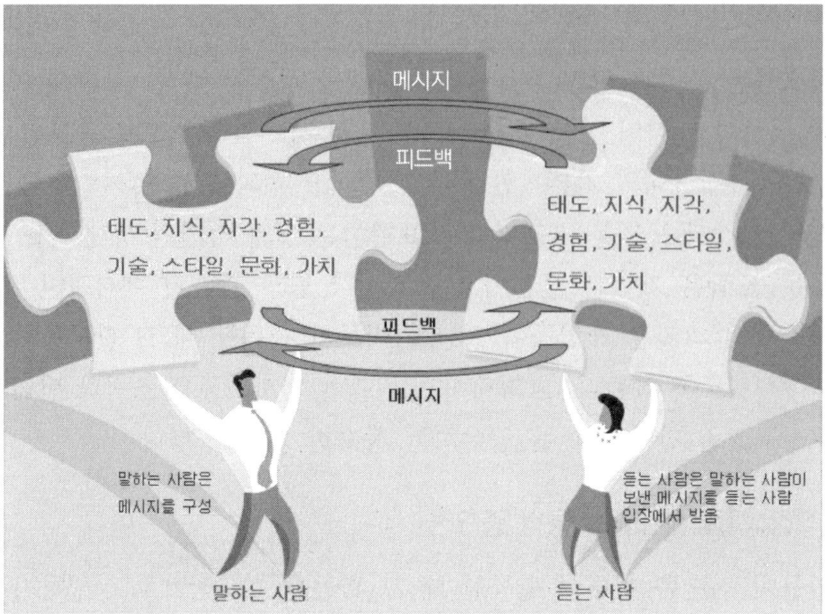

[그림 1-1] 의사소통의 이해

따라서 직장 내에서 의사소통은 반드시 필요하다. 하지만 적절한 의사소통을 조직 내에서 형성한다는 것은 결코 쉬운 일이 아니다. 조직의 구성원은 다양한 사회적 경험과 사회적 지위를 토대로 한 개인의 집단이므로 동일한 내용을 제시하더라도 각각 다르게 받아들이고 반응한다. 메시지는 고정된 단단한 덩어리가 아니라 유동적이고 가변적인 요소이기 때문에, 상호작용에 따라 다양하게 변형될 수 있다는 사실을 기억해야 한다.

4. 의사소통 시 올바른 태도

① 의사소통은 내가 상대방에게 메시지를 전달하는 과정이 아니라 상대방과의 상호작용을 통해 메시지를 다루는 과정이다. 따라서 성공적인 의사소통을 위해서는 자신이 가진 정보와 의견을 상대방이 이해하기 쉽게 표현하는 것 뿐 아니라, 상대방이 어떻게 받아들일 것인가를 반드시 고려가 바탕이 되어야 한다.

② 의사소통이라고 하면 무조건 기계적인 정보의 전달만으로 잘못 이해되어왔다. 그러나 의사소통은 정보 전달 이상의 것이다. 우리가 남들에게 일방적으로 언어 혹은 문서를 통해 의사를 전달하는 것은 엄격한 의미에서 말하는 것이지 의사소통이라고 할 수 없다.

③ 의사소통이란 다른 이해와 의미를 가지고 있는 사람들이 공통적으로 공유할 수 있는 의미와 이해를 만들어 내기 위해 서로 언어 또는 문서, 그리고 비언어적인 수단을 통해 상호 노력하는 과정이다. 따라서 일방적인 말하기가 되지 않도록 의사소통의 정확한 목적을 알고, 의견을 나누는 자세가 필요하다.

1-2 의사소통의 구성요소

의사소통의 구성요소는 [그림 1-2]처럼 보내는 사람(송신자), 받는 사람(수신자), 정보, 전달 매체, 반응으로 구성되어 있다.

① 보내는 사람(송신자) : 정보를 보내는 사람으로 의사소통의 필요를 느끼고, 의사소통을 위한 매체(언어적, 비언어적)를 선택하며, 기억이나 과거의 경험을 이용하여 정보(메시지)에 적합한 단어나 표현을 선택한다.
② 받는 사람(수신자) : 정보를 받아들이고 반응을 보이는 사람으로 안정된 감정과 경청하는 태도가 필요하다.
③ 정보 : 송신자가 수신자에게 전달하고자 하는 내용이다.
④ 전달 매체 : 정보를 전달하는 수단이다.
⑤ 반응 : 정보를 전달받은 수신자가 나타내는 반응이다.

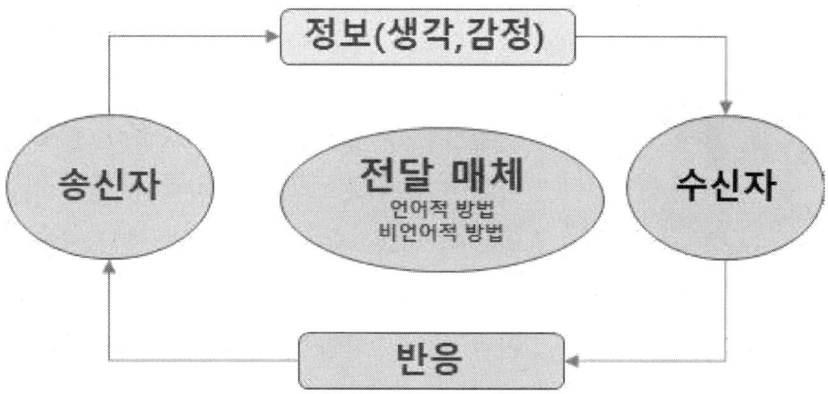

[그림 1-2] 의사소통의 구성요소

1-3 의사소통의 종류

대부분의 사람들은 의사소통을 아주 어려운 것이며 고도의 능력이 있어야 하는 것처럼 생각한다.

하지만 의사소통능력은 상대방의 말을 잘 들어주고, 내가 상대방의 말을 잘 듣고 있다는 표현을 하고, 상대방이 원하는 바를 잘 이해하여 업무활동이나 일상생활에서 필요한 부분(문서, 공문, 메일, 대화 등)에 충분히 반영하는 것이다.

직장생활에서는 많은 사람들과 다양한 의사소통방법을 통해 업무가 이루어진다. 문서적인 측면에서 요구되는 의사소통능력으로는 기획서나 보고서, 공문서 등을 작성할 수 있어야 하는 것과 이미 작성된 문서를 이해할 수 있는 것이 필요하다. 또한 직장 동료 간의 원활한 대화를 위해 필요한 것으로 의사표현법과 경청능력의 언어적인 측면에서 요구되는 의사소통능력도 필요하다. 이처럼 직업생활을 함에 있어 직장인에게는 다양한 의사소통능력이 요구되는데, 이를 문서적인 측면과 언어적인 측면으로 구분할 수 있다.

1. 문서적인 측면 : 문서이해능력과 문서작성능력

1) 문서를 통한 의사소통능력의 의미

문서를 보고 그 내용을 이해하고 요점을 판단하며, 이를 바탕으로 목적과 상황에 적합한 정보를 효과적으로 전달하기 위해 문서를 작성하는 능력을 말한다.

직장인이 갖춰야 할 문서적인 의사소통능력은 직업생활의 대부분에서 필요한 능력이라고 할 수 있으며 전화 메모부터 고객을 위한 예산서나 주문서, 직장 내에 의견전달을 위한 보고서나 공문에 이르기까지 다양한 상황에서 요구된다.

2) 문서적인 측면의 의사소통 구분

(1) 문서이해능력

업무에 관련된 문서를 통해 구체적인 정보를 획득하고, 수집하고, 종합하기 위한 능력이다.

(2) 문서작성능력

상황과 목적에 적합한 문서를 시각적이고 효과적으로 작성하기 위한 능력이다.

3) 문서적인 측면으로서 의사소통의 특징

문서적인 의사소통은 언어적인 의사소통에 비해 권위감이 있고, 정확성을 기하기 쉬우며, 전달성이 높고, 보존성도 크다. 문서적 의사소통은 언어적인 의사소통의 한계를 극복하기 위해 문자를 수단으로 하는 방법이지만 이 또한 그리 쉬운 것은 아니다. 문서적인 방법은 때로는 필수 불가결한 것이기는 하지만 때로는 혼란과 곡해를 일으키는 경우도 얼마든지 있기 때문이다.

2. 언어적인 측면 : 경청능력과 의사표현력

언어를 통해서 의사소통을 하는 방법은 가장 오래된 것으로 사람은 언어를 수단으로 하는 의사소통에 공식적이든 비공식적이든 간에 자신의 일생에서 75%의 시간을 사용하고 한다.

1) 직장인에게 요구되는 언어적인 의사소통능력

① 원활한 의사소통의 방법으로 상대방의 이야기를 듣고, 의미를 파악하며, 이에 적절히 반응한다.

② 이에 대한 자신의 의사를 목적과 상황에 맞게 설득력을 가지고 표현하기 위한 능력으로써 꼭 필요하다.

2) 언어적인 측면으로서 의사소통의 특징

언어적인 의사소통은 여타의 의사소통보다는 정확을 기하기 힘든 경우가 있는 결점이 있기는 하지만 대화를 통해 상대방의 반응이나 감정을 살필 수 있고, 그때그때 상대방에게 설득시킬 수 있으므로 유동성이 있다.

또한 모든 계층에서 관리자들이 많은 시간을 바치는 의사소통 중에서도 듣고 말하는 시간이 상대적으로 비교할 수 없을 만큼 많다는 점에서 경청능력과 의사표현력은 매우 중요하다.

3. 효과적인 인간관계를 위한 의사소통

대인관계에서 타인과 효과적인 인간관계를 맺기 위해서는 먼저 타인과 의사소통을 효과적으로 해야 하고, 그와 갈등이 생겼을 때 그 갈등을 효과적으로 해결할 수 있어야 하며, 자신이 삶에서 겪는 스트레스를 잘 관리함으로써 자신 스스로 인간관계 파괴자가 될 여지를 미리 없애야 한다.

1) 긍정감정 표현하기

나와 타인의 인간관계가 발전하고 심화되기 위해서는 내가 타인에 대한 긍정적 감정을 잘 표현하는 일이 중요하다.

① 타인의 긍정적인 면을 보도록 노력한다.
② 긍정적 감정을 타인에게 표현하는 것은 자연스럽고 성숙한 행동이라는 생각을 갖는다.
③ 타인에 대한 긍정적인 감정을 자각한다.
④ 긍정적인 감정을 자연스럽게 잘 표현하여 타인에게 표현한다.

이러한 긍정감정을 표현하는 기술은, 모든 대인기술이 그러하듯이 연습하고 노력하면 향상될 수 있다.

자신의 긍정감정을 흔히 언어적 표현을 통해 표현하게 되지만 비언어적 표현에 의해서 보다 강력하게 표현할 수도 있다.

관심과 애정이 어린 눈빛, 얼굴표정, 미소, 자세, 행동, 공간적 거리 등 다양한 비언어적 표현방법을 잘 활용하는 것이 중요하다.

2) 불쾌감정 표현하기

불쾌감정을 잘 표현하는 사람은 상대방의 마음을 상하게 함이 없이 불쾌감정을 표현하여 인간관계도 손상시키지 않고 상대방으로 하여금 더 이상 불쾌하게 하는 행동을 하지 않도록 할 수도 있는 것이다.

이러한 효율적인 불쾌감정의 표현을 위해서는

① 상대방의 잘못을 비난하는 방식보다는 상대방의 행동으로 인한 나의 불편함과 불쾌감을 표현하는 표현이 좋다.

② 상대방의 행동을 규제하는 방식보다는 나의 바람을 표현하는 표현이 바람직하다.

3) 부탁-거절하기

도움을 요청하고 부탁하는 기술은 인간관계에서 매우 중요하다.

대인관계에서 내가 도움을 요청할 때도 있지만 타인의 부탁을 거절해야할 경우도 발생한다. 이때 도움을 요청한 타인의 입장을 충분히 고려하여 인간관계를 해치지 않도록 신중하게 거절하는 것이 중요하다.

내가 타인의 부탁을 거절을 할 때는

① 도움이 필요한 상대방의 상황을 충분히 이해했음을 표명한다.

② 도움을 주지 못하는 자신의 상황이나 이유를 분명하게 설명한다.

③ 도움을 주지 못하는 아쉬움을 표현한다.

■ **북 리뷰**

열린시대 닫힌 커뮤니케이션

급속히 발전해 가는 정보기술과 정보화 사회에 대하여 긍정적인 면을 강조하고 있는 현 시점에서 우리에게 필요한 것은 정보기술이 가져다 줄 가능성과 부작용을 냉정하게 평가할 수 있는 균형 있는 시각과 언제라도 필요한 수정과 보완을 하고자 하는 유연성일 것이다.

정보화 사회의 긍정적 측면과 부정적 측면이 가장 뚜렷하게 나타나는 분야는 인간의 사회활동에 가장 기본적이고, 핵심적인 '커뮤니케이션 분야'이다.

이 책은 커뮤니케이션 과정을 '정보의 전달'이라는 차원과 '정보의 이해와 해석'이라는 차원으로 나누어 다룸으로써 정보기술이 안고 있는 근본적인 한계를 지적해 주고 있고, 정보화 사회의 커뮤

니케이션 과정을 통해 이제껏 간과되었던 정보화 사회에서의 의사소통을 주제로 여러 가지 문제들을 다루고 있다. 과연 정보기술의 발전이 인간의 커뮤니케이션 과정에 내재하는 한계를 극복할 수 있는지에 초점을 맞추고 있다.

1부는 실제 우리가 경험하고 있는 커뮤니케이션의 사례와 변화, 특히 정보기술과 매체의 발달에 따른 사회 각 분야에서 발견되는 변동 사례들을 다루었고,

2부는 커뮤니케이션 과정에 대한 이론들을 취합하여 요약,

3부는 커뮤니케이션 과정을 정보의 전달과 정보의 이해라는 두 가지 차원에서 다루었고,이를 통해 커뮤니케이션의 사회성이 왜 중요시 되는지. 특히, 정보가 전달된 이후 사회적 맥락(social context)안에서 커뮤니케이션의 구성 요소들이 어떠한 기능과 효과를 갖는지에 대해 중점적으로 분석했다.

4부는 커뮤니케이션 환경에서 꼭 고려되어야 할 한계 요인들을 지적하고, 이러한 한계들로 인해 현재 진행되고 있는 정보기술이 인간의 커뮤니케이션 과정에 부정적인 효과를 초래할 수도 있음을 지적하고 있다.

이 책은 급속히 발전해 가는 정보기술과 정보화 사회를 바라보는 우리에게 균형 있는 사고와 시야를 제공할 뿐 아니라 일상생활에서 간과하기 쉬운 커뮤니케이션 과정을 여러 사례를 중심으로 접근해 본다는 차원에서 또 다른 문제의식을 제공할 것이다.

출처 : 삼성경제연구원. SERI가 만든책.

수행 내용

재료 · 자료

• 의사소통개념 및 종류 관련 자료

기기(장비 · 공구)

• 컴퓨터, 프린터, 주변기기

안전 · 유의사항

• 컴퓨터 및 주변기기의 전원을 관리한다.

수행 순서

01 의사소통 사례에 대하여 분석하라.

직장생활에서 의사소통은 상호이해의 과정으로써 중요하다. 기획팀 L팀장은 매주 업무회의를 이끌고 있다. 그 동안 매번 팀원 간 서로 의견이 달라 많은 토론과 회의를 하게 되는데, 이때 서로 의견을 전달하고 상대방의 의견을 들어주는 것이 어려워 종종 결론 없이 시간만 낭비한 채 회의를 마치곤 한다. 원활한 의사소통이 왜 필요하고 얼마나 중요한지 알아보자.

1분 내에 발언을 끝내주세요

올해 K회사 구매업무팀장을 맡고 있는 입사7년차 L팀장은 팀원과 협력하여 회사내부 업무 뿐 아니라 대외 구내활동 등에 적극적으로 관여하고 있다. 그 결과 역대 팀장 중 최고라는 좋은 평판을 듣고 있다. 그가 주간회의를 이끌거나 팀장으로서 발언을 할 때 듣는 사람들이 남다른 집중을 하게 되는데, 그 이유는 L팀장의 탁월한 의사소통능력 때문이다. 그는 "주간 회의 때는 추상적인 설명보다는 구체적으로 간결하게 말하여 1분 내에 발언을 끝내는 것을 원칙으로 한다"고 말하며 그의 인기비결을 말해주었다. 또한 "정

확한 개념을 가지고 있으면 1분 내 의사전달을 명확히 할 수 있어 회의 등에서 팀원들과 의사소통을 잘 할 수 있고 공식적인 대외활동에서 발언을 할 때에도 간결하게 말하여 동의와 신뢰를 이끌어내는 데 성공하였다"고 말했다.

■ 활 동

K회사 구매업무팀 L팀장의 성공비결은 간결한 의사소통에 있다고 했다. 그렇다면 자신이 생각하는 의사소통이란 무엇인지 작성해보고, 직장생활에서 의사소통 과정에서 어려웠던 점은 없었는지 생각해 보자. 그리고 이를 바탕으로 직장생활에서의 원활한 의사소통을 위해 어떤 노력을 해야 할 지 생각해 보자.

자신이 생각하는 의사소통은 무엇인지 작성해 봅시다.

내가 생각하는 의사소통이란...

직장생활 중 의사소통과정에서 어려웠던 점은?

(예) 부장님이 회의 도중에 업무보고내용을 이해하지 못하겠다고 중지시켰던 점.

직장생활에서 원활한 의사소통이란 무엇일까?

(예) 일방적으로 다른 사람의 말을 자르지 않는 것.

02 조원 간의 의견 차이를 대화로 조율하는 사례와 활동에 대하여 분석하라.

의사소통은 다양한 방법으로 이루어진다. 입사 3년차 K사원은 평소 봉사동아리, 댄스동아리 등 많은 활동을 하여 직장 내에서 소식통으로 통한다.

K사원은 직장동료들과 대화나 메일 등으로 여러 소식을 나누고, 동아리 활동과 관련된 일뿐만 아니라 소소한 일까지 두루 알고 있어 고민상담 역할도 해주는 등 직장동료들에게 많은 도움을 주고 있다.

이렇듯 다양한 방법으로 사람들과 소통하는 K사원에게서 우리가 배워야 할 의사소통의 종류와 방법을 알아보자.

올해 회사에서 직장 내 업무 과제로 조별 프레젠테이션이 있었다. 각자 역할을 분담해서 나대화 사원과 입사동기인 K사원은 PPT 작성, L사원은 자료 수집, P사원은 발표, C사원은 총괄 역할을 맡았다. 일주일 간의 준비 기간 동안 모든 조원들이 열심히 각자의 역할을 다했지만 예상치 못하게 K사원이 집안 일을 핑계로 PPT작성을 거의 나대화 사원에게 맡겨버리는 상황이 되었다.

조원들의 중간 모임에서 나대화 사원은 이 사실을 다른 조원들에게 말하자 K사원에게 모든 질타가 모아지고 말았다. 이로 인해 친구관계까지 서먹해질 수 있는 최악의 상황이 되고 말았다.

중간 모임이 끝나고 단짝 K사원의 업무 시간이 끝나기를 기다리며 어떻게 말을 해야 할지 고민한 끝에 장문의 문자를 보냈다. “네가 집안 사정 때문에 시간이 부족했을 텐데 그런 부분을 배려하지 못해서 미안해, 내가 조금 더 신경 써서 마무리하도록 할게. 너도 틈나는 대로 함께 하자” 이에 K동료가 “나도 그동안 내 역할을 잘 못해서 항상 미안하게 생각하고 있었어. 네가 이렇게 말해주니 고맙다. 같이 열심히 해서 우리 조가 꼭 1등을 했으면 좋겠어” 이렇게 서로의 입장을 이해하여 최선을 다해 준비한 결과 우리 조는 결국 1등을 하게 되었다.

■ 활 동

앞의 사례에서 나대화 사원은 말로 하기 어려운 자신의 마음을 문자를 통해 자신의 의사를 전달했다. 우리가 알고 있는 의사소통능력의 종류는 어떤 것들이 있는지 작성해 보자. 그리고 다음의 글에서 제시된 의사소통의 종류는 무엇이 있는지 생각해 보자.

의사소통능력에는 어떤 것들이 있을까?

____

____

다음 글에서 제시된 의사소통능력의 종류를 생각해 보자.

여름방학 기간 동안 학비를 보태기위해 편의점에서 아르바이트 일을 이제 막 시작한 L군은 밀려드는 일에 정신이 없다. 아직은 일이 익숙하지 않아서 무슨 일을 먼저해야할 지 정리가 되지 않는다. 오늘 들어온 제품들이 전일 주문한대로 정확하게 들어왔는지 확인해야하는데 손님들이 한꺼번에 들이닥치는 바람에 해야 할 일이 꼬여버려 사장님에게 야단을 맞았다. 또 오후에 일하는 동료 아르바이트생 K에게 인수인계할 내용을 메모지에 적어 컴퓨터 옆에 붙여놓았는데 아마도 바빠서 보지 못한 모양이다. 아침에 출근해서 전화로 물어보니 엉뚱한 말을 한다. 오늘은 서둘러 먼저 주문내용과 개수를 확인하고 진열을 해야겠다. 그리고 매장청소는 사장님이 출근하기 전까지 할 수 있도록 시간안배를 해야겠다. 그래도 사장님께서 아직까지 새벽에 나오는데 지각 한 번하지 않은 성실한 학생이라고 인정해주시니 일이 서툴러도 기분은 좋다.

무엇이 있을까?

03 4차산업혁명시대의 미래인재상에 대하여 분석하라.

4차 산업혁명 시대를 맞아 '융합형 인재(Intercross)'가 주목받고 있다. 이같은 시대적 변화의 흐름 속에 창의적이고 전문적인 융합형 기술인이 적극 요구되고 있다.

산업의 패러다임이 급속히 변화하는 상황에서 한 분야에서 일한 사람만이 반드시 CEO를 한다는 것은 옛말이 되고 있다. 지식의 양과 질 또한 변화하면서 지식 간 교차와 융합을 통해 또 다른 지식을 창출하는 일이 매우 빠른 속도로 이뤄지고 있는 상황이다.

많은 전문가들이 4차 산업혁명 시대 미래인재상을 정의하기 시작한다. '생각을 넘어 상상을 만들어 낼 수 있는 인재' '점과 점을 잇는 선을 연결하고 자신만의 면을 만들어 내는 인재' '기업가 정신과 창의성을 가진 소통 잘하는 인재' '협력하는 괴짜(Cooperative Geeks)' 등이 그것이다.

광범위한 전문가 인터뷰와 분석을 통해 4차 산업혁명 시대에 필요한 역량을 3가지로 정의하고 있다. 첫째, 창의성을 바탕으로 복잡한 문제를 인식하고 해결할 수 있는 능력, 둘째, 인간과 기계의 공생을 통해 다양성의 가치를 조합하는 대안 도출 능력, 마지막은 기계와 협력하고 소통할 수 있는 역량이다.

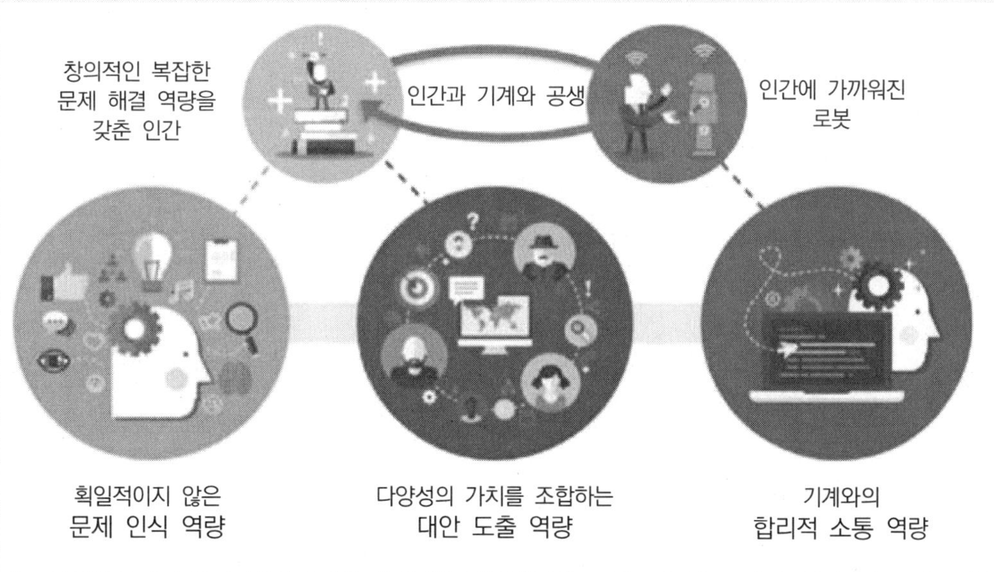

[그림 1-3] 인간에게 필요한 3대 미래역량

출처 : 미래보고서

4차 산업혁명 시대 미래인재상은 미래 사회 갖춰야 할 3대 핵심역량은 '도구의 상호작용적 활용 (Use Tools Interactively)' '이질적인 그룹과의 사회적 상호작용(Interact in Heterogeneous Groups)' '자율적 행동(Act Autonomously)' 등이 그것이다. 단순한 지식과 기술이 아니라 변화하는 세상에 '소통'과 '융합'을 통해 새로운 가치를 창출할 수 있는 기본적인 소양과 다른 사람을 함께 배려하는 공동체 구성원으로서의 가치를 강조하고 있다.

앞으로는 다른 업종 간 결합으로 새로운 시너지를 낼 수 있는 임원이 주목받을 것이라고 전문가들은 전망하고 있다. 유통과 컨설팅, 금융과 IT, 자동차와 AI등 이(異)업종 간 결합을 통해 새로운 시너지를 낼 수 있는 임원이 각광받을 수 있다는 것이다.

동종간이나 이종업종간 복합화 물결도 거세다. 1가게 2업종의 운영과 함께 온라인과 오프라인을 병행하는 영업적 복합화도 급속히 증가할 것으로 보인다. 특히 화장품과 드럭스토어의 복합화나 외식업종간의 복합화, 서비스와 판매업종간의 복합화가 눈에 띄게 늘어날 전망이다.

미래사회 학생들이 갖추어야 할 능력으로 공감 능력과 창의력, 상상력을 꼽으면서 기업 인재상이 과학과 기술에 대한 이해, 전문성, 소프트웨어적 지식과 함께 인문학적 소양, 더불어 사는 인성, 상상력과 창의성도 가진 자로 변화하고 있고 미래 사회에는 유연하고 능동적으로 탐색하는 문제 인식 역량, 협력적 의사소통/결정, 시스템적 사고를 하는 대안 도출 역량, 정교한 첨단기술, 사람과 컴퓨터를 조합하는 협력적 소통 역량을 갖추어야 한다.

창의적 소통 인재를 위해서는 정답이 '무엇(WHAT)'인지 찾는 것이 아니라 '어떻게(HOW)' 구하는지 학습해야 한다.

04 4차산업혁명 시대의 인재가 되기 위해 갖춰야 하는 능력들에 대하여 분석하라.

1. 디지털 능력(Digital Skills)

디지털 능력은 전자 상거래 등과 같은 방식으로 사업을 운영할 수 있는 디지털 비즈니스 능력, 가상으로 일할 수 있는 능력, 기업의 IT 소프트웨어나 시스템을 이해하는 능력, 디지털 디자인 능력, 소셜미디어 응용 능력 등을 포함한 것이다. 디지털 경제가 빠르게 성장하고 있기 때문에 디지털 시장에 대한 이해가 높은 인력이 앞으로 더더욱 선호될 것이다. 디지털 능력이 뛰어난 인재를 위해 기초 C언어, 자바와 파이쓴 같은 언어의 능력과 웹디자인, 홈페이지 작성 능력 등을 말한다.

2. 재빠른 사고능력(Agile Thinking Skills)

기업의 경영 환경이 갈수록 빠른 속도로 변화하고 있다. 이런 시대에는 재빠른 사고하는 능력이 반드시 필요하다. 재바른 사고능력은 다양한 경영 시나리오를 구성하고 각가에 따른 대응책을 수립하는 능력, 혁신을 시도할 수 있는 능력, 복잡성과 모호성을 통제할 수 있는 능력, 한곳에 치우치지 않고 중립을 지킬 수 있는 능력, 큰 그림을 볼 수 있는 능력이다. 경제, 사회의 변화 속도가 계속 가속화되고 있기대문에 재빠른 사고능력의 기준치를 앞으로 점점 올라갈 것이다.

3. 대인관계 및 의사소통 능력(Interpersonal and Communication Skills)

사람들과 함께 새로운 것을 창조해내는 능력, 브레이느토밍 능력, 인간관계 구축 능력, 팀운영 능력, 협업능력, 구술능력 등이 옥스퍼드 이코노믹스가 칭하는 대인관계 및 의사소통 능력이다.

기업의 운영의 방식이 명령, 지시에서 상호협력으로 점차 바뀌고 있기 때문에 대인관계 및 의사소통 능력은 앞으로 더욱 중요해질 것이다. 이 능력은 특히 인공지능, 블로체인, 디지털 트윈, 지능사물인터넷, 로봇 등 4차산업의 기초가 되는 디지털 전환을 할 수 있고 로봇같은 능력으로 대체할 수 없는 것이므로 갖추기만 하면 고용시장에서 경쟁력이 꾸준히 증할 것이다.

4. 글로벌 경영능력(Global Operating Skills)

옥스퍼드 이코노믹스가 정의한 글로벌 경영 능력이란 다양한 국가, 배경의 직원들을 통솔할 수 있는 능력, 세계시장에 대한 이해 능력, 여러 국가를 돌아다니면서 일할수 있는 능력, 외국어 능력, 문화적 감수성 등이다.

미래 사회에는 세계화 추세가 더욱 강화되면서 기업활동에 있어 국가적인 제약이 거의 시라질 것이라고 예상한다. 인종 간의 경계를 허물고 국가 간의 경계를 허무는 등 모든 제약에서 벗어나 크게 사고하는 사람이 미래 사회의 인재가 될 수 있을 것이다.

05 4차산업혁명 시대의 21세기 미래인재에게 필요한 핵심역량 4C에 대하여 분석하라.

- 비판적사고(Critical Thinking) : 가정을 의심하고 당연함에 문제를 제기하는 능력
- 의사소통능력(Communication) : 다양한 사람과 소통할 수 있는 능력
- 협업능력(Collaboration) : 초연결된 네트워크에서 협업할 수 있는 능력
- 창의력(Creativity) : 복잡한 문제를 푸는 창의적 문제 해결력

[그림 1-4] 핵심역량 4C

학습활동.1 교수 · 학습 방법

교수 방법

- 의사소통 개념과 종류에 대한 관련 용어, 구성, 방식 이해 정도를 파악한 후 수업을 진행한다.
- 교수자의 주도로 의사소통 개념과 종류 등의 내용을 PPT 자료로 제시한 후 설명한다.
- 가능하면 사전에 개인별 학습 자료를 준비하여 모든 학생이 참여할 수 있는 문제 해결식 수업, 협력 수업이 가능하도록 한다.
- 의사소통 개념과 종류 전 과정을 작업의 순서에 따라 단계적으로 실습이 이루어질 수 있도록 지도한다.
- 교재를 통해 수업을 준비하는데 있어서 필요한 모든 정보나 팁, 힌트 등 도움이 될 만한 내용들을 확인할 수 있다.
- 학생들이 만들게 될 각 모델들은 수업시간에 중점적으로 다뤄질 부분과 어휘, 질문, 답을 포함하고 있으며 또한 탐구할만한 추가적인 아이디어들도 포함하고 있다.

학습 방법

- 의사소통 개념과 종류에 대한 관련 용어를 숙지하고, 의사소통 개념과 종류에 대해 이해한다.
- 의사소통 개념과 종류의 각 단계별 중점 사항을 체계적으로 학습한다.
- 의사소통 개념과 종류의 수행순서의 전 과정을 실습한다.
- 의사소통 개념과 종류의 내용을 이해한다.
- 의사소통 개념과 종류을 이해하고 숙달이 될 때까지 학습한다.

학습활동.1 평가 및 피드백

평가 준거

- 평가자는 피평가자가 수행 준거 및 평가 내용에 제시되어 있는 내용을 성공적으로 수행할 수 있는 지를 평가해야 한다.

학습내용	평가항목	성취수준		
		상	중	하
의사소통 개념과 종류	의사소통의 개념과 종류를 이해할 수 있다.			

평가 방법

- 작업 포트폴리오

학습내용	평가항목	성취수준		
		상	중	하
의사소통 개념과 종류	의사소통의 개념과 종류를 이해할 수 있다.			

- 필기시험

학습내용	평가항목	성취수준		
		상	중	하
의사소통 개념과 종류	의사소통의 개념과 종류를 이해할 수 있다.			

- 체크리스트를 통한 관찰

학습내용	평가항목	성취수준		
		상	중	하
의사소통 개념과 종류	의사소통의 개념과 종류를 이해할 수 있다.			

- 피드백

1. 작업 포트폴리오
   - 제출한 보고서를 평가한 후 주요 사항에 대하여 표시하여 돌려준다.
2. 필기시험
   - 평가 결과 성적이 저조한 학생은 보고서 제출 기회를 부여한다.
3. 체크리스트를 통한 관찰
   - 실습 과정에서 평가한 후 개선해야 할 사항 등을 정리하여 돌려준다.

학 · 습 · 평 · 가

1. 다음은 의사소통에 대한 설명이다. (A), (B)에 각각 들어갈 적절한 용어를 적어보자.

> 의사소통이란 두 사람 또는 그 이상의 사람들 사이에서 일어나는 (A)와 (B)가 이루어진다는 뜻이며, 어떤 개인 또는 집단이 개인 또는 집단에 대해서 정보, 감정, 사상, 의견 등을 전달하고 그것들을 받아들이는 과정이라고 할 수 있다.

(A) = ____________________

(B) = ____________________

2. 다음은 직장생활에서의 의사소통에 대한 설명이다. 이와 관련하여 맞으면 ○를, 틀리면 ×를 표시해 보자.

- 의사소통은 내가 상대방에게 메시지를 전달하는 과정이다. (　　)
- 의사소통은 정보 전달 이상은 아니다. (　　)
- 의사소통에서 상대방이 어떻게 받아들일 것인가에 대한 고려가 바탕이 되어야 한다. (　　)

3. 의사소통능력을 문서적인 것과 언어적인 것으로 구분하여 볼 때 다음 빈칸에 들어갈 내용이 무엇인지 작성해 보자.

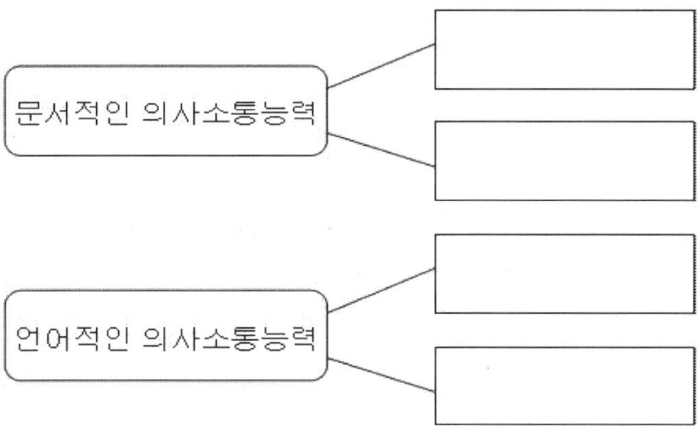

4. 왼쪽에 있는 것과 오른쪽에 있는 것을 서로 관련된 것끼리 연결해 보자.

문서적인 의사소통능력 •	• 감정적인 정보전달
	• 상황과 목적에 적합한 문서작성
언어적인 의사소통능력 •	• 상대방의 이야기를 듣고 의미파악

학습정리

1. 의사소통이란 두 사람 또는 그 이상의 사람들 사이에서 일어나는 의사의 전달과 상호교류가 이루어진다는 뜻이며, 어떤 개인 또는 집단이 개인 또는 집단에 대해서 정보, 감정, 사상, 의견 등을 전달하고 그것들을 받아들이는 과정이다.
2. 의사소통은 조직과 팀의 효율성과 효과성을 성취할 목적으로 이루어지는 것으로, 구성원 간의 정보와 지식의 전달 과정으로서 여러 사람의 노력으로 공통의 목표를 추구해 나가는 집단내의 기본적인 존재 기반이고 성과를 결정하는 핵심 기능이다.
3. 의사소통은 제각기 다른 사람들이 서로에 대한 지각의 차이를 좁혀주며, 선입견을 줄이거나 제거해 줄 수 있는 효과적인 수단이다.
4. 성공적인 의사소통을 위해서는 자신이 가진 정보를 상대방이 이해하기 쉽게 표현하는 것도 중요하지만, 상대방이 어떻게 받아들일 것인가에 대한 고려가 바탕이 되어야 한다.
5. 의사소통의 능력과 종류는 대화, 전화통화, 토론 등을 통해 상호 의사를 표현하고 경청하는 언어적 의사소통능력과 기획서, 편지, 메모 등 문서를 이해하고, 이를 바탕으로 글을 작성할 수 있는 문서적 의사소통능력으로 구분할 수 있다.

참 | 고 | 문 | 헌

기초직업능력프로그램; 의사소통능력 매뉴얼, 한국산업인력공단

홍종관, 행복한 교회카페. http://cafe.daum.net/happychurchcafe

구현정 · 전영옥. (2005). 의사소통의 기법. 박이정.

김동규 · 이영찬. (2000). 직업윤리. 학교법인 기능대학.

박현석(역). (2004). 전달의 기술, 다연.

배상복. (2006). 일반인을 위한 글쓰기 정석. 경향미디어.

심재우. (2004). GE처럼 커뮤니케이션하라. 일빛.

윤치영. (2007). 설득 · 경청 논박의 기술. 일빛

임칠성 역. (1997). 대인의사소통. 한국문화사.

이창호. (2007). 스피치 달인의 생산적 말하기. 북포스

전영우. (2007). 귀담아듣는 언어생활 -적극적 경청법-. 민지사

조신영 · 박현찬. (2007). 경청-마음을 얻는 지혜. 위즈덤하우스

직업기초능력지도과정 자료집. (2005). 직업기초능력지도 과정. 서울대 농생대 부설 중등교육연수원.

허정훈 · 김상범. (2007). 건강과 능력개발. 한국폴리텍대학.

홍경자. (2007). 의사소통의 심리학. 이너북스.

황성근. (2006). 너무나도 쉬운 비즈니스 글쓰기. 한겨레출판.

신동아. http://shindonga.donga.com

조선일보. www.chosun.com

중앙일보. www.joins.com

한겨레신문. www.hani.co.kr

한국일보. www.hankooki.com

AM7. www.am7.co.kr

http://blog.naver.com/eob. 2007.8.27.

정창훈. http://www.ebsnews.co.kr/?p=13363

http://study.zum.com/book/11615

한국대학신문(http://news.unn.net)

자투리경제(http://www.jaturi.kr)

http://www.career.go.kr/

학습 1	의사소통의 개념 및 종류
학습 2	**의사소통의 저해요인과 능력개발**
학습 3	문서이해의 개념과 종류
학습 4	문서이해의 절차와 요약
학습 5	문서작성의 개념과 작성법
학습 6	문서작성의 원칙과 표현법
학습 7	경청의 개념과 방해요인
학습 8	경청방법과 훈련
학습 9	의사표현의 개념과 방해요인
학습 10	의사표현법과 지침
학습 11	기초외국어의 개념과 상황
학습 12	기초외국어의 표현방밥과 향상교육법
학습 13	질문활용능력

학습 목표

1. 의시소통의 저해요인과 능력개발을 이해할 수 있다.

2-1 의사소통의 저해요인

직장생활에 있어서 적절한 의사소통이 필수적이다. 고객의 요구사항을 듣지 않고서는 맞춤형 서비스를 할 수 없는 것과 같이, 차근차근 상대방의 말을 듣고 나의 의견을 전달하지 않으면 어떤 일도 할 수 없다. 원만한 직장생활을 하기 위해서는 적절한 의사소통을 해야만 한다. 만약 이를 무시한다면 일은 제자리걸음을 계속해서 하게 될 것이며, 결국 효과적으로 의사소통을 할 수 없어 원활하게 일을 하지 못하게 될 것이다.

평소의 대인관계에서나 직장생활에서나 효과적인 의사소통이 필수요인이다. 하지만 우리는 의사소통의 중요성을 알고는 있지만, 자신도 알지 못하는 사이에 원만한 의사소통을 저해하는 행동을 하기도 한다.

1. 바람직한 의사소통을 저해하는 요인

1) '일방적으로 말하고', '일방적으로 듣는' 무책임한 마음

누구나 실질적인 업무를 맡으면 '실수를 범하지 않도록' 주의를 기울이는 법이다. 하지만 의사소통을 하는데 혹시 '정확히 전달되었는지', '정확히 이해했는지'를 확인하지 않고 그 순간을 넘겨버린다면 서로 '엇갈린 정보'를 가지게 된다.

→ 의사소통 기법의 미숙, 표현 능력의 부족, 이해 능력의 부족

2) '전달했는데', '아는 줄 알았는데'라고 착각하는 마음

사소한 것이라도 '엇갈린 정보'를 바로잡지 않은 채 커뮤니케이션을 하면 업무상 문제가 발생한다. 하지만 자신은 '전달했는데', '아는 줄 알았는데' 하며 착각에 빠져 있기 때문에 업무상 문제를 정보공유의 부족에서 오는 것이라고 생각하지 않는다. '~는데'에서 오는 착각은 서로에게 '엇갈린 정보'만 갖게 할 뿐이다.

→ 평가적이며 판단적인 태도, 잠재적 의도

3) '말하지 않아도 아는 문화'에 안주하는 마음

'말하지 않아도 안다', '호흡이 척척 맞는다', '일은 눈치로 배워라' 등과 같이

직접적인 대화를 통해서 관계하는 것보다, 오히려 '눈치'를 중요시 하는 의사소통을 미덕이라고 생각하는 경향이 있다. 말하지 않아도 마음이 통하는 관계는 '최고의 관계'이지만, 비즈니스 현장에서 필요한 것은 마음으로 아는 눈치의 미덕보다는 정확한 업무처리임을 명심해야 한다.

→ 과거의 경험, 선입견과 고정관념

■ 관련 신문기사

Joins 신문

"IBM, 양복 입고 튀김요리"

"IBM은 양복을 입고 중국 튀김요리를 하듯 (어색한 방식으로) 원가를 절감하려 했다. 반면 우리는 처음부터 끝까지 마른 수건만 쥐어 짜는 방식을 택했다."

IBM의 PC부문 인수 발표(2004년 12월)로 화제를 모았던 중국 최대 컴퓨터 업체 렌샹(LENOVO)을 이끌었던 류촨즈(劉傳志. 63. 사진). IBM 인수 이후 렌샹을 포함해 5개 자회사를 거느린 렌샹지주회사의 회장으로 변신한 그는 중국과 미국 기업 문화의 차이를 이렇게 표현했다.

류 회장은 최근 베이징청년보(北京青年報)와 인터뷰에서 정부의 중국 기업 해외진출(走出去) 촉진 정책과 렌상의 글로벌 전략과 따라 이뤄진 IBM 인수경험 뒷얘기를 비교적 상세히 전했다. 류 회장은 먼저 "2005년 IBM을 공식 인수한 뒤 상당 기간 동안 힘겨운 '적응기'를 겪어야 했다"고 실토했다. 그는 "미국기업의 문화와 중국 기업의 문화는 많이 달랐다"며 "이질적인 문화 배경을 갖고 있는 기업을 통합하는 과정에서 상상하지 못한 어려움에 부닥쳤다"고 회고했다.

예컨대 내부 의사소통의 경우 중국인 식원늘은 사전에 조율된 입장에 따라 일을 처리한 반면 미국인 직원들은 아무리 열띤 토론을 거친 결정이라도 상황이 바뀌면 중간에 바꾸더라는 것이다. 그는 솔직. 존중. 타협이란 3원칙을 갖고 통합의 시련기를 헤쳐 나갔다고 말했다. "(미국 기업 문화와) 타협할 부분이 있으면 타협하되 (중국 기업 입장에서)주도해야 할 대목은 절대 양보하지 말자"는 원칙을 관철했고, 이제는 어느 정도 이룬 것 같다고 했다.

중국 정보기술(IT) 업계를 대표해온 류 회장은 이제 단순한 제조업체 최고경영자(CEO)에서 벗어나 투자가로 변신했다.

그가 이끄는 렌샹지주회사 산하에는 렌샹투자.훙이(弘毅)투자 등 금융 및 개발 업체가 들어있다. 류 회장은 "충분한 시간을 들여 찾아낸 투자 전략을 후배 CEO에게 적극 전수해줄 작정"이라고 말했다.

출처 : 중앙일보 인터넷 신문. 2007년 02월 09일자

2-2 의사소통 능력의 개발

자신의 의사소통능력을 개발하는 것은 쉬운 일이 아니다. 대부분의 사람들이 의사소통능력을 개발하려 계획하고 노력하지만, 실제 그것이 잘 지켜지지 않는 일이 대부분이다. 이는 의사소통능력개발 계획을 세우데 있어서 자신에게 필요한 능력이 무엇인지 스스로에 대한 정확한 평가와 실천 가능한 계획, 그리고 이를 실천하기 위한 끈기가 없기 때문이다.

의사소통능력을 개발하기 위해서는 자신이 원활할 의사소통을 하지 못하는 저해요인을 분명히 알고, 이를 제거하기 위한 훈련을 해야 한다. 그러기 위해서는 무엇보다도 자신이 스스로 의사소통의 중요한 주체임을 인지하고, 자신의 문제점을 객관적으로 분석할 수 있어야 한다. 또한 타인을 이해하려는 노력과 조직의 구성원으로서 조직분위기를 개선하도록 노력하는 것도 필요하다.

1. 사후검토와 피드백 주고 받기

1) 피드백이란

상대방에게 그의 행동의 결과가 어떠한지에 대하여 정보를 제공해 주는 것을 말한다. 즉, 그의 행동이 나의 행동에 어떤 영향을 미치고 있는가에 대하여 상대방에게 솔직하게 알려주는 것이다.

2) 사후검토와 피드백 활용

의사소통의 왜곡에서 오는 오해와 부정확성을 줄이기 위하여 말하는 사람 또는 전달자는 사후검토와 피드백(Feedback)을 이용하여 메시지의 내용이 실제로 어떻게 해석되고 있는가를 조사할 수 있다.

얼굴을 맞대고 하는 의사소통에서는 이러한 사후 검토나 피드백이 직접 말로 물어볼 수도 있고, 얼굴표정 등으로 정확한 반응을 얻을 수 있기 때문에 용이하다.

3) 사후검토와 피드백 시 유의점

피드백은 상대방이 원하는 경우 대인관계에 있어서 그의 행동을 개선할 수 있는 기회를 제공해 줄 수 있다. 하지만 부정적이고 비판적인 피드백만을 계속적으로 주는 경우에는 오히려 역효과가 나타날 수 있으므로 피드백을 줄 때 상대방의 긍정적인 면과 부정적인 면을 균형 있게 전달하도록 유의하여야 한다.

2. 언어의 단순화

의사소통에서 나누는 내용을 구성할 때 사용되는 언어는 받아들이는 사람을 고려하여 어휘들을 주의하여 선택하여 보다 명확하고 이해 가능한 것을 선택해야 한다. 의사소통에서 필요한 상황에 따라 용어의 선택이 달라질 수 있다. 전문용어는 그 언어를 사용하는 집단 구성원들 사이에 사용될 때에는 이해를 촉진시키지만, 조직 밖의 사람들에게 예를 들어 고객에게 사용했을 때에는 의외의 문제를 야기할 수 있기 때문에 의사소통을 할 때 주의하여 단어를 선택하는 것이 필요하다.

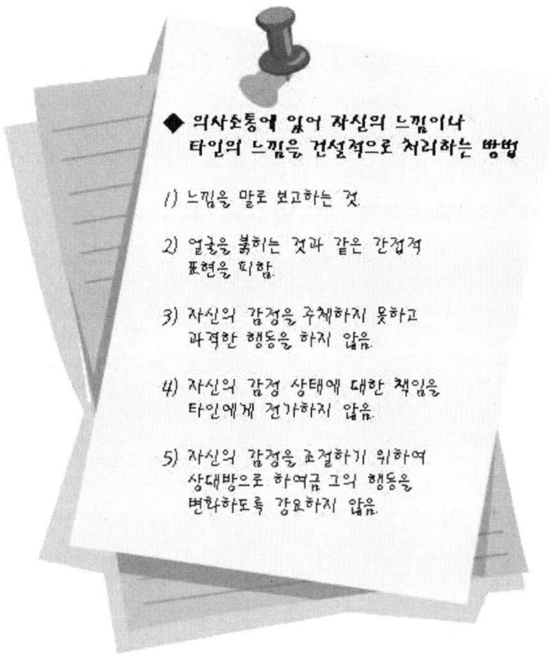

3. 적극적인 경청

우리는 다른 사람과 대화를 할 때 신체적으로는 가까이 있으면서도 상대가 말하고자 하는 내용에는 관심을 보여주지 않는다면 그 사람과는 의미 있는 대화를 더 이상 나누기 어렵다. 단순이 상대방의 이야기를 들어주는 것과 경청의 의미는 다르다. 듣는 것은 수동적인 데 반해 경청은 능동적인 의미의 탐색이다. 경청의 의미는 의사소통을 하는 양쪽 모두가 같은 주제에 관해 생각하고 있다는 것이다.

하지만 경청은 지적인 노력을 요구하고 전적으로 정신력의 집중을 필요로 하기 때문에 그리 쉬운 일이 아니다. 따라서 상대방의 입장에서 생각하려고 노력하면서 감정이 이입될 때, 현재 일어나고 있는 의사소통에서 무엇이 이야기 되고 있는가를 주의 깊게 경청하므로 적극적 경청은 더욱 용이해진다.

4. 감정의 억제

우리는 감정적인 존재이므로 언제나 이성적인 방법으로 의사소통을 하지는 않는다. 의사소통에 있어서 느낌을 갖는다는 것은 자연스러운 일이다. 하지만 자신의 상황에 따라 어떤 문제에 대해 감정적으로 좋지 못한 상황에 있을 때 듣거나, 문서가 주어진다면 메시지를 곡해하기 쉽고, 반대로 자신이 전달하고자 하는 의사표현을 명확하고 정확하게 하지 못할 경우가 많다. 이러한 상황에 있을 때 가장 좋은 방법은 침착하게 마음을 비우도록 노력하고, 자신이 평정을 어느 정도 찾을 때까지 의사소통을 연기하는 것이다. 하지만 조직 내에서 의사소통을 무한정 연기할 수는 없기 때문에 먼저 자신의 분위기와 조직의 분위기를 개선하도록 노력하는 등 적극적인 자세가 필요하다.

2-3 인상적인 의사소통

자신의 의견을 상대방이 깊이 새기도록 만드는 것은 쉬운 일이 아니다. 대부분의 사람들이 상대방과의 의사소통과정에서 자신의 의견을 인상적으로 깊이 받아들이도록 기대하지만 실제 그것이 잘 이뤄지지 않는 일이 대부분이다. 이는 의사소통과정에서 사용하는 언어의 활용이 제한적이기 때문이다.

상대방에게 자신과의 의사소통이 인상적인 경험으로 남도록 하기 위해서는 상대가 '과연'하며 감탄하도록 만들어야 한다. 오랫동안 익숙한 사람들과 같은 환경에서 생활하다보면 시야가 좁아진다. 이는 의사소통에서도 마찬가지다. 오랫동안 알고 지낸 사람들은 그들만의 언어로 다양한 표현을 하지 않아도 서로 이해하기 때문에 언어의 활용량이 자연히 줄어들며, 이는 의사표현의 한계를 가져온다. 하지만 직업생활을 하다보면 언제나 같은 사람들만 만나는 것이 아니라 새로운 사람도 들어오고, 새로운 고객을 만나는 일이 많기 때문에 인상적인 의사소통을 위하여 스스로 많은 노력을 해야 한다.

1. 인상적인 의사소통이란

인상적인 의사소통이란 의사소통과정에서 상대방에게 같은 내용을 전달한다고 해도 이야기를 새롭게 부각시켜 인상을 주는 것을 말한다. 즉 내가 전달하고자 하는 내용이 상대방에게 의사소통과정을 통하여 '과연'하며 감탄하게 만드는 것이라고 할 수 있다.

2. 인상적인 의사소통의 중요성

① 자신에게 익숙한 말이나 표현만을 고집스레 사용하면 전달하고자 하는 이야기의 내용에 신선함과 풍부함, 또는 맛깔스러움이 떨어져 의사소통에 집중을 하기 어렵다. 보통 회사 내에서만 생활하는 직업인은 인상적인 의사소통의 중요성을 잊기 쉽다.

② 새로운 고객을 만나는 직업인이라도 매일 다른 사람을 만나기 때문에 같은 말을 되풀이하는 경향이 많다. 하지만 상대방에게 인상적으로 나의 의견을 전달하기 위해서는 상대의 마음을 끌어당길 수 있는 표현법을 많이 익혀, 이를 활용해야 한다.

③ 의사소통과정에서 자신의 의견을 인상적으로 전달하기 위해서는 선물 포장처럼 자신의 의견도 적절히 꾸미고 포장하는 것이 필요하다.

Tip 의사소통을 위한 노력

- 언제나 주위의 언어 정보에 민감하게 반응하고, 자신이 활용할 수 있도록 노력한다.
- 자신이 자주 사용하는 표현을 찾아내 다른 표현으로 바꿔 본다.
- 언제나 '다른 표현은 없을까?'하고 생각하고, 새로운 표현을 검토해 본다.

커뮤니케이션 게임

커뮤니케이션의 중요성이나 수단을 이해하려면 설명을 듣거나 글을 읽어 이해하는 것도 필요하지만, 구체적으로 체험하기 위해서는 자신이 직접 커뮤니케이션에 관한 롤플레이를 하는 것도 좋다.

게임을 하기 위해서는 최소한 2명 이상이 필요하나, 인원이 많아도 충분히 운영할 수 있으며 교육의 효과를 높이기 위해서 팀을 나누어 시합하는 것도 좋다.

■ 준비물

① A4용지에 임의의 도형들이 그려진 것을 미리 준비한다.

② 종이와 필기구

③ 스톱워치

■ 게임 방법

① 한 팀의 2명이 서로 등을 맞대고 의자에 앉는다(게임 참가자 전체는 큰 원으로 둘러앉는다).

② 큰 원의 안쪽에 앉은 사람에게 도형이 그려진 종이를 준다.

③ 등을 맞대 내 파트너에게 그림을 설명하고 상대파트너는 설명을 듣고 그림을 빈 종이에 그린다.

④ 정해진 시간동안 진행한다.

⑤ 그린 그림의 결과를 팀 별로 비교하여 시상한다.

■ 운영 노하우

① 처음 게임에서는 전달자가 설명만 할 수 있고, 전달 받는 사람은 질문을 할 수 없다(한방향 커뮤니케이션을 경험).

② 두 번째 게임에서는 전달 받는 사람이 궁금한 것을 질문할 수도 있다(쌍방향 커뮤니케이션을 경험).

③ 두 가지 결과를 비교하고 평가하여 한방향 커뮤니케이션보다는 쌍방향 커뮤니케이션의 결과가 좋음을 확인 시킨다. 그리고 질문의 효과를 이해하게 한다.

※ 커뮤니케이션 게임을 통해서 무엇을 배울 수 있는 점

일방적으로 상대로부터 의사 전달을 받는 경우에는 이해도와 정확도가 떨어진다. 왜냐하면 똑같은 말이나 단어를 사용해도 이해되는 것은 사람에 따라 달라지기 때문이다. 사람들은 자신의 경험이나 지식을 기준으로 외부의 정보를 받아들이기 때문에 질문하거나 의견을 교환하여 확인하지 않으면 오해하거나 왜곡될 수 있다. 반면에 양방향 의사 전달으 f하는 경우에는 서로 질문하고 의견을 교환하여 오해나 왜곡을 제거하여 정확한 뜻을 이해할 수 있다.

출처 : 심재우(2004). GE처럼 커뮤니케이션하라

수행 내용

재료 · 자료

• 의사소통능력 관련 자료

기기(장비 · 공구)

• 컴퓨터, 프린터, 주변기기

안전 · 유의사항

• 컴퓨터 및 주변기기의 전원을 관리한다.

수행 순서

01 의사소통의 저해요인에 대하여 분석하라.

의사소통은 다양한 이유로 제한되거나 저해되기도 한다. 홍보팀 S팀장은 깐깐하고 꼼꼼한 성격 탓에 같은 팀 동료들이 스트레스를 많이 받는다. 사내 체육대회 1등을 전통으로 이어온 홍보팀은 올해도 그 전통을 이어가기위해 한 달 전부터 퇴근 후 연습이 시작되었다. 깐깐한 S팀장의 지휘 아래 '연습만이 살길'이라는 모토를 정하고 열심히 준비했다. 하지만 1등을 꼭 해야 한다는 스트레스를 주던 S팀장은 동료들과 의견교환이 되지 않아 갈등이 빚어지기도 했다. 평소 의사소통을 잘 하지 못하고 직장동료들과의 관계가 극단으로 치달은 S팀장의 의사소통 저해요인이 무엇인지 알아보자.

사 례

도대체 뭐가 불만인데?

홍보팀 S팀장은 다소 깐깐하고 꼼꼼한 성격 탓에 같은 부서 동료들이 스트레스를 많이 받는 일이 자주 일어났다. 이번 사내 체육대회에서도 반드시 1등을 해야 한다는 목표를 향

해 퇴근 후 저녁 늦게까지 열심히 연습하고 준비하였다. 하지만 가정 형편이 좋지 않아 퇴근 후 다른 일을 더 해야만 하는 사원, 부모님이 아프셔서 집에 일찍 들어가야 하는 사원들에게까지 연습에 참여하지 않는다고 지나치게 깐깐하게 대해 회사 동료들 사이에 불만이 쌓여가고 있었다.

결국 그녀의 깐깐함 덕에 올해도 사내 체육대회 1등이라는 목표를 이루었지만 그 과정에서 같은 부서 동료들은 S팀장의 리더십과 의사소통능력에 대해 의문을 가졌고 말다툼을 하게 되는 등 홍보팀 분위기가 사내 체육대회 이전보다 훨씬 나빠졌다.

활 동

업무능력은 탁월하지만 타인과의 의사소통능력이 부족한 S팀장은 항상 같은 부서 동료들과의 관계에 어려움을 겪고 있다. 이는 자신의 의사소통능력 스타일을 잘 알지 못하기 때문인데, 자신의 대인관계 의사소통 스타일에 대해 곰곰이 생각해 보고, 다음에 제시된 키슬러의 대인관계 의사소통 양식지에 체크하여 자신 스스로의 대인관계 의사소통 스타일을 알아보자.

전혀 그렇지 않다	약간 그렇다	상당히 그렇다	매우 그렇다
1	2	3	4

문 항		1	2	3	4	문 항		1	2	3	4
1	자신감이 있다					21	온순하다				
2	꾀가 많다					22	단순하다				
3	강인하다					23	관대하다				
4	쾌활하지 않다					24	열성적이다				
5	마음이 약하다					25	지배적이다				
6	다툼을 피한다					26	치밀하다				
7	인정이 많다					27	무뚝뚝하다				
8	명랑하다					28	고립되어 있다				
9	추진력이 있다					29	조심성이 많다				
10	자기자랑을 잘한다					30	겸손하다				
11	냉철하다					31	부드럽다				
12	붙임성이 없다					32	사교적이다				

13	수줍음이 있다					33	자기주장이 강하다				
14	고분고분하다					34	계산적이다				
15	다정다감하다					35	따뜻함이 부족하다				
16	붙임성이 있다					36	재치가 부족하다				
17	고집이 세다					37	추진력이 부족하다				
18	자존심이 강하다					38	솔직하다				
19	독하다					39	친절하다				
20	비사교적이다					40	활달하다				

채점과 해석

각 유형별 문항에 대한 응답을 아래의 칸에 합산하고, 아래 그림에 자신의 점수를 0표로 표시하고, 점수들을 연결하여 팔각형을 그려라.

팔각형의 모양이 중심으로부터 특정 방향으로 기울어진 형태일수록 그 방향의 대인관계 의사소통 양식이 강하다고 해석된다. (이 결과는 자신의 대인관계 의사소통에 대하여 주관적으로 지각한 것일 뿐이므로 고정관념을 갖지 않도록 유의해야 한다.)

- 지배형 (1, 9, 17, 25, 33) ________
- 실리형 (2, 10, 18, 26, 34) ________
- 냉담형 (3, 11, 19, 27, 35) ________
- 고립형 (4, 12, 20, 28, 36) ________
- 복종형 (5, 13, 21, 29, 37) ________
- 순박형 (6, 14, 22, 30, 38) ________
- 친화형 (7, 15, 23, 31, 39) ________
- 사교형 (8, 16, 24, 32, 40) ________

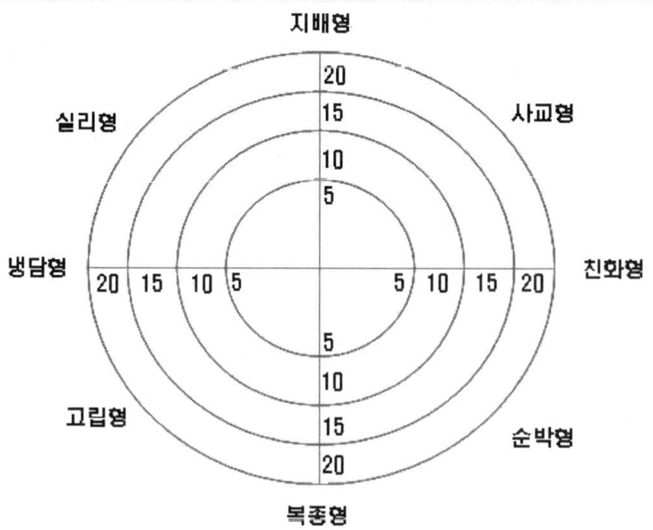

키슬러 양식에 의한 나의 대인관계 의사소통 양식

02 의사소통능력 개발 사례에 대하여 분석하라.

의사소통능력은 사소한 노력으로 향상될 수 있다. M씨는 친구들로부터 남의 이야기를 흘려듣는다거나 금방 잊어버린다는 얘기를 많이 들었다. 그래서 M씨는 다른 사람의 이야기를 들을 때나 책이나 문서를 읽을 때 중요부분을 메모하는 습관을 들였다. 처음에는 귀찮고 힘들었지만 지금은 그렇게 모은 메모들이 중요한 자료로 쓰일 때가 상당히 많다. 이렇게 의사소통능력을 개발하기 위한 M씨의 노력을 바탕으로 우리는 의사소통능력을 개발하기 위해 어떤 노력을 해야 할 지 알아보자.

사 례

기록은 기억을 지배한다

취업을 준비하고 있는 M군은 자주 친구들로부터 다른 사람의 이야기를 흘려듣거나 금방 잊어버린다는 얘기를 많이 들어 어떤 일을 하던 간에 늦거나 잘못하는 경우가 많았다. 그리고 같은 일을 했음에도 불구하고 남들보다 남겨진 자료가 별로 없는 것을 발견하였다. 그래서 M군는 항상 메모하고 기억하려는 노력을 하기로 결심하고 이를 실천에 옮겼다. 그 후 M군는 취업준비 스터디시간에는 물론이고, 먼저 취업한 선배들을 만날 때, 신문이나 책을 읽을 때 역시 메모를 하려고 열심히 노력했다. 처음에는 메모가 귀찮기도 하고, 쉽지 않아 다른 사람은 어떻게 정리하고 작성하는지 관찰하는 것을 시작으로 언제 어디서든 메모하였다.

메모를 하다 보니 자신만의 방법을 터득하게 되었는데, 글자로만 메모를 하는 것이 아니라 기호와 자신만의 암호를 정해 더욱 간단하고 신속하게 메모할 수 있었으며, 시간이 지난 뒤에도 알아보기 쉽도록 중요한 사항은 한눈에 띄도록 메모하였다. 그리고 메모한 내용과 관련 자료를 주제별로 분리하고 문서 보관 상자에 넣어 자신만의 데이터베이스를 만들기에 이르렀다.

이후 취업스터디모임에서 희망하는 회사에 대해 스터디를 했는데 모아둔 메모와 자료를 바탕으로 쉽게 작성할 수 있었고, 기존의 메모에 새로운 생각이 더해져 더욱 풍부한 자료가 되었다.

■ 활 동

M군은 자신의 부족한 의사소통능력을 메모하는 습관을 통해 더욱 개발하려 노력했다. 그렇다면 자신에게 맞는 의사소통능력을 개발하기 위한 방법에는 어떤 것이 있을지 생각하여 정리해보고, 다음에 제시된 의사소통능력 개발 Tip과 비교하여 자신에게 어떤 노력이 더 필요한지 적어보자.

의사소통능력을 개발하기 위한 방법에는 어떤 것들이 있을까?

의사소통능력 개발 Tip

1. 사후검토와 피드백의 활용
- 직접 말로 물어보거나 얼굴표정이나 기타 표시 등으로 정확한 반응을 살핀다.

2. 언어의 단순화
- 명확하고 쉽게 이해 가능한 단어를 선택하여 이해를 높인다.

3. 적극적인 경청
- 감정을 이입하여 능동적으로 집중하여 경청한다.

4. 감정의 억제
- 감정적으로 메시지를 곡해하지 않도록 침착하게 의사소통 한다.

나는 어떤 노력을 더 해야 할까?

03 인상적인 의사소통 능력의 사례와 활동에 대하여 분석하라.

직장생활에서 의사소통은 상대방에게 깊은 인상으로 남도록 해야 한다. 부하직원들은 A과장에게 앵무새라는 별명을 지어주었다. 왜냐하면 A과장은 언제나 부하들에게 특별한 칭찬은 하지 않고 '기대하겠네'라는 말만 되풀이하기 때문이다. 부하직원들은 A과장이 얘기하려고 하면 질린 표정부터 짓는다. 인상적인 의사소통이 왜 필요한지를 생각해 보자.

사 례

과장님은 맨날 똑같은 말만 해

매주 수요일 업무보고시간에 참석하는 홍보팀의 팀원들은 A과장이 입을 열자 서로 눈치를 보며 한숨을 쉰다. A과장은 매번 회의에서 똑같은 말만 반복하기로 유명해진지 오래되었고, 회사에서 A과장만 모르는 그의 별명은 '앵무새'이다. 그는 그에게 익숙한 말들만 고집스레 반복하여 사용하기 좋아하는 대표적인 상사이다. 기업이미지 홍보전략을 위한 회의에서도 A과장은 별다른 전략적 제안 없이 무조건 부하직원들에게 '그럼 기대하겠네.'라는 말을 하고, 직원 사기증진을 위한 홍보전략 회의에서도 역시나 A과장은 별다른 전략적 제안 없이 무조건 부하직원들에게 '그럼 기대하겠네.'라는 말만 반복했을 뿐이다.

이제 A과장과 함께하는 홍보팀 회의는 A과장이 말을 꺼내기 시작하면 하품을 하거나, 지루한 표정을 짓는 부하직원들이 많아졌다. A과장도 좀처럼 잡히지 않는 회의분위기를 의식한 듯 어떻게든 회의를 가다듬어 보려고 하지만 자신은 왜 그러는지 이유를 몰라 답답하기만 하다.

■ 활 동

'과장님은 맨날 똑같은 말만 해' 사례에서도 살펴볼 수 있듯이 A과장은 다른 사람과의 의사소통에서 매번 같은 말을 반복하며 싶은 인상을 주지 못하고 있다. 우리는 의사소통과정에서 상대방에게 깊은 인상을 주고, 상대가 감탄하도록 의사표현을 하기 위해서는 다양한 표현을 사용해야 한다. 밑에 제시된 말과 비슷한 의미를 가진 표현을 적어보자.

부하에게 – '열심히 하고 있군'	고객에게 – '사용하기 쉽습니다'
1	1
2	2
3	3
4	4
5	5
6	6
7	7
8	8

04 4차 산업혁명 시대의 특성과 인재상을 연계하여 분석하라.

1. 산업혁명 시대별 기술특성에 따른 사회적 영향과 인재상

2차 산업혁명 시대 대량생산이 가능해지면서 노동이 분화되고 전문화되기 시작하였다. 부모의 공장노동으로 인해 근대식 학교가 탄생하고 기초학업과 표준화된 교육과정이 중시되기 시작하였다.

3차 산업혁명 시대 IT를 중심으로 급격한 기술 발전이 진행한다. 기초학업 능력과 함께 디지털 기술에 대한 이해 및 기술에 대한 전문 역량이 필요하다.

4차 산업혁명은 초연결성, 초지능성을 특징으로 기하급수적 기술 발전과 함께 급격한 사회구조의 변화가 예상된다. 기술 발전과 사회 변화에 대응하기 위해 창의적이고 유연한 사고를 보유한 인재 양성을 위한 교육 필요성 증대한다.

시대적 변화에도 불구하고 학교와 교육은 2차 산업혁명 시대의 가치와 패러다임에 머물러'학교는 여전히 인재를 배출하는 공장', '교육은 품질이 보장된 부품'으로서의 목표를 추구한다.

2. 4차 산업혁명 시대의 구체적인 특성과 인재상

[그림 2-1] 4차 산업혁명시대 특성에 다른 인재상

1) 4차 산업혁명 시대의 특성 : 초연결성

뉴스가 시민기자, SNS 이용자들에 의해 실시간으로 전달되고 확산되는 1인 방송 및 개인 기자 시대 도래하였다. 초연결성으로 인해 참여민주주의, 생산과정의 민주화 등 새로 운 기회가 발생하는 것과 함께 가짜뉴스의 범람, 비윤리적 방 송 등으로 인한 사회적 문제가 야기하고 있다.

사회적 문제 예방 및 해결을 위해 비판적 사고능력, 시민정신, 글로벌 사고 등이 부상되었으며 상당히 시급한 목표로 부각하고 있다.

2) 4차 산업혁명 시대의 특성 : 불확실성

예측할 수 없는 미래에 대하여 사라지는 직업과 새로 생겨날 직업에 대한 예측과 새로 생겨날 기술로 인한 사회적 변화에 대한 불안감이 증폭하고 있다.

불확실한 미래로 인해 새로운 환경에 적극적으로 대처할 수 있는 자기 주도적 능력이 요구된다. 어떤 문제든 창의적으로 해결하고자 하는 의지와 능력을 가진 문제 해결력을 보유한 인재상이 요구된다.

3) 4차 산업혁명 시대의 특성 : 인공지능, 자동화

인공지능의 고도화 및 자동화로 인해 단순 노동이 기계로 대체되는 현상이 가속화되고 있다. 단순노동직 일자리(예 주차정산원, 전화응대원 등)가 사라지고 단계별로 기계가 대체하기 어려운 창의성 요구되는 직업을 가질 수 있도록 대비가 필요하다.

인공지능 기술의 보편적 활용 및 의사결정 참여에 따라 인공 지능 개발자의 윤리의식이 중요한 요소로 대두되고 있다. 다양한 분야간 융합과 혁신을 위해 협업이 반드시 필요하며 이를 위해 통섭적 이해, 소통, 공감 등 협업을 위한 능력이 요구된다.

4) 4차 산업혁명 시대의 특성 : 빠른 변화

인공지능이 인간의 지능을 앞지르게 되는 특이점을 기준으로 그 이후의 사회적 변화는 예측이 어려움이 있다.

미래사회가 예측하기 어려워짐에 따라 사회에서 요구되는 기술이나 능력에 대한 예측이 어려워 적응력과 유연성을 가진 인재가 필요하다. 다양한 문화가 빠른 속도로 전파되고 있으며 이러한 시대에 대응하기 위한 전략 및 역량 계발이 요구된다.

05 4차 산업혁명 시대의 자동화로 인한 일자리 감소와 정보 혼란에 대하여 분석하라.

1. 자동화로 인한 일자리 감소

1) 무인 주문(Self-Order Kiosk)

파네라 브레드는 미국과 캐나다에 1500여개의 점포를 가진, 베이커리-카페로 2014년부터 셀프주문을 위한 키오스크를 'Panera 2.0'이라는 이니셔티브로 운영하기 시작하였다. 파네라 브레드는 3년에 걸쳐 직영 매장 전체에 셀프주문용 키오스크를 운영체제를 도입하였다. 기존에 카운터에서 주문을 받던 계산 직원을 줄이고 조리원 을 늘림으로써 이용자에 대한 서비스 품질이 개선되었고 생산성이 향상되었다. 키오스크 도입을 기점으로 직영점의 매출은 5~6% 상승하였다.

일자리 감소에 대한 우려를 잠재우기 위해 기존의 직원들을 테이블 서비스와 딜리버리 서비스로 재배치하였다.

아마존, 도미노 등에 의해 드론, 자율주행 등을 이용한 딜리 버리 서비스에 대한 지속적인 시도가 이루어지고 있는 가운데 궁극적으로는 인건비 절감으로 가는 시발점으로 해석한다. 미국의 최저임금 향상으로 인해 이러한 변화는 파네라 브레 드를 기점으로 웬디스, 맥도날드 등과 같은 패스트푸드 체인으로 확대되는 추세이다.

미국의 맥도날드의 셀프 주문은 2500명의 카운터 직원의 대체를 예고하고 있다.

한국의 전체 매장 460여개 중 250여개 매장에 셀프 주문을 할 수 있는 키오스크 시스템을 2017년 상반기 도입 완료되었다. 버거킹의 경우 전국 268개 매장 중 47개에 무인 시스템이 설치하였다.

이러한 현상은 최저임금의 향상과 온라인 스토어로 인한 매출 부진과 맞물려 패스트푸드 체인의 생존 전략으로 해석한다.

2) 무인 계산(Self-Checkout)과 회계 로봇

미국의 대규모 쇼핑몰인 타겟과 월마트는 2013년부터 셀프 계산대를 운영하기 시작하였다. 당시 해당 인력을 해고하지 않았으나 타겟의 경우 셀프계산 이 수익감소를 막지 못해 결과적으로 2015년에 2000명의 직 원을 해고하고 1400명의 신규채용을 취소하였다.

월마트의 경우 2017년 홀리데이 시즌(추수감사절과 크리스마스)을 대비하여 신규채용을 하지 않는 대신 기존 직원들의 업무 시간을 연장하기로 결정했다고 최근 발표하였다. 같은 기간 홀리데이 시즌을 대비하여 타겟의 경우 2000명을 임시고용하였다. 그러나 월마트에게 이것이 가능한 이유는 셀프 계산대를 활용할 수 있기 때문으로 간주되었다.

월마트는 최근 Cash 360 이라는 로봇을 도입하여 4000명의 직무대체를 이루었고 이 과정에서 500명 이상이 퇴사하였다. Cash 360은 초당 8장의 지폐, 3000개의 동전을 세고 즉시 은행에 입금까지 시켜주는 로봇으로 미국의 거의 모든 4700개 매장에 투입하였다.

3) 시사점

① 이미 자동화로 인해 대체되고 있는 직업들의 예는 공장노동자, 은행 창구직원, 전화응대 직원, 우편물 분류사 등으로 대부분 전문성이나 창의성 보다는 반복·기계적인 일을 하는 인력이다.

- 더 나아가 최근에는 약사, 주식거래사, 정보 수집 및 분석 가 등 어느 정도의 전문성을 요하는 직업들까지 대체
- 월스트리트저널에 의하면 자동화에 의해 대체가능성이 가장 높은 직업이 많은 산업의 분야가 식음료와 호텔산업, 교통과 저장산업, 부동산업, 소매업 순

② 학력에 따른 소득 격차의 문제와 맞물려 성적이 월등히 높은 학생을 제외한 나머지 대다수의 학생들에게 실질적인 진로문제로 대두

- 최상위 성취도를 가진 학생 소수를 제외하고 나머지 학생 들 대부분에 닥친 현실적인 문제
- 특히 한국의 경우 단기 계약직 인력이 담당하던 부분으로 자동화가 확대될수록 이들이 일할 수 있는 기회는 점차로 줄어들 것으로 예상

③ 전문성과 창의성을 핵심 역량으로 하는 학습이 시급하며, 진로교육 뿐만이 아닌, 모든 과목에서 시행되어야 한다.

2. 정보의 혼란

1) 가짜 뉴스

초연결성, SNS를 이용한 일반인의 온라인 글게시 및 출판 등에 힘입어 뉴스 보도 및 관점의 다양화와 민주화가 이루어졌으나 동시에 가짜뉴스가 심각한 사회적 문제로 대두도고 있다.

미국의 경우 2016년 대선 과정에서 가짜뉴스가 대선 결과에 영향을 미쳤다고 할 수 있을 정도로 정치적 영향력이 커지고 있다.

국내의 경우도 가짜뉴스의 대상으로 정치인이나 정치적 사건이 대부분을 차지하고 있다.

가짜뉴스는 페이스북과 같은 SNS 서비스와 카카오톡 단체톡방을 통해 주로 확산하고 있다. 이와 같은 플랫폼은 청소년들의 사용량이 많은 매체로 실제로 가짜뉴스에 가장 취약한 계층이 청소년임이 스탠포드 연구진에 의해 보고되고 있다.

2) 1인 미디어

1인 미디어란 1인 크리에이터가 콘텐츠를 생산하고 공유하는 시스템이자 문화로 팟캐스트에서 시작된 개인 방송이 최근에는 실시간 영상 방송으로 확대하고 있다.

① 1인 미디어의 콘텐츠는 먹방(먹는 방송), 쿡방(요리하는 방송), 공방(공부하는 방송), 게임중계, 톡방(사연과 글을 읽어 주는 방송) 등 기존 전통 미디어 콘텐츠와 차별화하고 있다.

1인 미디어 확산은 새로운 산업 기회이나 방송 내용의 선정성, 반사회성, 비윤리성 등으로 인해 심각한 사회 문제로 대두되고 있다.

② 방송 내용이 법적 규제, 자율적 규제 없이 청소년들에게 진달되고 있다.

3) 시사점

① 가짜뉴스로 인해 피해를 보지 않는 방법, 윤리적인 크리에이터가 되는 방법, 콘텐츠를 선별해낼 수 있는 방법 등은 사용자의 개별적 판단에 맡겨야 하는 문제

- 기존의 주입식 교육의 방식으로는 가짜뉴스와 진짜뉴스를 교사나 보호자가 선별하여 직접 교수를 해야 한다(예 "이것은 진짜고 이것은 가짜야").
- 정보가 디지털화되기 전에는 이러한 직접 선별 및 교수가 가능했을 수 있으나 디지털 정보가 범람한 현대에는 이러한 직접 교수가 불가능
- 기존의 주입식 교육의 방식으로는 미디어 콘텐츠를 교사 나 부모가 스크린하고 아동에게 적절하다고 여겨지는 것만 선별하여 주는 것이 가능
- 그러나 1인 1스마트기기의 시대에 이러한 직접적 통제는 매우 어려우며, 명확한 기준 제시 역시 어려움

② 정보의 범람과 초연결성으로 인해 학생들은 이전에는 존재 하지 않았던 새로운 문화와 사회적 현상 가운데 살고 있다.

- 이것은 먼 미래의 이야기가 아니라 지금 당장 우리의 학생 들에게 영향을 주고 있는 문제임

③ 학생들이 뉴스의 진위를 판별하고, 콘텐츠의 적절성 여부를 판단할 수 있도록 비판적 사고력, 윤리교육, 시민교육 등이 모든 학습과정에 걸쳐 비중 있게 실시될 필요가 있다.

학습활동.2 교수 · 학습 방법

교수 방법

- 의사소통의 저해요인과 능력개발에 대한 관련 용어, 구성, 방식 이해 정도를 파악한 후 수업을 진행한다.
- 교수자의 주도로 의사소통의 저해요인과 능력개발 등의 내용을 PPT 자료로 제시한 후 설명한다.
- 가능하면 사전에 개인별 학습 자료를 준비하여 모든 학생이 참여할 수 있는 문제 해결식 수업, 협력 수업이 가능하도록 한다.
- 의사소통의 저해요인과 능력개발 전 과정을 작업의 순서에 따라 단계적으로 실습이 이루어질 수 있도록 지도한다.
- 교재를 통해 수업을 준비하는데 있어서 필요한 모든 정보나 팁, 힌트 등 도움이 될 만한 내용들을 확인할 수 있다.
- 학생들이 만들게 될 각 모델들은 수업시간에 중점적으로 다뤄질 부분과 어휘, 질문, 답을 포함하고 있으며 또한 탐구할만한 추가적인 아이디어들도 포함하고 있다.

학습 방법

- 의사소통의 저해요인과 능력개발에 대한 관련 용어를 숙지하고, 의사소통능력에 대해 이해한다.
- 의사소통의 저해요인과 능력개발의 각 단계별 중점 사항을 체계적으로 학습한다.
- 의사소통의 저해요인과 능력개발의 수행순서의 전 과정을 실습한다.
- 의사소통의 저해요인과 능력개발의 내용을 이해한다.
- 의사소통의 저해요인과 능력개발을 이해하고 숙달이 될 때까지 학습한다.

학습활동.2 평가 및 피드백

평가 준거

- 평가자는 피평가자가 수행 준거 및 평가 내용에 제시되어 있는 내용을 성공적으로 수행할 수 있는 지를 평가해야 한다.

학습내용	평가항목	성취수준		
		상	중	하
의사소통의 저해요인과 능력개발	의사소통의 저해요인과 능력개발을 이해할 수 있다.			

평가 방법

• 작업 포트폴리오

학습내용	평가항목	성취수준		
		상	중	하
의사소통의 저해요인과 능력개발	의사소통의 저해요인과 능력개발을 이해할 수 있다.			

• 필기시험

학습내용	평가항목	성취수준		
		상	중	하
의사소통의 저해요인과 능력개발	의사소통의 저해요인과 능력개발을 이해할 수 있다.			

• 체크리스트를 통한 관찰

학습내용	평가항목	성취수준		
		상	중	하
의사소통의 저해요인과 능력개발	의사소통의 저해요인과 능력개발을 이해할 수 있다.			

• 피드백

1. 작업 포트폴리오
   - 제출한 보고서를 평가한 후 주요 사항에 대하여 표시하여 돌려준다.
2. 필기시험
   - 평가 결과 성적이 저조한 학생은 보고서 제출 기회를 부여한다.
3. 체크리스트를 통한 관찰
   - 실습 과정에서 평가한 후 개선해야 할 사항 등을 정리하여 돌려둔다.

학 · 습 · 평 · 가

1. 우리는 의사소통의 중요성을 알고는 있지만, 종종 원만한 의사소통을 저해하는 행동을 하기도 한다. 원만하고 바람직한 의사소통을 저해하는 요인을 작성해 보자.

•   •   •   •   •

2. 의사소통능력의 개발한 관한 설명 중 맞으면 ○, 틀리면 ×를 표시해 보자.

- 전문용어는 그 언어를 사용하는 집단 구성원들 사이에 사용될 때에나 조직 밖에서 사용할 때나 똑같이 이해를 촉진시킨다. (　　)
- 상대방의 이야기를 들어주는 것과 경청의 의미는 같다. (　　)
- 피드백은 상대방이 원하는 경우 대인관계에 있어서 그의 행동을 개선할 수 있는 기회를 제공해 줄 수 있다. (　　)

3. 인상적인 의사소통능력의 개발한 관한 설명 중 맞으면 ○, 틀리면 ×를 표시해 보자.

- 자신의 의견을 인상적으로 전달하기 위해서는 자신의 의견도 장식하는 것이 필요하다. (　　)
- 내가 전달하고자 하는 내용이 상대방에게 의사소통과정을 통하여 '과연'하며 감탄하게 만드는 것이다. (　　)
- 새로운 고객을 만나는 직업인이라도 매일 다른 사람을 만나기 때문에 항상 새로운 표현을 사용하여 인상적인 의사소통을 만든다. (　　)
- 인상적인 의사소통능력을 개발하기 위해서는 자주 사용하는 표현도 잘 섞어서 쓰면 괜찮다. (　　)

학습정리

1. 의사소통을 저해하는 요인은 정보의 과다, 메시지의 복잡성, 메시지의 경쟁, 상이한 직위와 과업지향성, 신뢰의 부족, 의사소통을 위한 구조상의 권한, 잘못된 의사소통 매체의 선택, 폐쇄적인 의사소통 분위기 등이 있다. 그러므로 바람직한 의사소통을 위해서는 이러한 저해 요인을 제거해야 한다.

2. 의사소통능력을 개발하기 위해서는 사후검토와 피드백을 활용하고, 명확하고 쉬운 단어를 선택하여 이해를 높이는 언어단순화와, 상대방과 대화 시 적극적으로 경청하고, 감정적으로 메시지를 곡해하지 않도록 침착하게 감정을 조절해야 한다.

참 | 고 | 문 | 헌

기초직업능력프로그램; 의사소통능력 매뉴얼, 한국산업인력공단

구현정 · 전영옥. (2005). 의사소통의 기법. 박이정.

김동규 · 이영찬. (2000). 직업윤리. 학교법인 기능대학.

박현석(역). (2004). 전달의 기술. 다연.

배상복. (2006). 일반인을 위한 글쓰기 정석. 경향미디어.

심재우. (2004). GE처럼 커뮤니케이션하라. 일빛.

윤치영. (2007). 설득 · 경청 논박의 기술. 일빛

임칠성 역. (1997). 대인의사소통. 한국문화사.

이창호. (2007). 스피치 달인의 생산적 말하기. 북포스

전영우. (2007). 귀담아듣는 언어생활 -적극적 경청법-. 민지사

조신영, 박현찬. (2007). 경청-마음을 얻는 지혜. 위즈덤하우스

직업기초능력지도과정 자료집. (2005). 직업기초능력지도 과정. 서울대 농생대 부설 중등교육연수원.

허정훈, 김상범. (2007). 건강과 능력개발. 한국폴리텍대학.

홍경자. (2007). 의사소통의 심리학. 이너북스.

황성근. (2006). 너무나도 쉬운 비즈니스 글쓰기. 한겨레출판.

신동아. http://shindonga.donga.com

조선일보. www.chosun.com

중앙일보. www.joins.com

한겨레신문. www.hani.co.kr

한국일보. www.hankooki.com

AM7. www.am7.co.kr

http://blog.naver.com/eob. 2007.8.27.

http://www.career.go.kr/

학습 1	의사소통의 개념 및 종류
학습 2	의사소통의 저해요인과 능력개발
학습 3	**문서이해의 개념과 종류**
학습 4	문서이해의 절차와 요약
학습 5	문서작성의 개념과 작성법
학습 6	문서작성의 원칙과 표현법
학습 7	경청의 개념과 방해요인
학습 8	경청방법과 훈련
학습 9	의사표현의 개념과 방해요인
학습 10	의사표현법과 지침
학습 11	기초외국어의 개념과 상황
학습 12	기초외국어의 표현방밥과 향상교육법
학습 13	질문활용능력

학습 목표

1. 문서이해능력의 의미와 중요성을 설명할 수 있다.
2. 다양한 문서의 종류와 양식을 설명할 수 있다.

3-1 문서이해의 개념

직장생활에서 요구되는 문서이해능력은 복잡하고 다양한 문서를 읽고, 그 내용을 이해하여 요점을 파악하는 능력이다. 현대는 정보 홍수사회이다. 그러므로 직장 내에서 많은 문서를 읽고, 작성하는데 수많은 정보 중에 핵심내용을 이해하고 찾아내는 문서이해능력은 직장생활의 업무 특성 상 직장인에게 요구되는 매우 중요한 능력이다.

문서란 제안서, 보고서, 기획서, 편지, 이메일, 팩스, 메모, 공지 사항등 문자로 구성된 것을 말한다. 사람들은 일상생활에서는 물론 다양한 직업현장에서 다양한 문서를 자주 사용한다. 그리고 이런 문서를 통하여 상대방에게 효율적으로 의사를 전달함으로써 자신의 의사를 상대에게 설득하고자 한다. 따라서 우리는 다양하게 주어지는 문서를 보다 정확하게 읽고, 이해하여 전달하고자 하는 내용을 명확하게 인식하여야 한다.

1. 문서이해능력이란

① 문서이해능력이란 직업현장에서 자신의 업무와 관련된 인쇄물이나 기호화된 정보 등 필요한 문서를 확인하여 문서를 읽고, 내용을 이해하고 요점을 파악하는 능력이다.

② 문서에서 주어진 문장이나 정보를 읽고 이해하여, 자신에게 필요한 행동이 무엇인지 추론할 수 있어야 하며 도표, 수, 기호 등도 이해하고 표현할 수 있는 능력을 의미한다. 그리고 문서에 나타난 타인의 의견을 이해하여 요약하고 정리할 수 있는 능력이 직업생활에서 원활한 문서이해능력으로서 상당히 중요하다.

2. 직장에서 요구되는 문서이해능력

① 문서를 읽고 이해할 수 있는 능력

② 각종 문서나 자료에 수록된 정보를 확인하여, 알맞은 정보를 구별하고 비교하여 통합할 수 있는 능력

③ 문서에 나타난 타인의 의견을 이해하여 요약하고 정리할 수 있는 능력

→ **우리는 직장생활을 하며 자신의 업무와 관련된 수많은 문서를 접하게 되며, 이를 적절하게 처리해야 한다.**
하지만 이때 문서를 제대로 이해하지 못한다면 자신에게 주어진 업무가 무엇인지, 자신에게 요구된 행동이 무엇인지 파악하지 못해 원활한 직업생활을 영위할 수 없다. 그러므로 자신에게 주어진 각종 문서를 읽고 적절히 이해하여야 하며, 각종 문서나 자료에 수록된 정보를 확인하여, 알맞은 정보를 구별하고 비교하여 통합할 수 있어야 한다.

3. 문서의 기능

문서가 갖는 대표적 기능은 의사 전달의 기능과 의사 보존의 기능이 있으며, 이 외에도 구체적 기능들을 살펴보면 문서의 기능은 〈표 3-1〉과 같다.

〈표 3-1〉 문서의 기능

기 능	내 용
의사 기록 · 구체화	사람의 의사를 구체적으로 표현하는 기능을 가진다. 문자 · 숫자 · 기호 등을 활용하여, 종이나 다른 매체에 표시하여, 문서화하여 내용을 구체화한다, 이 기능은 문서의 기안에서 결재까지 문서가 성립하는 과정에서 나타난다.
의사 전달	문서는 자신의 의견을 타인에게 전달해 공간적으로 확산하는 기능을 가지며, 문서의 발송 · 도달 등 유통 과정에서 나타난다.
의사 보존	문서는 자신의 의사를 지속적으로 보존할 수 있고, 역사 자료로 가치를 가지며, 시간적으로 확산시키는 역할을 한다.
자료 제공	보관 · 보존된 문서는 업무 수행 중에 필요 시, 참고 자료나 증거자료로 제공되어, 행정 활동을 지원 촉진하는 기능을 갖는다.
업무 연결 · 조정	문서의 기안 · 결재 및 협조 과정 등을 통해 조직 내외의 업무를 연결하고 조정하는 기능을 수행한다.

출처 : 행정안전부(2012). 『행정 업무 운영 편람』. 19쪽에서 재구성

■ 북 리뷰

정리 잘하는 법

정리를 잘하면 책상 위 서류나 파일이 한 눈에 보기 쉬워 상사가 지시한 일을 빨리 처리할 수 있고, 복잡한 회의 자료 준비에서 결제품의를 만드는 일, 다른 사람의 회의 자료를 이해하는 일도 쉽다. 그렇다면 어떻게 정리를 해야 제대로 한 것일까? 단순히 물건을 놓아두는 곳을 바꾸는 정돈(치우는 것)과는 근본적으로 다른 '정리'에 대한 해답을『정리 잘하는 법』에서 찾아보자.

이 책은 '정리를 잘하는 사람의 7가지 원칙, 깔끔하게 정리하는 7가지 도구 활용법, 일 잘하는 사람의 책상 정리법, 돌발 상황에 대비한 정리법, 언제 어디서나 업무가 가능한 정리법' 등을 조목조목 소개하며 정리 감각을 일깨우고, 일을 신속하게 처리할 수 있도록 도와준다.

정리의 기술을 쉽고 재미있게 알려주는 이 책은 서류와 잡동사니가 싸여 있던 사람, 이메일과 우편물 처리에 많은 시간을 소비하는 사람, 일처리가 늦어 상사에게 항상 지적 받는 사람, 꼼꼼하게 정리를 잘하고 싶은 사람들 모두에게 일을 진행하는 방식을 개선하고 비즈니스에서 성공할 수 있는 지름길로 안내한다.

정보의 홍수 시대! 회의 자료와 기획안, 제안서, 팩스, 각종 이메일까지 처리할 정보와 자료가 넘쳐나 머리가 아픈 직장인들. 복잡한 회의 자료를 준비하는 일은 물론 업무 서류를 분류하는 작업

때문에 시간을 뺏기는 일이 다반사이다. 책상에 쌓인 온갖 서류들과 잡동사니 때문에 직장인들에게는 매분 매초 정리 기술이 필요하다.

한 직장인 대상 리서치에 따르면 '바쁘냐?'라는 물음에 신입이든 임원이든 직급을 불문하고 80% 이상이 바쁘며, 그 이유로는 '업무량이 절대적으로 많다(48%)를 꼽았다고 한다. 복잡한 회의 자료 준비부터 결제품의를 만드는 일까지 정리 기술을 몸으로 익히면 제시간에 일을 끝내기, 밥 먹듯이 하는 야근을 줄일 수 있다.

직장들이 과도한 업무량 때문에 스트레스 받는 것을 막기 위해서 《정리 잘하는 법》은 바쁜 직장생활, 쓸데없이 자료 찾는 데 낭비하는 시간, 대책 없이 쌓여 있는 정보들을 정리하는 노하우를 알아본다.

■ 정리 잘하는 사람의 5가지 원칙

① 물건이나 정보에 유통기한을 정하라

② 그때, 그때, 현장에서 처리하라

③ 메모하는 습관을 들여라

④ 간편하게 정리할 수 있는 도구를 활용하라

⑤ 이동시간을 120퍼센트 활용하라

3-2 문서의 종류와 내게 필요한 문서 알기

우리는 직장생활에서 수많은 문서를 접하게 되는데 문서의 종류가 다양하고, 각 문서에 따라 용도가 다르다. 업무 수행 중에 사용되는 문서의 종류와 형식은 매우 다양하다. 문서는 문서 구분 기준과 같이 작성 주체, 유통 대상, 문서 형태, 문서 성질, 문서 기능, 처리 절차 등에 따라 분류한다.

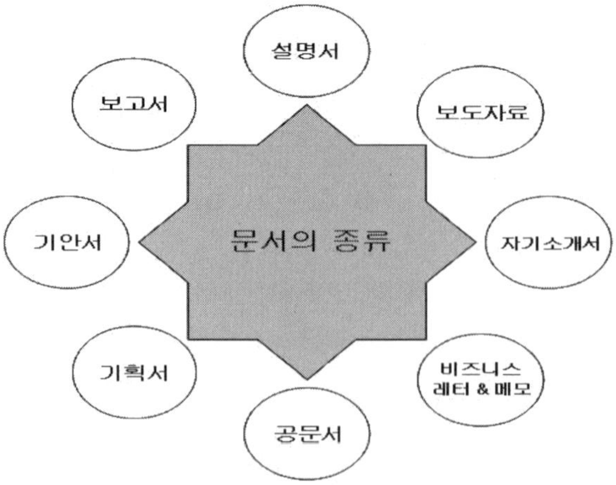

[그림 3-1] 문서의 종류

학습 3

1. 공문서

정부 행정기관에서 대내적, 혹은 대외적 공무를 집행하기 위해 작성하는 문서를 의미하며, 정부기관이 일반회사 또는 단체로부터 접수하는 문서 및 일반회사에서 정부기관을 상대로 사업을 진행하려고 할 때 작성하는 문서도 포함된다. 엄격한 규격과 양식에 따라 정당한 권리를 가지 사람이 작성해야 하며 최종 결재권자의 결재가 있어야 문서로서의 기능이 성립된다.

2. 기획서

적극적으로 아이디어를 내고 기획해 하나의 프로젝트를 문서형태로 만들어, 상대방에게 기획의 내용을 전달하여 기획을 시행하도록 설득하는 문서이다.

3. 기안서

회사의 업무에 대한 협조를 구하거나 의견을 전달할 때 작성하며 흔히 사내 공문서로 불린다.

4. 보고서

특정한 일에 관한 현황이나 그 진행 상황 또는 연구·검토 결과 등을 보고하고자 할 때 작성하는 문서이다.

보고서의 종류는 다음과 같다.

① 영업보고서 : 재무제표와 달리 영업상황을 문장 형식으로 기재해 보고하는 문서
② 결산보고서 : 진행됐던 사안의 수입과 지출결과를 보고하는 문서
③ 일일업무보고서 : 매일의 업무를 보고하는 문서
④ 주간업무보고서 : 한 주간에 진행된 업무를 보고하는 문서
⑤ 출장보고서 : 회사 업무로 출장을 다녀와 외부 업무나 그 결과를 보고하는 문서
⑥ 회의 보고서 : 회의 결과를 정리해 보고하는 문서

5. 설명서

대개 상품의 특성이나 사물의 성질과 가치, 작동 방법이나 과정을 소비자에게 설명하는 것을 목적으로 작성한 문서이다.

설명서의 종류는 다음과 같다.

① 상품소개서 : 일반인들이 친근하게 읽고 내용을 쉽게 이해하도록 하는 문서. 소비자에게 상품의 특징을 잘 전달해 상품을 구입하도록 유도하는 것이 궁극적 목적이다.

② 제품설명서 : 제품의 특징과 활용도에 대해 세부적으로 언급하는 문서. 제품 구입도 유도하지만 제품의 사용법에 대해 더 자세히 알려주는데 주목적이다.

6. 보도자료

정부 기관이나 기업체, 각종 단체 등이 언론을 상대로 자신들의 정보가 기사로 보도되도록 하기 위해 보내는 자료이다.

7. 자기소개서

개인의 가정환경과 성장과정, 입사 동기와 근무자세 등을 구체적으로 기술하여 자신을 소개하는 문서이다.

8. 비즈니스 레터(E-mail)

사업상의 이유로 고객이나 단체에 편지를 쓰는 것이며, 직장업무나 개인간의 연락, 직접방문하기 어려운 고객관리 등을 위해 사용되는 비공식적 문서이나, 제인서나 보고서등 공식적인 문서를 전달하는데도 사용된다.

9. 비즈니스 메모

업무상 필요한 중요한 일이나 앞으로 체크해야 할 일이 있을 때 필요한 내용을 메모형식으로 작성하여 전달하는 글이다.

비즈니스 메모의 종류는 다음과 같다.

① 전화 메모 : 업무적인 내용부터 개인적인 전화의 전달사항 등을 간단히 작성하여 당사자에게 전달하는 메모, 휴대폰의 발달로 현저히 줄어 들었다.

② 회의 메모 : 회의에 참석하지 못한 상사나 동료에게 전달 사항이나 회의 내용에 대해 간략하게 적어 전달하거나, 회의 내용 자체를 기록하여 회의의 기록이나 참고자료로 남기기 위해 작성한 메모로써 월말이나 연말에 업무 상황을 파악하거나 업무 추진에 대한 궁금증이 있을 때 핵심적인 자료 역할을 한다.

③ 업무 메모 : 개인이 추진하는 업무나 상대의 업무 추진 상황을 메모로 적는 형태를 말한다.

수행 내용

재료 · 자료

- 문서이해의 개념과 종류 관련 자료

기기(장비 · 공구)

- 컴퓨터, 프린터, 주변기기

안전 · 유의사항

- 컴퓨터 및 주변기기의 전원을 관리한다.

수행 순서

01 문서이해능력의 사례와 활동에 대하여 분석하라.

O씨는 얼마 전에 출장 때문에 자리를 비운 사이 팀별 발표에 대한 업무 지시를 받았다. O씨는 같은 조 동료가 적어둔 역할분담내용과 마감기간 등을 잘못 이해해 제 시간에 업무과 제 발표준비를 마치지 못한 적이 있었다. 지금부터 직장생활에서의 문서이해능력이란 무엇이고, 문서이해능력이 얼마나 중요한지 알아보자.

우리는 "그래서 지금 이 책에서는 뭘 말하고 있는 거야?"라는 말을 흔하게 들어왔다. 하지만 정작 우리는 우리의 문서이해능력이 어느 정도 되는지 진지하게 생각해 보지 않은 채 문서가 잘 이해되지 않을 경우 글이 어려운 말로 쓰여 있기 때문이라는 핑계를 대고 있었는지도 모른다.

문서이해는 갑자기 되는 것이 아니라 지속적으로 문서이해능력을 높이려는 노력으로 차츰 나아지는 것임을 잊지 말아야 한다.

사 례

문서이해능력 OECD꼴찌

버스나 지하철 편으로 초행길을 갈 때면 고등교육을 받은 사람도 노선도를 한참동안 쳐다봐야 겨우 이해가 간다. 의약품 설명서를 읽고도 부작용이 뭔지, 얼마나 투약해야 하는지 모르는 경우도 비일비재하다.

그 이유를 설명해주는 자료가 공개됐다. 한국교육개발원이 경제협력개발기구(OECD) 사무국이 1994년부터 실시해온 성인인구의 문서해독 능력 측정도구를 우리 국민에게 적용한 결과, 일상문서 해독능력이 최하위권인 것으로 드러났다.

봉급명세서, 영수증, 구직원서, 열차시간표, 지도, 약품설명서 등 일상생활에서 문서를 보고 이해하는 능력이 OECD국가들 중에서 크게 떨어진다는 것이다.

문서해독능력은 글씨해독 여부만 보여주는 단순 문맹률보다 훨씬 더 실질적인 문맹률로 간주된다는 점에서 보통 심각한 일이 아니다. 거의 100%에 육박하는 문자 해독률과 80%를 넘는 대학진학률 등 우리가 자랑해온 교육통계가 실상은 일상생활과 유리된 허구임을 보여준다.

국민 개개인이 글을 이해하고 활용하는 능력을 키우는 데 소홀히 한 때문이기도 하다. 이는 책 읽기를 기피하는 요즘의 세태와 무관하지 않다. 풍부한 독서는 상식을 키워줄 뿐 아니라 분석력과 판단력을 높이는 데 도움을 준다. 문서해독이 어려운 배경에는 난해하고 요령부득인 글도 한몫하고 있다. 올바른 글쓰기 교육과 훈련을 받지 못했기 때문이다. 기본적인 문서해독도 못하는 나라가 어떻게 미래의 경쟁력을 갖출 수 있겠는가.

학습 3

■ 활 동

'문서이해능력 OECD 꼴찌' 사례에서 보는 바와 같이 대부분의 사람들이 우리나라가 문맹률이 낮은 것으로 알고 있지만 실제로는 책읽기의 기피 등 여러 가지 이유로 문서이해능력이 떨어짐을 보여주고 있다. 자신의 경험을 돌아볼 때 자신에게 주어진 문서를 제대로 이해하지 못한 경험을 생각해 보고, 작성해 보자. 그리고 왜 이해하지 못했었는지 원인을 찾아 작성해 보자.

	주어진 문서를 제대로 이해하지 못한 나의 사례	원인이 무엇일까?
1		
2		
3		
4		
5		
6		
7		
8		
9		
10		

02 문서종류와 나에게 필요한 문서알기에 대한 사례와 활동에 대하여 분석하라.

J군은 현재 법행정전공 학생으로 파트타임으로 두 달간 법무사에서 근무하게 되었다. 계약서 등의 내용이 맞는지 확인하고 수정하는 일을 맡았는데 이처럼 직종에 따라 자주 접하게 되는 문서의 종류는 다양하다. 그럼 문서의 종류에는 어떤 것이 있는지, 또 그에 따른 다양한 문서이해방법에 대해 알아보자.

주위를 둘러보면 수없이 많은 직업이 있고, 그에 따라 잘 이해해야 하는 문서의 종류도 다양하다. 다양한 문서를 얼마나 빨리 이해하고 능숙하게 업무를 처리하느냐가 업무의 성과에 상당한 영향을 미치며, 문서이해가 빠른 사람은 그렇지 못한 사람에 비해 업무처리속도가 현저히 높은 것이 사실이다. 다양한 문서의 종류와 그에 따른 문서이해방법을 잘 알아야하는 중요성을 잊지 말아야 한다.

사 례

문서를 작성하는 데 자신감이 생겼어요

J군은 현재 법행정 전공으로 여름방학 기간 중 두 달 동안 법무사에서 근무하게 되었다. 계약서 등 서류의 내용이 맞는지 확인하고 수정하는 일을 맡게 되었는데 오타가 하나라도 있다거나 사실과 다른 내용이 있을 경우 큰 문제가 발생할 수 있기 때문에 신경을 곤두세우며 여러 번 검토하였다. 상사 분들에게 꼼꼼하다는 칭찬도 듣고 이로 인해 업무를 의뢰한 고객에게도 도움이 되는 일을 하고 있다고 생각하니 정말 뿌듯했다.

이 아르바이트 경험 덕분에 레포트나 이력서, 자기소개서를 쓰면서 문맥이나 흐름이 자연스럽게 연결되는지 또는 오타나 틀린 문장이 없는지도 검토하게 되는 좋은 습관이 길러진 것 같아 어떤 문서를 작성하던지 자신감이 생기게 되었다.

■ 활 동

위 사례에서 알 수 있듯이 직장생활에 있어서 우리는 각자 자신의 분야에 더욱 필요하고 자주 사용되는 문서가 있으며, 그러한 문서일수록 철저한 이해가 절실하다. 다음에 제시된 문서를 보고, 어떤 문서인지 종류를 구별해 보자. 그리고 이를 바탕으로 자신에게 필요한 문서가 무엇인지 생각해 보자.

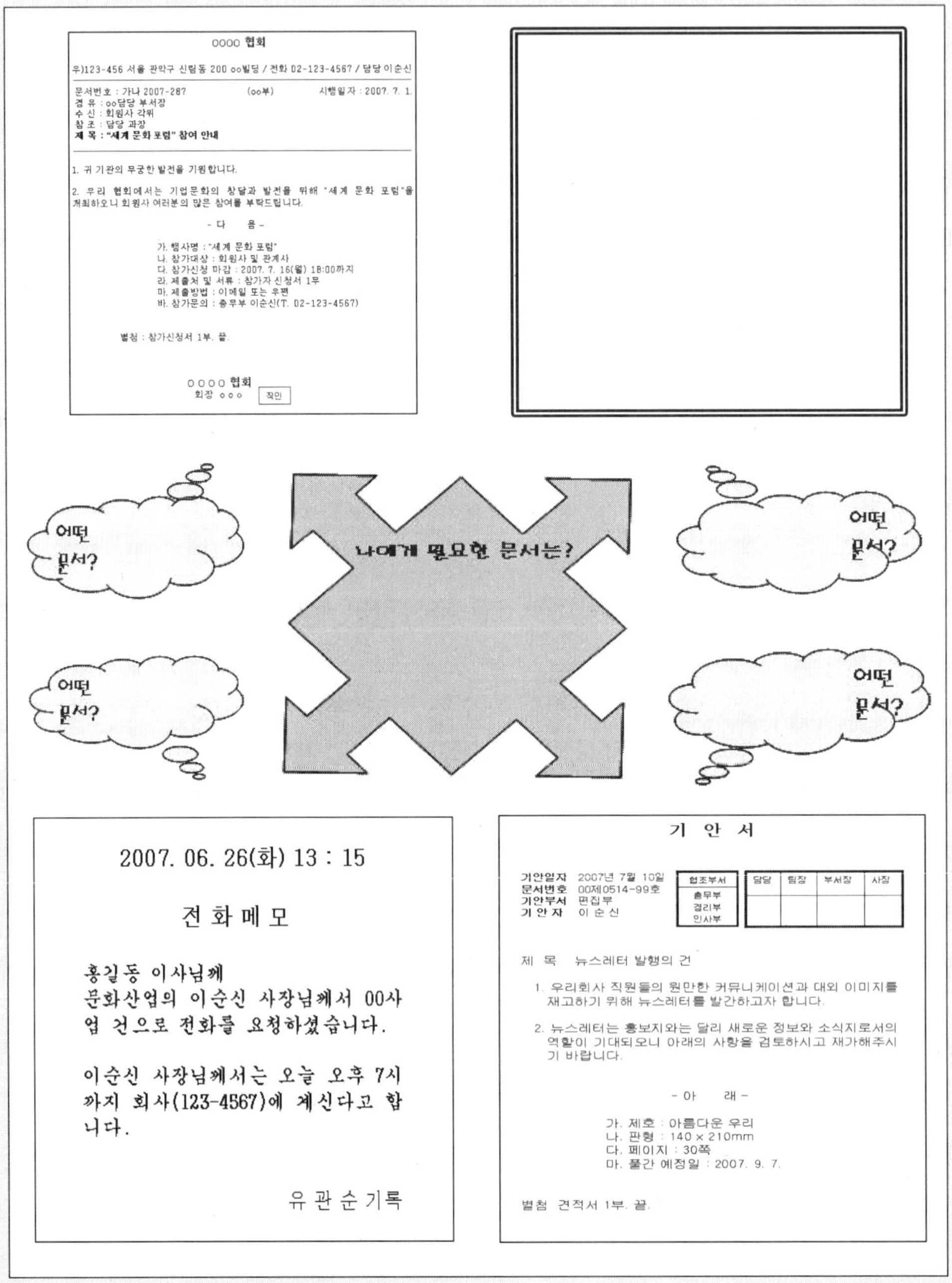

OOOO **협회**

우)123-456 서울 관악구 신림동 200 oo빌딩 / 전화 02-123-4567 / 담당 이순신

문서번호 : 가나 2007-287 (oo부) 시행일자 : 2007. 7. 1.
경 유 : oo담당 부서장
수 신 : 회원사 각위
참 조 : 담당 과장
제 목 : "세계 문화 포럼" 참여 안내

1. 귀 기관의 무궁한 발전을 기원합니다.

2. 우리 협회에서는 기업문화의 창달과 발전을 위해 "세계 문화 포럼"을 개최하오니 회원사 여러분의 많은 참여를 부탁드립니다.

\- 다 음 -

가. 행사명 : "세계 문화 포럼"
나. 참가대상 : 회원사 및 관계사
다. 참가신청 마감 : 2007. 7. 16(월) 18:00까지
라. 제출처 및 서류 : 참가자 신청서 1부
마. 제출방법 : 이메일 또는 우편
바. 참가문의 : 총무부 이순신(T. 02-123-4567)

별첨 : 참가신청서 1부. 끝.

OOOO **협회**
회장 ooo 직인

2007. 06. 26(화) 13 : 15

전 화 메 모

홍길동 이사님께
문화산업의 이순신 사장님께서 00사업 건으로 전화를 요청하셨습니다.

이순신 사장님께서는 오늘 오후 7시까지 회사(123-4567)에 계신다고 합니다.

유 관 순 기록

기 안 서

기안일자 2007년 7월 10일
문서번호 00제0514-99호
기안부서 편집부
기 안 자 이 순 신

협조부서
총무부 경리부 인사부

담당	팀장	부서장	사장

제 목 뉴스레터 발행의 건

1. 우리회사 직원들의 원만한 커뮤니케이션과 대외 이미지를 재고하기 위해 뉴스레터를 발간하고자 합니다.

2. 뉴스레터는 홍보지와는 달리 새로운 정보와 소식지로서의 역할이 기대되오니 아래의 사항을 검토하시고 재가해주시기 바랍니다.

\- 아 래 -

가. 제호 : 아름다운 우리
나. 판형 : 140 × 210mm
다. 페이지 : 30쪽
마. 불간 예정일 : 2007. 9. 7.

별첨 견적서 1부. 끝.

03 기안문의 작성 원칙에 대하여 분석하라.

행정 기관 또는 기업에서는 문서 작성의 원칙 중 하나로 문서의 기안부터 유통·보관·보존·검색·활용에 이르기까지 모든 절차를 업무 관리 시스템 또는 전자 문서 시스템 상에서 전자적으로 처리되도록 해야 한다. 그러나 기업에서는 종이 문서 시스템으로 운영되는 경우가 많다. 전자 문서이든 종이 문서이든 기안문 작성의 원칙은 동일하며, 다음과 같다.

학습 3

1. 정확하게 작성한다

문서를 작성할 때는 기본적으로 육하원칙(언제, 누가, 어디서, 무엇을, 어떻게, 왜)에 따라 내용이 누락되지 않도록 정확히 작성되어야 하며 오자, 탈자나 계수 착오가 없도록 한다. 또 문장부호와 용어 선택도 구체적으로 분명하게 사용하고, 문법에 맞게 구성한다. 무엇보다 기안자의 의견이 정확히 전달되도록 작성하는 것이 중요하다.

2. 이해하기 쉽게 작성한다

문서는 어문 규범을 준수하여 결재권자나 문서를 읽는 사람이 이해하기 쉽도록 쉬운 용어를 사용하여 작성한다. 일반화되지 않은 약어는 사용하지 않으며, 한자나 전문 용어가 있을 때는 글자 뒤에 ( )를 넣어 한자를 표기하거나, 용어에 대한 해설을 붙여 준다. 복잡한 내용의 경우에는 가급적 결론을 먼저 제시하고, 뒤에 이유를 설명하도록 한다.

3. 문장은 단순하고 짧게 작성한다

결재권자는 한눈에 파악할 수 있는 간결하면서도 핵심적인 문서를 선호한다. 그러기 위해서는 장황한 설명 자료의 전달 방식보다는 한두 문장의 분명하고 간결한 구성의 원페이퍼(One Paper)로 작성을 할 수 있어야 한다.

4. 성실하게 작성한다

문서는 상대에게 불쾌감을 주거나 위압감을 주는 문구는 피해야 하며, 성실하게 작성해야 한다. 상대를 무시하는 용어는 피하고 경어를 사용하는 것이 의사소통을 원활하게 할 수 있다.

04 문서의 구분에 대하여 분석하라.

공공기관이나 기업에서 업무 수행 중에 사용되는 문서의 종류와 형식은 매우 다양하다. 문서는 [문서 구분 기준]과 같이 작성 주체, 유통 대상, 문서 형태, 문서 성질, 문서 기능, 처리 절차 등에 따라 다음과 같이 분류한다(행정안전부, 2012).

1. 문서 작성 주체에 의한 구분

1) 공문서

공문서는 기관에서 공무상 작성하거나 시행하는 문서와 기관이 접수한 모든 문서를 말한다. 문서의 형태는 종이뿐만 아니라 도면 · 사진 · 디스크 · 필름 · 슬라이드 · 전자문서 등의 특수 매체 기록 등을 모두 포함한다.

2) 사문서

개인이 사적인 목적을 위해 작성한 문서를 말한다. 비록 사문서지만 사실 증명을 할 수 있다. 각종 신청서 · 증명서 · 진정서 등과 같이 기관에 제출하여 접수된 것은 모두 공문서로 취급된다.

2. 문서 유통 대상에 의한 구분

1) 유통되지 않는 문서 : 내부 결재 문서

기관이 내부적으로 계획 수립, 의사 결정, 업무 보고, 방침 결정 등을 하기 위하여 작성하는 문서이다. 내부적으로 결재를 받기 위해 작성하는 문서로 타 부서나 타 기관에 발신하지 않는다.

2) 유통 대상 문서 : 대내 문서

기관 내부에서 지시 · 명령 · 보고 · 통지를 하거나, 업무적으로 관계 부서나 지원 부서 상호간 업무 협조를 위하여, 수신 · 발신하는 문서를 말한다. 대내 문서에는 일반적으로 협조 문서, 회의록, 보고서, 통지 문서, 특정 부분에 작성되는 기관 장표, 규정, 그 밖의 경영 자료 등의 문서가 있다.

3) 유통 대상 문서 : 대외 문서

기업이 외부의 기관(행정 기관이나 관련 단체 및 타인)에 수신·발신하는 문서로 내부 규정에 따라 일정한 형식과 공식적인 처리 절차를 거쳐서 이루어지는 문서이다.

3. 문서 성질에 의한 구분

학습 3

문서 성질에 따른 구분에는 법규 문서, 지시 문서, 공고 문서, 비치 문서, 민원 문서, 일반문서 등이 있으며 구체적 내용은 〈표 3-2〉와 같다.

〈표 3-2〉 문서 성질에 의한 분류

구 분	내 용
법규 문서	법규 사항을 구분하는 문서로 헌법·법률·대통령령·부령·조례 및 규칙 등에 관한 문서
지시 문서	훈령·지시·예규·일일 명령 등 기관이 하급 기관이나 소속 공무원에 대하여 일정한 사항을 지시하는 문서
공고 문서	고시·공고 등 행정 기관이 일정한 사항을 일반에게 알리는 문서
비치 문서	행정 기관이 일정한 사항을 기록하여 행정 기관 내부에 비치하면서, 업무에 활용하는 대장, 카드 등의문서
민원 문서	민원인이 행정 기관에 인가, 허가, 그 밖의 처분 등 특정한 행위를 요구하는 문서와 그에 대한 처리 문서
일반 문서	위 5가지에 속하지 않는 모든 문서

출처 : 행정안전부(2012). 『행정 업무 운영 편람』. 21-22쪽에서 재구성

4. 문서 처리 절차에 따른 구분

문서는 발생 시점부터 폐기에 이르기까지 규정된 절차 및 방법에 따라 처리되어야 하며, 각처리 단계에 따라 명명하는 문서의 명칭이 달라진다. 외부로부터 접수된 문서, 기안을 하고 내부 조직의 전결 규정에 따라 유통되는 문서, 시행을 완료한 상태부터 보관 및 활용 단계에 접어든 문서로서 각각 기안, 접수, 배포, 공람, 결재, 이첩, 미결, 시행, 완결, 보관, 보존, 폐기 문서로 구분할 수 있다.

문서의 라이프 사이클(Life Cycle)로 놓고 볼 때, 기안 문서에서 시행 문서까지는 문서 작성 및 유통에 해당하며, 전결권자로부터 결재를 득하고 시행이 끝난 완결 문서부터 보관, 보존, 폐기 과정은 문서의 활용이나 보존에 관한 것으로 파일링 시스템(Filing System)에 의해 관리된다.

1) 접수 문서

외부로부터 접수된 문서

2) 배포 문서

문서과가 접수 문서를 배포 절차에 의해 처리과로 배포하는 문서

3) 공람 문서

문서를 배포하는 데 별도의 처리 절차 없이 상급자에게 보고만 하거나 열람하는 문서

4) 기안 문서

기안 책임자가 발의한 내용을 결재권자의 결재를 얻기 위해 기안 서식에 작성한 문서

5) 이첩 문서

배포 문서의 내용이 다른 기관의 소관 업무에 대한 문서인 경우 해당 기관으로 이첩하기 위하여 기안된 문서, 또는 자신의 부서로 이첩되어 온 문서

6) 미결 문서

기안 문서를 결재 받지 못하였거나 결재를 받고도 시행되지 않은 문서

7) 완결 문서

기안하고 결재하여 시행 목적에 따라 완결된 문서

8) 보관 문서

업무 처리가 끝나 완결된 문서를 보관하는 문서

9) 보존 문서

문서 관리 규정에 따라 증빙이나 자료로 가치가 있어 일정 기간 보존을 필요로 하는 문서

10) 폐기 문서

자료 가치가 상실된 문서로 보존 연한 규정에 따라 폐기 처분되는 문서

5. 문서 형태에 의한 구분

1) 장 표

장표란 일정한 양식에 필요한 사항을 쉽게 기입할 수 있도록 인쇄된 사무 문서로서 정형적인 업무에 많이 쓰인다. 전표, 장부, 표, 그림 등이 있다.

2) 일반 문서

일반 문서는 업무의 특성과 무관하게 어느 부서에서나 공통으로 사용되는 문서이다. 양식이 일정하지 않으며 보고서, 제안서, 기획서, 조사서 등으로 구분할 수 있다.

3) 전자 문서

전자 문서는 사내 문서 또는 대외 문서가 컴퓨터 등 정보 처리 능력을 가진 장치에 의하여 전자적으로 작성되며, 송신과 수신, 보관 저장되는 문서를 말한다. 또 문서의 기안・검토・협조・결재・등록・시행・보관・이관・배부・공람・활용 등 문서의 전과정의 처리 절차가 전자적으로 처리되는 시스템을 전자 문서 시스템이라고 말한다(사무 관리 규정 제3조 제7항).

05 4차산업혁명의 핵심 기술 중 인공지능기술에 대하여 분석하라.

인공지능(人工知能, AI : Artificial Intelligence)이란 인간처럼 학습하고 생각할 수 있는 컴퓨터 시스템이다.

인공지능은 사전적 의미로 '기계로부터 만들어지는 지능'으로 '컴퓨터 공학에서 이상적인 지능을 갖춘 존재, 혹은 시스템에 의해 만들어진 지능'을 의미한다. 즉, 인공지능은 컴퓨터 기술을 이용하여 특별한 업무 수행에 인간의 학습능력, 추론능력, 지각능력, 자연어의 이해능력, 인간을 대체, 인지능력의 제고, 자연스러운 인간의 의사소통 통합, 복잡한 콘텐츠의 이해, 결론을 도출하는 과정 등 모든 지능적인 행동들을 모방함으로써 문제를 해결할 수 있는 기술이다. 인공지능은 4차 산업혁명의 핵심 기술이다.

1. 인공지능 : 인간의 지능을 기계로 구현

1956년 당시 인공지능의 선구자들이 꿈꾼 것은 최종적으로 인간의 지능과 유사한 특성을 가진 복잡한 컴퓨터를 제작하는 것이다.

이렇듯 인간의 감각, 사고력을 지닌 채 인간처럼 생각하는 인공지능을 '일반 AI(General AI)'라고 하지만, 현재의 기술 발전 수준에서 만들 수 있는 인공지능은 '좁은 AI(Narrow AI)'의 개념에 포함된다.

좁은 AI는 소셜 미디어의 이미지 분류 서비스나 얼굴인식 기능 등과 같이 특정 작업을 인간 이상의 능력으로 해낼 수 있는 것이 특징이다.

2. 머신러닝 : 인공지능을 구현하는 구체적 접근 방식

머신러닝(기계학습, Machine Learning)은 기본적으로 알고리즘을 이용해 데이터를 분석하고, 분석을 통해 학습하며, 학습한 내용을 기반으로 판단이나 예측을 한다. 따라서 궁극적으로는 의사 결정 기준에 대한 구체적인 지침을 소프트웨어에 직접 코딩해 넣는 것이 아닌, 대량의 데이터와 알고리즘을 통해 컴퓨터 그 자체를 '학습'시켜 작업 수행 방법을 익히는 것을 목표로 한다.

머신러닝은 초기 인공 지능 연구자들이 직접 제창한 개념에서 나온 것이며, 알고리즘 방식에는 의사결정 트리 학습, 귀납 논리 프로그래밍, 클러스터링, 강화 학습, 베이지안(Bayesian) 네트워크 등이 포함된다.

그러나 이 중 어느 것도 최종 목표라 할 수 있는 일반 AI를 달성하진 못했으며, 초기의 머신러닝 접근 방식으로는 좁은 AI조차 완성하기 어려운 경우도 많았던 것이 사실이다.

현재 머신러닝은 컴퓨터 비전 등의 분야에서 큰 성과를 이뤄내고 있으나, 구체적인 지침이 아니더라도 인공지능을 구현하는 과정 전반에 일정량의 코딩 작업이 수반된다는 한계점에 봉착하기도 했다.

가령 머신러닝 시스템을 기반으로 정지 표지판의 이미지를 인식할 경우, 개발자는 물체의 시작과 끝 부분을 프로그램으로 식별하는 경계 감지 필터, 물체의 면을 확인하는 형상 감지, 'S-T-O-P'와 같은 문자를 인식하는 분류기 등을 직접 코딩으로 제작해야 한다.

이처럼 머신러닝은 '코딩'된 분류기로부터 이미지를 인식하고, 알고리즘을 통해 정지 표지판을 '학습'하는 방식으로 작동된다.

머신러닝의 이미지 인식률은 상용화하기에 충분한 성능을 구현하지만, 안개가 끼거나 나무에 가려서 표지판이 잘 보이지 않는 특정 상황에서는 이미지 인식률이 떨어지기도 한다.

최근까지 컴퓨터 비전과 이미지 인식이 인간의 수준으로 올라오지 못한 이유는 이 같은 인식률 문제와 잦은 오류 때문이다.

3. 딥러닝 : 완전한 머신러닝을 실현하는 기술

초기 머신러닝 연구자들이 만들어 낸 또 다른 알고리즘인 인공 신경망(Artificial Neural Network)에 영감을 준 것은 인간의 뇌가 지닌 생물학적 특성, 특히 뉴런의 연결 구조였다.

그러나 물리적으로 근접한 어떤 뉴런이든 상호 연결이 가능한 뇌와는 달리, 인공신경망은 계층(Layer)연결 및 데이터 전파 방향이 일정하다.

예를 들어, 이미지를 수많은 타일로 잘라 신경망의 첫 번째 계층에 입력하면, 그 뉴런들은 데이터를 다음 계층으로 전달하는 과정을 마지막 계층에서 최종 출력이 생성될 때까지 반복한다.

그리고 각 뉴런에는 수행하는 작업을 기준으로 입력의 정확도를 나타내는 가중치가 할당되며, 그 후 가중치를 모두 합산해 최종 출력이 결정된다.

정지 표지판의 경우, 팔각형 모양, 붉은 색상, 표시 문자, 크기, 움직임 여부 등 그 이미지의 특성이 잘게 잘려 신경망에서 '검사'되며, 신경망의 임무는 이것이 정지 표지판 인지 여부를 식별하는 것이다. 여기서는 충분한 데이터를 바탕으로 가중치에 따라 결과를 예측하는 '확률 벡터(Probability Vector)'가 활용된다.

딥러닝은 인공신경망에서 발전한 형태의 인공지능으로, 뇌의 신경망과 유사한 정보 입출력 계층을 활용해 데이터를 학습한다. 그러나 기본적인 신경망조차 굉장한 양의 연산을 필요로 하는 탓에 딥러닝의 상용화는 초기부터 난관에 부딪혔다.

그럼에도 토론토대학교의 제프리 힌튼(Geoffrey Hinton) 교수 연구팀과 같은 일부 기관에서는 연구를 지속했고, 슈퍼컴퓨터를 기반으로 딥러닝 개념을 증명하는 알고리즘을 병렬화하는데 성공했다.

그리고 병렬 연산에 최적화된 GPU의 등장은 신경망의 연산 속도를 획기적으로 가속하며 진정한 딥러닝 기반 인공지능의 등장을 불러왔다.

신경망 네트워크는 '학습' 과정에서 수많은 오답을 낼 가능성이 크다. 정지 표지판의 예로 돌아가서, 기상 상태, 밤낮의 변화에 관계 없이 항상 정답을 낼 수 있을 정도로 정밀하게 뉴런 입력의 가중치를 조정하려면 수백, 수천, 어쩌면 수백만 개의 이미지를 학습해야 할지도 모른다. 이 정도 수준의 정확도에 이르러서야 신경망이 정지 표지판을 제대로 학습했다고 볼 수 있다.

2012년, 구글과 스탠퍼드대 앤드류 응(Andrew NG) 교수는 1만6,000개의 컴퓨터로

약 10억 개 이상의 신경망으로 이뤄진 '심층신경망(Deep Neural Network)'을 구현했다. 이를 통해 유튜브에서 이미지 1,000만 개를 뽑아 분석한 뒤, 컴퓨터가 사람과 고양이 사진을 분류하도록 하는데 성공했다. 컴퓨터가 영상에 나온 고양이의 형태와 생김새를 인식하고 판단하는 과정을 스스로 학습하게 한 것이다.

딥러닝으로 훈련된 시스템의 이미지 인식 능력은 이미 인간을 앞서고 있다. 이 밖에도 딥러닝의 영역에는 혈액의 암세포, MRI 스캔에서의 종양 식별 능력 등이 포함된다. 구글의 알파고는 바둑의 기초를 배우고, 자신과 같은 AI를 상대로 반복적으로 대국을 벌이는 과정에서 그 신경망을 더욱 강화해 나갔다.

4. 딥러닝으로 밝은 미래를 꿈꾸는 인공지능

딥러닝의 등장으로 인해 머신러닝의 실용성은 강화됐고, 인공지능의 영역은 확장됐다. 딥러닝은 컴퓨터 시스템을 통해 지원 가능한 모든 방식으로 작업을 세분화한다. 운전자 없는 자동차, 더 나은 예방 의학, 더 정확한 영화 추천 등 딥러닝 기반의 기술들은 우리 일상에서 이미 사용되고 있거나, 실용화를 앞두고 있다. 딥러닝은 공상과학에서 등장했던 일반 AI를 실현할 수 있는 잠재력을 지닌 인공지능의 현재이자, 미래로 평가받고 있다.

06 4차산업혁명의 핵심 기술 중 인공지능 전문가에 대하여 분석하라.

1. 어떤 일을 하나?

인공지능 전문가는 인간만이 갖고 있는 특징을 이해하고, 이를 바탕으로 컴퓨터와 로봇 등이 인간처럼 생각하고 결정을 내리도록 하는 기술을 개발한다.

기존 지식을 기계가 배우도록 한 뒤에 기계가 사람 대신 일하게 만드는 기술, 저장한 지식과 여러 지식을 연결해 새로운 지식을 발견하는 기술 등 지식을 학습하고 다른 지식을 이끌어 내는 기술을 개발한다.

2. 어느 분야에서 활동하나?

1) 관련 직업

인공지능 전문가는 정보 통신 기술(ICT) 분야의 직업인 소프트웨어 개발, 시스템 설계 및 프로그램(응용 프로그램 개발자, 소프트웨어 엔지니어, 시스템 개발자, 웹 디자이너, 컴퓨터 게임 디자이너 등) 등의 직업과 관련성이 높다.

2) 활동 분야

인공지능 전문가는 로봇 설계뿐 아니라 게임, 재생에너지, 검색엔진, 빅 데이터, 영상 및 음성 인식 등 다양한 영역에서 활용이 가능하다.

3. 어떤 적성과 흥미가 필요한가?

1) 적 성

인공지능 전문가는 소프트웨어 관련 전문 지식과 수학적인 실력은 기본이고, 창조적인 생각으로 다양한 기술을 총동원할 수 있는 능력이 필요하다.

인간의 뇌와 유사한 방식으로 새로운 지식을 떠올리는 인공지능을 만들기 위해서는 논리적인 사고능력이 필요하다.

2) 흥 미

인공지능 전문가는 폭넓은 상상력을 바탕으로 인간과 로봇에 대하여 탐구하는 것을 좋아한다.

인공지능 시스템은 인간의 사고와 행동에 대한 분석을 기반으로 하므로 다양한 관점에서 관찰하고 도전하는 노력이 요구된다.

4. 어떻게 준비하나?

1) 관련 전공

인공지능 전문가가 되기 위해서는 대학에서 컴퓨터공학, 정보공학, 정보시스템, 정보처리나 이와 관련한 분야를 전공하는 것이 업무하는 데에 도움이 된다. 소프트웨어 전문가가 아니더라도 수학, 수리 논리학, 기초과학, 심리학, 신경생리학 등의 전공자들도 인공지능과 관련된 기초분야를 연구하기 때문에 관련 전공을 선택하는 것이 좋다.

2) 훈련 과정

인공지능 전문가가 되기 위한 직접적인 훈련 과정은 없지만, 도움이 될 수 있는 과정으로 컴퓨터 프로그래밍 과정, 시스템 개발자 과정, 데이터베이스 과정, 컴퓨터 네트워크 과정 등이 있다.

3) 관련자격

인공지능 전문가가 되기 위해서 꼭 필요한 자격증은 없지만 컴퓨터공학, 정보공학, 정보시스템, 정보처리와 관련한 지식을 넓히는 것이 좋다.

5. 어디에서 일할 수 있나?

인공지능 전문가는 다양한 분야의 연구소나 기업체에서 일할 수 있다. 인공지능 기술은 과학, 공학, 심리학, 뇌과학이 만나는 융합 학문의 결정체이기에 관련된 분야가 많다. 로봇 설계뿐 아니라 게임, 재생에너지, 검색엔진, 빅 데이터, 영상 및 음성 인식 등 다양한 영역에서 인공지능 기술은 활용이 가능하다.

6. 어떻게 전문성을 높일 수 있나?

인공지능 분야는 새로운 기술들이 발전하는 분야이기 때문에 자신의 능력을 인정받기 위해서는 최신 기술과 흐름에 대해 꾸준히 배우려는 노력이 필요하다. 또한 여러 분야에 대한 폭넓은 지식이 요구되므로 끊임없이 기술을 익히기 위한 학습을 해야 한다.

7. 이 직업의 미래는 어떤가?

융합기술시대로 바뀌면서 인공지능 중심의 융합기술 개발이 매우 중요해졌다. 인간만이 할 수 있다고 생각되었던 분야에 인공지능이 쓰이는 경우도 늘어나고 있다. 최근 정부는 '4차 산업혁명'과 '인공지능'에 주목하면서 인공지능을 비롯한 사물 인터넷, 자율 주행차 등을 집중적으로 지원할 것이라 밝히기도 했다. 따라서 앞으로 우리나라에서 인공지능 전문가들이 필요한 상황이 매우 많아질 것으로 보인다.

학습활동.3 교수 · 학습 방법

교수 방법

- 문서의 개념과 종류에 대한 관련 용어, 구성, 방식 이해 정도를 파악한 후 수업을 진행한다.
- 교수자의 주도로 문서의 개념과 종류 등의 내용을 PPT 자료로 제시한 후 설명한다.
- 가능하면 사전에 개인별 학습 자료를 준비하여 모든 학생이 참여할 수 있는 문제 해결식 수업, 협력 수업이 가능하도록 한다.
- 문서의 개념과 종류전 과정을 작업의 순서에 따라 단계적으로 실습이 이루어질 수 있도록 지도한다.
- 교재를 통해 수업을 준비하는데 있어서 필요한 모든 정보나 팁, 힌트 등 도움이 될 만한 내용들을 확인할 수 있다.
- 학생들이 만들게 될 각 모델들은 수업시간에 중점적으로 다뤄질 부분과 어휘, 질문, 답을 포함하고 있으며 또한 탐구할만한 추가적인 아이디어들도 포함하고 있다.

학습 방법

- 문서의 개념과 종류에 대한 관련 용어를 숙지하고, 문서의 개념과 종류에 대해 이해한다.
- 문서의 개념과 종류의 각 단계별 중점 사항을 체계적으로 학습한다.
- 문서의 개념과 종류의 수행순서의 전 과정을 실습한다.
- 문서의 개념과 종류의 내용을 이해한다.
- 문서의 개념과 종류을 이해하고 숙달이 될 때까지 학습한다.

학습활동.3 평가 및 피드백

평가 준거

- 평가자는 피평가자가 수행 준거 및 평가 내용에 제시되어 있는 내용을 성공적으로 수행할 수 있는 지를 평가해야 한다.

학습내용	평가항목	성취수준		
		상	중	하
문서의 개념과 종류	문서의 개념과 종류를 이해할 수 있다.			

평가 방법

• 작업 포트폴리오

학습내용	평가항목	성취수준		
		상	중	하
문서의 개념과 종류	문서의 개념과 종류를 이해할 수 있다.			

• 필기시험

학습내용	평가항목	성취수준		
		상	중	하
문서의 개념과 종류	문서의 개념과 종류를 이해할 수 있다.			

• 체크리스트를 통한 관찰

학습내용	평가항목	성취수준		
		상	중	하
문서의 개념과 종류	문서의 개념과 종류를 이해할 수 있다.			

• 피드백

1. 작업 포트폴리오
   - 제출한 보고서를 평가한 후 주요 사항에 대하여 표시하여 돌려준다.
2. 필기시험
   - 평가 결과 성적이 저조한 학생은 보고서 제출 기회를 부여한다.
3. 체크리스트를 통한 관찰
   - 실습 과정에서 평가한 후 개선해야 할 사항 등을 정리하여 돌려둔다.

학 · 습 · 평 · 가

1. 다음은 문서이해능력에 대한 설명이다. (A), (B)에 각각 들어갈 적절한 용어를 적어보자.

> 문서이해능력이란 직업현장에서 자신의 업무와 관련된 인쇄물이나 기호화된 정보 등 필요한 문서를 확인하여 문서를 읽고, (A)하고 (B)하는 능력이다. 주어진 문장이나 정보를 읽고 이해하여, 자신에게 (C)할 수 있어야 하며, 도표, 수, 기호 등도 이해하고 표현할 수 있어야 한다.

(A) = ____________________

(B) = ____________________

(C) = ____________________

2. 문서를 통하여 우리는 무엇을 하고자 하는지 작성해 보자.

____

3. 우리는 직장생활을 하면서 다양한 문서를 접하게 된다. 다음의 문서의 종류 중 빈칸에 알맞은 문서를 써보자.

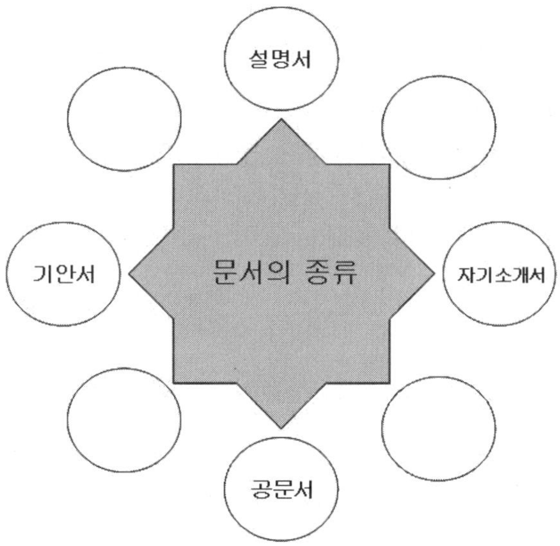

4. 다음 문서의 종류와 각 문서에 대한 설명이 맞는 것을 찾아 왼쪽에 있는것과 오른쪽에 있는 것을 서로 연결해 보자.

결산보고서	•	•	각종 조직 및 단체 등이 언론을 상대로 자신들의 정보가 기사로 보도되도록 하기 위해 보내는 자료
보도자료	•	•	회사의 업무에 대한 협조를 구하거나 의견을 전달할 때 작성하는 문서
기획서	•	•	상대방에게 기획의 내용을 전달하여 기획을 시행하도록 설득하는 문서
기안서	•	•	진행됐던 사안의 수입과 지출결과를 보고하는 문서

학습정리

1. 문서란 제안서, 보고서, 기획서, 편지, 이메일, 팩스, 메모, 공지 사항 등이 문자로 작성된 것을 의미한다. 사람들은 일상생활에서는 물론 다양한 직업현장에서 여러 종류의 문서를 자주 사용한다. 또한 이런 문서를 통해 상대방과 효과적으로 의사소통을 함으로써 자신의 의사를 상대방에게 설득시키거나 상대방의 의견을 오해하지 않고 이해하고자 한다.

2. 문서이해능력이란 직업현장에서 자신의 업무와 관련된 인쇄물이나 기호화된 정보 등 필요한 문서를 확인하여 문서를 읽고, 내용을 이해하고 요점을 파악하는 능력이다.

3. 우리는 직장생활에서 자신에게 주어진 각종 문서를 읽고 적절히 이해하여야 하며, 각종 문서나 자료에 수록된 정보를 확인하여 유용한 정보를 구분하고 비교하여 통합할 수 있어야 한다. 또한 문서에서 주어진 문장을 통해 정보를 이해하여, 자신에게 필요한 내용이 무엇인지 추론할 수 있어야 한다. 더불어, 도표, 수, 기호 등도 이해하고 표현할 수 있어야 한다.

참 | 고 | 문 | 헌

기초직업능력프로그램; 의사소통능력 매뉴얼, 한국산업인력공단

구현정 · 전영옥. (2005). 의사소통의 기법. 박이정.

김동규 · 이영찬. (2000). 직업윤리. 학교법인 기능대학.

박현석(역). (2004). 전달의 기술. 다연.

배상복. (2006). 일반인을 위한 글쓰기 정석. 경향미디어.

심재우. (2004). GE처럼 커뮤니케이션하라. 일빛.

윤치영. (2007). 설득 · 경청 논박의 기술. 일빛

임칠성 역. (1997). 대인의사소통. 한국문화사.

이창호.(2007). 스피치 달인의 생산적 말하기. 북포스

전영우. (2007). 귀담아듣는 언어생활 -적극적 경청법-. 민지사

조신영 · 박현찬. (2007). 경청-마음을 얻는 지혜. 위즈덤하우스

직업기초능력지도과정 자료집. (2005). 직업기초능력지도 과정. 서울대 농생대 부설 중등교육연수원.

허정훈 · 김상범. (2007). 건강과 능력개발. 한국폴리텍대학.

홍경자. (2007). 의사소통의 심리학. 이너북스.

황성근. (2006). 너무나도 쉬운 비즈니스 글쓰기. 한겨레출판.

신동아. http://shindonga.donga.com

조선일보. www.chosun.com

중앙일보. www.joins.com

한겨레신문. www.hani.co.kr

한국일보. www.hankooki.com

AM7. www.am7.co.kr

http://blog.naver.com/eob. 2007.8.27.

http://www.career.go.kr/

학습 1	의사소통의 개념 및 종류
학습 2	의사소통의 저해요인과 능력개발
학습 3	문서이해의 개념과 종류
학습 4	**문서이해의 절차와 요약**
학습 5	문서작성의 개념과 작성법
학습 6	문서작성의 원칙과 표현법
학습 7	경청의 개념과 방해요인
학습 8	경청방법과 훈련
학습 9	의사표현의 개념과 방해요인
학습 10	의사표현법과 지침
학습 11	기초외국어의 개념과 상황
학습 12	기초외국어의 표현방밥과 향상교육법
학습 13	질문활용능력

학습 목표

1. 문서이해의 구체적인 절차와 요약을 이해할 수 있다.

4-1 문서이해의 절차

우리는 일상생활이나 직장생활에서 다양한 활동을 하면서 수많은 문서를 읽어야 한다. 하지만 주어진 문서를 빠르고 정확하게 이해하기 위해서는 문서를 이해하는 구체적인 절차를 알고, 다양한 문서를 접하면서 문서이해의 구체적인 절차에 따라 문서이해능력을 키우기 위해 연습해야 한다.

1. 문서이해를 위한 구체적인 절차

1. 문서의 목적을 이해하기

↓

2. 이러한 문서가 작성되게 된 배경과 주제를 파악하기.

↓

3. 문서에 쓰여진 정보를 밝혀내고, 문서가 제시하고 있는 현안문제를 파악하기

↓

4. 문서를 통해 상대방의 욕구와 의도 및 내게 요구되는 행동에 관한 내용을 분석하기

↓

5. 문서에서 이해한 목적 달성을 위해 취해야 할 행동을 생각하고 결정하기

↓

6. 상대방의 이도를 도표나, 그림 등으로 메모하여 요약, 정리해보기

[그림 4-1] 문서이해의 구체적인 절차

2. 문서이해를 위해 필요한 사항

① 각 문서에서 꼭 알아야하는 중요한 내용만을 골라 필요한 정보를 획득하고, 수집하여 종합하는 능력

→ **주어진 모든 문서를 이해했다 하더라도 그 내용을 모두 기억하기란 불가능하다.**

② 다양한 종류의 문서를 읽고, 구체적인 절차에 따라 이해하고, 정리하는 습관을 들여 문서이해능력과 내용종합 능력을 키워나가는 노력요구

③ 책이나 업무에 관련된 문서를 읽고, 나만의 방식으로 소화하여 작성할 수 있는 능력

→ **글을 잘 읽고 종합하는 능력을 기르기 위해서는 어디까지나 다독과 다작, 다상량 이라는 글 읽기와 쓰기의 고전적인 규칙이 여전히 핵심이라는 뜻이다.**

4-2 문서 요약의 종류와 고려사항

1. 문서요약의 종류

문서의 요약은 다음과 같이 두 가지로 나눈다.

1) 추출요약

추출요약(Extract)의 경우 구나 문장을 추출하는데, 요약문의 응집도나 가독성을 확보하는게 어렵다.

2) 생성요약

생성요약(Abstract)의 경우 문서의 내용을 압축하여 새로운 문서로 만드는 것을 말하며, 자연어 이해와 생성 기술이 필요하다.

2. 문서범위에 따른 구분

문서요약은 문서 범위에 따라 다음과 같은 유형을 가질 수 있다.

1) 포괄적 요약(Generic Summary)

저자의 견해를 요약하는 방법

2) 질의기반 요약(Query-Based Summary)

질의기반 요약은 질의(관심사)에 요약하는 방식이다.

3. 문서의 요약내용에 따른 구분

문서의 요약내용에 따라 다음가 같은 유형을 가질 수 있다.

1) 지시적 요약(Indicative Summary)

문서의 적합성을 판단하기 위해, 필요한 지시적(~을 나타내는) 정보만을 요약

2) 정보적 요약(Informative Summary)

문서 중요 내용을 가진다.

4. 문서 개수에 따라 구분

이 외에도 문서 개수에 따라 다음과 같이 나눌 수 있다.

① 단일문서 요약
② 다중문서 요약

2. 문서 요약과정간 고려사항

문서 요약은 주제추출(Extract), 해석(Template, Core Concept), 생성(Abstract)과 같은 과정을 따른다.

1) 주제 추출시 고려사항

문장 요약시 중요 고려사항은 다음과 같다.

① 단어의 빈도 : 반복되는 단어는 중요 키워드 이다.
② 제목 : 제목은 중요 키워드를 가질 수 있다.
③ 문장의 길이 : 너무나 짧은 문장은 요약문에서 제외한다.
④ 문장의 위치 : 글의 처음과 마지막에, 중요 키워드가 있다.
⑤ 실마리 단어구 : 결론적으로 뒤에는 중요 키워드가 있다. 반면, 예를들면 이라고 하면, 중요 키워드와 관련 없을 수 있다.

2) 해석시 고려사항

해석시, 개념수준에서 통합하는 작업을 진행한다.

① 개념 일반화(Concept Generalization) : 사과, 배, 바나나 - 과일
② 부분 전체에 대한 관계 고려 : 바퀴, 페달 - 자전거
③ 환유어 : 미국 정부 대변인은 ~라고 했다. 라고 하는 대신, 워싱턴은 ~라고 했다라고 바꿀 수 있다.

3) 생성시 고려사항

① 추출방식 : 별도 생성없이, 추출문, 축어적으로 생성

② 자연어 생성방식

- 문법(Grammar) 없이 추출한 구 단어를 적절히 합쳐서 생성한다(가독성의 문제가 예상됨).
- 문법을 가지고 생성할 문장의 내용이나 길이, 순서나 단어들을 고려한다(문법)에 맞게 재구성하여 생성한다).

4-3 문서 핵심 요약문 작성과정

책 또는 보고서 문서나 종합서류를 간략히 요약 보고서를 만드는 일은 정말 어렵다. 그렇지만 직장생활에서 대표이사나 상사에게 요약 보고하는 경우가 종종 발생한다. 그래서 요약 보고서는 텍스트 내용의 이해와 핵심을 파악하는 것이 중요한 기준이 된다. 문서의 핵심 요약문 작성과정은 다음과 같다.

1. 문장을 주위 깊게, 이해하고 분석한다

문장에 대한 완전하고 깊이 있는 이해가 제대로 된 분석과 요약을 할 수 있는 바탕이 되기 때문이다. 만일 문장에 대한 이해가 잘 되어 있지 않으면 분석도 제대로 되지 않을뿐더러 요약 자체도 체계적으로 정리될 수 없다.

그러므로 내용을 주위 깊게 잘 살펴보는 과정에서 줄을 치거나, 표시를 해 놓는 방법은 특히 핵심요약이 필요할 때 매우 유용하다. 또, 내용이 책이라면 책의 목차를 미리 읽고 목차의 순서를 생각하며 읽는 것도 도움이 되는데 특히 정보 습득과 학습을 위한 책이라면 더욱 그렇다.

2. 요약을 위한 분석과 정리를 한다

1) 요약 글의 목적과 용도를 분석

업무상 필요한 내용 요약이나 보고서로 제출되거나 서평을 쓰기 위한 요약이

라면 그 목적과 용도를 먼저 확실히 파악해야 한다.

2) 어떤 관점에서 요약을 할 것인지를 추출할 것을 결정

목적이 파악되면 목적에 맞는 관점의 방향을 정해야 한다. 보고서 내용이라면 시간의 순서중심인지, 인물의 성격과 심리 변화 중심인지, 내용의 체계성 돈 관계성 중심인지, 전체적인 내용을 요약하더라도 무엇에 더 중점을 두고 용약 할 것인지를 결정한다.

3) 내용에 대한 전체 구조를 분석

요약 글의 목적과 관점이 분명해졌으면 내용의 구조화 작업을 시작해야 한다.

일반적으로 지식의 전달의 요약 내용이라면 이미 정리된 목차대로 구조화시키는 것이 가장 기본이 된다. 즉 질문을 만들어서 적중률 높은 키워드 16개를 추출한다.

학습 4

3. 분석하여 구조화된 내용을 요약문으로 작성

① 질문의 답과 관련된 단락별 핵심어를 찾아 요약 문장을 작성한다.
② 키워드 3개를 활용해 요약된 한 문장들을 검토/작성하고 누락사항이 없는지 최종검토하여 목적과 관점을 명확하도록 작성한다.

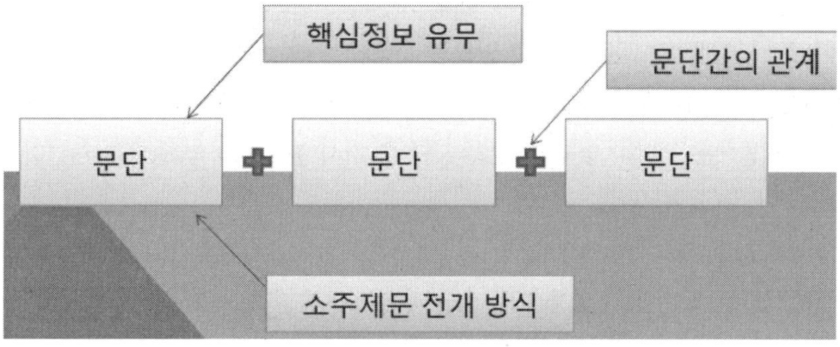

[그림 4-2] 분석하여 구조화된 내용을 요약

■ 북 리뷰

메모의 기술

기록은 기억보다 강하다. 메모란, 잊어버리지 않기위해 하는 것이 아니라 기록한 후 잊기 위해 하는 것이다. 현대는 정보와 지식이 생활의 필수 에너지로 작용하는 사회다. 그만큼 우리는 매일 수많은 정보와 지식을 입력하고 처리하면서 의사를 결정하고 그에 따라 행동한다. 기록하고 잊어라. 안심하고 잊을 수 있는 기쁨을 만끽하면서 항상 머리를 창의적으로 쓰는 사람이 성공한다. 그 비결은 바로 '메모 습관'이다.

메모의 기술 7가지

① 언제 어디서든 메모하라.
머릿속에 떠오른 생각은 그 자리에서 바로 기록하는 것이 메모의 법칙이다.

② 주위 사람들을 관찰하라.
독자적인 방법을 고안할 능력이 있다면 자신만의 방법을 터득하면 되지만, 그럴 능력이 없다면 우선 눈에 보이는 것부터 시작하는 것이 최우선이다. 즉 일을 잘하는 사람의 방법을 보고 배우는 것이다.

③ 기호와 암호를 활용하라.
메모할 때 반드시 '글자'만 쓰란 법은 없다. 자신이 보고 무슨 내용인지 알 수 있으면 된다. 중요한 것은 자신만의 메모 흐름을 만드는 것이다.

④ 중요 시항은 한눈에 띄게 하라.
메모하는 방법에는 정답이 없다. 시간이 지난 후 다시 검토했을 때 중요한 부분이 한눈에 들어오는 것이 좋은 메모다.

⑤ 메모하는 시간을 따로 마련하라.
하루에 한 번이라도 수첩과 펜을 드는 습관이 생기면 특별히 노력하지 않아도 자연스럽게 메모하게 된다.

⑥ 메모를 데이터베이스로 구축하라.
메모는 어떤 형태로든 남겨두면 훗날 효력을 발휘한다. 데이터베이스를 만드는 가장 중요한 목적은 '정리한 후 잊어버리자!'이다.

⑦ 메모를 재활용하라.

출처 : 인터넷 교보문고, 출판사 서평

수행 내용

재료 · 자료

- 문서이해의 절차와 요약 관련 자료

기기(장비 · 공구)

- 컴퓨터, 프린터, 주변기기

안전 · 유의사항

- 컴퓨터 및 주변기기의 전원을 관리한다.

수행 순서

01 이해한 문서의 내용을 요약하고, 종합하는 사례와 활동에 대하여 분석하라.

P씨는 하루에도 수십 건씩 상사와 고객으로부터 주문서와 보고서, 지시문 등 여러 가지 문서를 받는다. 매일 벅찬 양의 문서가 쌓이다보니 점차 내용이 섞이고, 정리가 필요하게 되었다. 그래서 P씨는 상사의 지시문 중 중요내용만을 간추려 메모하여 보고서 작성에 사용하기도 하고, 다양한 고객의 주문서 중 핵심내용만 정리하여 요구사항별로 그룹화하였다. 그랬더니 이후에 P씨에게 보고서나 주문서등이 몰려왔을 때 당황하지 않고 빠른 속도로 이해하고 분류하여 신속하게 업무를 처리할 수 있었다. P씨처럼 신속하게 문서를 이해하고 요약, 정리하는 방법에는 어떤 것이 있는지 알아보자.

우리는 직장생활이나 가정생활 등 다양한 활동을 하면서 수없이 많은 문서를 읽어야 한다. 하지만 주어지는 모든 문서의 내용을 다 이해하고, 머릿속에 기억하기는 어려운 일이다. 따라서 우리는 각각의 문서에서 중요한 내용만을 골라 필요한 정보를 획득하고, 다양한 정보를 수집하여 종합하는 능력이 절실하다. 이러한 능력은 쉽게 얻어지는 것은 아니며 다양한 문서를 읽고 정리하는 연습을 통하여 문서이해능력과 종합능력을 키워나가야 한다.

사 례

그럼... 내용을 종합해 볼 때~

매일 고객들이 보내는 수십 건의 주문서를 처리하고, 상사의 지시문에 따라 보고서나 기획서 등을 작성하는 일을 하는 세일즈맨 P씨. 매일 벅차리만큼 늘어나는 주문서와 상사의 지시문, 보고서에 묻혀가는 신세가 되었다.

그러던 P씨는 문서를 종류별로 체계적으로 정리하기로 결심하고 고객의 주문서 중 핵심 내용만 정리하여 요구사항별로 그룹화 하고, 상사의 지시문중 중요한 내용만 간추려 메모하기 시작하였다. 그리고 정리한 내용은 필요한 동료에게 메일로 보내주기도 하고, 자신이 보고서를 작성할 때에도 참고하기 시작했다. 그랬더니 점차 업무의 양이 많아지고, 고객의 주문서와 작성해야 할 보고서, 주어지는 공문과 메일 등이 늘어가도 당황하지 않고, 오히려 예전보다 빠른 속도로 문서의 내용을 이해하고 분류할 수 있게 되었으며, 보다 신속하게 업무를 처리할 수 있게 되었다.

활 동

그럼... 내용을 종합해 볼 때~ 사례에서 살펴볼 수 있듯이 문서내용의 요약과 정리는 업무의 효율성과 명료성을 가져온다. 그리고 문서내용의 이해와 요약은 직장생활에서 뿐만 아니라 일상생활에서도 상당히 중요하다. 하지만 이러한 능력을 기르는 일은 그리 쉽지 않다. 다음에 주어진 글을 유의하여 읽고, 꼭 알아야 할 중요한 내용을 찾아 요약하여 정리해 보자.

부패 방지 위원회

수신자 수신자 참조
(경유)
제목 **「2006년 부패방지평가 보고대회」 개최 알림**

---

1. 귀 기관의 무궁한 발전을 기원합니다.

2. 참여정부 3년간의 부패방지 성과를 돌아보고 국가청렴도 향상을 위한 정책방향을 정립하기 위해 「2006년 부패방지평가 보고대회」를 붙임(1)과 같이 개최하고자 합니다.

3. 동 보고대회의 원활한 진행을 위하여 붙임(2)의 협조사항을 2006. 1. 20(화)Rkj지 행사준비팀(전화: 02-000-0000, 팩스: 02-000-0000, E-mail: oooo@kicac.go.kr)으로 알려주시기 바랍니다.

※ 초청장은 추후 별도 송부 예정임

붙임 1. 「2006년 부패방지평가 보고대회」 기본계획 1부.
2. 행사준비관련 협조사항 1부. 끝.

부패방지위원회 회장
ㅇㅇㅇ

수신자 부패방지공관 부패방지시민모임 기업홍보부 정의실천모임

6남매 美 최고 엘리트로 키운 전혜성 여사

"저는 '행동이 말보다 낫다.'라는 표현을 참 좋아합니다. 잔소리할 시간에 사소한 실천 하나라도 먼저 행하는 것이지요."

전여사 부부는 처음부터 집안에 책상 18개를 구해놓고 애들이 보든 말든 거기서 책을 읽었다. 전여사는 공부습관을 들이는 데는 '규칙적 학습'이 열쇠라는, 평범한 경험담을 강조했다. 엄마는 아이들의 나이와 성향에 맞춰 공부시간과 양을 함께 정했다. 계획에 무리가 없도록 했고, 아이들은 자신이 정한 양을 해낼 수 있었다.

또 하나. 가족은 무슨 일이 있어도 아침 식사를 같이 했다. 매주 금요일 밤은 '가족의 밤'으로 TV를 함께 보며 의견을 나누었고, 토요일 아침 식사 후에도 반드시 가족회의를 열었다.

(조선일보 2006. 04. 26)

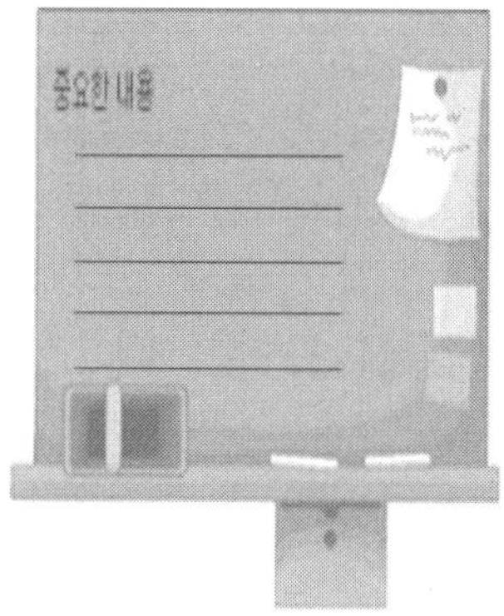

02 글의 내용 요약하기에 대하여 사례별 분석하라.

다음의 문단, 글, 주장하는 글, 이야기로 된 글에 대한 사례별 요약하기를 분서하였다.

1. 문단 요약하기

① 뜻 : 글의 중심 내용을 골라 간략하게 정리하는 것

② 방 법

선 택	문단의 중심 내용이 직접 드러난 부분을 선정한다.
삭 제	세부적인 내용이나 반복되는 내용을 지운다.
일반화	구체적이고 개별적인 내용을 좀 더 일반적인 상위 개념으로 묶는다.
재구성	중심 문장이 뚜렷하게 나타나 있지 않을 때에는 제시된 내용을 바탕으로 중심 내용을 만든다.

③ 예 시

	중심 내용	요약 방법
가	초기 인류의 발전에 가장 결정적인 역할을 한 것은 불의 이용임	선택
나	불을 이용하기 시작하면서 인간은 자연을 이용하고 다스리기 시작함	삭제
다	불을 이용하면서 토기, 무기나 장신구 등 다양한 도구를 만들게 됨	일반화
라	중세에서 오늘날에 이르기까지 불은 인류의 발전에 커다란 역할을 하고 있음	재구성

2. 글을 요약할 때 고려할 점

① 요약의 목적이 무엇인지 고려해야 한다.

② 중요한 정보가 무엇인지 파악해야 한다.

③ 어느 정도의 분량으로 요약할 것인지 생각해야 한다.

④ 예 시

<table>
<tr><td>중요한 정보가 무엇인지 확인</td><td colspan="3">황제펭귄 한 마리가 남극에서 6,000킬로미터 떨어진 뉴질랜드에서 발견되었다. 전문가들은 이 펭귄이 먹이를 찾아 한 달 정도 걸려 뉴질랜드에 도착했을 것으로 추정하고 있다. 또한 뉴질랜드의 기후는 황제펭귄이 지내기적절하지 않아 펭귄이 서식지로 돌아갈 방법을 찾아야 한다고 우려하고 있다. 한편 누리꾼들과 지역 주민들은 황제펭귄에 관심을 보이고 있다.</td></tr>
<tr><td>어느 정도의 분량으로 요약할 것인지 고려</td><td>한 문장으로 요약하기</td><td colspan="2">황제펭귄 한 마리가 남극에서 6,000킬로미터 떨어진 뉴질랜드에서 발견되었다.
황제펭귄 한 마리가 먹이를 찾다 뉴질랜드에 도착하여 전문가들과 누리꾼, 주민들이 이 펭귄에 대해 우려와 관심을 보이고 있다.</td></tr>
<tr><td rowspan="2">요약의 목적은 무엇인지 고려</td><td colspan="2">황제펭귄이 어떤 동물인지 소개하고 싶을 때</td><td>황제펭귄을 남극으로 돌려보내자는 글을 쓰려고 할 때</td></tr>
<tr><td colspan="2">남극에 사는 황제펭귄, 지구 상에 생존하는 펭귄 가운데 가장 키가 크고 몸무게도 많이 나가는 펭귄, 주식(主食)인 오징어와 크릴새우, 시속 24킬로미터로 수영, 눈으로 수분을 섭취 등을 중심으로 요약</td><td>황제펭귄에게 뉴질랜드의 기후는 덥고 건조하다, 황제펭귄은 눈으로 수분을 섭취하는데 모래를 눈으로 착각해서 먹고 있다 등을 중심으로 요약</td></tr>
</table>

3. 주장하는 글을 요약하는 방법

① 글의 구조에 따라 내용을 요약한다.

② 논점을 파악한 후 주장과 근거를 중심으로 내용을 정리한다.

③ 예 시

		중심 내용	요약 방법
처음	가	한옥에 대한 잘못된 시각 때문에 한옥이 점점 사라지고 있다.	삭제
중간	나	독특하고 소중한 한옥의 가치를 잘 이해해야 한다.	
	다	한옥은 사람들에게 편안함을 느끼게 하는 인간적인 집이다.	선택
	라	한옥은 한국의 건축미를 고스란히 담아낸다.	
	마	한옥에는 한국인의 과학적 지혜가 숨어 있다.	
끝	바	한옥의 가치를 잘 이해하고 이를 계승, 발전시키기 위해 노력하자.	

학습 4

4. 이야기로 된 글을 요약하는 방법

① 이야기의 흐름을 고려하여 사건이 일어난 순서에 따라 내용을 요약한다.

② 각문단이나 구성단계에서 주요 사건을 파악한 후 이를 연결하여 내용을 요약한다.

③ 이야기의 중심인물을 찾아 그 인물들이 한 일을 중심으로 내용을 요약한다.

④ 사건이 일어나게 된 원인이나 사건으로 인해 벌어진 결과가 무엇인지 파악하여 내용을 요약한다.

⑤ 예 시

주요 사건
미련한 소금 장수 아들이 소금을 팔러 감 → 광부들이 일하는 곳을 들쑤시다가 소금을 팔지 못하고 돌아옴 → 혼인을 하는 곳에 가서 땅을 파다가 소금을 팔지 못하고 욕만 얻어먹음 → 불이 난 집에 가서 춤을 추다가 소금은 팔지 못하고 두들겨 맞음 → 싸움이 난 곳에 가서 물을 끼얹었다가 소금도 내팽개치고 도망침 → 싸우는 황소를 떼어 놓으려다가 나가떨어지고 소금 장사를 그만둠

03 글을 요약하는 규칙과 중심생각하기에 대하여 분석하라.

1. 글을 잘 요약하는 방법

글을 요약한다는 것은 '글에 들어 있는 중요한 생각을 간략하게 간추리는 활동', 또는 '글에 제시된 정보와 자신의 경험을 바탕으로 글의 내용을 압축하고 주제를 찾아내는 활동'을 말한다. 즉 전체적인 글의 내용과 구조를 분석, 종합하여 이해한 결과를 중심 내용 또는 중요한 내용으로 압축하여 나타낸 것이다.

글을 요약하는데 있어서 요구되는 기본적인 능력은 중요한 정보와 중요하지 않은 정보를 구별하는 능력이다. 이때 주의할 것은 어떤 내용이 중요한 것인지 아닌지를 판별하는 기준이 자의적이어서는 안되고 한 장인 경우에는 장의 제목을, 한 절인 경우에는 절의 제목을 기준 삼아야 한다는 것이다. 물론 책 전체는 그 책에서 저자가 해결하려고 하는 문제나 주제가 되어야 할 것이다.

글을 요약하는데 참고할 규칙은 다음과 같다.

1) 사소하거나 불필요한 내용은 제외

글은 대개 어떤 사실(진리)을 진술하는 내용과 그 내용에 대한 설명, 그리고 독자의 이해를 돕기 위한 예시 부분으로 구성되어 있다. 요약을 위해서는 장황한 예시들은 생략하거나 간략하게 처리할 수 있다.

2) 중요한 내용이더라도 반복되는 내용은 제외

사실 중요한 내용은 글 전체를 통해서 창의적인 방법으로 반복된다. 마치 클래식 음악의 주제가 반복되듯이 말이다. 반복되는 패턴을 발견한다면 쉽게 요약할 수 있다.

3) 항목의 목록들은 가능하면 상위어로 대치

항목의 목록을 상위 개념으로 대체하는 것은 요약의 기본 기술이다. 예컨대 봄, 여름, 가을, 겨울은 '계절'이라는 말로, 연필, 필통, 노트, 책가방 등은 '학용품'이라는 상위 개념으로 대치할 수 있다. 이때 주의할 것은 적절한 상위 개념을 포착해야 한다는 것이다. 위의 예에서 생활용품은 너무 큰 개념이고 필기구는 책가방을 포함할 수 없기 때문에 너무 작은 개념이다. 이를 개념의 구체성이라고 한다.

4) 행동의 하위 요소의 목록 대신 포괄적인 행동으로 대치

원리는 항목을 분류하는 방법과 같다. 책 읽기, 글짓기, 도서관 방문 등은 모두 "공부하다"라는 상위 개념으로 대치할 수 있다. 마찬가지로 너무 포괄적이면 모호해지고 너무 작은 개념으로 대치하면 요약이 되지 않으므로 주의해야한다.

5) 주제문을 선택(즉 글 속에 주제문에 해당하는 내용이 있을 때는 이를 선택)

비문학적인 글은 주제문을 저자가 제시하는 경우가 대부분이다. 따라서 글을 읽어 가는 가운데 이를 잘 포착해 내야한다. 주제문이 앞에 있으면 두괄식, 끝에 있으면 미괄식,

앞과 뒤에 있으면 양괄식이라고 한다. 글이 긴 경우 주제문이 표현은 약간 다르지만 반복해서 나타날 수 있다.

6) 마땅한 주제문이 글 속에 없을 때는 스스로 창출

종종 저자가 주제문을 직접 제시하지 않을 수도 있다. 이런 경우는 독자의 말로 주제문을 만들어야 한다. 주제문은 구체성. 명료성, 간결성, 포괄성(다른 하위 문단들의 소주제를 모두 포함할 수 있는)을 지닌 단 한 문장이어야 한다.

학습 4

2. 글의 중심생각 파악하기

독서에 있어서 핵심적 능력 가운데 한 가지가 중심 생각을 파악하는 것이다. 책을 읽고 중심생각을 잘 파악하고 말할 수 있다면 읽기를 성공적으로 수행하고 다고 볼 수 있고 반면 중심생각을 찾지 못하면 읽기는 실패한 것이다. 글자의 의미를 해독하지 못하는 사람을 문맹(文盲)이라고 한다면 글을 읽고 중심 생각을 파악하지 못하는 사람을 비문해자(非文解者)라고 한다. 그렇다면 독서 능력의 핵심이 되는 중심 생각을 어떻게 잘 파악할 수 있는지 살펴보자.

1) 중심 생각과 혼동하기 쉬운 다음의 개념들에 주의하자.

① 요점(gist) : 구체적인 정보를 포괄하고 장황한 정보를 삭제하여 일반화된 진술을 만들어 글에 들어 있는 중요한 생각을 간략하게 간추린 것이다. 그러기 위해서 글의 내용과 짜임을 분석학, 다시 통합하여 이해하는 과정이 필요하다.

② 해석(Interpretation) : 글이 함축하고 있는 의미 내용을 문맥에 따라 파악하는 것이다.

③ 핵심어(Key Word) : 글에서 가장 중요한 단일 개념을 나타내는 단어 또는 용어를 가리킨다.

④ 선택적 요약/선택적 도표(Selective Summary/Selective Diagram) : 글에서 가장 상위 개념, 중요한 단어와 그를 선택하고 결합하여 글의 분명한 내용의 요약하기를 만드는 것이다.

⑤ 주제(Theme) : 글 자체가 함의하고 설명하는 삶과 세계에 관한 일반화를 뜻한다.

⑥ 제목(Title) : 글에 주어진 이름이다.

⑦ 화제(Topic) : 글의 구체적인 내용을 나타내지 않고, 구 수준으로 나타낸 명칭이다.

⑧ 화제의 쟁점(Topic Issue) : 글에 대한 개념적 맥락을 나나태는 단 하나의 단어,

용어, 구를 뜻한다.

⑨ 주제문(Topic Sentence/Thesis Sentence) : 단락이나 글에서 그 글이 전체적으로 진술하거나 무엇에 대한 것인지를 가장 완전하게 말해 주는 단 하나의 문장이다.

위의 아홉가지 개념 중에서 9번이 중심 생각과 가장 일치하는 개념이다. 주제가 한 단어로 말해 질 수 있다면 중심 생각은 한 문장으로 말해지는 것이다. 또한 대부분의 학생들이 선택적 요약과 요약을 구별하지 못한다는 점이다. 책을 요약하는 과제를 받을 때 발췌하여 그럴듯하게 연결해 놓는 경우가 대부분이다. 이는 요약훈련과 중심 생각을 파악하는 훈련을 제대로 받지 못했기 때문이다.

2) 중심 생각의 특성

중심 문장은 완전성, 명료성, 구체성, 단어의 적합성을 모두 구비해야 한다. 즉 다음의 네 가지 특성을 지니고 있다.

① 중심 생각은 완전한 문장으로 나타내야 한다.
② 중심 문장은 절적하게 구체적이어야 한다. 너무 넓은 개념을 잡으면 모호해 지고 너무 구체적인 개념을 설정하면 글의 내용들을 다 포괄하지 못하게 된다.
③ 중심 문장은 문단의 내용을 포괄할 수 있어야 한다.
④ 중심 문장은 간결해야 한다.

3) 중심 생각을 찾는 과정

① 어휘들을 범주화 한다 : 범주화란 비슷한 속성을 가진 개념이나 사물들을 상위의 개념으로 분류하여 묶는 작업니다. 즉 딸기, 사과, 배, 포도의 상위 개념은 '과일'이다.
② 중요하지 않는 정보는 삭제한다 : 글에서 무엇이 중요한 것인가 하는 것을 판별하는 것은 독서 전략에서 매우 중요하다. 먼저 글의 소제목을 항상 염두에 주면서 읽는 것이 도움이 된다.
③ 중심 생각을 선정한다 : 글에 따라 중심 생각을 담은 문장이 맨 앞에(두괄식), 맨 뒤에(미괄식), 중간에(중괄식), 처음과 끝에(양괄식) 올 수 있고 아예 중심 담긴 문장을 제시하지 않는 경우도 있다. 이 경우는 독자가 창의적으로 중심 생각이 담긴 문장을 만들어 내야한다.
④ 중심 생각을 창조해 낸다 : 특히 중심문장을 제시하지 않는 글에서 유용하다.

요약하면 먼저 필자가 말하고 있는 화제(무엇에 관한 글인가?)를 찾고 그 화제에 대하여 필자가 말하고자 하는 바를 진술하면 중심 생각이 생성되는 것이다.

04 4차산업혁명의 핵심 기술 중 빅데이터 기술 분석(전문)가에 대하여 분석하라.

'빅데이터'라는 용어는 5년여 전 미국 실리콘밸리에서 처음 등장했다. 2012년 시장조사기관인 가트너그룹이 빅데이터를 세계 10대 기술로 선정하면서 빅데이터 분석가라는 직업에 관심이 모아졌다.

빅데이터 분석가는 수많은 데이터 속에서 트렌드를 읽어내 부가가치가 높은 결과물을 도출해내는 일을 담당한다. 대량의 빅데이터를 관리하고 분석해 사람들의 행동패턴이나 시장 경제상황 등을 예측하기도 한다. 페이스북과 트위터 등 SNS(Social Network Service)로 주고 받는 문자나 몇 개의 키워드로 상대방의 성향을 파악할 수도 있다.

1. 어떤 일을 하나

빅 데이터 전문가는 대량의 빅 데이터로 사람들의 행동이나 시장의 변화 등을 분석하는데 도움이 되는 정보를 제공한다. 구체적으로는 데이터 수집,데이터 저장 및 분석, 데이터 시각화 등을 통한 정보 제공을 담당한다.

2. 어느 분야에서 활동하나

1) 관련 직업

빅 데이터 전문가는 거의 모든 분야의 기업에서 내/외부 데이터를 이용하여 분석하고, 기업 경영에 도움이 되는 정보를 만들어 제공한다. 빅 데이터 전문가는 정보 통신 기술(ICT) 분야의 직업인 컴퓨터 시스템 설계 분석가, 시스템 소프트웨어 개발자, 응용 소프트웨어 개발자 등의 직업과 관련성이 높다.

2) 활동 분야

빅 데이터 전문가는 금융 분야(신용 리스크 관리, 로보어드바이저), 유통 분야(계절에 따라 생산이나 판매가 달라지는 상품 예측, 백화점 및 매장의 상품 진열), 제조 분야(불량 제품이 발생할 가능성을 미리 알려줌), 서비스 분야, 의료 분야, 공공 분야 등 다양한 영역에서 활동이 가능하다.

3. 어떤 적성과 흥미가 필요한가?

1) 적 성

빅 데이터 전문가는 분석을 위해 창의적인 접근이 필요하기 때문에 오랜 시간이 걸리는 분석 과정을 견뎌내기 위한 끈기와 꾸준히 공부하는 자세가 필요하다.

데이터 속에서 새로운 가치를 새로 만들어 내야 하기 때문에 통계적인 이론과 복잡한 프로그램에 대한 이해력뿐만 아니라 다양한 관점에서 문제를 의식하고 개선하려는 창의력과 추진력이 필요하다.

2) 흥 미

빅 데이터 전문가는 방대한 데이터를 다루기 때문에 꼼꼼하며 탐구하는 것을 즐긴다.

세계 각국의 최신 경향 및 빅 데이터와 관련한 내용에 호기심이 많으며 이를 파악하는 것을 좋아한다.

4. 어떻게 준비하나?

1) 관련 전공

빅 데이터 전문가가 되기 위해서는 빅 데이터를 활용하기 위한 매우 높은 수준의 지식과 기술이 필요하다. 이를 위해 대학에서 통계학 또는 컴퓨터공학, 산업공학 등을 전공하면 기술적인 기초를 갖추는 데에 도움이 된다. 더불어 경영학이나 홍보 및 판매 분야의 지식과 경험을 쌓아두면 기술적인 기초와 결합해 더 유리할 수 있다.

2) 훈련 과정

각 대학의 빅 데이터 관련 학사나 석박사 과정에서 준비할 수 있으며 한국데이터베이스진흥원에도 단기 교육과정이 있고, 빅 데이터 활용 센터, 빅 데이터 아카데미에서도 전문가를 교육하고 있다.

3) 관련 자격

빅 데이터 전문가가 되기 위해서는 한국데이터진흥원(Kdata)에서 주관하는 '데이터아키텍처전문가, 준전문가' 자격증이 있으며, 통계청에서 주관하고 있는 '사회조사 분석사' 자격증 및 정보처리기사 자격이 있다.

5. 어디에서 일할 수 있나?

빅 데이터 전문가는 대기업의 빅 데이터 관리 부서나 마케팅 부서, 인터넷 포털 업체 및 데이터 분석 전문 업체, 정보 통신 시스템 통합(SI) 업체나 시스템 개발 업체 등에 취업할 수 있다.

6. 어떻게 전문성을 높일 수 있나?

빅 데이터 분야는 새로운 기술들이 발전하는 분야이기 때문에 전문성 향상을 위해 최신 기술과 경향을 지속적으로 파악해야 한다.

기업은 생산성 향상과 매출 확대를 위해, 정부는 공공 기관 서비스 효율을 높이기 위해 빅 데이터 전문가의 수요가 늘어나고 있다. 따라서 자신의 전문성을 토대로 직장에 취업하거나, 특정 직장에 소속되어 있지 않으면서도 자유로운 활동을 할 수 있다.

7. 이 직업의 미래는 어떤가?

빅 데이터가 전 세계적으로 관심을 받는 이유는 불확실한 환경을 제거하거나 예측하기 어려운 위험을 최소화할 수 있기 때문이다. 즉, 기업은 경쟁력을 높일 수 있고, 개인은 더 나은 삶을 살 수 있고, 국가는 보다 나은 서비스를 국민들에게 제공할 수 있게 된다. 또한 빅 데이터는 다양한 분야의 서비스, 소프트웨어, 하드웨어 등에 매우 큰 영향을 미치기도 한다. 경영학, 통계학, 컴퓨터공학 등 다양한 분야의 협력이 반드시 필요하다는 점에서도 발전 가능성이 크고, 이에 따라 빅 데이터 전문가의 직업적 전망도 밝다고 할 수 있다.

학습활동.4 교수 · 학습 방법

교수 방법

- 문서이해의 절차와 요약에 대한 관련 용어, 구성, 방식 이해 정도를 파악한 후 수업을 진행한다.
- 교수자의 주도로 문서이해의 절차와 요약 등의 내용을 PPT 자료로 제시한 후 설명한다.
- 가능하면 사전에 개인별 학습 자료를 준비하여 모든 학생이 참여할 수 있는 문제 해결식 수업, 협력 수업이 가능하도록 한다.
- 문서이해의 절차와 요약 전 과정을 작업의 순서에 따라 단계적으로 실습이 이루어질 수 있도록 지도한다.
- 교재를 통해 수업을 준비하는데 있어서 필요한 모든 정보나 팁, 힌트 등 도움이 될 만한 내용들을 확인할 수 있다.
- 학생들이 만들게 될 각 모델들은 수업시간에 중점적으로 다뤄질 부분과 어휘, 질문, 답을 포함하고 있으며 또한 탐구할만한 추가적인 아이디어들도 포함하고 있다.

학습 방법

- 문서이해의 절차와 요약에 대한 관련 용어를 숙지하고, 문서이해의 절차와 요약에 대해 이해한다.
- 문서이해의 절차와 요약의 각 단계별 중점 사항을 체계적으로 학습한다.
- 문서이해의 절차와 요약의 수행순서의 전 과정을 실습한다.
- 문서이해의 절차와 요약의 내용을 이해한다.
- 문서이해의 절차와 요약을 이해하고 숙달이 될 때까지 학습한다.

학습활동.4 평가 및 피드백

평가 준거

- 평가자는 피평가자가 수행 준거 및 평가 내용에 제시되어 있는 내용을 성공적으로 수행할 수 있는 지를 평가해야 한다.

학습내용	평가항목	성취수준		
		상	중	하
문서이해의 절차와 요약	문서이해의 절차와 요약을 이해할 수 있다.			

평가 방법

• 작업 포트폴리오

학습내용	평가항목	성취수준		
		상	중	하
문서이해의 절차와 요약	문서이해의 절차와 요약을 이해할 수 있다.			

• 필기시험

학습내용	평가항목	성취수준		
		상	중	하
문서이해의 절차와 요약	문서이해의 절차와 요약을 이해할 수 있다.			

• 체크리스트를 통한 관찰

학습내용	평가항목	성취수준		
		상	중	하
문서이해의 절차와 요약	문서이해의 절차와 요약을 이해할 수 있다.			

• 피드백

1. 작업 포트폴리오
   - 제출한 보고서를 평가한 후 주요 사항에 대하여 표시하여 돌려준다.
2. 필기시험
   - 평가 결과 성적이 저조한 학생은 보고서 제출 기회를 부여한다.
3. 체크리스트를 통한 관찰
   - 실습 과정에서 평가한 후 개선해야 할 사항 등을 정리하여 돌려둔다.

학 · 습 · 평 · 가

1. 다음 설명이 무엇에 대한 내용인지 (A), (B)에 각각 들어갈 적절한 용어를 적어보자.

> 주어진 모든 문서를 이해했다 하더라도 그 내용을 모두 기억하기란 불가능하다. 따라서 각 문서에서 꼭 알아야하는 중요한 내용만을 골라 (A) 또한 절실하다. 하지만 이러한 능력 또한 쉽게 얻어지는 것이 아니기에 다양한 종류의 문서를 읽고, 구체적인 절차에 따라 이해하고, (B)을 들여 문서이해능력과 내용종합능력을 키워나가도록 노력해야 한다.

(A) = ____________________

(B) = ____________________

2. 다음은 문서이해의 구체적인 절차를 나타낸 표이다. 다음 내용에 이어질 알맞은 절차를 써보자.

◆ 문서이해의 구체적인 절차

1. 문서의 (   )
   ↓
2. 이러한 문서가 작성되게 된 배경과 주제를 파악하기
   ↓
3. 문서에 쓰여진 정보를 밝혀내고, 문서가 제시하고 있는 현안문제를 파악하기
   ↓
4. 문서를 통해 상대방의 욕구와 의도 및 (   )
   ↓
5. 문서에서 이해한 목적 달성을 위해 취해야 할 (   )
   ↓
6. 상대방의 의도를 도표나, 그림 등으로 (   )

학습정리

1. 각종 분야에서 사용하는 문서의 종류는 매우 다양하다. 이렇게 다양한 문서를 얼마나 빨리 이해하여 업무에 적용하여 능숙하게 처리하느냐가 업무의 성과를 좌우한다. 그러므로 직장생활에서 자신에게 필요한 문서가 무엇인지 파악하여 그에 요구되는 문서이해능력을 키워야 하는 것은 매우 중요하다.

2.. 직장인은 주어진 문서를 빠르고 정확하게 이해하기 위해 문서를 이해하는 구체적인 절차를 이해하여, 다양한 문서를 접할 때 실제적으로 활용할 수 있도록 부단히 연습해야 한다.

참 | 고 | 문 | 헌

기초직업능력프로그램; 의사소통능력 매뉴얼, 한국산업인력공단

구현정 · 전영옥. (2005). 의사소통의 기법. 박이정.

김동규 · 이영찬. (2000). 직업윤리. 학교법인 기능대학.

박현석(역). (2004). 전달의 기술. 다연.

배상복. (2006). 일반인을 위한 글쓰기 정석. 경향미디어.

심재우. (2004). GE처럼 커뮤니케이션하라. 일빛.

윤치영. (2007). 설득 · 경청 논박의 기술. 일빛

임칠성 역. (1997). 대인의사소통. 한국문화사.

이창호.(2007). 스피치 달인의 생산적 말하기. 북포스

전영우. (2007). 귀담아듣는 언어생활 -적극적 경청법-. 민지사

조신영 · 박현찬. (2007). 경청-마음을 얻는 지혜. 위즈덤하우스

직업기초능력지도과정 자료집. (2005). 직업기초능력지도 과정. 서울대 농생대 부설 중등교육연수원.

허정훈 · 김상범. (2007). 건강과 능력개발. 한국폴리텍대학.

홍경자. (2007). 의사소통의 심리학. 이너북스.

황성근. (2006). 너무나도 쉬운 비즈니스 글쓰기. 한겨레출판.

신동아 http://shindonga.donga.com

조선일보 www.chosun.com

중앙일보. www.joins.com

한겨레신문 www.hani.co.kr

한국일보 www.hankooki.com

AM7. www.am7.co.kr

http://blog.naver.com/eob. 2007.8.27.

https://brunch.co.kr/@dialilacmg4b/33

http://study.zum.com/book/12399

한철우 외(2001).과정중심 독서지도. 서울: 교학사.

http://www.career.go.kr/

학습 1	의사소통의 개념 및 종류
학습 2	의사소통의 저해요인과 능력개발
학습 3	문서이해의 개념과 종류
학습 4	문서이해의 절차와 요약
학습 5	**문서작성의 개념과 작성법**
학습 6	문서작성의 원칙과 표현법
학습 7	경청의 개념과 방해요인
학습 8	경청방법과 훈련
학습 9	의사표현의 개념과 방해요인
학습 10	의사표현법과 지침
학습 11	기초외국어의 개념과 상황
학습 12	기초외국어의 표현방밥과 향상교육법
학습 13	질문활용능력

학습 목표

1. 문서작성의 개념 및 중요성을 설명할 수 있다.
2. 상황과 목적에 따라 필요한 문서를 선택하여 작성할 수 있다.

5-1 문서작성의 개념

문서작성능력이란 직장생활에서 요구되는 업무의 목적과 상황에 적합한 아이디어나 정보를 전달할 수 있도록 문서로 작성할 수 있는 능력을 의미한다.

직장인은 자신에게 주어진 업무나 자신을 둘러싸고 일어나는 상황에서 필요한 문서가 무엇인지 이해하고 작성할 때, 조직의 요구에 효과적으로 부응할 수 있다. 따라서 다양한 문서를 이해하고 상황과 목적에 맞는 문서작성능력의 함양이 요구된다.

직장인에게 글을 쓰는 행위는 대화의 또 다른 방법이다. 우리는 글쓰기를 통해 자신의 생각을 보다 구체적이고 논리적으로 정리하여 표현할 수 있다.

직장인에게 있어 문서작성은 직장생활의 업무와 관

련된 것이 대부분이다. 개인적인 이메일뿐만 아니라 이메일을 통한 업무보고가 당연시되는 시대가 되면서 직장인들은 자신의 생각을 논리정연하게 표현해야 하는 문서작성이 더욱 절실하게 되었다.

1. 문서작성의 개념 및 중요성

1) 문서의 의미

문서란 제안서 · 보고서 · 기획서 · 편지 · 메모 · 공지사항 등이 문자로 구성된 것을 의미한다.

2) 직장생활에서 문서작성의 중요성

사람들은 일상생활에서는 물론 직업생활에서도 다양한 문서를 자주 사용한다. 하지만 직장에서의 문서작성은 업무와 관련된 일로 조직의 비전을 실현시키는 생존을 위한 것이라 할 수 있다. 그렇기 때문에 직장인으로서 문서작성은 개인의 의사표현이나 의사소통을 위한 과정으로서의 업무일 수도 있지만 이를 넘어 조직의 사활이 걸린 중요한 업무이기도 하다.

2. 문서작성 시 고려사항

문서는 왜 작성하여야 하며, 문서를 통해 무엇을 전달하려 하는지 명확히 한 후에 작성해야 한다.

문서작성은 작성하는 개인의 사고력과 표현력이 총동원된 결정체이다.

그러므로 문서작성 시에 고려해야 할 사항은 대상과 목적, 시기가 포함되어야 하며, 기획서나 제안서 등 경우에 따라 기대효과 등이 포함되어야 한다.

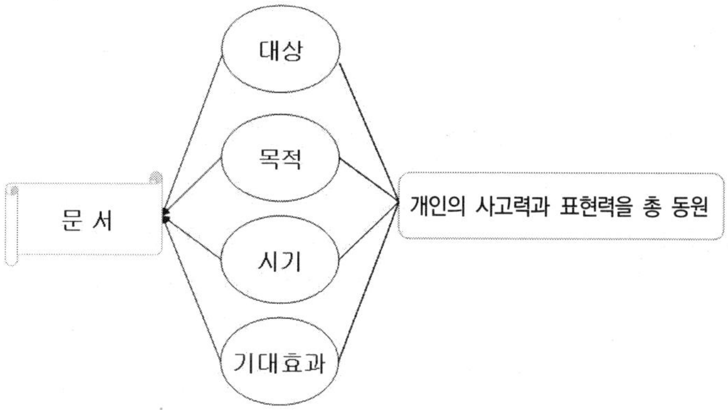

[그림 5-1] 문서 작성시 고려사항

학습 5

3. 문서작성의 구성요소

직업인이 작성하는 문서는 치열한 경쟁상황에서 상대를 설득하거나 조직의 의견을 전달하는 기능을 하는 공적인 문서이다. 그러므로 길이가 길고 중구난방 식으로 나열하여서는 안된다.

또한 일관적이며 통일성을 갖추고 전체 흐름이 일목요연한지, 객관적인 근거가 정확한지, 핵심사항이 정확한지를 확인해야 한다. 문서작성을 위해서는 다음의 5가지 구성요소를 갖추어야 한다.

Tip 문서작성의 5가지 구성요소

- 품위 있고 짜임새 있는 골격
- 객관적이고 논리적이며 체계적인 내용
- 이해하기 쉬운 구조
- 명료하고 설득력 있는 구체적인 문장
- 세련되고 인상적이며 효과적인 배치

■ 자 료(관련 신문 기사)

요즘 대학생들 '작문 맹' 많다

한국일보

서울 S대에서 신입생 대상 글쓰기 수업을 하는 강사 이모씨는 학생들의 과제물을 볼 때마다 난감하다. 항상 "학술적으로 써달라"고 강조하지만 으레 과제물에는 '아무리 생각해도 난 너무 이성적이다 "그냥 일단 쓰고 보련다" '참 거시기 하다'처럼 수준을 의심케 하는 표현이 난무한다.

이씨는 "1,000자가 넘는 글이 한 문단인 경우도 있고, 문단의 처음 한 칸은 띈다는 원고지 작성법의 기본조차 모르는 학생들이 많다"고 말했다. 그는 "인터넷 채팅과 휴대폰 문자 메시지에 익숙해서인지 '마니'(많이) '모든지(뭐든지)' '묵여 있던(묶여 있던)'처럼 소리 나는 대로 적은 표현이나 심지어 이모티콘도 사용하고 있다"고 전했다.

대학생들의 '틀린 글쓰기'가 심각하다. '디지털 세대'의 잘못된 글쓰기에 대한 우려는 어제오늘의 이야기가 아니지만 시간이 지날수록 개선은커녕 악화하고 있다. 이에 따라 각 대학도 글쓰기 교육을 강화하는 등 대책 마련에 나서고 있다.

7일 각 대학에 따르면 연세대는 신입생 사이의 글쓰기 수준 차가 갈수록 커지고 있다고 판단, 내년 1학기부터 신입생을 기초 · 중간 · 고급 반으로 나눠 수준별 글쓰기 수업을 실시하기로 했다. 또 '학술적 글쓰기' "예술적 글쓰기" "논증적 글쓰기" '과학 글쓰기' 등 고급 글쓰기 과목을 새로 개설해 심화 교육을 하기로 했다. 연세대는 아예 이달 초부터 글쓰기 지원 서비스를 시작했다.

한성대는 지난해 글쓰기 첨삭 지도용 전용 프로그램을 개발, 국어 · 작문 강의를 듣는 학생들의 과제물을 온라인에서 지도하고 있다. 서울대는 '글쓰기 교실'을 운영하면서 2003년부터는 온 · 오프 글쓰기에 관한 상담 및 '리포트 작성법' 등에 관한 워크숍을 열고 있다. 숙명여대도 6년째 '의사소통개발센터'에서 글쓰기 상담과 연구를 진행 중이다.

서울대 기초교육원이 5일 개최한 '제1회 대학국어 발전을 위한 심포지엄'에서 이 대학 최명옥(국문과) 교수는 "객관식 위주의 수능시험을 준비하면서 독서와 깊이 있는 사고를 하지 못한 탓에 대부분 학생들은 분명한 글을 쓰지 못하거나 질문의 내용조차 이해하지 못한다"며 "다른 것 필요 없이 문단 하나만이라도 똑바로 쓰도록 가르쳐야 한다"고 말했다.

자신의 생각에 맞는 적절한 단어를 골라 정리 · 표현할 수 있는 능력은 물론 맞춤법, 띄어쓰기 등 글쓰기 기본을 집중적으로 훈련해야 한다는 이야기다.

같은 대학 장소원(국문과) 교수는 "저학년일수록 사고의 흐름에 맞는 글의 전개를 위해 문단을 적절히 배열하는 능력이 떨어진다"며 "반복적으로 글쓰기를 연습하고 고치는 과정을 거쳐야만 향상이 가능하다"고 진단했다.

대학 글쓰기 교육을 완전히 새로 뜯어 고쳐야 한다는 목소리도 나온다. 이화여대 한수영(국문학) 강사는 "글쓰기 교육의 초점이 맞춤법이나 어법 같은 기술적 문제에만 맞춰져 있다"며 "생각하는 훈련을 함께 하지 않으면 '국화빵' 같은 기술자만 만들 것"이라고 우려했다.

출처 : 한국일보. 2007년 10월 7일자.

5-2 문서작성 방법

직장에서의 업무는 대부분 문서를 통해 이루어지고 있다. 문서는 어디까지나 자신의 생각을 상대방에게 정확하게 전달하기 위한 것으로 '읽게 해주는 것'이 아니라 '읽어주기를 바라는 것'이어야 한다. 따라서 자신의 명확한 생각을 전달하고자 할 때 문서를 활용하게 된다. 공적인 업무를 효과적이고 명확한 진행을 위한 직장생활의 성격 상 우리는 많은 문서작성의 상황과 마주하게 된다.

1. 상황에 따른 문서작성법

직장생활에서 요구되는 문서는 작성해야 하는 상황에 따라 그 내용이 결정되고, 내용에 따라 문서의 성격과 구성해야 할 내용이 결정된다.

1) 요청이나 확인을 부탁하는 경우

업무를 추진하는 과정 중에 업무 내용과 관련된 요청사항이나 확인절차를 요구해야 할 때가 있다. 이러한 경우 일반적으로 공문서를 활용하게 되는데, 공문서는 반드시 일정한 양식과 격식을 갖추어 작성하여야 한다.

2) 정보제공을 위한 경우

직장생활에서 업무추진을 통해 일의 성과를 높이기 위해서는, 적시에 유용한 정보를 제공할 수 있어야 한다. 자신과 부서에 대한 일반적인 정보뿐 아니라 행사를 개최하거나 제품을 개발했을 경우에도 필요한 정보를 제공해야 한다. 일반적으로 회사 자체에 대한 인력보유 홍보나 기업정보를 제공하는 경우가 있는데, 이러한 경우에는 홍보물이나 보도자료 등의 문서가 필요하다. 또한 제품이나 서비스에 대해 정보를 제공해야 하는 경우에는 설명서나 안내서 등이 필요하며, 정보제공을 위한 문서를 작성하고자 하는 경우에는 시각적인 자료를 활용하는 것이 효과적이다. 또한 모든 상황에서 문서를 통한 정보제공은 무엇보다 신속하고 정확하게 이루어져야 한다.

3) 명령이나 지시가 필요한 경우

업무를 추진하다보면 관련 부서나 외부기관, 단체 등에 명령이나 지시를 내려야 하는 일이 많다. 이런 경우 일반적으로 업무 지시서를 작성한다. 업무 지시서를 작성할 때는 상황에 적합하고 명확한 내용을 작성할 수 있어야 한다. 또한 단순한 요청이나 자발적인 협조를 구하는 차원의 사안이 아니므로, 즉각적인 업무 추진이 실행될 수 있도록 해야 한다.

4) 제안이나 기획을 할 경우

직장생활에서는 업무에 대한 제안이나 기획을 수립해야 하는 경우가 많다. 제안서나 기획서의 목적은 업무를 어떻게 혁신적으로 개선할지, 어떤 방향으로 추진할지에 대한 의견을 제시하는 것이다. 그러므로 회사의 중요한 행사나 업무를 추진해야 할 경우, 제안서나 기획서를 효과적으로 작성하는 것은 매우 중요하다. 제안이나 기획의· 목적을 달성하기 위해서는 관련된 내용을 깊이 있게 담을 수 있는 작성자의 종합적인 판단과 예견적인 지식이 요구된다.

5) 약속이나 추천을 위한 경우

약속은 고객이나 소비자에게 제품의 이용에 관한 정보를 제공하고자 할 때, 추천은 개인이 다른 회사에 지원하거나 이직을 하고자 할 때 일반적으로 상사가 작성해 주는 문서이다.

2. 종류에 따른 문서 작성법

보통 각 회사나 기관별로 고유의 문서양식이 있어서 상황에 따라 적합한 문서를 선정하여 작성하게 된다. 만일, 별도의 양식이 정해져 있지 않으면, 일반적으로 많이 쓰여지는 양식을 선정하여 작성하도록 한다.

1) 공문서

공문서는 회사외부로 전달되는 문서이므로 누가, 언제, 어디서, 무엇을, 어떻게(왜)가 정확하게 드러나도록 작성해야 한다.

(1) 날짜 작성 시 유의사항

① 연도와 월일을 반드시 함께 기입한다.

② 날짜 다음에 괄호를 사용할 경우에는 마침표를 찍지 않는다.

(2) 내용 작성 시 유의사항

① 한 장에 담아내는 것이 원칙이다.

② 마지막엔 반드시 '끝'자로 마무리 한다.

③ 복잡한 내용은 항목 별로 구분한다('-다음-', 또는 '-아래-').

④ 대외문서이고, 장기간 보관되는 문서성격에 따라 정확하게 기술한다.

2) 설명서

① 명령문보다 평서형으로 작성한다.

② 상품이나 제품에 대해 설명하는 글의 성격에 맞춰 정확하게 기술한다.

③ 정확한 내용전달을 위해 간결하게 작성한다.

④ 소비자들이 이해하기 어려운 전문용어는 가급적 사용을 삼간다.

⑤ 복잡한 내용은 도표를 통해 시각화하여 이해도를 높인다.

⑥ 동일한 문장 반복을 피하고 다양하게 표현하도록 한다.

3) 기획서

(1) 기획서 작성 전 유의사항

① 기획서의 목적을 달성할 수 있는 핵심 사항이 정확하게 기입되었는지 확인한다.

② 기획서는 상대에게 어필해 상대가 채택하게끔 설득력을 갖춰야하므로, 상대가 요구하는 것이 무엇인지 고려하여 작성한다.

(2) 기획서 내용 작성 시 유의사항

① 내용이 한눈에 파악되도록 체계적으로 목차를 구성하도록 한다.

② 핵심 내용의 표현에 신경을 써야 한다.

③ 효과적인 내용전달을 위해 내용과 적합한 표나 그래프를 활용하여 시각화하도록 한다.

(3) 기획서 제출 시 유의사항

① 충분한 검토를 한 후 제출하도록 한다.

② 인용한 자료의 출처가 정확한지 확인한다.

4) 보고서

(1) 보고서 내용 작성 시 유의사항

① 업무 진행 과정에서 쓰는 보고서인 경우, 진행과정에 대한 핵심내용을 구체적으로 제시하도록 작성한다.

② 핵심사항만을 산뜻하고 간결하게 작성한다(내용의 중복을 피하도록 한다).

③ 복잡한 내용일 때에는 도표나 그림을 활용한다.

(2) 보고서 제출 시 유의사항

① 보고서는 개인의 능력을 평가하는 기본요인이므로, 제출하기 전에 반드시 최종점검을 한다.

② 참고자료는 정확하게 제시한다.

③ 내용에 대한 예상 질문을 사전에 추출해 보고, 그에 대한 답을 미리 준비하다.

■ 자 료

경기도 '말하는 공문서' 제작

파이낸셜뉴스
글로벌 시대의 새로운 시각 First-Class 경제신문

경기도는 시각장애인과 노인층이 공문서를 쉽게 이해할 수 있도록 문서를 음성으로 변환해 들을 수 있는 '말하는 공문서' 제작에 들어갔다고 14일 밝혔다.

말하는 공문서는 컴퓨터에 Voiceye프로그램을 설치, 문서를 작성한 뒤 전환하면 고밀도 이차원 바코드가 생성되고 이곳에 음성인식기를 갖다 대면 소리가 나오도록 구성됐다. 바코드는 A4용지 크기의 공문 오른쪽 상단에 1.5×1.5cm 크기로 붙여지고 한글뿐 아니라 영어, 일본어 등 외국어는 물론 각종 증명서, 처방전, 악보까지도 소리로 표현할 수 있다.

경기도는 이달부터 우선 장애인복지과에서 생산되는 각종 공문서와 홍보물 등 출판물에 대해 말하는 공문서를 올해 말까지 시범실시한 뒤 내년부터 도에서 생산되는 모든 공문서와 홍보물, 장애인 관련 신문 등으로 확대 추진한다는 계획이다.

경기도는 말하는 공문서 도입으로 도내 4만여 시각장애인은 물론, 시력이 떨어져 문자 해독이 어려운 노인층이나 글을 모르는 문맹자들도 쉽게 정보를 얻을 수 있어 큰 도움이 될 것으로 기대하고 있다.

전국에는 20만명이 넘는 시각장애인이 있지만 점자를 해독할 수 있는 비율은 고작 10%에 불과해 이번 이차원 바코드 도입은 큰 의미가 있다고 도 관계자는 설명했다. 시각장애 1급인 김경숙씨(35)는 "그동안 점자가 아니면 다른 사람의 도움을 받아야 했는데 이제는 혼자서도 듣고 이해할 수 있어 얼마나 편하고 고마운지 모르겠다"고 반겼다.

경기도 관계자는 "시각장애인 등 사회적 약자들이 공문이나 다양한 종류의 출판물을 자유롭게 이용할 수 있는 기본적인 환경을 조성하기 위해 지자체로는 전국 최초로 말하는 공문서를 도입하게 됐다"고 말했다.

출처 : 파이낸셜뉴스, 2007년 8월 15일자.

수행 내용

재료 · 자료

• 문서작성의 개념과 작성법 관련 자료

기기(장비 · 공구)

• 컴퓨터, 프린터, 주변기기

안전 · 유의사항

• 컴퓨터 및 주변기기의 전원을 관리한다.

수행 순서

01 문서작성의 개념 사례와 활동에 대하여 분석하라.

문서작성은 직장생활에서 가장 기본이 되는 필수능력 중 하나이다. 갓 입사한 W씨는 첫 회의를 통해 자신의 업무에서 무엇이 필요한지 에 대해 느낀 것을 간단히 메모로 남겼다. 그리고 팀장님으로부터 회의록을 가져와보라는 지시를 받아 자신이 작성한 메모를 보여드렸다가 기본적인 회의록도 작성하지 못한다는 꾸지람만 들었다. 직장생활에서 필요한 문서작성이 무엇인지 개념 및 특징에 대하여 알아보자.

문서는 같은 직장에서 근무하는 사람들의 의사소통의 수단이 될 뿐만 아니라, 자신의 업무능력을 평가받게 되는 잣대가 될 수도 있다. 이처럼 직장생활에서는 문서작성능력이 상당히 중요하다.

또한 아무리 성실하게 업무를 수행하더라도 상황과 목적에 맞게 문서를 작성하지 못하면 자신의 능력을 제대로 평가받을 수 없다.

사 례

지금 낙서를 가져온 겁니까?

W씨는 어려운 취업난을 뚫고, 드디어 A사에 입사하게 되었다. 기대에 부푼만큼 직장생활은 정말 즐거웠다. 입사하고 처음으로 회의에 들어간 W씨는 회의시간 동안 앞으로의 업무 방향과 중요사항 등 많은 사항들을 듣고 자신에게 필요한 업무가 무엇인지 느끼게 되었으며 그때마다 간단한 메모를 해 두었다.

회의가 끝나고 얼마 후, 팀장님이 W씨를 불러 지난 회의와 관련한 회의록을 가져와보라고 지시했다. 어떻게 해야 할지 모르는데다가 평소에 글쓰기에 자신이 없었던 W씨는 쩔쩔매며 고민하다가 회의 때 기록해두었던 메모를 떠올리고 메모를 새롭게 구성하여 팀장님께 보여드렸다. 회의록을 기대했던 팀장은 W씨의 메모를 보고는 한숨을 쉬며 W씨에게 이렇게 얘기했다.

"회의에서 다뤄졌던 중요한 내용은 모두 다 있어 충실하기는 하지만... 지금 낙서를 가져온 겁니까? 회의록을 다시 작성해 오세요!"

■ 활 동

회의록에 기입해야 할 내용은 모두 담았지만, 상사로부터 다시 작성해오라는 명령을 받은 W씨는 회의록 작성에서 무엇이 잘못되었는지 모르고 있다. 다음은 음반제작사에 근무하는 K씨가 작성한 최근의 음악 트렌드를 조사해 기획사에 소식된 팀이 제작할 음악의 방향을 모색하는 한 장짜리 보고서이다. 하지만 이 보고서는 잘못되었다고 L팀장이 다시 작성해오라고 하였다. 무엇이 잘못되었는지 생각해 보자.

제목 : 이별의 노랫말을 담은 발라드 곡을 만들자.

댄스나 록, 힙합이 아닌 느림 템포의 발라드가 유행하고 있으며 솔로 가수보다는 그룹이나 듀엣으로 구성된 가수로 가사는 진행형의 사랑보다는 이별의 아픔을 주로 다루고 있다. 이 유행은 앞으로 1년은 지속될 것으로 보인다...〈중 략〉

따라서 향후 우리 팀 역시 그룹 또는 듀엣가수를 결성해 느림 템포의 발라드 곡에 가슴에 스며드는 이별을 표현한 가사를 담음 음악을 만들어야 할 것으로 판단된다.

0000년 00월 00일

음반제작기획팀 000

학습 5

무엇이 잘못 되었을까?

(예 시)

제목 : 최근 유행하고 있는 음악 트렌드 및 음악 제작 방향에 관한 보고서

위의 글을 읽고 잘못된 점을 찾아내었으면, 그 점에 주의하여 다시 작성해 보자.

02 문서작성법 사례와 활동에 대하여 분석하라.

문서작성은 상황과 목적에 맞는 적절한 구조로 이루어져야 한다. 컨설팅회사에 인턴으로 근무하는 졸업반 R학생이 속한 부서가 최근 주요고객으로부터 중요한 사업제안서를 요청받았다. R학생은 개인적인 안부와 함께 심혈을 기울인 끝에 작성한 사업제안서의 초안을 이메일로 보냈다. 그러나 기대와는 다르게 공과 사를 구분하지 못한다는 인식을 주어 제안서 탈락에 따른 업무계약 취소통보를 받았다. 직장생활에서 요구되는 목적과 상황에 맞는 문서작성에 대해 알아보자.

직장생활에서 사용되는 문서는 상황과 목적에 따라 디앙하게 필요하며, 각각의 문서에 따라 문서의 성격도 다르다. 예를 들어 이메일은 일반적으로 개인적인 의사소통수단이지

만, 회사 업무 보고서나 고객에게 보낼 때는 업무의 연장선이 된다. 이렇듯 상황과 목적에 맞는 문서의 종류에 따라 적절한 문서를 작성하고, 제시하는 능력이 꼭 필요하다 하겠다.

사 례

아니... 공과 사도 구분하지 못합니까?

컨설팅 회사에 인턴으로 근무하게 된 R학생의 부서가 주요 고객으로부터 사업제안서를 요청받았다. 그는 자신이 근무하는 회사와 오랫동안 협력해오던 사람이었다. R은 심혈을 기울인 끝에 사업제안서를 완성해 개인적인 안부와 함께 제안서 초안을 이메일로 보냈다.

한편 그 고객의 비서는 여러 군데 컨설팅 회사에 맡긴 사업 제안서를 모두 취합해 간부회의 때 돌려볼 수 있도록 제안서를 출력했다. 그러나 R학생이 보낸 이메일 내용이 간부회의의 분위기를 흩뜨렸다. 이메일에는 이전의 접대자리가 만족스러웠는지를 묻는 극히 개인적인 내용이 들어 있었던 것이다.

며칠 후, R학생은 그 고객으로부터 제안서 탈락과 동시에 컨설팅 업무계약취소 통보를 받았다. R학생은 인간관계를 믿고 이메일을 보냈다가, 공과 사를 구분하지 못한다는 고객의 불만과 함께 업무계약 취소라는 날벼락을 맞게 된 것이다.

학습 5

■ 활 동

R학생의 사례는 많은 문서를 작성하는 것보다 각각의 상황에 맞게 문서를 작성하는 것이 중요하다는 것을 보여주고 있다. 직장생활을 하다 보면 많은 문서를 작성하게 되지만 주로 자신의 업무와 관련한 기획서나 보고서, 제안서나 회의록 등을 작성하게 된다. 지금부터 자신의 업무와 관련하여 어떠한 상황에 문서작성이 필요한지 생각해보고, 그 상황에 필요한 문서는 어떤 것이 있는지 생각해 보자.

내가 하는 일은 어떤 일인가?

내가 문서를 작성해야 하는 상황은?

그 상황에 필요한 문서는 어떤 것인가?

03 문서작성의 원칙과 항목 구분에 대하여 분석하라.

1. 문서작성의 원칙

문서를 작성하는 데 있어서 기본적으로 다음과 같은 원칙을 준수해야 한다(행정자치부, 2012).

① 문서는 「국어기본법」제3조 제3호에 따른 어문 규범에 맞게 한글로 작성하되, 가급적 일반화되지 않은 약어나 전문 용어 등의 사용은 지양하며, 정확한 표현으로 이해하기 쉽게 작성한다.

② 뜻을 정확하게 전달하기 위하여 필요한 경우에는 괄호 안에 한자나 그 밖의 외국어를 함께 적을 수 있다.

③ 문서에 쓰는 숫자는 특별한 사유가 없으면 아라비아 숫자를 쓰고, 날짜 표기는 숫자로 표기하되 연월일의 글자는 생략하고 그 자리에 온점을 찍어 표시한다(㉑ 2020. 12. 05).

④ 문서에 시각 표기를 할 때에는 24시각제에 따라 숫자로 표기하되 시 · 분의 글자는 생략하고, 그 사이에 쌍점을 찍어 구분한다(㉑ 오후 8시 10분일 경우 → 20:10).

⑤ 문서의 작성 용지는 특별한 사유가 없는 한 A4(가로 210mm, 세로 297mm)의 용지를 기본으로 사용한다.

⑥ 문서에 금액을 표기할 때에는 예시와 같이 기재한다(㉑ 금101,700원(금일십만일천칠백원정)).

⑦ 문서에는 음성 정보나 영상 정보 등이 수록되거나 연계된 바코드 등을 표기할 수 있다.

2. 문서작성시 항목 구분

문서는 좀 더 명확하게 의사 전달이 되도록 항목을 구분하고 계열화하여 작성한다. 항목 구분에 따른 항목 부호의 부여는 각 기관의 문서 관리 규정에 따라 작성하나, 통상 [공문서의 항목 구분 순서]과 같은 방법으로 부여한다.

공문 작성 시 항목을 표시하는 위치는 정해진 기준에 따라야 한다.

(가) 첫째 항목 기호는 제목의 첫 글자와 같은 위치에서 시작한다.

(나) 둘째 항목부터는 상위 항목 위치에서 오른쪽으로 2타씩 옮겨 시작한다.

(다) 항목 기호와 그 항목 내용 사이에는 1타 띄운다.

〈표 5-1〉 공문서의 항목 구분 순서

구 분	항목부호	예 시
첫 번째 항목	1. , 2. , 3. , 4.	1.
두 번째 항목	가. , 나. , 다. , 라.	**가
세 번째 항목	1) , 2) , 3), 4)	****1)
네 번째 항목	가) , 나) , 다) , 라)	******가)
다섯 번째 항목	(1) , (2) , (3), (4)	********(1)
여섯 번째 항목	(가) , (나) , (다) , (라)	**********(가)
일곱 번째 항목	① , ② , ③ , ④	************①
여덟 번째 항목	㉮ , ㉯ , ㉰ , ㉱	**************㉮

(라) 하나의 항목만 있는 경우에는 항목 기호를 부여하지 않는다(안전행정부, 2012).

항목 구분과 띄우기의 예시는 [공문서의 항목 구분 위치와 띄우기]와 같다.

수신VV 평생교육발전연구소

(경유)

제목VV 평생학습마을리더양성계획

1.VOOOOOOOOOOOOOOO

VV 가.VOOOOOOOOOOOOO

VV) 1)VOOOOOOOOOOOOOO

VV 가)VOOOOOOOOOOOOOO

VV (1)VOOOOOOOOOOOOOO

VV (가)VOOOOOOOOOOOOO

2.VOOOOOOOOOOOOOOO

VV 가.VOOOOOOOOOOOOO

VV) 1)VOOOOOOOOOOOOOO

VV 가)VOOOOOOOOOOOOOO

[그림 5-2] 공문서의 항목 구분 위치와 띄우기

04 문서처리에 대하여 분석하라.

1. 문서 처리 원칙

문서는 내용이나 성질에 따라서 처리 기간과 방법이 다를 수 있으나, 일반적으로 다음과 같은 원칙하에 처리되어야 한다.

① 업무 분장과 직무 범위 내에서 책임을 가지고, 관계 규정에 따라 신속하고 정확하게 처리해야 한다.
② 문서는 처리 기한을 반드시 지켜야 하며, 효율적 업무 수행을 위하여 가급적 당일에 처리하는 것이 바람직하다.
③ 문서 처리 시에는 협조 부서와의 관련성 등을 면밀하게 검토해서, 문서 시행 후 효율적인 행정 업무를 추진할 수 있도록 한다.
④ 문서의 신뢰성이 저해되거나 법령 위반 문제가 발생하지 않도록 주의하여야 한다.

2. 문서의 시행

문서의 시행은 내부적으로 성립한 기관의 의사를 외부로 표시하는 단계로서 문서의 효력을 발생하게 하는 절차를 의미한다.

1) 문서 시행의 절차

문서를 시행하기 위해서는 일반적으로 시행문의 작성, 관인 날인 또는 서명, 문서 발신 등의 절차를 거친다.

2) 문서 시행의 방법

문서를 시행하는 방법에는 일반적으로 발신, 홈페이지 게시, 공고 등의 방법이 있다.

3. 문서의 발신(안전행정부, 2012)

1) 문서 발신 원칙

① 문서는 직접 처리하는 기관이나 조직에서 발신한다. 다만, 인편 또는 우편으로 발송하는 경우에는, 기관 내의 문서과의 지원을 받아 발송할 수 있다.

② 업무 협조가 필요한 기관이나 조직의 경우에는, 해당 기관이나 조직을 경유하여 발신하여야 한다.

③ 문서를 발신할 때에는 문서가 해당되는 기관이나 조직에 정확하게 전달될 수 있도록 사전에 확인해야 한다.

2) 문서 발신 방법

① 문서는 업무 관리 시스템이나 전자 문서 시스템 등의 정보 통신망을 이용하여 발신한다. 이 경우 발신 기록을 전자적으로 관리하여야 한다.

② 문서는 우편이나 팩스 등의 방법으로 발신할 수 있으며, 이 경우 발신 기록을 증명할 수 있는 관계 서류 등을 기안문과 함께 보관하여야 한다.

③ 우편이나 팩스 등의 방법으로 발신하는 경우, 수신의 증빙을 요하는 문서는 발신 사실을 증명할 수 있는 등기 우편이나, 그 밖의 특수한 방법으로 발신하여야 한다.

④ 관인을 찍는 전자 문서인 경우에는, 기안자나 문서의 수신 발신 업무를 담당하는 사람이 전자 이미지 관인을 찍고, 종이 문서의 경우에는 관인을 관리하는 사람이 관인을 찍은 후 처리과에서 발송한다.

4. 문서 접수 및 배부

1) 문서 접수

① 접수 문서는 다른 기관이나 단체에서 발송한 대외 접수 문서와 기관 내부의 다른 부서에서 발송한 대내 접수 문서로 구분할 수 있다.

② 문서를 접수하면 기관의 접수 대장에 등재하여 접수 번호를 부여하고, 도달 일시를 기록하여 문서의 접수 사실을 확인, 증명해 두어야 한다.

③ 문서는 처리과에서 접수하여야 하며, 전자 문서인 경우에는 접수 일시와 접수등록 번호를 전자적으로 표기하고, 종이 문서의 경우에는 기관의 접수인을 찍고, 접수 일시와 접수 등록 번호를 기재한다.

2) 문서 배부

① 문서과는 문서를 받은 즉시 접수 처리를 하고, 해당 문서를 처리과에 배부하여야 한다.

② 문서과로부터 배부받은 문서는 접수 일시를 표시하지 않는다.

05 보고서 작성법에 대하여 분석하라.

장황하게 늘어지는 100장의 보고서보다 강력하고 간결한 1장의 보고서가 효과적인 법이다. 힘은 바로 간결하게 정리된 언어에서 나온다. 복잡한 정보 더미를 버리고, 알짜배기 정보들을 추려 간결하고 설득력 있게 작성해야 한다.

1. 킬러 콘텐츠로 승부하라

간결하고 강력한 1장의 보고서, 이것은 무엇보다 강력한 '킬러 콘텐츠'라고 할 수 있다. 요즘은 킬러 콘텐츠가 없으면 경쟁에서 살아남기 힘든 시대라고도 한다. 킬러 콘텐츠란, 다른 콘텐츠보다 차별화해 고객을 끌어들일 수 있는 자신만의 콘텐츠를 말한다. 따라서 기획의 값어치는 킬러 콘텐츠에 의해 결정된다. 킬러 콘텐츠를 담은 보고서를 작성하기 위해서는 보고서를 작성하기에 앞서 다음 3가지 사항을 점검해야 한다.

① **누구에게 전달하는가?**
어떤 문서든 누구에게 건네지고, 누가 검토하며, 누가 결정하는지 등 상대가 누군지 확인할 필요가 있다.

② **빠르게 작성할 수 있는가?**
글쓰기의 속도가 중요한 까닭은, 자칫 꾸물거리다가 이미 문서에 반영한 데이터가 무용지물이 될 수도 있기 때문이다.

③ **쉽게 이해시킬 수 있는가?**
산만한 글은 자기가 전달하고자 하는 바를 올바르게 전달할 수 없기 때문에, 간결하게 잘 정리된 글을 쓸 수 있는지를 점검해봐야 한다.

2. 킬러 콘텐츠의 조건

점검을 마쳤다면 자신만의 차별화된 보고서를 작성해야 한다. 보고서를 킬러 콘텐츠로 만들기 위해서는 보고서의 제목에서부터 배경, 목표, 대책안, 일정표, 예산 등 여러 사항을 고려해야 한다. 하나씩 구체적으로 살펴보도록 하자.

1) 보고서의 제목

기획서에 관한 관심과 평가는 제목에서 결정된다. 따라서 제목은 명료하면서 흡입력이 있어야 한다. 필요한 경우 부제목을 사용하여 범위를 압축하도록 하고, 괘선이나 컬러선 등을 사용해 시각적으로 돋보이게 하는 것도 좋은 방법이다.

보고서에서 주로 사용하는 제목 유형에는 대표형과 주제형, 설명형과 질문형이 있다.

〈표 5-2〉 유형별 제목 사례

구 분	대표형	주제형
설명형	저탄소 녹색성정	자전거 활성화 5대전략
질문형	녹색성장, 어떻게 할 것인가?	자전거 활성화 5가지 전략은?

2) 보고서의 배경

기획은 환경분석에서 탄생하기 때문에 내부환경 및 외부환경의 흐름을 중요하게 살펴야 한다. 환경 속에서 어떠한 문제점을 해결할 것인지 문제를 찾고, 어떻게 해서 장점을 살리고 단점을 보완해 해결해나갈 것인지 대책을 마련해야 한다. 환경분석에 기초한 문제의식이 바로 보고서의 출발점이 되며, 그 과정에서 생산한 창의적인 아이디어 및 해결책이 창의적인 보고서로 이어지게 된다.

〈표 5-3〉 환경분석 사례

내부환경	외부환경
- 기존 상품환경 - 자사 기술환경 - 자사 생산환경 - 영업 조직환경	- 상품 환경 - 시장 환경 - 사회 환경 - 유통 환경

3) 보고서의 목표

보고서의 목표는 정량성을 담아 구체적으로 설정해야 한다. 무엇을 대상으로 삼아야 하는지, 언제까지 그 일을 완료할 것인지, 어느 수준까지 도달할 것인지 등의 사항을 구체화하여 목표를 설정한다.

〈표 5-4〉 목적과 목표사례

목 적	M/S 확대와 고객 만족 경영을 통한 초인류 기업의 실현
목 표	대리점에 대한 판매력 강화로 6월30일까지 시장점유율 40% 확대

학습 5

4) 대책안

대책안은 한눈에 기획서 내용을 이해할 수 있는 지면을 만들어, 그곳에 내용을 삽입하도록 한다. 전체 이미지를 담는 것이 좋고, 핵심 아이디어 콘셉트를 놓치지 말아야 한다. 또한 차트를 이용하여 메시지 전달 효과를 극대화하는 것도 좋은 방법이다.

〈표 5-5〉 대책안 사례

제안목표 : 대리점에 대한 판매력 강화로 시장점유율 40% 확대

기간	방법	광고	대상	경품
3.1~6.30	경품 방식	신문, TV	신혼부부	홈시어터

5) 일정표

일정표는 기획서 내용을 실행하기 위한 중심축이라고 할 수 있다. 일정표를 짤 때는 보기 쉽고 사용하기 편리하게, 차례로 연결되도록 하며 순번, 항목, 일정, 담당 등의 내용을 넣도록 한다.

〈표 5-6〉 일정표 사례

순 번	항 목	일 정				비고(담당)

6) 예 산

마지막은 예산이다. 예산 예측도 기획서 준비의 중요한 요소다. 구상 단계에서는 큰 범위의 예산을 산출하고, 실행 단계에서는 복수의 안을 준비하며, 최종 단계에서는 투자 효율과 함께 리스크도 점검해야 한다.

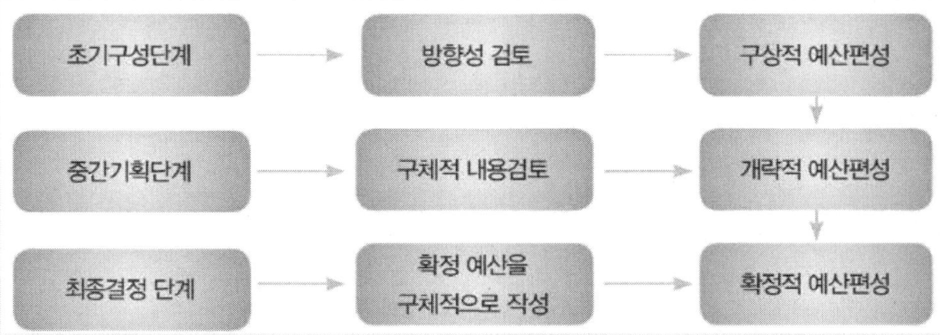

이러한 사항들을 모두 고려하여 보고서를 작성할 때 킬러 콘텐츠로서 상대방의 이목을 집중시킬 수 있는 보고서가 완성된다. 다음은 1장의 보고서를 작성하기 위한 로드맵이다. 1장의 보고서에 들어가야 할 내용이 무엇인지 살펴보자.

학습 5

〈표 5-7〉

로드맵	특 성	일반기획서
제 목	• 기획서 전체의 규명 • 기획서의 얼굴	표지
부제목	• 기획서의 범위 • 제목의 한계 규명	안건
목 표	• 기획서가 추구하는 궁극적인 목적	달성목표
2차목표	• 목표의 구체적인 규정 • 기획서의 달성 가능한 효과	기대효과
논리적 근거	• 기획서의 논리 • 실행이 필요한 합리적인 이유	본문내용
재 정	• 예산 및 비용상태 • 거래 관련 금전적 부분 명시	에산
현재상태	• 현재 일의 진행 상태 • 기획 현재의 상황과 여건	현상분석
실 행	• 구체적인 실행계획 • 읽는 사람에게 원하는 행동 명시	세부계획

그럼 킬러 콘텐츠는 어떤 모습을 하고 있을까? 다음 '녹색성장을 위한 자전거 산업 활성화 대책'이라는 제목의 보고서를 보자.

이 제목은 설명형 중 주제형에 속한다. 제목 다음에는 내용을 핵심 요약하여 한 문장으로 표현했다. 그 밑에는 보고서의 전반적인 스토리라인에 대해 서술했고, 그 아래로 간결하고 한눈에 알아볼 수 있는 차트를 이용해 예시를 제시했다.

마지막은 방향성을 제시하고 있다. 구구절절이 길지 않아도 이 1장만으로도 전반적인 내용을 쉽게 파악할 수가 있다. 바로 이러한 1장의 강력한 보고서를 킬러 콘텐츠라고 한다.

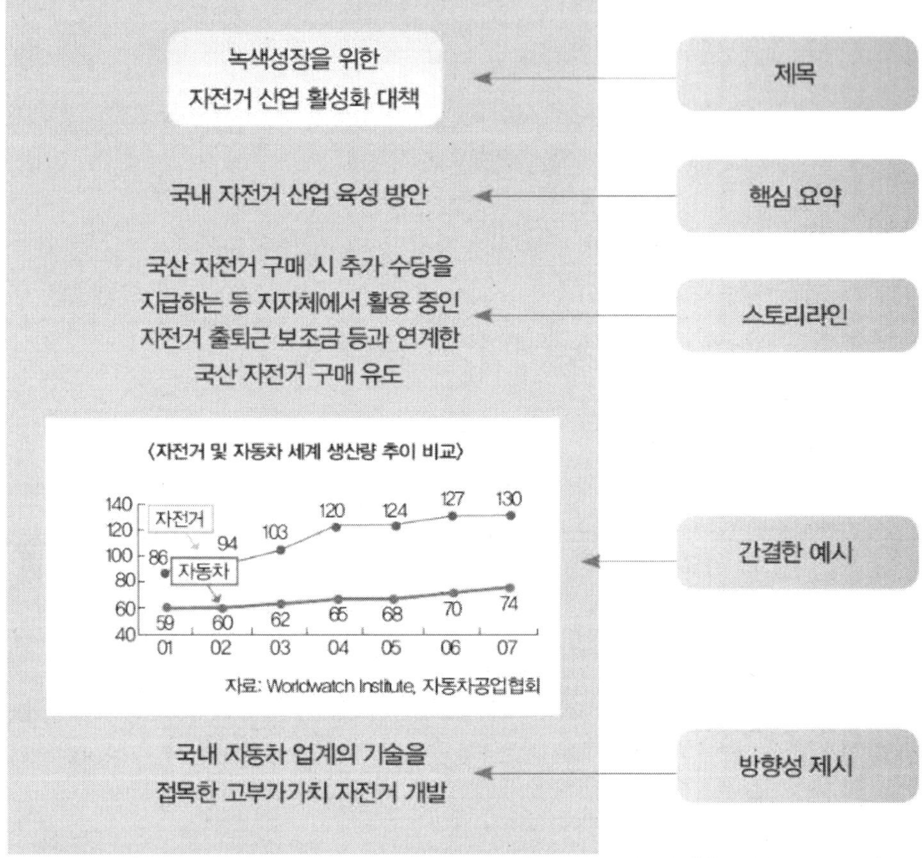

06 4차산업혁명의 핵심 기술 중 클라우드 서비스 전문가에 대하여 분석하라.

클라우드 컴퓨팅(Cloud Computing)은 클라우드(인터넷)을 통해 가상화된 컴퓨터의 시스템 리소스(IT 리소스)를 요구하는 즉시 제공(on-demand Availability)하는 것이다. 인터넷 기반 컴퓨팅의 일종으로 정보를 자신의 컴퓨터가 아닌 클라우드(인터넷)에 연결된 다른 컴퓨터로 처리하는 기술을 의미한다. 공유 컴퓨터 처리 자원과 데이터를 컴퓨터와 다른 장치들에 요청 시 제공해준다. 구성 가능한 컴퓨팅 자원(㉥ 컴퓨터 네트워크, 데이터 베이스, 서버, 스토리지, 애플리케이션, 서비스, 인텔리전스)에 대해 어디서나 접근할 수 있는, 주문형 접근(on-demand Availability of Computer System Resources)을 가능케하는 모델이며 최소한의 관리 노력으로 빠르게 예비 및 릴리스를 가능케 한다.

1. 어떤 일을 하나?

① 클라우드 시스템 엔지니어는 인터넷의 서버에 각종 컴퓨터 프로그램을 올려 놓고 여러 이용자들이 인터넷에 접속하여 데이터를 저장하고 처리할 수 있는 기술을 개발한다.

② '클라우드(Cloud)'는 글자 그대로 구름이라는 말로, 구름과 같이 형태는 없지만 인터넷에 존재하는 클라우드 인프라 위에서 작동되는 소프트웨어를 이용해 컴퓨터 자원을 사용하거나 자료를 저장하거나 새로운 애플리케이션을 개발하는 가상의 환경을 말한다.

③ 클라우드 기술을 통해, 우리는 인터넷 공간에 프로그램과 데이터를 저장해 두고 언제 어디서나 필요할 때마다 다양한 기기(컴퓨터/핸드폰/타블릿 PC)를 통해 편리하게 사용할 수 있다.

④ 고객 회사가 각자 가지고 있는 시스템과 응용 소프트웨어를 분석하여, 고객 회사의 시스템이 클라우드 환경으로 자연스럽게 바뀔 수 있도록 기술지원을 제공한다.

2. 어느 분야에서 활동하나?

1) 관련 직업

클라우드 시스템 엔지니어와 관련된 직업으로는 시스템 프로그래머, 응용 프로그래머, 정보 통신 엔지니어와 데이터베이스 전문가 등이 있다.

2) 활동 분야

클라우드 시스템 엔지니어는 KT, 네이버, 아마존과 같은 세계적인 클라우드 기업이나 정보 통신 시스템 통합(SI) 업체, 시스템 개발 업체의 개발자, 네트워크, NT, 리눅스(Linux) 서버 관리자, 기업의 시스템 관리자, 전산직 공무원 및 공공 기관 전산직으로 일할 수 있다.

3. 어떤 적성과 흥미가 필요한가?

1) 적 성

① 클라우드를 구성하는 많은 기술이 무상으로 공개된 소프트웨어(오픈 소스)를 활용하여 작성되고 유지ㄷ힌다. 따라서 이런 기술들을 빠르게 배우고, 여러 나라의 개발자들과 잘 의사소통하기 위한 어학 능력이 필요하다.

② 클라우드 환경에서 컴퓨터 통신망은 일반 사용자가 이해하기 어렵다. 그래도 일반 사용자는 어디서나 원하는 작업을 할 수 있어야 한다. 이를 위해선 클라우드 시스템 엔지니어가 논리적이고 체계적으로 클라우드 환경을 만드는 것이 중요하다.

2) 흥 미

① 클라우드 시스템 엔지니어는 급변하는 기술을 습득하기 위해 끊임없는 노력이 필요하다.

② 클라우드 시스템 엔지니어로 일하기 위해서는 개발업체/하드웨어 업체 및 다양한 이해 관계자와 원만한 관계를 유지하고 의사소통할 수 있는 협상 기술과 의사결정력도 요구된다.

4. 어떻게 준비하나?

1) 관련 전공

클라우드 시스템 엔지니어가 되기 위해서는 대학 졸업 수준의 학력이 요구되고, IT 관련 컴퓨터공학을 전공하여 업무에 대한 지식을 쌓는 것이 좋다.

2) 훈련 과정

현재 AWS와 컴티아(CompTIA), 클라우드+, 구글 클라우드 플랫폼, 마이크로소프트 애저 등이 관련 교육 과정을 제공하고 있다.

3) 관련 자격

클라우드 시스템 엔지니어가 되기 위해서 꼭 필요한 자격증은 없지만 아마존에서 직접 검증하는 국제 공인자격증인 AWS 자격증을 취득하면 취업에 도움이 된다.

5. 어디에서 일할 수 있나?

클라우드 시스템 엔지니어는 주로 정보 통신 시스템 통합(SI) 업체나 시스템 개발 업체의 개발자, 네트워크, 리눅스(Linux) 서버 관리자, 기업의 시스템 관리자, 전산직 공무원 및 공공 기관 전산직으로 취업할 수 있다.

6. 어떻게 전문성을 높일 수 있나?

① 클라우드 시스템 분야는 새로운 기술들이 꾸준히 등장하고 있기 때문에 전문성을 높이기 위해 여러 분야에 대한 폭넓은 지식이 필요하다. 또한 최신기술의 흐름이나 유행을 이해하기 위해 꾸준히 노력해야 한다.

② K-Cloud 아카데미, 한국클라우드산업협회 등에서 에서 운영하는 다양한 세미나, 포럼, 과정을 수강하여 클라우드 서비스의 품질 인증, 클라우드 표준화, 산업협회 클라우드 품질 성능 검증 및 컨설팅 업무를 수행할 수 있다.

③ 코세라(http://www.coursera.org)와 같은 동영상 강좌 사이트에서 클라우드 시스템에 대한 요소 기술 강좌를 통해 전문 지식을 습득할 수 있다.

7. 이 직업의 미래는 어떤가?

이전에는 인터넷에 접속할 수 있는 방법이 PC를 사용하는 것 한 가지밖에 없었지만, 지금은 매우 다양한 기기들로 인터넷에 접속할 수 있는 시대가 되었다. 이제는 미국의 FBI와 같은 국가정보기관도 클라우드를 사용하고 있다. 국내에서도 대기업과 공공기관을 중심으로 클라우드 비중이 커지고 있는 상황이다. 이렇게 클라우드 시스템을 본격적으로 업무에 도입한 기업들이 늘어나고 있으며 앞으로 더욱 많은 분야에서 활용될 것이다. 그러므로 클라우드 시스템 엔지니어와 같은 전문가들을 앞으로도 더 많이 필요로 할 것이다.

학습활동.5 교수 · 학습 방법

교수 방법

- 문서작성의 개념과 작성법에 대한 관련 용어, 구성, 방식 이해 정도를 파악한 후 수업을 진행한다.
- 교수자의 주도로 문서작성의 개념과 작성법 등의 내용을 PPT 자료로 제시한 후 설명한다.
- 가능하면 사전에 개인별 학습 자료를 준비하여 모든 학생이 참여할 수 있는 문제 해결식 수업, 협력 수업이 가능하도록 한다.
- 문서작성의 개념과 작성법 전 과정을 작업의 순서에 따라 단계적으로 실습이 이루어질 수 있도록 지도한다.
- 교재를 통해 수업을 준비하는데 있어서 필요한 모든 정보나 팁, 힌트 등 도움이 될 만한 내용들을 확인할 수 있다.
- 학생들이 만들게 될 각 모델들은 수업시간에 중점적으로 다뤄질 부분과 어휘, 질문, 답을 포함하고 있으며 또한 탐구할만한 추가적인 아이디어들도 포함하고 있다.

학습 방법

- 문서작성의 개념과 작성법에 대한 관련 용어를 숙지하고, 문서작성의 개념과 작성법에 대해 이해한다.
- 문서작성의 개념과 작성법의 각 단계별 중점 사항을 체계적으로 학습한다.
- 문서작성의 개념과 작성법의 수행순서의 전 과정을 실습한다.
- 문서작성의 개념과 작성법의 내용을 이해한다.
- 문서작성의 개념과 작성법을 이해하고 숙달이 될 때까지 학습한다.

학습활동.5 평가 및 피드백

평가 준거

- 평가자는 피평가자가 수행 준거 및 평가 내용에 제시되어 있는 내용을 성공적으로 수행할 수 있는 지를 평가해야 한다.

학습내용	평가항목	성취수준		
		상	중	하
문서작성의 개념과 작성법	문서작성의 개념과 작성법을 이해할 수 있다.			

평가 방법

• 작업 포트폴리오

학습내용	평가항목	성취수준		
		상	중	하
문서작성의 개념과 작성법	문서작성의 개념과 작성법을 이해할 수 있다.			

• 필기시험

학습내용	평가항목	성취수준		
		상	중	하
문서작성의 개념과 작성법	문서작성의 개념과 작성법을 이해할 수 있다.			

• 체크리스트를 통한 관찰

학습내용	평가항목	성취수준		
		상	중	하
문서작성의 개념과 작성법	문서작성의 개념과 작성법을 이해할 수 있다.			

• 피드백

1. 작업 포트폴리오
   - 제출한 보고서를 평가한 후 주요 사항에 대하여 표시하여 돌려준다.
2. 필기시험
   - 평가 결과 성적이 저조한 학생은 보고서 제출 기회를 부여한다.
3. 체크리스트를 통한 관찰
   - 실습 과정에서 평가한 후 개선해야 할 사항 등을 정리하여 돌려둔다.

학 · 습 · 평 · 가

1. 문서 작성 시 문서에는 무엇이 포함되어야 하는가?

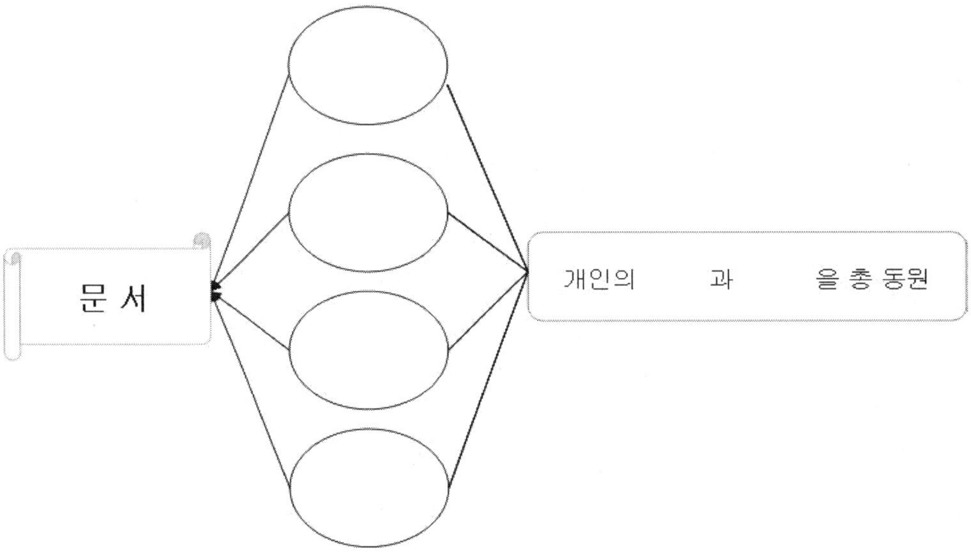

2. 문서작성의 구성요소가 무엇인지 작성해 보자.

3. 다음 문서의 종류와 이와 관련된 작성법을 서로 연결해 보자.

	• 궁금한 점에 대해 질문 받을 것에 대비한다.
기획서 •	• 내용이 복잡할 경우 '-다음-', 또는 '-아래-'와 같은 항목을 만들어 구분한다.
설명서 •	• 업무상 진행 과정에서 작성하므로, 핵심내용을 구체적으로 제시한다.
공문서 •	• 마지막엔 반드시 '끝'자로 마무리 한다.
보고서 •	• 상대에게 어필해 상대가 채택하게끔 설득력 있게 작성한다.
	• 명령문보다 평서형으로, 동일한 문장보다는 다양하게 표현한다.

학습 5

4. 문서를 작성해야 하는 상황과 관련한 설명에서 (A), (B)에 각각 들어갈 적절한 용어를 적어 보자.

> 일을 하다 보면 업무에 대한 제안을 하거나 기획을 해야 할 때가 생긴다. 어떤 업무를 어떻게 혁신적으로 개선할지, 어떤 방향으로 추진할지에 대한 의견을 제시하는 것인데, 회사의 중요한 행사나 업무를 추진할 때 대부분 (A)나 (B)를 작성한다. 제안이나 기획을 위한 글에는 상당히 깊이 있는 내용을 담아내야 하므로 종합적인 판단과 예견적인 지식이 필요하다.

(A) = ________________ 제안서

(B) = ________________ 기획서

학습정리

1. 직장에서의 업무와 관련된 문서작성은 조직의 비전을 실현 것으로, 직장의 성공여부를 결정하는 매우 중요한 것이라 할 수 있다. 그러므로 직장인에게 있어서 문서작성은 개인의 의사표현이나 의사소통을 위한 과정으로서의 업무뿐 아니라, 더 나아가 조직의 사활이 걸린 중요한 업무라고 할 수 있다. 문서는 왜 작성하여야 하며, 문서를 통해 무엇을 전달하려 하는지 명확히 한 후에 작성해야 한다.

2. 문서작성은 직장생활에서 가장 기본이 되는 필수능력이다. 문서는 같은 직장에서 근무하는 사람들의 의사소통의 수단이 될 수도 있고, 자신의 업무능력을 평가받을 수 있는 잣대가 될 수도 있다. 아무리 성실하게 업무를 수행하더라도 상황과 목적에 맞는 적절한 문서를 작성하지 못하면 자신의 능력이 제대로 평가될 수 없다.

3. 문서는 상황과 목적에 맞는 체계적인 구조로 작성되어야 한다. 직장생활에서 요구되는 문서는 요청이나 확인을 부탁하는 경우, 정보제공을 위한 경우, 명령이나 지시가 필요한 경우, 제안이나 기획을 할 경우, 약속이나 추천을 위한 경우 등 작성해야 하는 상황에 따라 내용이 결정되고, 그 내용에 따라 문서의 성격이 달라지며, 구성도 변하므로 목적에 맞게 문서를 작성해야 한다.

참 | 고 | 문 | 헌

기초직업능력프로그램; 의사소통능력 매뉴얼, 한국산업인력공단

구현정 · 전영옥. (2005). 의사소통의 기법. 박이정.

김동규 · 이영찬. (2000). 직업윤리. 학교법인 기능대학.

박현석(역). (2004). 전달의 기술. 다연.

배상복. (2006). 일반인을 위한 글쓰기 정석. 경향미디어.

심재우. (2004). GE처럼 커뮤니케이션하라. 일빛.

윤치영. (2007). 설득 · 경청 논박의 기술. 일빛

임칠성 역. (1997). 대인의사소통. 한국문화사.

이창호.(2007). 스피치 달인의 생산적 말하기. 북포스

전영우. (2007). 귀담아듣는 언어생활 -적극적 경청법-. 민지사

조신영 · 박현찬. (2007). 경청-마음을 얻는 지혜. 위즈덤하우스

직업기초능력지도과정 자료집. (2005). 직업기초능력지도 과정. 서울대 농생대 부설 중등교육연수원.

허정훈 · 김상범. (2007). 건강과 능력개발. 한국폴리텍대학.

홍경자. (2007). 의사소통의 심리학. 이너북스.

황성근. (2006). 너무나도 쉬운 비즈니스 글쓰기. 한겨레출판.

신동아. http://shindonga.donga.com

조선일보. www.chosun.com

중앙일보. www.joins.com

한겨레신문. www.hani.co.kr

한국일보. www.hankooki.com

AM7. www.am7.co.kr

http://blog.naver.com/eob. 2007.8.27.

https://m.post.naver.com/보고서 마스터, 가디언 출판사. 2017,

http://www.career.go.kr/

학습 5

학습 1	의사소통의 개념 및 종류
학습 2	의사소통의 저해요인과 능력개발
학습 3	문서이해의 개념과 종류
학습 4	문서이해의 절차와 요약
학습 5	문서작성의 개념과 작성법
학습 6	**문서작성의 원칙과 표현법**
학습 7	경청의 개념과 방해요인
학습 8	경청방법과 훈련
학습 9	의사표현의 개념과 방해요인
학습 10	의사표현법과 지침
학습 11	기초외국어의 개념과 상황
학습 12	기초외국어의 표현방밥과 향상교육법
학습 13	질문활용능력

학습 목표

1. 문서작성의 원칙과 표현법을 이해할 수 있다.

6-1 문서작성의 원칙과 주의사항

직장생활에서 문서작성은 형식적인 면을 상당히 중요시 한다. 공적인 문서인 만큼 일정한 형식 안에서 내용을 일목요연하게 전개해야 하기 위해 정확하고 확실하게 작성하는 것이 요구된다.

1. 문서작성의 원칙

1) 문장을 짧고, 간결하게 작성하도록 한다

의미 전달에 문제가 없다면 가능한 문장을 짧게 만들고, 문장표현에서 지나 기교를 피하여 실질적인 내용을 담을 수 있도록 한다.

2) 상대방이 이해하기 쉽게 쓴다

우회적인 표현이나 현혹적인 문구는 되도록 쓰지 않도록 하여야 한다.

3) 한자의 사용을 자제해야 한다

문서의미의 전달에 그다지 중요하지 않은 경우에는 한자사용을 자제하도록 하며, 상용한자의 범위 내에서 사용하는 것이 상대방의 문서이해에 도움이 될 것이다.

4) 간결체로 작성한다

문장을 표현할 때, 가능한 간결체를 사용하여 의미전달이 효과적이 되도록 한다. 행과 단락을 적절하게 배분하여, 문서가 체계적이 되도록 한다. 또한 내용에 따라 행과 단락을 알맞게 바꾸도록 한다.

5) 긍정문으로 작성한다

부정문이나 의문문의 형식은 되도록 피하도록 한다.

6) 간단한 표제를 붙인다

문서의 내용을 일목요연하게 파악할 수 있도록 간단한 표제를 붙이는 것이 내용을 이해하는데 도움을 준다.

7) 문서의 주요한 내용을 먼저 쓰도록 한다

직장생활에서 문서작성의 핵심은 결론을 먼저 쓰도록 하는 것이다.

2. 문서작성 시 주의사항

회사마다 각 문서에 대한 정형화된 기본 틀이 있다.

문서작성은 공적으로 자신을 표현하고, 대외적으로는 회사를 대표하는 것이기 때문에 실수가 있어서는 안되므로, 이러한 정형화된 기본 틀을 갖춰 문서작성 시에 항상 주의하도록 한다.

① 문서는 육하원칙에 의해서 써야 한다.
② 문서는 그 작성시기가 중요하다.
③ 문서는 한 사안을 한 장의 용지에 작성해야 한다.
④ 문서작성 후 반드시 다시 한 번 내용을 검토해야 한다.
⑤ 문서의 첨부자료는 반드시 필요한 자료 외에는 첨부하지 않도록 한다.

⑥ 문서내용 중 금액, 수량, 일자 등의 기재에 정확성을 기하여야 한다.
⑦ 문장표현은 작성자의 성의가 담기도록 경어나 단어사용에 신경을 써야 한다.

Tip 효과적인 문서작성

- 내용이해 : 전달하고자 하는 내용과 그 핵심을 완벽히 파악해야 한다.
- 목표설정 : 전달하고자 하는 목표를 정확히 설정해야 한다.
- 구성 : 효과적인 구성과 형식이 무엇인지 생각해야 한다.
- 자료수집 : 목표를 뒷받침해 줄 자료를 수집해야 한다.
- 핵심전달 : 단락별 핵심을 하위목차로 요약해야 한다.
- 대상파악 : 대상에 대한 이해와 분석을 철저히 해야 한다.
- 보충설명 : 질문을 예상하고 그에 대한 구체적인 답변을 준비해야 한다.

■ 관련 신문 기사

직장인 3명중 2명 "입사 때보다 국어 능력이 퇴화했다"

연합뉴스

대다수의 직장인들이 인터넷 메신저 사용 등으로 인해 자신의 국어능력이 입사 당시에 비해 떨어졌다고 생각하는 것으로 나타났다.

9일 취업포털 커리어가 근무경력 1년 이상 직장인 2천57명을 대상으로 국어사용능력을 설문한 결과에 따르면, 응답자의 68.1%가 "입사 당시와 비교해 볼 때 국어사용능력이 떨어졌다고 생각한다"고 답했다.

그렇게 여기는 이유로 직장인들은 '인터넷 메신저 대화로 인한 비문의 일상화'(48.1%)를 가장 많이 꼽았으며, '국어보다 영어를 중시하는 풍조'(21.1%), '컴퓨터를 이용한 문서 작성'(20.7%) 등으로 국어 능력이 퇴화하고 있다고 생각하기도 했다.

국어능력 중 가장 부족하다고 생각하는 부분은 쓰기/말하기(29.1%), 어휘력/문법(28.3%), 창의적 언어 능력(23.9%), 국어 교과의 교양적 지식(12.3%) 등의 순이었다.

또한 직장인들은 국어와 관련된 업무 능력 중 '기획안/보고서 작성 능력'(41.0%)이 가장 부족한 부분이라고 여겼으며, '프레젠테이션 능력'(26.9%)과 '대인과의 커뮤니케이션'(25.0%) 등에서도 자신의 능력 부족을 느끼고 있었다.

평상시 외래어나 외국어의 사용빈도가 사용빈도가 '매우 높다'는 응답은 23.5%로 나타났으며, 인터넷 용어나 축약어 등의 사용빈도가 '매우 빈번하다'는 응답도 22.6%로 조사됐다.

한편 업무상 커뮤니케이션 방식 중 입사 당시와 비교했을 때 빈도가 가장 높아진 부분은 이메일(26.2%), 인터넷 메신저(23.8%), 직접대면(22.1%), 지면서식(14.2%) 등의 순이었다.

커리어 김기태 대표는 "인터넷 메신저나 컴퓨터 문서작성 등 업무환경의 디지털화로 직장인들의 국어사용능력이 낮아지는 추세"라며 "외래어나 축약어를 자제하고 올바른 국어사용 문화를 정착해 나갈 수 있는 방안들이 시급히 마련되어야 할 것"이라고 말했다.

출처 : 연합뉴스. 2007년 10월 9일자.

학습 6

6-2 문서내용의 효과적인 전달방법

직장생활에서 업무 중 많은 비중을 차지하는 것이 문서와 관련된 일들이다. 직장에서의 문서작성은 업무와 관계된 일로 조직의 비전을 실현시키는 역할을 한다. 그러나 수많은 문서 중에 무엇을 의도하고 있는지 그 내용을 파악하기 어려운 문서가 종종 있다. 그 이유는 문장의 길이가 길 뿐 아니라, 내용도 중구난방으로 나열되어 요점을 파악하기 어려운 잘못된 표현으로 작성했기 때문이다. 이렇듯 좋은 문서란 그 내용을 효과적으로 전달할 수 있는 것을 의미한다.

1. 문서표현의 시각화

문서를 구성하는 방법은 크게 3가지로 나눌 수 있다

① 차트표현 : 개념이나 주제 등을 나타내는 문장표현, 통계적 수치 등을 한눈에 알아볼 수 있게 표현하는 것이다.
② 데이터표현 : 수치를 표로 나타내는 것이다.
③ 이미지 표현 : 전달하고자 하는 내용을 그림이나 사진 등으로 나타내는 것이다.

이러한 표현방법은 모두 문서를 보다 효과적으로 나타내기 위한 시각화 방법으로, 간결하게 잘 표현된 그림 한 장이 한 페이지의 긴 글보다 훨씬 효과적이다.

2. 문서를 시각화하는 4가지 포인트

시각자료는

① 보기 쉬워야 한다.
② 이해하기 쉬워야 한다.
③ 다채롭게 표현되어야 한다.
④ 숫자는 그래프로 표시한다.

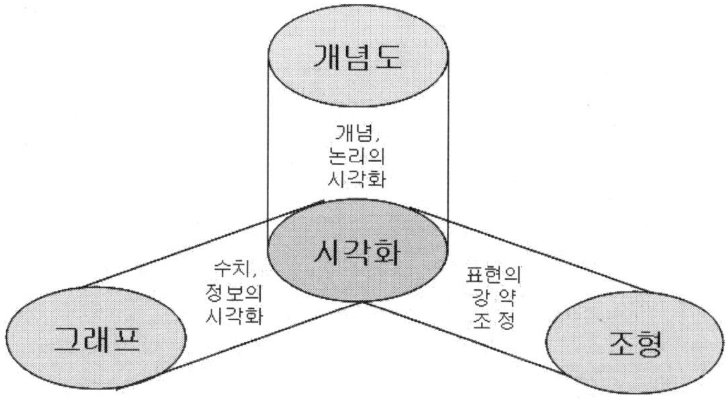

[그림 6-1] 시각화 4가지 구성요소

3. 문장으로 작성한 문서의 내용을 그림이나 그래프 등으로 이해하기 쉽게 표현한 사례

학습 6

1) 사례 1

증시 전문가들은 완만한 상승 흐름으로 10월중 2000을 다시 넘어설 수 있겠지만 다소 시간이 걸릴 것으로 보고 있다. 한화증권 민상일 연구위원은 "미국의 금리 인하로 글로벌 금융시장의 불안감이 해소된 데다 기업실적, 남북정상회담 등 주식시장에 긍정적으로 작용할 요인이 많아 2000 돌파는 무난할 것"이라고 내다봤다.

(중략)

전문가들은 올 들어 증시를 이끌어온 조선, 기계, 철강, 화학 등 기존 소재 산업주, 중국 관련주가 여전히 강세를 보일 것으로 예측하고 있다. 미래에셋증권은 "반도체를 제외한 전업종에 대해 실적 상향 조정이 지속되고 있다"면서 "미국 소비경기 부진에 대한 부담으로 기존 소재 산업재에 대한 비중을 확대하는 전략이 바람직해 보인다"고 말했다.

출처 : 경향신문, 2007. 9. 30일자.

2) 사례 2

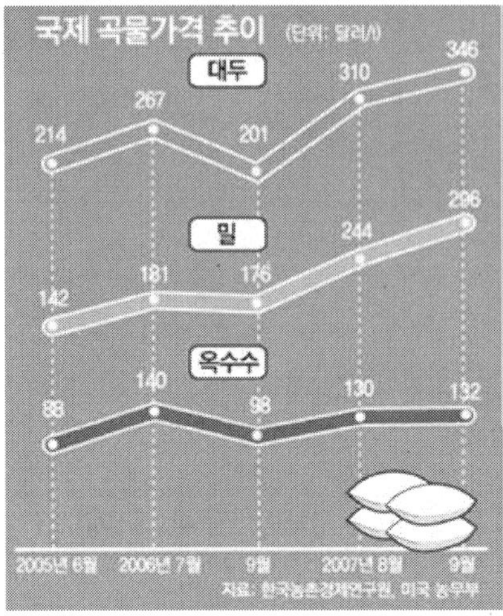

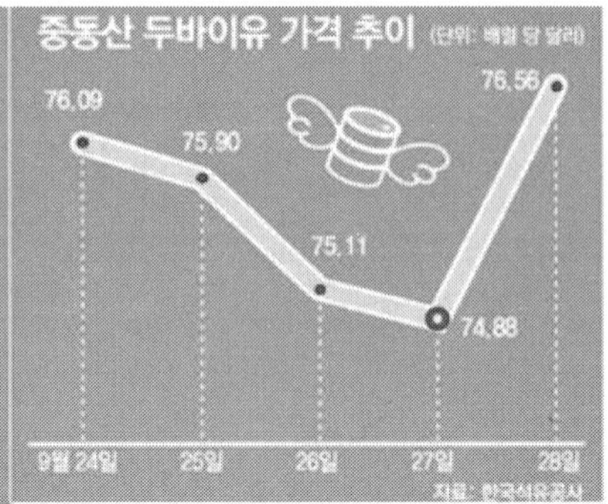

한국농촌경제연구원이 30일 내놓은 '9월 세계 곡물 가격 동향'에 따르면 밀과 옥수수 등 주요 곡물 가격이 일제히 급등했다.

9월 인도분 밀 선물 가격은 14일 미국 캔자스상품거래소에서 t당 296달러에 거래됐다. 이는 지난해 같은 달에 비해 68% 급등한 것으로 1996년 6월 이후 가장 높은 수준이다.

시카고상품거래소에서 거래된 8월 옥수수 가격도 6당 132달러로 지난해 같은 기간보다 34.7% 올랐다. 대두 가격도 6당 346달러로 지난해보다 72.1%나 올랐다.

(중략)

국제유가도 계속 뛰고 있다. 한국석유공사에 따르면 9월 28일 거래된 중동산 두바이유 가격은 배럴당 76.56달러로 사상 최고치를 경신했다. 이는 미국 연방준비제도이사회(FRB)가 연방기금 금리를 인하해 유동성이 더욱 풍부해진 데다 미국 서유 재고 감소세가 지속되면서 수급 불안감을 키웠기 때문으로 풀이된다.

출처 : 동아일보, 2007. 9. 30일자.

■ 북 리뷰

파워포인트 프리젠테이션 실무

이 책은 파워포인트에서 프레젠테이션으로 넘어가는 중간 단계의 책이라고 할 수 있다. 프레젠테이션을 하기 위한 준비단계, 프레젠테이션 기획안의 올바른 작성법, 프레젠테이션 작성 시 유용하게 활용되는 조직도와 다이어그램의 활용법 등에 대해서 기술하였다.

청중으로부터 칭찬 받는 프레젠테이션을 한마디로 요약한다면? 아마도 듣기 전과 듣기 후의 청중을 변화시키는 것이 아닐까. 프레젠테이션의 기술지원 도구격인 파워포인트를 잘 다룬다고 해서 훌륭한 프레젠터로 인정 받기에는 부족하듯이 프레젠테이션에서도 청중에게 유창한 언변을 구사한다 하여 일목요연한 자료와 체계적인 근거가 부족하면 신빙성을 얻기 어렵다. 이 책은 효과적이고 짜임새 있는 프레젠테이션을 뒷받침 해줄 파워포인트 디자인 스킬과 프레젠터가 갖추어야 할 프레젠테이션의 기본 개념을 적절하게 결합하고 있다.

특 징

1. 초급 프레젠터에게 꼭 필요한 프레젠테이션의 기초 개념
2. 짜임새 있는 프레젠테이션을 위한 기획과 전략 짜기
3. 한 눈에 들어오는 슬라이드 레이아웃 구성하기
4. 도형을 이용한 효과적인 슬라이드 표현 기법
5. 시선을 사로잡는 다이어그램과 조직도 디자인
6. 청중의 눈과 귀를 제압하는 애니메이션 테크닉
7. 초급자도 할 수 있는 미디어 프레젠테이션 테크닉

부록 CD-ROM

본문 학습에 필요한 예제 문서와 프레젠테이션에 유용한 유틸리티 프로그램 모음

출처 : 인터넷 교보문고.

수행 내용

재료 · 자료

• 문서작성의 원칙과 표현 관련 자료

기기(장비 · 공구)

• 컴퓨터, 프린터, 주변기기

안전 · 유의사항

• 컴퓨터 및 주변기기의 전원을 관리한다.

수행 순서

01 문서작성의 원칙과 주의사항에 대한 사례와 활동에 대하여 분석하라.

모든 문서에는 작성 원칙과 주의사항이 있다. 광고회사에 근무하는 D씨는 글쓰기의 달인으로 통한다. 갓 입사한 사원들은 D씨에게 OJT를 받을 정도이다. D씨는 목적에 맞게 작성할 뿐 아니라, 문장을 설득력 있게 구성하는 능력도 탁월하다. 지금부터 문서작성의 원칙이 무엇인지 알아보고, 문서작성 시 주의사항에 대해 알아보자.

직장생활에서는 하루에도 수없이 많은 문서를 작성하고, 다른 사람이 작성한 문서를 보게 된다. 같은 내용의 문서라도 작성한 사람에 따라, 어떤 문서는 모두 공감하기 쉽고, 알아보기 쉬운 반면, 어떤 문서는 매우 두서없이 쓰여 있어 요점을 파악하기 어려울 때가 있다. 문서작성에 있어서는 기획서, 보고서, 회의록, 제안서 등의 문서 종류에 따라 각각의 작성 원칙과 주의사항을 잘 숙지하여 그의 목적에 맞게 효과적으로 문서를 작성할 수 있는 능력이 반드시 필요하다.

사 례

신데렐라 이야기

광고회사에 근무하는 D씨는 최근 어이없는 기획안을 보게 되었다. 신입사원이 작성한 기획안이었는데, 그 기획안은 신입사원이 속한 팀의 팀장이 광고기획안을 만들라고 지시한 것이었다. 평소 글쓰기에 자신이 없었던 신입사원은 어렵싸리 작성하여 팀장님께 보여드렸지만 여러 번 퇴짜를 맞았다. 팀장은 신입사원에게 이렇게 두서없는 기획안은 처음이라며 D씨에게 연락하여 신입사원이 기획서 작성에 어려움을 겪고 있으니 도와줄 수 없겠냐고 부탁을 해왔다. 평소 글쓰기의 달인으로 통하던 D씨는 신입사원이 작성한 기획서를 보게 되었는데 D씨도 기가 막히긴 마찬가지였다.

"두서가 없다는 말이 나올 만하네요. 본론이 없네요, 본론이…" 그러더니 D씨는 뜬금없이 노래를 부르기 시작했다. "'신데렐라는 어려서 부모님을 잃고요, 계모와 언니들에게 구박을 받았더래요……' 제가 이 노래를 왜 부른 것 같아요?" 신입사원은 자신을 놀리고 있다고 생각했지만 D씨의 다음 말에 자신이 무슨 실수를 저질렀는지 곧바로 깨달았다. "만약에 이 노래를 이렇게 부르면 어떻게 될까요? '신데렐라는 언니들에게 구박을 받고요, 어려서 엄마 아빠를 모두 다 잃었더래요…' 당신의 글이 지금 이래요. 구성이 뒤죽박죽이라고요."

■ 활 동

D씨의 사례는 문서작성 원칙이 얼마나 중요한 가에 대해 잘 보여주고 있다. 직장생활에서 작성해야하는 문서는 매우 다양할 뿐 아니라, 각 문서의 성격에 따라 그 내용도 문서작성의 원칙을 고려하여 달라져야 한다. 직장생활을 하다보면 다양한 문서를 작성해야 하는 경우가 많기 때문이다. 다음에 제시된 한 장짜리 기획서를 보고 무엇을 주의해야 하는지 생각하며 간단하게 신제품 기획서를 작성해 보자.

학습 6

(예 시)

신간 도서 기획서

제목 : 콜라와 체리가 만나서 무슨 일이 벌어졌을까?

1. 개요

   세계의 최고 기업을 통해 어린이 경제교육관련 학습도서 출간 기획

2. 현재 상태

   어린이 학습도서류의 지속적인 성장 추세가 이어지고 있다. 그러나 어린이들이 흥미롭게 접근할 수 있는 경제서적은 드문 상태이다.

3. 목표

   세계 최고 기업들의 역사와 경영사례들을 통해 어린이에게 경제적 마인드를 심어주고 미래의 꿈과 비전을 길러주는 어린이 경제교육 학습도서로 학부모와 어린이들의 관심을 끌어 베스트셀러가 되게 한다.

4. 구성

   1) 3권의 시리즈물
   2) 사실성, 드라마성, 코믹성, 지식 제공의 기본 원칙을 지킴
   3) 각 권 총 7개의 장으로 100여쪽
   4) 애니메이션적이고 옛날 이야기적인 구성으로 흥미롭게 이야기를 끌어감

5. 제작 기간

   5개월

6. 기대효과

   어렵고 딱딱하기만 했던 경제에 관한 이야기가 아이들에게 이야기 옛날이야기와 애니메이션의 형식으로 쉽게 전달될 수 있으므로 '아동경제실용'부문의 새로운 시장을 개척하며 성공할 수 있을 것으로 기대됨

〈기획서를 만들어보자〉

기 획 서

제목 :

1. 개요

2. 현재 상태

3. 목표

4. 구성

1)

2)

3)

5. 제작 기간

6. 기대효과

년 월 일

작성자

02 문서를 통해 내용을 효과적으로 전달하는 사례와 활동에 대하여 분석하라.

좋은 문서는 내용을 효과적으로 전달할 수 있어야 한다. 세무행정을 전공하는 3학년 P는 전공수업시간에 팀별 발표 과제를 다음 주까지 준비해야했다. 과제물은 프레젠테이션 발표와 구성 계획안을 작성해 오는 것이었다. 심혈을 기울여 PPT를 만들고, 구성계획안을 작성했다. 그러나 담당 선생님께 돌아온 피드백을 보고 적잖이 놀랐다. P가 쓴 계획안이 내용이해가 잘 되지 않아 좋은 점수를 주기가 어렵다는 선생님의 말씀이 있으셨기 때문이다. 무엇이 문제일까? 지금부터 문서를 통해 어떻게 하면 효과적으로 내용을 전달할 수 있는지 알아보자.

문서를 작성할 때 길이가 길고 중구난방으로 나열한 글은 요점을 파악하기 어렵다. 그 뿐만 아니라, 내용이 효과적으로 전달될 수 있어야 잘 작성된 문서라 할 수 있다.

사 례

그러니까 결론이 무엇인가?

세무행정을 전공하는 3학년 P는 전공수업시간에 팀별 발표 과제를 다음 주까지 준비해야 했다. 과제물은 프레젠테이션 발표와 구성 계획안을 작성해 오는 것이었다. 심혈을 기울여 PPT를 만들고, 구성계획안을 작성했다.

드디어 발표 시간, P는 자신이 할 수 있는 문장실력을 총 동원해 작성 구성 계획안을 읽고 준비한 PPT를 넘기며 발표를 시작했다. 중간정도 발표하고 있는데 갑자기 친구들과 선생님이 말씀하셨다. "그래서 핵심 내용이 무엇이지" 갑자기 당황한 나는 얼버무리며 발표를 대충 마쳐버렸다.

반면 1학기 때 성적이 가장 좋았던 K는 아주 짧은 구성계획안을 작성해 와서는 핵심적인 내용만 짧게 발표하고 들어갔다. 발표가 끝난 후 선생님은 P의 발표에 대해 말씀해주셨다. "열심히 준비했네만 무슨 말을 하려고 하는지 이해가 잘 안 되었네"

■ 활 동

'그러니까 결론이 무엇인가?' 사례에 등장한 P와 K의 차이는 문서내용의 효과적인 전달의 중요성을 말해주고 있다. 문서를 작성하다보면 같은 내용을 알기 쉽게 작성한 문서를 보는 경우도 있고, 같은 내용을 볼수록 어렵다고 느끼는 경우가 있다. 다음의 예를 보고, 어느 쪽이 알아보기 쉬운지 생각해보고, 왜 그런지 작성해 보자.

A. 당사의 클레임 현황

올해 당사의 클레임은 178건으로 집계되었습니다.
그 중 제품 불량이 46건, 부품 결함이 22건, 배송문제가 21건,
인적 대응문제가 62건, 사용 불편이 16건 입니다.

B. 당사의 클레임 발생 현황

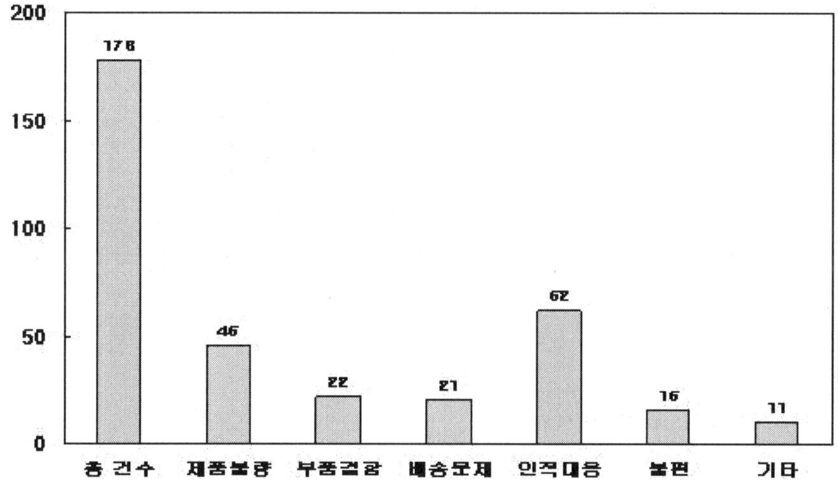

이해하기 쉬운 문서는?

A와 B 중에 어떤 문서가 더 이해하기 쉬운가? 왜 그런지 생각해 보자.

학습 6

03 4차산업혁명의 핵심 기술 중 지능형 사물인터넷 서비스 전문가에 대하여 분석하라.

4차 산업혁명시대는 초연결, 초지능, 초산업사회가 완성되는 세상이 된다.

이 세상의 핵심에 초연결사회를 만드는 사물인터넷(Internet of Things, IoT)이 있다. IoT란 인터넷을 기반으로 모든 사물을 연결하여 사람과 사물, 사물과 사물 간의 정보를 상호 소통하는 지능형 기술 및 서비스를 말한다.

사물인터넷전문가는 사물들이 서로 교신할 수 있도록 센서를 부착해 실시간으로 데이터를 인터넷으로 주고받는 기술이나 환경을 구축한다. 여기에서 'Things(사물)'이란 차, 스마트폰, 가전제품, 로봇, 웨어러블기기, 약병, 기저귀, 목걸이, 교통 안내판 등 물질세계에 있는 대부분의 유형의 물건은 물론 공간, 데이터 등 무형의 것까지 포함한다.

1. 어떤 일을 하나?

① 사물 인터넷 전문가는 우리 주변에 있는 사람, 사물, 공간과 관련된 데이터를 인터넷으로 연결하여 새로운 정보가 생성·수집·공유·활용되도록 하고,이를 통해 새롭게 가치 있는 것을 만들거나 이전에 없던 편리함을 사람들에게 제공한다.

② 우리 사회의 안전, 복지, 교통, 환경 등에서 문제점이 없는지 점검하고 더 편리하고 안전한 삶을 만들기 위하여 사물 인터넷 기술을 활용한 해결 방안을 찾는다.

③ 사물 인터넷 기술과 서비스를 판매하거나 구입할 수 있는 제품으로 다듬는 역할을 한다.

2. 어느 분야에서 활동하나?

1) 관련 직업

사물 인터넷 전문가는 정보 통신 기술(ICT) 분야의 직업인 컴퓨터 프로그래머, 컴퓨터 보안 전문가, 네트워크 시스템 개발자, 통신공학 기술자, 가전제품 개발자, 사물 인터넷 표준 전문가 등의 직업과 관련성이 높다. 사물 인터넷 기술은 다양한 분야의 기술이 융합되므로 스마트폰 애플리케이션 개발자, 빅 데이터 전문가, 클라우드 컴퓨팅 개발자, 스마트 시티 개발자, 스마트 빌딩 개발자 등 여러 분야의 사람들과 함께 일을 하게 되는 경우가 많다.

2) 활동 분야

사물 인터넷 전문가는 거의 모든 분야에서 활동할 수 있지만, 주로 농산업, 자동차 산업, 광산업, 에너지 및 재생에너지, 헬스 케어, 보안 등의 분야에서 일을 할 수 있다. 사물 인터넷 전문가는 스마트 홈, 스마트 빌딩, 스마트 시티, 스마트 물류, 공항 출입국 관리 시스템 등 사람들의 일상생활 속 정보통신 환경을 편리하고 안전하게 만들어 가는 일을 할 수 있다.

3. 어떤 적성과 흥미가 필요한가?

1) 적 성

① 사물 인터넷 전문가는 우리 생활을 보다 편리하고 안전하게 변화시키기 위하여 새롭고 독특한 방식으로 문제를 해결하고 새로운 것을 생각해 내는 능력이 있어야 한다.

② 다양한 정보 통신 기술을 접목하고 활용하므로 체계적이고 논리적인 사고 능력이 필요하다.

2) 흥 미

사회의 여러 가지 문제를 개선하기 위해 IT 기술을 활용하여 새로운 가치나 서비스를 만들어내는 직업이기에, 새로운 것에 호기심이 많으며 사회 현상에 대해 탐구하는 것을 즐긴다. 또한 모험 정신이 강하고 도전하는 작업을 좋아한다.

4. 어떻게 준비하나?

1) 관련 전공

사물 인터넷 전문가가 되기 위해서는 보통 고졸 이상의 학력이 요구되며 컴퓨터와 IT 관련 지식이 필요하므로 대학은 정보 통신공학, 컴퓨터공학, 소프트웨어공학, 정보 보호공학 등을 전공하여 일에 대한 이해 수준을 높이는 것이 좋다.

2) 훈련 과정

보다 전문적인 지식을 습득하기 위해서는 한국사물인터넷협회에서 제공하는 사물 인터넷 관련 교육과정을 이수할 수 있다.

3) 관련 자격

사물 인터넷 전문가가 되기 위해서 꼭 필요한 자격증은 없지만 IoT지식능력검정 시험에 통과하면 취업에 도움이 된다.

5. 어디에서 일할 수 있나?

사물 인터넷 전문가는 주로 사물 인터넷 서비스 기업이나 정보 통신 관련 기업의 사물 인터넷 관련 부서에서 사물 인터넷 제품이나 서비스에 대한 기획, 개발, 영업, 홍보, 판매 등의 업무를 담당한다. 소프트웨어 개발 업체의 연구소, 정부에서 정보 통신 업무를 맡고 있는 기관, 연구 기관 등에서도 일할 수 있다.

6. 어떻게 전문성을 높일 수 있나?

사물 인터넷 기술은 다양한 분야에 적용될 수 있기 때문에 전문성만 갖춘다면 진출할 수 있는 분야가 상당히 넓다. 따라서 다양한 분야의 기술 경향을 계속 학습해야 전문성을 높일 수 있다. 일정 수준의 전문성을 갖추면 사물 인터넷 전문가를 가르치는 교육 활동도 할 수 있다.

7. 이 직업의 미래는 어떤가?

사물 인터넷은 정부가 앞으로 키워나가야 할 신성장 산업으로 여겨진다. 또한 미국, 일본, 중국, 유럽 등 해외 주요 국가에서도 핵심 산업으로 육성하고 있다. 이러한 상황에서 우리나라도 정부가 직접 나서서 사물 인터넷 분야를 키우기 위해 노력하고 있다. 앞으로 다양한 분야에서 4차 산업혁명의 선두 역할을 할 것으로 보인다. 따라서 사물 인터넷 전문가와 같은 전문성이 있는 인력은 앞으로도 계속해서 더 많이 필요해질 것이다.

학습활동.6 교수 · 학습 방법

교수 방법

- 문서작성의 원칙과 표현법에 대한 관련 용어, 구성, 방식 이해 정도를 파악한 후 수업을 진행한다.
- 교수자의 주도로 문서작성의 원칙과 표현법 등의 내용을 PPT 자료로 제시한 후 설명한다.
- 가능하면 사전에 개인별 학습 자료를 준비하여 모든 학생이 참여할 수 있는 문제 해결식 수업, 협력 수업이 가능하도록 한다.
- 문서작성의 원칙과 표현법 전 과정을 작업의 순서에 따라 단계적으로 실습이 이루어질 수 있도록 지도한다.
- 교재를 통해 수업을 준비하는데 있어서 필요한 모든 정보나 팁, 힌트 등 도움이 될 만한 내용들을 확인할 수 있다.
- 학생들이 만들게 될 각 모델들은 수업시간에 중점적으로 다뤄질 부분과 어휘, 질문, 답을 포함하고 있으며 또한 탐구할만한 추가적인 아이디어들도 포함하고 있다.

학습 6

학습 방법

- 문서작성의 원칙과 표현법에 대한 관련 용어를 숙지하고, 문서작성의 원칙과 표현법에 대해 이해한다.
- 문서작성의 원칙과 표현법의 각 단계별 중점 사항을 체계적으로 학습한다.
- 문서작성의 원칙과 표현법의 수행순서의 전 과정을 실습한다.
- 문서작성의 원칙과 표현법의 내용을 이해한다.
- 문서작성의 원칙과 표현법을 이해하고 숙달이 될 때까지 학습한다.

학습활동.6 평가 및 피드백

평가 준거

- 평가자는 피평가자가 수행 준거 및 평가 내용에 제시되어 있는 내용을 성공적으로 수행할 수 있는 지를 평가해야 한다.

학습내용	평가항목	성취수준		
		상	중	하
문서작성의 원칙과 표현법	문서작성의 원칙과 표현법을 이해할 수 있다.			

평가 방법

• 작업 포트폴리오

학습내용	평가항목	성취수준		
		상	중	하
문서작성의 원칙과 표현법	문서작성의 원칙과 표현법을 이해할 수 있다.			

• 필기시험

학습내용	평가항목	성취수준		
		상	중	하
문서작성의 원칙과 표현법	문서작성의 원칙과 표현법을 이해할 수 있다.			

• 체크리스트를 통한 관찰

학습내용	평가항목	성취수준		
		상	중	하
문서작성의 원칙과 표현법	문서작성의 원칙과 표현법을 이해할 수 있다.			

• 피드백

1. 작업 포트폴리오
   - 제출한 보고서를 평가한 후 주요 사항에 대하여 표시하여 돌려준다.
2. 필기시험
   - 평가 결과 성적이 저조한 학생은 보고서 제출 기회를 부여한다.
3. 체크리스트를 통한 관찰
   - 실습 과정에서 평가한 후 개선해야 할 사항 등을 정리하여 돌려둔다.

학 · 습 · 평 · 가

1. 다음은 문서작성 주의해야할 사항을 설명한 것이다. 잘못된 것은?

   ① 문서의 작성 시기는 중요하지 않다.
   ② 문서의 첨부자료는 반드시 필요한 자료 외에는 첨부하지 않도록 한다.
   ③ 문서작성 후 반드시 다시 한 번 내용을 검토해야 한다.
   ④ 문서내용 중 금액, 수량, 일자 등의 기재에 정확성을 기하여야 한다.

2. 다음 문서작성의 원칙에 관한 설명 중 맞으면 ○, 틀리면 ×를 표시해 보자.

   - 문장은 짧지 않아도 된다. (　　)
   - 문장은 부정문 형식으로 작성해도 괜찮다. (　　)
   - 문서의 주요한 내용을 먼저 쓰도록 한다. (　　)

3. 다음 설명에 해당하는 문서작성 원칙은?

> 문장 표현시에 되도록 간결체로 쓰는 것이 의미전달에서 가장 이해가 빠르다. 적절하게 행과 단락을 나누어 문서가 난잡하게 보이지 않도록 하여야 하며, 그 내용에 따라 알맞게 행과 단락을 바꾸도록 한다.

4. 다음에서 문서표현의 시각화를 구성하는 요소를 작성해 보자.

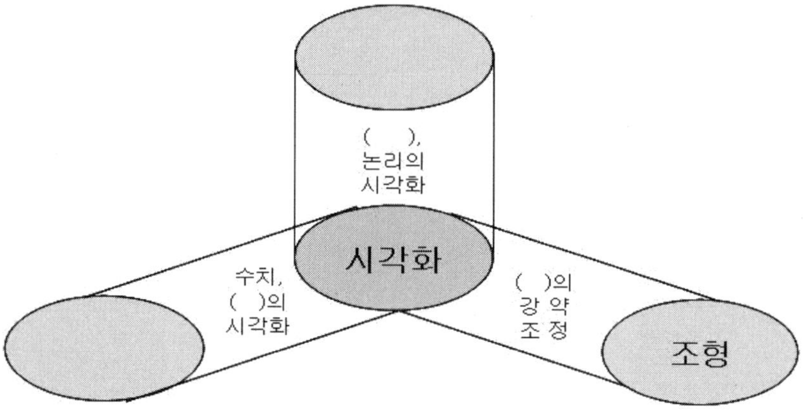

5. 문서를 시각화 하는 5가지 포인트가 무엇인지 작성해 보자.

-
-
-
-
-

학습정리

1. 모든 문서에는 그에 맞는 문서작성 원칙과 주의사항이 있다. 직장에서의 문서작성은 일반 글에 비해 형식적인 면을 상당히 중요시한다. 그러므로 내용을 일목요연하고 간단하게 전개해야 한다. 개인적인 글이 아니고 직장생활에서 의무적으로 작성해야 하는 글인 만큼 문서에 따라 주의하여 정확하고 확실하게 작성해야 한다.

2. 내용을 효과적으로 전달할 수 있어야 좋은 문서이다. 길이가 길고 중구난방으로 나열한 글은 요점을 파악하기 어렵다. 그러므로 문서의 내용이 효과적으로 전달될 수 있도록 보기 쉽고, 이해하기 쉬우며, 숫자나 그래프 등으로 다채롭게 표시된 문서가 이해하기 쉽고 잘 작성된 문서라 할 수 있다.

참 | 고 | 문 | 헌

기초직업능력프로그램; 의사소통능력 매뉴얼, 한국산업인력공단

구현정 · 전영옥. (2005). 의사소통의 기법. 박이정.

김동규 · 이영찬. (2000). 직업윤리. 학교법인 기능대학.

박현석(역). (2004). 전달의 기술. 다연.

배상복. (2006). 일반인을 위한 글쓰기 정석. 경향미디어.

심재우. (2004). GE처럼 커뮤니케이션하라. 일빛.

윤치영. (2007). 설득 · 경청 논박의 기술. 일빛

임칠성 역. (1997). 대인의사소통. 한국문화사.

이창호.(2007). 스피치 달인의 생산적 말하기. 북포스

전영우. (2007). 귀담아듣는 언어생활 -적극적 경청법-. 민지사

조신영 · 박현찬. (2007). 경청-마음을 얻는 지혜. 위즈덤하우스

직업기초능력지도과정 자료집. (2005). 직업기초능력지도 과정. 서울대 농생대 부설 중등교육연수원.

허정훈 · 김상범. (2007). 건강과 능력개발. 한국폴리텍대학.

홍경자. (2007). 의사소통의 심리학. 이너북스.

황성근. (2006). 너무나도 쉬운 비즈니스 글쓰기. 한겨레출판.

신동아. http://shindonga.donga.com

조선일보. www.chosun.com

중앙일보. www.joins.com

한겨레신문. www.hani.co.kr

한국일보. www.hankooki.com

AM7. www.am7.co.kr

http://blog.naver.com/eob. 2007.8.27

http://www.career.go.kr/

학습 6

학습 목표

1. 경청의 개념과 중요성을 설명할 수 있다.
2. 올바른 경청을 방해하는 요인을 설명할 수 있다.

7-1 경청의 개념

경청능력은 다른 사람의 말을 주의 깊게 들으며, 공감하는 능력이다. 직장인들이 개인이나 조직 간에 원만하게 관계를 유지하고 업무 성과를 높이기 위해서는 적절하게 의사소통할 수 있는 능력이 필수적이다. 특히 의사소통을 하기 위해서는 다른 사람의 말을 주의 깊게 들으며, 공감할 수 있는 능력을 갖추는 것이 우선시 되어야 할 것이다.

1. 경청의 개념

남이 하는 이야기를 건성으로 듣거나 대강 듣거나 적당히 듣는 것은 대화를 잘 하고 있다고 할 수 없다. 똑바로 듣고 정확히 듣고 철저히 들어야만 청자(聽

者)는 제 역할을 다하는 것이다. 정보를 듣고 아이디어를 듣고 지혜를 듣고 지식과 상식을 듣고 뉴스를 듣고 남의 일화를 들음으로써 우리는 더 넓은 지식을 쌓을 수 있다.

학생은 수업 시간에 선생님 이야기를 잘 들어야 하고, 비즈니스맨은 거래처의 이야기를 귀담아들어야 하며, 외교관은 주재국 당사자들의 이야기를 주의 깊게 경청하여야 한다. 맡은 바 임무를 착실히 수행하려면 무엇보다 우선 현장의 소리를 성실하게 듣고 대책을 강구하는 것이 좋은 방법이라 할 수 있다.

이와 같이 경청이란 다른 사람의 말을 주의 깊게 들으며, 공감하는 능력이다. 경청은 대화의 과정에서 신뢰를 쌓을 수 있는 최고의 방법이다. 우리가 경청하면 상대는 안도감을 느끼고, 무의식적인 믿음을 갖게 된다. 그리고 반대로 당신이 말을 할 때, 상대는 자신도 모르게 더 집중하게 된다. 이런 심리적 효과로 인해 우리의 말과 메시지, 감정은 더욱 효과적으로 상대에게 전달된다. 우리가 경청하는 만큼 상대방은 우리의 말을 경청할 수밖에 없는 것이다. 자기 말을 경청해주는 사람을 싫어하는 사람은 세상에 존재하지 않기 때문이다.

2. 경청의 중요성

성공한 많은 사람들이 경청의 중요성에 대하여 강조하고 있다.

스티븐 코비의 「성공하는 사람의 7가지 습관」과 「성공하는 사람의 8번째 습관」

"성공하는 사람과 그렇지 못한 사람의 대화 습관에는 뚜렷한 차이가 있다. 그 차이점이 무엇인지 단 하나만 꼽으라고 한다면, 나는 주저 없이 "경청하는 습관"을 들 것이다. 우리는 지금껏 말하기, 읽기, 쓰기에만 골몰해 왔다. 하지만 정작 우리의 감성을 지배하는 것은 '귀'다. 경청이 얼마나 주요한 능력인지, 그리고 우리가 어떻게 경청의 힘을 획득할 수 있는지 알아야 한다."

① 피터 드러커 : "내가 만일 경청의 습관을 갖지 못했다면, 나는 그 누구도 설득하지 못했을 것이다."

② 톰 피터스의 「초우량기업의 조건」과 「미래를 경영하라」: "20세기가 말하는 자의 시대였다면, 21세기는 경청하는 리더의 시대가 될 것이다. 경청의 힘은 신비롭기까지 하다. 말하지 않아도, 아니 말하는 것보다 더 매혹적으로 사람의 마음을 사로잡기 때문이다."

③ 스콧 맥닐리, 선마이크로시스템의 창업자이자 CEO : "선마이크로시스템에서 주는 월급의 40퍼센트는 경청의 대가이다."

④ 조엘 막스, 코비전 미디어 부회장 : "커뮤니케이션을 지배하는 진정한 힘은 입이 아니라 귀에서 나온다. 이제 리더라면 누구나 자신의 책상 앞에 이런 문구를 붙여야 할 것이다. "경청하라!"

의사소통은 내가 상대방에게 메시지를 전달하는 과정이 아니라 상대방과의 상호작용을 통해 메시지를 다루는 과정이다. 따라서 성공적인 의사소통을 위해서는 내가 가진 정보를 상대방이 이해하기 쉽게 표현하는 것도 중요하지만, 상대방이 어떻게 받아들일 것인가에 대한 고려가 바탕이 되어야 한다. 즉, 의사소통을 하기 위한 기본적인 자세는 경청하는 일이다.

경청을 함으로써, 상대방을 한 개인으로 존중하게 된다. 이는 상대방을 인간적으로 존중함은 물론 그의 감정, 사고, 생동을 평가하거나 비판 또는 판단하지 않고 있는 그대로 받아들이는 태도이다.

경청을 함으로써, 상대방을 성실한 마음으로 대하게 된다. 이는 상대방과의 관계에서 느낀 감정과 생각 등을 긍정적이든 부정적이든 솔직하고 성실하게 표현하는 태도를 말한다. 이러한 감정의 표현은 상대방과의 솔직한 의사 및 감정의 교류를 가능하도록 도와주기 때문이다.

경청을 함으로써, 상대방의 입장에 공감하며 이해하게 된다. 이는 자신의 생각이나 느낌, 가치, 도덕관 등의 선입견이나 편견을 가지고 상대방을 이해하려 하지 않고, 상대방으로 하여금 자신이 이해받고 있다는 느낌을 갖도록 하는 것이다.

3. 경청의 방법

① 혼자서 대화를 독점하지 않는다.

② 상대방의 말을 가로채지 않는다.

③ 이야기를 가로막지 않는다.

④ 의견이 다르더라도 일단 수용한다.

⑤ 말하는 순서를 지킨다.
⑥ 논쟁에서는 먼저 상대방의 주장을 들어준다.
⑦ 시선(Eye-Contact)을 맞춘다.
⑧ 귀로만 듣지 말고 오감을 동원해 적극적으로 경청한다.

■ 북 리뷰 〈역사에서 발견한 CEO 언어의 힘〉

CEO 언어는 관계를 만든다

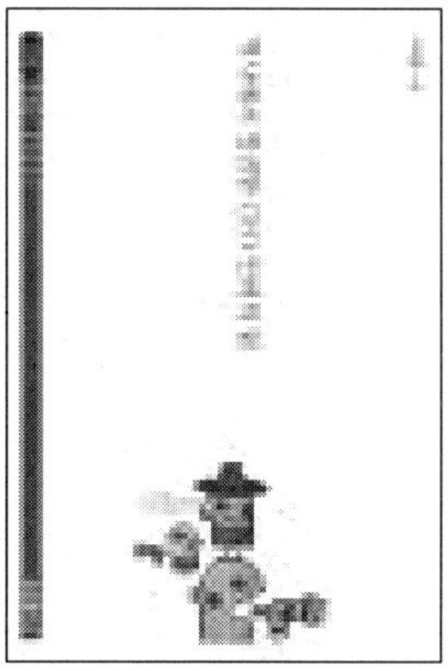

상대가 없는 언어는 공허한 울림일 따름이다. 인간은 누구나 사회 속에서 관계를 만들어가며 살아간다. 상대방에 대한 인정은 서로의 관계의 출발을 인정하는 것으로, '나'에 대한 인정을 요청하는 하나의 방법이다. 따라서 상대를 인정하는 것은 상대에 대한 의존을 뜻하는 것이 아니고, 상호관계에서 자신의 위치를 스스로 선택하는 행위이다. 그러므로 상대에 대한 인정은 인간관계가 바로 설 수 있는 기본적 틀이다. 이는 지도자의 위치에서 많은 사람을 지휘하는 CEO들에게는 더욱더 중요한 항목이다. 따라서 이를 표현하는 '언어 행위'는 배려, 관용, 경청하는 태도로 나타난다. 점점 더 복잡, 다양한 구성원을 수용해야 하는 현대 사회의 CEO들에게 이 항목은 무엇보다 예의주시해야 할 현장 언어라 할 수 있다.

'어느 특별한 배려'-카스트로와 게바라의 관계

피델 카스트로와 체 게바라가 죽은 전우를 기념하기 위해서 각자의 이름에 서명하던 자리였다. 먼저 카스트로가 서명하고 난 후 체 게바라가 하려는 순간, 카스트로가 대뜸 명령했다.

"대장이라고 쓰게나!" 이것은 매우 비공식적인 방식이었으나 카스트로의 단호한 명령이었다. 카스트로는 함께 싸운 자신의 동생인 '라울'보다 체 게바라를 먼저 대장에 임명하였다. 이를 위해 체 게바라의 계급장은 그 전부터 비밀스럽게 준비되고 있었다. 금박을 두른 작은 별은 체 게바라의 베레모 위에서 영원히 빛나는 젊음과 혁명의 상징이 되었다. 카스트로가 무기 제작자 '오리스'에게 오래 전부터 작은 별 하나를 만들어달라고 말해두었던 것이다. 카스트로는 즉흥적으로 체 게바라에게 별을 내린 것이 아니라, 꾸준한 관심 끝에 내린 결정이었던 것이다. 카스트로가 자기에게 보여준 마음속 배려에 대하여 체 게바라는 이렇게 말했다.

"사람은 누구나 잠자는 자신감을 가지고 있다. 누구에게나 내재한 이러한 자신감은 제때를 만났을 때 완전히 발효된다. 이 일로 나는 세상에서 제일 잘난 사람이라는 자부심을 갖게 되었다."

학습 7

— 본문 가운데

이 책은 오늘날의 CEO들에게 '역사 속 지도자들의 언어 현장'을 간접적으로 경험할 수 있는 기회를 제공해준다. 이를 통해 한 시대를 결정짓고 대표했던 역사의 언어 현장들, 정치 · 경제 · 사회 · 문화를 움직인 사람들—채플린과 아인슈타인, 루스벨트와 처칠, 괴테와 베토벤, 트로츠키와 프로이트, 케네디와 브란트, 카스트로와 게바라 등—의 구체적 · 결정적 순간의 언어와 그들의 문제관리 능력을 살펴봄으로써 CEO들 스스로가 자신이 처한 상황에 대한 인식 능력과 문제 실행 능력을 키워나가는 데 좋은 지침서가 되어줄 것이다.

출처 : 삼성경제연구원. 북리뷰. 박해용.

7-2 올바른 경청의 방해요인

직장생활에서 회의를 하는 도중에 상사와 얼굴을 마주쳤을 때, 상사가 "아무개 씨, 자네 생각은 어떤가?"하고 질문을 던진다. 그러면 당자는 얼굴에 냉수를 끼얹은 것처럼 정신이 번쩍 들어 한눈 판 것을 감추기라도 하듯이, "네, 저도 그 생각에 찬성한다. 에", 하며 종잡을 수 없는 응답을 한다. 이와 같은 상황처럼 올바른 경청을 하는데 있어서 방해가 되는 것은 무엇인지 10가지 나쁜 습관을 제시하고자 한다.

1. 짐작하기

상대방의 말을 듣고 받아들이기보다 자신의 생각에 들어맞는 단서들을 찾아 자신의 생각을 확인하는 것을 말한다. 짐작하고 넘겨 짚으려 하는 사람들은 상대방의 목소리 톤이나 얼굴 표정, 자세 등을 지나치게 중요하게 생각한다. 이들은 상대방이 하는 말의 내용은 무시하고 자신의 생각이 옳다는 것만 확인하려 한다. 남편이 "당신은 다른 사람보다 젊어 보여"라고 말하면, 아내는 남편의 표정이나 말투 등을 자세히 살펴보면서 "남편은 속으로는 내가 너무 늙어 보여서 매력이 없다고 생각하겠지."라고 생각하거나 심한 경우에는 "남편이 다른 여자와 사귀는 것은 아닌가?"라고까지 지레 짐작한다.

또 다른 예로 남편이 생일을 기억해 주지 않았기 때문에 말을 걸어도 표정이

안 좋고 시큰둥하게 대답한 것인데, 그걸 보고 남편은 부인이 시집 문제로 화가 난 것이라 지레 짐작한다면 대화는 처음부터 어려워질 것이다.

2. 대답할 말 준비하기

상대방의 말을 듣고 곧 자신이 다음에 할 말을 생각하는데 집중해 상대방이 말하는 것을 잘 듣지 않는 것을 말한다. 결국 자기 생각에 빠져서 상대방의 말에 제대로 반응할 수가 없게 된다.

3. 걸러내기

상대의 말을 듣기는 하지만 상대방의 메시지를 온전하게 듣는 것이 아닌 경우이다. 상대방이 분노나 슬픔, 불안에 대해 말하는 것을 들어도 그러한 감정을 인정하고 싶지 않다거나 회피하고 싶다거나 무시하고 싶을 때 자기도 모르는 사이에 상대방이 아무 문제도 없다고 생각해버린다. 걸러내기는 듣고 싶지 않는 것들을 막아버리는 것을 말한다.

4. 판단하기

상대방에 대한 부정적인 판단 때문에, 또는 상대방을 비판하기 위해 상대방의 말을 듣지 않는 것을 말한다. 당신이 상대방을 어리석다거나 고집이 세다거나 이기적이라고 생각한다면, 당신은 경청하기를 그만두거나 듣는다고 해도 상대방이 이렇다는 증거를 찾기 위해서만 귀를 기울일 것이다.

5. 다른 생각하기

상대방에게 관심을 기울이는 것이 점차 더 힘들어지고 상대방이 말을 할 때 자꾸 다른 생각을 하게 된다면, 이는 이러한 상황을 회피하고 있다는 위험한 신호이다.

예를 들어 남편은 최근 아내가 수강하는 취미클럽 활동에 대해 말할 때마다 다른 생각을 하였다. 사실 그는 아내가 취미 활동을 하는 것에 대해 못마땅하게 생각하고 있었기 때문에 부인이 신나서 이야기할 때마다 다른 생각을 하면서 자신의 감정을 드러내지 않았던 것이다. 그러나 이렇게 표현하지 못하는 부정적인

학습 7

감정이 밑바닥에 깔려 있어 시도 때도 없이 고개를 내밀기 때문에 상대방은 오해받고 공격받는다는 느낌을 갖게 된다.

6. 조언하기

어떤 사람들은 지나치게 다른 사람의 문제를 본인이 해결해 주고자 한다. 당신이 말끝마다 조언하려고 끼어 들면 상대방은 제대로 말을 끝맺을 수 없다. 올바른 해결책을 찾고 모든 것을 제대로 고치려는 당신의 욕구 때문에 마음을 털어놓고 이야기하고 싶은 상대방의 소박한 바람이 좌절되고 만다. 이야기를 들어주기만 해도 상대방은 스스로 자기의 생각을 명료화하고 그 사이에 해결책이 저절로 떠오르게 된다.

남편이 아내에게 직장에 대한 좌절과 낙담을 털어놓자 "당신은 윗사람 다루는 기술이 필요해요. 당신 성격에도 문제가 있어요. 당신 자신을 개조하기 위해 성격개선 프로그램을 신청해서 참여해봐요."라고 지체 없이 퍼붓게 되면 남편이 진실로 원했던 것, 즉 서로 공감하고 잠시 위로받고 싶었던 욕구가 좌절된다. 이러한 대화가 매번 반복된다면 상대방은 무시당하고 이해받지 못한다고 느끼게 되어 다른 사람에게 마음의 문을 닫아버리게 된다.

7. 언쟁하기

언쟁은 단지 논쟁하기 위해서만 상대방의 말에 귀를 기울이는 것이다. 상대방이 무슨 말을 하든 자신의 입장을 확고히 한 채 방어한다. 언쟁은 상호 문제가 있는 관계에서 드러나는 전형적인 의사소통 패턴이다. 이런 관계에서는 상대방의 생각을 전혀 들을 생각이 없기 때문에 어떤 이야기를 해도 듣지 않게 된다. 상대방이 무슨 주제를 꺼내든지 설명하는 것을 무시하고 상대방의 생각과는 다른 자신의 생각을 장황하게 자기 논리대로 늘어놓는다. 지나치게 논쟁적인 사람은 상대방의 말을 경청할 수 없다.

8. 자존심 세우기

자존심이 강한 사람은 자존심에 관한 것을 전부 막아버리려 하기 때문에 자신의 부족한 점에 대한 상대방의 말을 들을 수 없게 된다. 당신은 자신이 잘못했다는 말을 받아들이지 않기 위해 거짓말을 하고, 고함을 지르고, 주제를 바꾸고, 변명을 하게 된다.

9. 슬쩍 넘어가기

대화가 너무 사적이거나 위협적이면 주제를 바꾸거나 농담으로 넘기려 한다. 문제를 회피하려 하거나 상대방의 부정적 감정을 회피하기 위해서 유머를 사용하거나 핀트를 잘못 맞추게 되면 상대방의 진정한 고민을 놓치게 된다.

10. 비위 맞추기

상대방을 위로하기 위해서 혹은 비위를 맞추기 위해서 너무 빨리 동의하는 것을 말한다. 그 의도는 좋지만 상대방이 걱정이나 불안을 말하자마자 "그래요, 당신 말이 맞아", "미안해, 앞으로는 안 할 거야"라고 말하면 지지하고 동의하는데 너무 치중함으로써 상대방에게 자신의 생각이나 감정을 충분히 표현할 시간을 주지 못하게 된다.

■ 자 료

성실한 경청이란

남의 이야기를 듣는 태도를 보면, 상대방에 대한 성실성 유무를 알 수 있다. 말하는 사람을 만족시키기 위해서는 성실성이 필요하다. 말하는 사람은 짧게 내용만 전달하여 이야기의 목적을 달성하려는 경우도 있지만, 대개는 말을 많이 하고 싶어 하는 경향이 있다. 때문에 장황한 이야기를 끝까지 들어주는 데는 상당한 끈기가 필요하다. 상대방의 말을 들을 때, 다음 사항에 유의할 필요가 있다.

첫째, 열심히 듣는다.

☞ 말하는 사람이 의욕을 잃지 않도록 하자. 말하는 사람이 말한 사실에 만족할 수 있는 경청자가 되자.

둘째, 물으면서 듣는다.

☞ 물으면서 듣는다. 말하는 사람에게 구체적인 방안을 제시하고, 질문에 대답할 수 있는 경청자가 되자. 그저 들려오니까 듣는다는 상태가 아니라 적극적으로 귀를 기울여야 한다.

셋째, 분명하지 못한 점은 확인하면서 듣는다.

☞ 이해하기 어려운 용어, 미흡한 상황 설명으로 인하여 이해가 부족한 내용을 적당히 듣고 넘기면 오해가 생긴다.

넷째, 어떻게 하면 좋은지, 상대가 무엇을 기대하는가를 생각하면서 듣는다.

☞ 듣는다는 말은 'hear'와 'listen'이 있지만, 'hear'는 '들린다, 들려온다'라는 의미가 강하고, 'listen'은 '듣는다'라는 의미가 강하다.

한편, 'listen'은 말하는 사람으로부터 떨어지고 싶다는 자기와의 투쟁이기도 하다. 듣는다는 것은 견디는 노력이다. 그러한 의미에서 듣는다는 것은 엄격한 자기 수련의 과정이라고 할 수 있다.

'경청'이란 말은 귀를 기울여서(傾) 듣는(聽) 것이다. 열심히 듣고, 물으면서 듣고, 확인하면서 듣고, 생각하면서 듣는 식의 노력을 통해 우리는 사회인으로서 성숙한 인간이 되는 것은 아닐까?

출처 : 윤치영(2007). 커뮤니케이션의 프로가 되기 위한 설득 · 경청 논박의 기술. 일빛.

수행 내용

재료 · 자료

- 경청의 개념과 방해요인 관련 자료

기기(장비 · 공구)

- 컴퓨터, 프린터, 주변기기

안전 · 유의사항

- 컴퓨터 및 주변기기의 전원을 관리한다.

수행 순서

학습 7

01 경청의 개념과 방해요인의 사례와 활동에 대하여 분석하라.

L씨는 팀원 3명과 함께 팀프로젝트를 수행하고 있다. 하지만 매번 서로 의견이 충돌되는 경우가 많이 발생되고, 서로의 의견을 제시하는데 급급하여 시간만 낭비한 채 이야기를 마치곤 한다. 특히, L씨는 자신의 의견을 전달하는 것만 중요시 하고, 상대방의 의견을 신중하게 들어보려고 하지 않는다. 무엇이 문제인지 생각해 보자.

“말을 배우는 데는 2년이 걸리지만, 침묵을 배우는 데는 60년이 걸린다. 경청은 백 마디 말보다 강하다!”라고 S그룹의 이건희 회장은 경청의 중요성을 강조하고 있다. 하지만, 사람들은 의사소통을 하는데 있어서, 자신의 의견을 말하는 것을 우선으로 생각하여제대로 된 의사소통이 이루어지기 어려운 경우가 많다. 경청의 의미는 무엇이고 왜 중요한지 생각해 보자.

사 례

5대그룹 임원이 되려면…

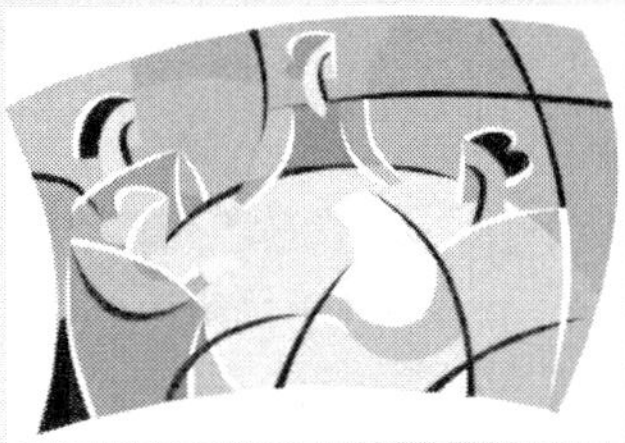

삼성, 현대차, SK, LG, 롯데 등 5대 그룹의 인사 관련 임원을 취재하면서 공통적으로 질문한 것이 있다. 공통적인 대답은 바로 **"경청하고, 경청하라"** 였다.

SK도 경청의 중요성에 대해 일찍부터 인식하고 임원들이 이를 실행하도록 하고 있다. SK는 파격적인 인사를 통해 이를 실천한다. SK가 여러 가지 새로운 사업을 벌이고 있는 때, 필요한 인력을 선입관 없이 적기에 공급하자면 경청하는 임원이 인사부서에 있어야 함을 뜻한다.

삼성은 지난해 '부하들의 마음을 관리하는 법'이란 사례집을 만들어 돌렸다. 사례집에 따르면 훌륭한 상사는 부하 직원의 생일이나 입사 기념일에 메시지를 보내는 등 1대 1 관리에 능하다고 한다. 심지어 어떤 상사는 외국 출장길에도 생일을 맞은 후배에게 메시지를 보내 감동의 물결을 일으켰다는 것. 또 부하들을 면담할 때 이들로부터 들은 장래희망이나 지금 고민하고 있는 것을 꼼꼼히 적어 생각날 때마다 어떻게 되고 있는지 물어 보기도 한다.

■ 활 동

"5대그룹 임원이 되려면..."의 사례에서 볼 수 있듯이 경청능력은 직장생활에서 상당히 중요하다. 자신의 경청정도가 어느 정도인지 점검해보고, 의사소통에 실패한 사례를 생각해보고 반성해 보자. 그리고 이를 바탕으로 올바른 경청을 위하여 자신에게 필요한 능력은 무엇이 있는지 생각해 보자.

내 용	전혀	가끔	거의	항상
1. 나는 화자를 방해하지 않고 자신의 생각을 표현하도록 한다.	1	2	3	4
2. 나는 상대방이 말하는 모든 것을 듣기를 원한다.	1	2	3	4
3. 나는 중요한 사실을 기억하는 능력을 가지고 있다.	1	2	3	4
4. 나는 중요한 사실을 기억하는 능력을 가지고 있다.	1	2	3	4
5. 나는 메시지의 가장 중요한 세부 사항을 기록한다.	1	2	3	4
6. 나는 비록 따분하기는 하지만 화자의 말을 듣는다.	1	2	3	4
7. 나는 듣고 있을 때는 주위의 산만한 분위기를 무시한다.	1	2	3	4
8. 나는 화자의 말을 진심으로 듣고 있음을 표현한다.	1	2	3	4
9. 나는 다른 사람의 말에 동의하지 않더라도 들어준다.	1	2	3	4
10. 나는 화자의 다음 말을 예측하면서 공상을 피한다.	1	2	3	4

① 30~40점 : 상대방의 말을 효과적으로 듣는 사람이다.
② 20~29점 : 좋은 청취자이기는 하지만 앞으로 더 개선할 점이 있다.
③ 10~19점 : 개선이 필요하다. 경청 기술을 개발하기 위한 기법을 적극적으로 학습해야 한다.

02 올바른 경청의 방해요인 사례와 활동에 대하여 분석하라.

신입사원 K씨는 업무에 대해 상사에게 많은 지시를 받지만 항상 지시사항이 무엇인지 혼란스럽다. K씨는 상대방이 이야기할 때 대충 듣고 일을 처리하는 경향이 있다. K씨의 문제는 무엇이고, 어떤 것이 올바른 경청을 방해하는지 알아보자.

직장인들은 매일 K씨와 같이 수많은 의사소통 과정 속에서 업무를 처리한다. 하지만 종종 자신의 의견을 전달하는 데만 급급하여, 상대방의 의견을 제대로 듣지 않거나, 자신의 말만 하는 등 제대로 경청하는 법을 알지 못한다. 올바른 경청을 방해하는 요인을 알아보자.

사 례

사오정의 면접 상황

사업에 실패한 후 다시 백수가 된 사오정은 생존을 위해서 미스터 손과 함께 면접시험을 보러 갔다.

면접관 : 자네는 우리나라 축구 선수 중에서 누가 가장 뛰어나다고 생각하는가?
미스터 손 : 네! 예전에는 차범근이었는데 지금은 박지성 선수입니다.
면접관 : 이순신 장군은 어느 시대 사람인가?
미스터 손 : 조선 시대입니다.
면접관 : 자네는 이 세상에 유에프오가 있다고 생각하는가?
미스터 손 : 많은 사람들은 그렇다고 하는데, 저는 확실한 근거가 없어서 단정적으로 말할 수 없습니다.

친절하게도 미스터 손은 면접을 마치고 나온 후 자기가 대답한 것을 적어서 사오정에게 주었고, 사오정은 그것을 달달 외웠다.

면접관 : 자네 이름은 뭔가?
사오정 : 네! 예전엔 차범근이었는데, 지금은 박지성입니다.
면접관 : 음, 자네는 언제 태어났나?
사오정 : 조선 시대입니다.
면접관 : 으음~~ 자네는 자신이 바보라고 생각하지 않나?
사오정 : 남들은 그렇다고 하는데, 저는 확실한 근거가 없어서 단정적으로 말할 수 없습니다.

출처 : 윤치영　설득 · 경청 논박의 기술. 일빛

■ 활 동

'사오정의 면접상황' 사례에서는 상대방의 이야기를 주의 깊게 듣는 경청의 중요성을 보여주고 있다. 자신의 경청하는 습관을 체크해보고, 구체적인 상황을 작성해 보자. 또한 올바른 경청을 하기 위해서 어떠한 노력을 하고 있는지 작성해 보자.

나는 어려운 이야기는 흘려듣는 경향이 있다.

▶

나는 반쯤 듣고 지레 짐작하는 경향이 있다.

▶

나는 이야기하는 사람의 외모에 한눈 파는 경향이 있다.

▶

나는 잡음에 신경 쓰는 경향이 있다.

▶

올바른 경청을 위해 노력하는 방법

학습 7

03 4차산업혁명의 핵심 기술 중 스마트 시티 전문가에 대하여 분석하라.

전 세계는 빠른 속도로 도시화되고 있다. 전문가에 따르면 시간당 1만 명 가량이 도시화의 영향권 내에 있다. 이런 속도라면 오는 2050년이면 전 세계 인구의 60% 이상이 도시에 살게 될 것이라고 전망했다.

도시화가 급격하게 빠른 속도로 진행되면서 이전에는 볼 수 없던 문제들이 고개를 들고 있다. 도시로 집중된 인구로 인해, 교통 혼잡, 범죄, 재난, 부족한 인프라 등의 사회문제들이 일어날 수 있다. 이런 문제를 해결하기 위한 방책으로 세계적으로 '스마트시티'를 만들려는 노력들이 확산되고 있다.

이런 부작용을 해결할 구세주로 꼽히는 것이 스마트시티다.

스마트시티는 사물 인터넷의 차세대 물결 중 가장 선두에 있는 개념이다. IT 기술을 활용해 도시문제를 해결해 시민들의 삶의 질을 개선하는 미래형 도시를 말한다. 스마트시티에서는 에너지, 교통, 환경 등 도시 주요 부문의 인프라와 서비스가 사물인터넷과 같은 기술과 결합해 스마트시티 플랫폼에 정보를 전송하고 이 플랫폼은 가공된 정보를 필요한 기관이나 시민에게 제공하게 된다.

예를 들어, 현재 교통이 복잡한 프랑스 파리에 거주하는 시민들이 평생 주차를 위해 쓰는 시간이 평균 4년이라고 알려져 있다. 앞으로 펼쳐질 미래 스마트시티는 도시 앱을 통해 자신이 주차할 공간을 빠르게 찾고 예약도 하고 주차요금까지 정산할 수 있다. 또한 교통이나 주차 상태 정보를 실시간으로 열람할 수 있어 주차 혼잡 문제를 덜어줄 것이다.

1. 어떤 일을 하나?

① 스마트 도시 전문가는 정보 통신 기술을 이용하여 정보를 수집하고 자원을 효율적으로 관리하는 스마트 도시를 계획한다.

② 도시 지역의 교통, 에너지, 수도, 하수, 폐기물, 학교, 병원 등에 관한 전반적인 데이터를 수집하고 분석한다.

③ 사물 인터넷과 인공지능 기술을 적용하여 도시문제를 분석하고 해결책을 내놓는 일을 한다.

④ 스마트 도시를 만들기 위하여 필요한 각종 설비나 시스템을 설치하고 관리하는 일을 한다.

2. 어느 분야에서 활동하나?

1) 관련 직업

스마트 도시 전문가와 관련된 직업으로는 도시 및 교통 설계 전문가, 도시 디자이너, 사물 인터넷 개발자, 지리 정보 전문가 등이 있다. 도시 및 교통 설계 전문가는 국토와 도시 기능의 효율성을 높이기 위한 도시계획 또는 교통계획을 수립하고 설계한다. 스마트 도시 전문가는 정보 통신 기술을 적극적으로 활용하여 도시계획을 세운다는 면에서 차이가 있다. 사물 인터넷 개발자는 스마트 도시 건설에 필요한 데이터를 수집하는데 기여한다. 지리 정보 전문가는 도시나 농촌의 산과 강, 토지 등 각종 지리정보를 체계적으로 관리하고 분석한다.

2) 활동 분야

스마트 도시의 계획안을 만들고 스마트 도시를 구축하는 전문가들은 국가에서 만든 연구소, 민간 기업의 연구소, 정보 통신 회사, 건설 회사 등에서 일할 수 있다.

3. 어떤 적성과 흥미가 필요한가?

1) 적 성

① 스마트 도시 전문가는 기존에 없었던 새로운 모습의 도시를 만드는 사람으로서 다른 사람들이 생각할 수 없는 새로운 아이디어를 낼 수 있어야 한다.

② 에너지 소비량, 교통량, 수도 및 하수의 양, 폐기물 양 등을 체계적으로 이해하고 분석하기 위해서는 수학에 대한 기본적인 이해가 있어야 한다.

2) 흥 미

① 새로운 모습의 도시를 창의적으로 만드는 일을 하기 위해서는 자신의 생각을 밀고 나갈 수 있는 성격을 가진 사람이 유리한다.

② 스마트 도시를 만들기 위한 계획을 구체적으로 세우고 필요한 기술을 적용하기 위해서는 문제를 깊이 있게 파고들 수 있는 성격을 가진 사람이 어울린다.

4. 어떻게 준비하나?

1) 관련 전공

스마트 도시 전문가가 되기 위해서는 대학의 도시공학과, 도시지역계획학과, 도시계획학과 등 도시 관련 학과에 진학하거나 정보 통신 관련 전공을 한 사람들이 유리하다. 최근에는 일부 대학에서 미래도시융합공학과, 스마트시티공학부 등과 같이 스마트 도시를 전문적으로 공부하는 전공이 등장하였다.

2) 훈련 과정

정부가 지원하고 민간 연구원이 주관하는 스마트시티 전문 인력 양성 과정이 개설되고 있다. 이 과정에서 스마트 도시 계획, 스마트 도시 정보 통신 기술 및 솔루션, 스마트 도시 수행 및 운영사례 등의 교육을 받을 수 있다.

3) 관련 자격

관련 자격으로는 도시계획기술사/기사, 교통기술사/기사/산업기사, 도로 및 공항기술사 등이 있다. 그러나 이 자격들은 스마트 도시 전문가가 되는데 필수적인 것은 아니다.

5. 어디에서 일할 수 있나?

스마트 도시 전문가는 정부나 민간 기업에서 만든 연구소에서 연구원으로서 취업하여 일할 수 있다. 또한 정보 통신 기업이나 건설 회사에서 스마트 도시와 관련된 사업을 수행할 수 있다.

6. 어떻게 전문성을 높일 수 있나?

스마트 도시 전문가는 도시계획이나 지역개발 등을 다루는 도시학 혹은 도시공학에 대하여 지식을 쌓아야 한다. 또한 정보 통신 기술에 대한 정보도 습득해야 한다. 최근의 도시 관련 지식이나 정보 통신 관련 지식을 함께 이해하기 위해서는 취업 이후에도 지속적인 학습이 필요하다.

7. 이 직업의 미래는 어떤가?

스마트 도시를 건설하려는 시도가 다양하게 시도될 것으로 보인다. 세종시와 같이 아직 개발이 되지 않은 신도시의 경우 처음부터 스마트 도시를 만들려는 시도가 진행되고 있다. 서울과 같이 오래된 도시의 경우는 낡고 비효율적인 지역이 많이 있다. 오래된 지역을 정보 통신 기술의 힘을 이용하여 스마트 도시로 거듭나게 하려는 시도가 앞으로 계속 이어질 것으로 예상된다. 기후변화와 환경오염, 도시화의 비효율성에 대응하기 위하여 스마트 도시 전문가가 앞으로 중요한 역할을 할 것으로 전망된다.

학습활동.7 교수 · 학습 방법

교수 방법

- 경청의 개념과 방해요인에 대한 관련 용어, 구성, 방식 이해 정도를 파악한 후 수업을 진행한다.
- 교수자의 주도로 경청의 개념과 방해요인 등의 내용을 PPT 자료로 제시한 후 설명한다.
- 가능하면 사전에 개인별 학습 자료를 준비하여 모든 학생이 참여할 수 있는 문제 해결식 수업, 협력 수업이 가능하도록 한다.
- 경청의 개념과 방해요인 응용 전 과정을 작업의 순서에 따라 단계적으로 실습이 이루어질 수 있도록 지도한다.
- 교재를 통해 수업을 준비하는데 있어서 필요한 모든 정보나 팁, 힌트 등 도움이 될 만한 내용들을 확인할 수 있다.
- 학생들이 만들게 될 각 모델들은 수업시간에 중점적으로 다뤄질 부분과 어휘, 질문, 답을 포함하고 있으며 또한 탐구할만한 추가적인 아이디어들도 포함하고 있다.

학습 방법

- 경청의 개념과 방해요인에 대한 관련 용어를 숙지하고, 경청의 개념과 방해요인에 대해 이해한다.
- 경청의 개념과 방해요인의 각 단계별 중점 사항을 체계적으로 학습한다.
- 경청의 개념과 방해요인의 수행순서의 전 과정을 실습한다.
- 경청의 개념과 방해요인의 내용을 이해한다.
- 경청의 개념과 방해요인을 이해하고 숙달이 될 때까지 학습한다.

학습활동.7 평가 및 피드백

평가 준거

- 평가자는 피평가자가 수행 준거 및 평가 내용에 제시되어 있는 내용을 성공적으로 수행할 수 있는 지를 평가해야 한다.

학습내용	평가항목	성취수준		
		상	중	하
경청의 개념과 방해요인	경청의 개념과 방해요인을 이해할 수 있다.			

학습 7

평가 방법

• 작업 포트폴리오

학습내용	평가항목	성취수준		
		상	중	하
경청의 개념과 방해요인	경청의 개념과 방해요인을 이해할 수 있다.			

• 필기시험

학습내용	평가항목	성취수준		
		상	중	하
경청의 개념과 방해요인	경청의 개념과 방해요인을 이해할 수 있다.			

• 체크리스트를 통한 관찰

학습내용	평가항목	성취수준		
		상	중	하
경청의 개념과 방해요인	경청의 개념과 방해요인을 이해할 수 있다.			

• 피드백

1. 작업 포트폴리오
   - 제출한 보고서를 평가한 후 주요 사항에 대하여 표시하여 돌려준다.
2. 필기시험
   - 평가 결과 성적이 저조한 학생은 보고서 제출 기회를 부여한다.
3. 체크리스트를 통한 관찰
   - 실습 과정에서 평가한 후 개선해야 할 사항 등을 정리하여 돌려둔다.

학 · 습 · 평 · 가

1. 다음은 경청에 대한 설명이다. 잘못된 설명은?

① 경청이란 다른 사람의 말을 주의 깊게 들으며, 공감하는 능력이다. 경청은 대화의 과정에서 당신에 대한 신뢰를 쌓을 수 있는 최고의 방법이다.

② 우리가 경청하면 상대는 본능적으로 안도감을 느끼고, 경청하는 우리에게 무의식적인 믿음을 갖게 된다.

③ 자기 말을 경청해주는 사람을 좋아하기도 하고, 싫어하기도 한다.

④ 경청을 하면 상대방은 매우 편안해져서, 말과 메시지, 감정은 아주 효과적으로 전달하게 된다.

2. 다음은 경청의 중요성에 대한 설명이다. (A), (B), (C)에 들어갈 적당한 말을 적어보자.

경청을 함으로써, 상대방을 한 개인으로 (A)하게 된다. 경청을 함으로써, 상대방을 (B) 마음으로 대하게 된다. 경청을 함으로써, 상대방의 입장에 (C)하며 이해하게 된다.

- (A) - ( )
- (B) - ( )
- (C) - ( )

3. 다음과 같은 상황은 올바른 경청을 하는데 있어서, 방해요인이 작용한 것이다. 어떠한 방해요인이 작용한 것인지 작성해 보자.

3-1.

남편이 아내에게 직장에 대한 좌절과 낙담을 털어놓자 "당신은 윗사람 다루는 기술이 필요해요. 당신 성격에도 문제가 있어요. 당신 자신을 개조하기 위해 성격 개선 프로그램을 신청해서 참여해봐요."라고 지체 없이 퍼붓게 되면 남편이 진실로 원했던 것, 즉 서로 공감하고 잠시 위로받고 싶었던 욕구가 좌절된다. 이러한 대화가 매번 반복된다면 상대방은 무시당하고 이해받지 못한다고 느끼게 되어 다른 사람에게 마음의 문을 닫아버리게 된다.

(☞)

3-2.

남편이 "당신은 다른 사람보다 젊어 보여"라고 말하면, 아내는 남편의 표정이나 말투 등을 자세히 살펴보면서 "남편은 속으로는 내가 너무 늙어 보여서 매력이 없다고 생각하겠지."라고 생각하거나 심한 경우에는 "남편이 다른 여자와 사귀는 것은 아닌가?"라고까지 지레 짐작한다.

(☞)

학습정리

1. 경청이란 다른 사람의 말을 주의 깊게 들으며, 공감하는 능력이다. 경청은 대화의 과정에서 당신에 대한 신뢰를 쌓을 수 있는 최고의 방법이다. 우리가 경청하면 상대는 본능적으로 안도감을 느끼고, 경청하는 우리에게 무의식적인 믿음을 갖게 된다.

2. 올바른 경청을 방해하는 10가지 요인들은 다음과 같다.
   ① 짐작하기 : 상대방의 말을 믿고 받아들이기보다 자신의 생각에 들어맞는 단서들을 찾아 자신의 생각을 확인하는 것을 말한다.
   ② 대답할 말 준비하기 : 처음에는 상대방의 말을 듣고 곧 자신이 다음에 할 말을 생각하기에 바빠서 상대방이 말하는 것을 잘 듣지 않는 것을 말한다.
   ③ 걸러내기 : 상대의 말을 듣기는 하지만 상대방의 메시지를 온전하게 듣는 것이 아닌 경우이다.
   ④ 판단하기 : 상대방에 대한 부정적인 판단 때문에, 또는 상대방을 비판하기 위해 상대방의 말을 듣지 않는 것을 말한다.
   ⑤ 다른 생각하기 : 상대방에게 관심을 기울이는 것이 점차 더 힘들어지고 상대방이 말을 할 때 자꾸 다른 생각을 하게 된다면, 이는 현실이 불만족스럽지만 이러한 상황을 회피하고 있다는 위험한 신호이다.
   ⑥ 조언하기 : 어떤 사람들은 지나치게 다른 사람의 문제를 본인이 해결해 주고자 한다.
   ⑦ 언쟁하기 : 단지 반대하고 논쟁하기 위해서만 상대방의 말에 귀를 기울이는 것이다.
   ⑧ 옳아야만 하기 : 자존심이 강한 사람은 자존심에 관한 것을 전부 막아버리려 하기 때문에 자신의 부족한 점에 대한 상대방의 말을 들을 수 없게 된다.
   ⑨ 슬쩍 넘어가기 : 대화가 너무 사적이거나 위협적이면 주제를 바꾸거나 농담으로 넘기려 한다.
   ⑩ 비위 맞추기 : 상대방을 위로하기 위해서 혹은 비위를 맞추기 위해서 너무 빨리 동의하는 것을 말한다.

참 | 고 | 문 | 헌

기초직업능력프로그램; 의사소통능력 매뉴얼, 한국산업인력공단

구현정 · 전영옥. (2005). 의사소통의 기법. 박이정.

김동규 · 이영찬. (2000). 직업윤리. 학교법인 기능대학.

박현석(역). (2004). 전달의 기술. 다연.

배상복. (2006). 일반인을 위한 글쓰기 정석. 경향미디어.

심재우. (2004). GE처럼 커뮤니케이션하라. 일빛.

윤치영. (2007). 설득 · 경청 논박의 기술. 일빛

임칠성 역. (1997). 대인의사소통. 한국문화사.

이창호.(2007). 스피치 달인의 생산적 말하기. 북포스

전영우. (2007). 귀담아듣는 언어생활 -적극적 경청법-. 민지사

조신영 · 박현찬. (2007). 경청-마음을 얻는 지혜. 위즈덤하우스

직업기초능력지도과정 자료집. (2005). 직업기초능력지도 과정. 서울대 농생대 부설 중등교육연수원.

허정훈 · 김상범. (2007). 건강과 능력개발. 한국폴리텍대학.

홍경자. (2007). 의사소통의 심리학. 이너북스.

황성근. (2006). 너무나도 쉬운 비즈니스 글쓰기. 한겨레출판.

신동아. http://shindonga.donga.com

조선일보. www.chosun.com

중앙일보. www.joins.com

한겨레신문. www.hani.co.kr

한국일보. www.hankooki.com

AM7. www.am7.co.kr

http://blog.naver.com/eob. 2007.8.27.

http://www.career.go.kr/

학습 1	의사소통의 개념 및 종류
학습 2	의사소통의 저해요인과 능력개발
학습 3	문서이해의 개념과 종류
학습 4	문서이해의 절차와 요약
학습 5	문서작성의 개념과 작성법
학습 6	문서작성의 원칙과 표현법
학습 7	경청의 개념과 방해요인
학습 8	**경청방법과 훈련**
학습 9	의사표현의 개념과 방해요인
학습 10	의사표현법과 지침
학습 11	기초외국어의 개념과 상황
학습 12	기초외국어의 표현방밥과 향상교육법
학습 13	질문활용능력

학습 목표

1. 경청의 개념과 중요성을 설명할 수 있다.

8-1 경청의 개념

듣는 방법에는 '귀로 듣다'와 '귀를 기울이다'가 있지만, 경청은 '귀를 기울이다'의 의미로서 관심을 가지고 상대방의 말을 듣는 것이고, 상대방의 생각과 감정을 상대방의 입장에 서서 이해하는 것을 말한다.

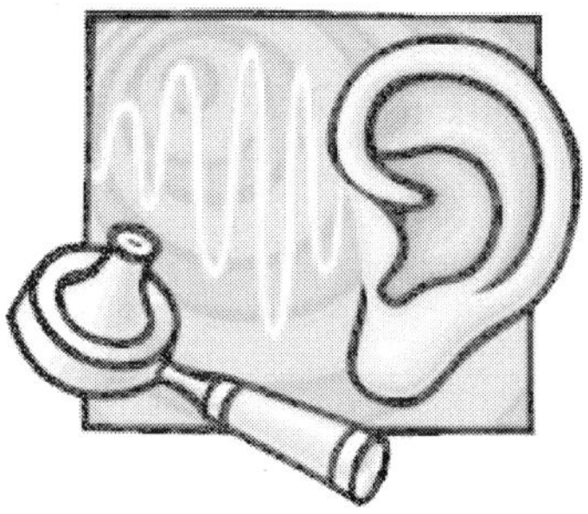

단어에서 뜻하는 것처럼 진실한 감정과 태도를 전하는 것은 어렵다. 그러나 경청함으로써 상대방의 심정과 감정, 태도를 전달받는 것이 가능하고, 그 과정에서 자신의 생각과 느낌도 상대방이 이해하려고 노력하게 된다.

적극적 경청의 태도에는 상대가 무엇을 느끼고 있는가를 상대의 입장에서 받아들이는 공감적 이해가 중요하고, 자신이 가지고 있는 고정관념을 버리고 상대의 태도를 받아들이는 수용의 정신, 자신의 감정을 솔직하게 전하고 상대를 속이지 않는 성실한 태도가 필수적이다.

적극적 경청을 위해서는

① 비판적 · 충고적인 태도를 버리고,
② 상대방이 말하는 의미를 이해하고,
③ 단어 이외의 보여지는 표현에도 신경을 쓰며,
④ 상대방이 말하는 동안 경청하고 있다는 것을 표현하며,
⑤ 대화 시 흥분하지 않는다.

적극적 경청은 의사소통에 있어 기본이 되는 태도이므로 관리 · 감독자를 대상으로 대인 능력 향상 프로그램으로 채택되는 일이 많다.

1. 좋은 경청

대다수의 사람들이 말하고, 읽고, 쓰는 것보다 듣는 데 더 많은 시간을 보내고 있다. 하루 24시간 가운데 45%는 듣는 것에, 30%는 말하는 것에, 16%는 읽는 것에, 9%는 쓰는 것에 사용한다. 또한 대다수의 사람들은 20~25%의 효율성을 가지고 들으며 듣는 내용의 50%는 즉시 잊혀진다.

경청에는 '듣다, 관찰하다, 초점을 맞추다, 집중하다, 주의하다, 귀를 기울이다'와 같은 단어들이 포함된다. 즉 경청을 잘한다는 것은 단순히 잘 듣는(Hearing) 것만이 아닌 말하는 사람의 생각을 듣는 사람이 잘 이해하고 있다는 의미이다.

사람들은 읽기를 할 때 읽은 내용을 이해하기 위해서 필요한 만큼 몇 번이고 단어들을 반복하게 된다. 그러나 듣기를 할 때는 들은 내용을 이해하기 위해 다시 들을 수 없다. 그러므로 효율적으로 들어야 하는데 이것은 적극적인 수행을 요구한다.

경청을 하는 사람은 화자에게 듣기를 원해야 하고, 화자가 발표하는 내용은 경청자에게 중요한 지식이라고 믿어야 한다. 즉 경청자는 화자가 발표하는 것에 항상 동의하는 것은 아니지만 충분히 이해하도록 하기 위해 항상 마음을 열어두고 있어야 한다.

좋은 경청은 화자와 상호작용하고, 말한 내용에 관해 생각하고, 무엇을 말할지

학습 8

기대하는 것을 의미하기 때문에 경청자는 자신이 들은 내용을 정신적으로 요약해야 한다. 그러므로 좋은 경청자가 되기를 원한다면 화자에게 집중할 수 있는 자기 트레이닝이 필요하다.

2. 효과적인 경청방법

상대방과 의사소통을 하거나 많은 사람 앞에서 프리젠테이션을 할 때 이용하도록 정보를 가지기 위해서 많은 내용을 듣고 이해하는 것은 중요한 것이다. 다음에 소개하는 기법은 적극적인 경청자가 되기 위해서 필요한 것들이다.

① 준비한다 : 수업시간이나 강연에 참가하면 수업계획서나 강의계획서를 나누어준다. 이 때 올바른 경청을 하려면 강의의 주제나 강의에 등장하는 용어에 친숙하도록 하기 위해 미리 읽어 두어야 한다.

② 주의 집중한다 : 말하는 사람의 모든 것에 집중해서 적극적으로 들어야 한다. 말하는 사람의 속도와 말을 이해하는 속도 사이에 발생하는 간격을 메우는 방법을 학습해야 한다.

③ 예측한다 : 대화를 하는 동안 시간 간격이 있으면, 다음에 무엇을 말할 것인가를 추측하려고 노력한다. 이러한 추측은 주의를 집중하여 듣는데 도움이 된다.

④ 나와 관련 짓는다 : 상대방이 전달하려는 메시지가 무엇인가를 생각해보고 자신의 삶, 목적, 경험과 관련시켜 본다. 자신의 관심이라는 측면에서 메시지를 이해하면 주의를 집중하는 데 도움이 될 것이다.

⑤ 질문한다 : 질문에 대한 답이 즉각적으로 이루어질 수 없다고 하더라도 질문을 하려고 하면 경청하는데 적극적이 되고 집중력이 높아진다.

⑥ 요약한다 : 대화 도중에 주기적으로 대화의 내용을 요약하면 상대방이 전달하려는 메시지를 이해하고, 사상과 정보를 예측하는데 도움이 된다.

⑦ 반응한다 : 피드백은 상대방이 말한 것에 대해 당신이 이야기하고, 질문을 던져 이해를 명료화하고 난 다음에 하는 것이다. 피드백은 상대방에 대한 당신의 지각이 옳았는지 확인할 수 있는 기회로서 오해가 있었다면 고칠 수 있도록 해준다. 또한 당신이 하는 피드백은 상대방에게 자신이 정확하게 의사소통을 하였는가에 대한 정보를 제공할 뿐만 아니라, 상대방이 당신의 관점을 받아들일 수 있도록 해준다.

반응을 하는 데는 세 가지 규칙이 있는데, 피드백의 효과를 극대화시키려면 즉각적이고, 정직하고, 지지하는 자세여야 한다는 것이다. 즉각적이라 함은 시간을 낭비하지 않는 것이다. 다시 말하기를 통해 상대방의 말을 이해했다고 생각하자마자 명료화하고, 바로 당신의 피드백을 주는 것이 좋다. 시간이 갈수록 영향력은 줄어든다.

정직함은 당신이 느끼는 진정한 반응뿐만 아니라, 조정하고자 하는 마음, 또는 보이고 싶지 않은 부정적인 느낌까지 보여주어야 함을 의미한다. 예를 들어 당신이 상대방에게 잘못했다고 생각하고 위협을 느낀다면 이러한 것까지 솔직하게 피드백을 할 수 있어야 한다.

지지함은 당신이 정직하다고 해서 잔인해서는 안된다는 것이다. 부정적인 의견을 표현할 때도 상대방의 자존심을 상하게 하거나 약점을 이용하거나 위협적인 표현 방법을 택하는 대신에 부드럽게 표현하는 방법을 발견할 필요가 있다. 이러한 쌍방적 의사소통은 말하는 사람에게 중요한 피드백이 되고, 듣는 사람 역시 좋은 듣기 기술을 연습하는데 도움이 된다.

Tip 경청의 올바른 자세

- 상대를 정면으로 마주하는 자세는 그와 함께 의논할 준비가 되었음을 알리는 자세이다.
- 손이나 다리를 꼬지 않는 소위 개방적 자세를 취하는 것은 상대에게 마음을 열어 놓고 있다는 표시이다.
- 상대방을 향하여 상체를 기울여 다가앉은 자세는 자신이 열심히 듣고 있다는 사실을 강조하는 것이다.
- 우호적인 눈의 접촉을 통해 자신이 관심을 가지고 있다는 사실을 알리게 된다.
- 비교적 편안한 자세를 취하는 것은 전문가다운 자신만만함과 아울러 편안한 마음을 상대방에게 전하는 것이다.

■ 북 리뷰 〈경청-마음을 얻는 지혜〉

경 · 청 · 운 · 동

경청을 실천하기 위한 다섯 가지 행동 가이드

1. 공감을 준비하자
   대화를 시작할 때는 먼저 나의 마음 속에 있는 판단과 선입견, 충고하고 싶은 생각들을 모두 다 비워내자. 그냥 들어주자. 사운드박스가 텅 비어 있듯, 텅 빈 마음을 준비하여 상대방과 나 사이에 아름다운 공명이 생기도록 준비하자.

2. 상대를 인정하자
   상대방의 말과 행동에 잘 집중하여 상대방이 얼마나 소중한 존재인지를 인정하다. 상대를 완전한 인격체로 인정해야 진정한 마음의 소리가 들린다. 자녀든 부하 직원이든 상사든 한 인격체로 상대방을 인정하고 대화를 시작하자.

3. 말하기를 절제하자
   말을 배우는 데는 2년 걸리지만, 침묵을 배우는 데는 60년이 걸린다고 한다. 누구나 듣기보다 말하기를 좋아하는 이유는 상대를 이해하기 전에 내가 먼저 이해받고 싶은 욕구가 앞서기 때문이다. 이해 받으려면 내가 먼저 상대에게 귀 기울여야 한다. 먼저 이해하고 다음에 이해 받으라. 말하기를 절제하고, 먼저 상대에게 귀 기울여 주자.

4. 겸손하게 이해하자
   겸손하면 들을 수 있고, 교만하면 들을 수 없다. 상대가 내 생각과 다른 말을 해도 들어줄 줄 아는 자세가 가장 중요하다. 경청의 대가는 상대의 감정에 겸손하게 공감하며 듣는 사람이다. 사람들이 원하는 것은 자기 말을 진정으로 들어주고 자기를 존중해주며 이해해주는 것이다. 항상 겸손한 자세로 상대를 이해하자.

5. 온몸으로 응답하자
   경청은 귀로만 하는 것이 아니다. 눈으로도 하고, 입으로도 하고, 손으로도 하는 것이다. 상대의 말에 귀 기울이고 있음을 계속 표현하라. 몸짓과 눈빛으로 반응을 보이라. 상대에게 진정으로 귀 기울이고 있다는 신호를 온몸으로 보내자.

출처 : 조신영, 박현찬. (2007). 경청-마음을 얻는 지혜. 위즈덤하우스

8-2 경청훈련

1. 경청훈련의 개념

자신이 이야기를 진지하게 들어주는 사람이 있다는 것은 고맙고 기쁜 일인 만큼 상대방에게 호감을 얻기 위한 첫째 조건으로 좋은 청자가 되는 것을 들 수 있다.

그리고 좋은 청자가 되기 위해서는 마음이 편안한 상태로 듣는다거나 듣고 있다는 것을 맞장구로 표현하여 상대가 알도록 한다거나 질문을 활용하는 등으로 평소에 경청훈련을 해 두어야 한다.

대화법을 통한 경청 훈련을 통해서 습득한 대화법은 부부관계에서뿐만 아니라 부모-자녀 관계, 직장 동료와의 대화 등 모든 인간관계에서 그대로 적용될 수 있다.

1) 주의 기울이기(바라보기, 듣기, 따라하기]

배우자의 이야기에 주의를 기울일 때는 몸과 마음을 다하여 들을 수 있어야만 자신의 관심을 상대방에게 충분히 보여주는 것이 된다. 따라서 산만한 행동은 중단하고 비언어적인 것, 즉 상대방의 얼굴과 몸의 움직임뿐만 아니라 호흡하는 자세까지도 주의하여 관찰해야 한다. 또한 상대방이 하는 말의 어조와 억양, 소리의 크기까지도 귀를 기울인다.

2) 상대방의 경험을 인정하고 더 많은 정보 요청하기

다른 사람의 메시지를 인정하는 것은 당신이 그와 함께 하며 그가 인도하는 방향으로 따라가고 있다는 것을 언어적 · 비언어적인 표현을 통하여 상대방에게 알려주는 반응이다.

아울러 상대방이 말하고 있는 것에 대해 관심과 존경을 보이게 되면, 비록 상대방의 말에 완전히 동의하지 않더라도 상대방의 경험이 무엇인지 알게 된다. 또한 '요청하기'는 부드러운 지시나 진술, 질문의 형태를 취함으로써 상대방이 무엇이든지 당신에게 더 많은 것을 말할 수 있도록 하는 수단이 된다.

3) 정확성을 위해 요약하기

요약하는 기술은 상대방에 대한 자신의 이해의 정확성을 확인하는데 도움이 될 뿐만 아니라, 자신과 상대방을 서로 알게 하며 자신과 상대방의 메시지를 공유할 수 있도록 한다.

예를 들어 상대방의 요점에 대해서 들은 것을 자신의 말로 반복하는 표현과 자신의 요약을 확인 또는 명료화하기 위해 질문하는 표현을 보자.

"당신은 어제 친구와 돈 문제로 언쟁이 있었군요. 그래서 기분이 몹시 상했군요."

"당신은 지금 가사 분담을 제의하였지요? 방법은 아직 결정하지 않았군요. 같이 의논하자는 것인가요?

4) 개방적인 질문하기

개방적인 질문은 보통 "누가, 무엇을 어디에서, 언제 또는 어떻게"라는 어휘로 시작된다. 이는 단답형의 대답이나 반응보다 상대방의 보다 다양한 생각을 이해하고, 상대방으로부터 보다 많은 정보를 얻기 위한 방법으로서 이로 인하여 서로에 대한 이해의 정도를 높이기 위해서다.

예를 들어 다음과 같은 표현을 사용할 수 있겠다.

"이번 주말 여행 계획에 대해 말해주겠어요?"

"직장을 옮기는 것에 대해 어떤 생각을 하고 있어요?

명확하지 않은 정보와 혼돈된 정보를 명확하게 하기 위해서, 인정 또는 사과의 정확성을 검토하기 위해서는 다음과 같은 표현을 사용한다.

"당신, 기운이 없어 보이는군요. 무슨 일이 있어요?

"당신은 나 때문에 정말 화난 것 같군요. 어떠세요?

5) '왜?'라는 질문 피하기('왜?'라는 말 삼가기)

'왜?'라는 질문은 보통 진술을 가장한 부정적·추궁적·강압적인 표현이므로 사용하지 않는 것이 좋다.

"왜요?", "왜 전화했어요?", "당신은 왜 내가 하라는 대로 하지 않지요?"

Tip 경청 능력을 높이는 적절한 맞장구

듣기를 잘하는 사람은 맞장구를 잘 치는 사람이다. 적절하게 맞장구를 치면 말하는 사람의 의욕이 북돋아져 이야기에 더욱 열의가 생기게 된다.

구 분	표 현
치켜 올리듯 가볍게 하는 맞장구	저런! 그렇습니까? 아닙니다. 잘됐습니다. 그렇게 하십시오.
동의하는 맞장구	과연! 정말 그렇겠군요, 알겠습니다.
정리하는 맞장구	말하자면 이런 것입니까? 아~, ~와~라는 것이지요?
재촉하는 맞장구	그래서 어떻게 되었습니까?

■ **북 리뷰〈설득 · 경청 논박의 기술〉**

인터뷰는 대화와 질문의 합작품

인터뷰는 회담, 회견이라는 의미로서 계산된 질문을 적극적으로 하여 인터뷰 상대자로부터 좋은 답변을 얻어내는 조금은 공격적인 대화방법이다. 인간 커뮤니케이션의 특수한 형식으로서 정보 전달의 가장 효율적인 방법이다. 이는 자연스럽고 즉흥적이며 연습을 거치지 않는 경우가 일반적이다. 인터뷰를 하게 될 때의 노하우를 소개한다.

- **첫인상이 중요하다** : 우선 청결한 복장, 바른 자세로 침착하게 임하는 것이 중요하다. 건강하고 신선한 이미지를 주어야 하기 때문이다. 간단한 일이지만 이것이 첫인상에 큰 몫을 차지한다.
- **두세 번의 심호흡을 하라** : 시험에 임하면 긴장하지 않는 사람이 없다. 때문에 긴장을 느끼더라도 상관없다. 조용히 두세 번 심호흡을 한 다음 질문을 기다리는 것이 좋다. 질문에 당황하지 말고 어느 정도의 간격을 두고 대답하면 마음이 안정된다.
- **결론부터 이야기하라** : 자기의 의사나 생각을 상대방에게 정확하게 전달하기 위해서는 먼저 무엇을 말하고자 하는가를 명확히 결정해두어야 한다. 대답을 할 경우에는 결론을 먼저 이야기하고 나서 그에 따르는 설명과 이유를 나중에 덧붙이면 논지가 명확하게 되고 이야기가 깔끔하게 정리된다.
- **질문의 요지를 파악하라** : 간결성만으로는 부족하다. 진행자의 질문이나 이야기에 대해 적절하고 필요한 대답을 하지 않으면 대화는 끊어지고 자신의 생각을 제대로 표현하지 못하여 어색한 분위기를 연출할 수 있게 된다. 무엇을 묻고 있는지, 무슨 이야기를 하고 있는지 그 요점을 정확히 알아내야 한다. 질문의 요지를 파악할 수 없을 때는 주저하지 말고 "지금의 질문은 이러한 의미입니까?"라고 물어보아 의미를 이해한 다음에 대답해야 한다.
- **3분 이내에 이야기를 마쳐라** : 한 가지 사실을 이야기하거나 설명하는 데는 3분이면 충분하다. 복잡한 이야기라도 어느 정도의 길이로 요약해서 이야기하면 상대도 이해하기 쉽고 자신의 생각

학습 8

도 정리할 수 있다. 긴 이야기는 오히려 상대를 불쾌하게 만들 수 있다.

- **말끝을 분명히 하라** : 말끔이 사라져버리는 대화는 다른 사람에게 어두운 인상을 준다. 또한 입 속에서 중얼중얼하다가 언짢은 것처럼 이야기하는 사람도 의외로 많다. 그러나 이것은 절대 금물이다. 산뜻한 인상을 주는 화법을 연습하자.

- **명확하게 바른 자세로 전달하라** : 상대의 눈을 보며 적당한 톤과 스피드로 성의를 가지고 진지하게 이야기하면 상대에게 호감을 주게 된다. 상대의 이야기에 "예", "그렇습니까?", "저는 이렇게 생각합니다." 등으로 자신의 생각이나 느낌을 명확하게 전달하면 대화가 부드럽게 전개되며 상대의 공감을 얻게 된다.

- **자신의 언어로 이야기하라** : 명확하게 이해하지 못하는 말을 무리하게 사용한다거나 유행어를 함부로 사용하면 경박해 보인다. 또한 너무 훌륭하게 표현하려다가 자신의 이야기에 도취되어 흥분하는 수도 있다. 지나치게 어렵거나 경박한 용어를 사용하는 일 없이 평소 자신의 언어를 조리 있게 구사하는 것이 중요하다.

- **올바른 경어를 사용하라** : 경어를 사용하는 방법은 쉬운 것 같지만 실제로는 그렇지 않다. 경어는 시간, 장소, 지위 등의 환경이나 조건에 따라 구분하여 쓰는 것이 중요하다. 경어의 사용법도 모른다는 인상을 주면 경멸을 받게 되고 인간적 가치마저 의심받을 우려가 있다. 특히 존대어와 겸양어는 혼동하기 쉬우므로 조심해야 한다.

- **자신의 스타일로 이야기하라** : 이야기에 능한 사람은 자신의 스타일을 터득하고 있다. 누구에게든지 자신에게 맞는 방법이 있기 마련이다. 이를 연구하여 상대에게 호감을 줄 수 있는 방법을 연습해야 한다. 같은 내용의 이야기라도 상대의 입장이나 생각을 고려하면서 이해하기 쉽게 이야기하는 버릇을 길러 두는 것이 좋다.

- **자신 있는 부분에서 승부를 걸어라** : 면접시험에서 자기가 자신 없는 분야에 승부를 건다면 백전백패일 수밖에 없다. 질의 응답 중 자기가 자신 있는 분야로 이야기를 끌고 가는 노력이 필요하다. 이야기가 자신 있는 분야로 오면 기회를 놓치지 않아야 한다. 자신 있는 이야기에는 설득력이 있다.

- **모든 질문에 대해 적극적으로 답하라** : 소극적인 자세는 면접시 절대 금기사항이다. 적극적으로 질문에 답해야 하며, 그렇게 하기 위해서는 주제에 대한 사전 준비가 필요하다. 싫은 질문을 받더라도 차분히 대답하는 것이 좋다. 또한 사소한 질문이라 생각되는 경우에도 성의껏 답해야 한다. 최후의 순간까지 최선을 다하라.

출처 : 윤치영(2007). 설득 · 경청 논박의 기술. 일빛.

수행 내용

재료 · 자료

- 경청방법과 훈련 관련 자료

기기(장비 · 공구)

- 컴퓨터, 프린터, 주변기기

안전 · 유의사항

- 컴퓨터 및 주변기기의 전원을 관리한다.

수행 순서

01 효과적인 경청방법의 사례와 활동에 대하여 분석하라.

학습 8

고객만족센터에서 고객불만 해소의 일인자로 불리는 M씨는 고객의 불만을 차근차근 들어줄 뿐만 아니라, 고객의 입장에서 공감해주는 능력이 있다. 많은 고객들은 M씨와 대화를 하고 나면 처음에 갖고 있던 불만이 많이 줄어들게 된다. 그렇다면 M씨는 고객과의 대화 시 어떤 면에 중점을 두고 있는 것일까?

직장생활에서 만나게 되는 고객들은 자신의 말에 귀를 기울여주고, 공감해주는 것만으로도 그 직원에 대해 만족감을 느낄 것이다. 직장인들은 직장 내에서 고객만족을 실현하는 것이 최대 목표 중의 하나이며, 궁극적으로 고객만족은 직원들의 성과로 이어질 것이다.

사 례

불친절한 말투에 고객의 말 자르기까지?

일단 앵무새처럼 미안하다고 반복한다? 전화 상담원이 할 수 있는 말은 그리 많지 않다. 불만을 처리할 때에는 상담원이 처리할 수 있는 부분에 명확한 한계가 있기 때문이다. 할 말이 없다고 해서 미안하다는 말만 계속하는 것은 고객에게 더욱 무책임하게 들린다.

고객의 말을 자르는 것은 절대 금물이다. 고객의 문제를 파악했다고 해서 중간에 말을 잘라서는 안 된다. 특히 말을 자르고 앞질러 해결책을 제시했는데, 엉뚱한 방안일 수가 있다. 예를 들어, 단순 문의를 하려고 전화한 고객에게 '불만 있으면 처리해주겠다'는 식으로 응대해서 일을 그르치는 사례가 종종 발생한다.

이 상황에서는 '공감적 경청'이 가장 중요하다. "아, 그러셨군요. 불편하셨겠네요."의 고객의 감정에 동의하는 말 등을 가끔씩 덧붙여 주어야 전화를 하는 고객이 안심할 수 있다는 것이다. 또 불만사항은 미안하다고 한 후에, 정책에 반영하여 시정할 수 있도록 하겠다는 식의 처방을 제시하는 것이 좋다. 보이지 않는 고객에게도 최대한 호응하는 태도를 보이고, 말로만이 아니라 그 의견을 진심으로 반영하겠다는 신뢰를 보여주는 것이 무엇보다 중요하다.

출처 : http://blog.naver.com/eob

활 동

'불친절한 말투에 고객의 말을 자르기까지'의 사례에서 볼 수 있듯이 대화 시 상대방의 태도나 반응이 의사소통에 있어 만족도와 관련이 있다. 대화를 할 때 나의 의견에 대해 상대방이 다음과 같은 반응을 보일 때 어떠한 느낌이 드는지 작성해 보자.

상 황	예	느낌 작성
상대방의 흠을 잡는 단어를 쓴다.	"순전히 노력 부족이야, 어린애 같은 유치한 행동이야, 전혀 도움이 되지 않아. 도대체가 생각이 없어, 머리를 써라, 도대체 제대로 하는 게 없어" 등	
상대방의 행동 자체가 아니라 인간성에 초점을 맞춘다.	"어리석다, 미쳤다. 이기적이다. 게으르다. 쓸모없다. 너는 구제불능이야, 돌대가리, 병신, 바보, 멍청이" 등	
비난하고 판단하는 식으로 말한다.	"당신은 꼭 늦게 들어와 저녁 시간을 망치는군요"	

상 황	예	느낌 작성
과거의 일을 들춘다.	"예전에 그 때도 지금처럼 너 혼자만을 생각했잖아. 항상 그래"	
부정적인 비교를 한다.	"너는 누구를 닮았니? 피는 못 속여" 등	
위협을 한다.	"당신이 잘못했으니까 내가 당신을 처벌할꺼야."	
감정으로 공격한다.	목소리가 커지고 비꼬기도 하고 차갑게 적대적인 억양으로 "그럼 그렇지"	
폐쇄적이고 배타적인 신체 언어를 사용한다.	눈도 쳐다보지 않고, 듣는 동안 한눈 팔며, 팔짱을 끼고 있고, 뒤에 물러서 있다.	
의사를 표현할 때, 전체적으로 전달하지 않고, 일부만 이야기한다.	"당신은 일하는데 너무 많은 시간을 보내는 것 같아요" 라고 말할 때 아내는 남편의 건강을 염려하는 것인데, 남편은 아내가 함께 있어주지 않는 것에 대한 불만을 표시하는 것이라 오해하여 아내가 자신의 입장을 이해 못한다고 짜증을 부리게 된다.	
분명하게 말하지 않는다.	"당신은 언제나 그렇듯이 말이 없군요." 하는 대신 "당신 오늘도 말이 별로 없군요. 나한테 관심이 없나보다 생각이 돼서 속상해요. 당신이 무슨 생각을 하고 있는지 말을 해주었으면 좋겠어요." "왜 나를 그런 식으로 쳐다봐?" 이것은 실제로 그 이유가 궁금하다는 것이 아니라 그런 식으로 쳐다보는 게 기분 나쁘다는 뜻이다. "당신이 나를 그렇게 쳐다보니까 내가 무엇을 잘못하지는 않았나 하는 불안한 느낌이 들어요."해야 한다.	

학습 8

02 경청훈련의 사례와 활동에 대하여 분석하라.

같은 회사에 다니는 과장 L씨와, M씨, 그리고 N씨는 나이도 비슷하고, 학벌도 비슷하고, 능력도 비슷하지만, 사람들이 인식하는 정도는 천차만별이다. 특히, 대화를 할 때 이들의 차이는 쉽게 드러난다. 어떠한 차이가 있는지 생각해 보자.

잘 듣기 위해서는 공감적 이해가 필수적으로 요청된다. 공감적 이해란 청자가 상대방의 입장이 되어 그의 주관적인 세계를 이해하는 것을 말한다. 이것은 청자가 제 3의 귀를 가지고 상대방의 마음 속에 있는 '소리 없는 소리' 또는 '마음의 소리'를 듣는 것을 말한다. 또한 우리가 상대방의 눈으로 사물을 보는 것과 같이 상대방이 지니고 있는 생각과 느낌의 틀을 이용하여 그 사람의 생각과 감정을 이해하는 것이다.

청자가 상대방의 감정에 공감하고 있음을 나타낸다면 상대방은 그 자신이 이해받고 있는 느낌을 갖게 되어 청자를 보다 신뢰하게 되어 자신을 더욱 드러내 보이게 된다. 이러한 과정이 진행되면서 더욱 원만한 인간관계가 이루어지게 된다.

사 례

공감적 이해가 중요하다.

같은 회사에 다니는 L씨와, M씨, 그리고 N씨는 나이도 비슷하고, 학벌도 비슷하고, 능력도 비슷하지만, 사람들이 인식하는 정도는 천차만별이다. 특히, 대화를 할 때 이들의 차이는 쉽게 드러난다.

"일단 저에게 맡겨주신 업무에 대해서는 과장님이 너무 간섭하시지 않았으면 합니다. 제 소신껏 창의적으로 일하고 싶습니다."

L씨 : "자네가 지난번에 처리했던 일이 아마 잘못됐었지?", "자네 나름대로의 생각이 있더라도 상사의 지시대로 해야지.

M씨 : "자네 업무에 대해서 이야기하는 것이 간섭받는 것으로 생각되어 기분이 상한 모양이구만."

N씨 : "믿고 맡겨 준다면 더 잘 할 수 있을 것으로 생각된다는 말이구만.", "자네가 맡은 일은 자신의 소신과 창의력에 따라 책임감을 갖고 일하고 싶은 모양이구만."

"저는 입사한 지 1년이 넘었는데도 아직 일다운 일을 해본 적이 없습니다."

L씨 : "자네가 입사한 지 벌써 1년이 넘었나? 세월 빠르다 빨라!", "회사에서 중요하지 않은 일이 어디 있겠나? 모든 일에 최선을 다해야지."

M씨 : "음, 아직 일다운 일을 해보지 못했단 말이지.", "아직 자신의 능력에 맞는 일이 주어지지 않아서 섭섭했던 모양이군."

N씨 : "자네의 능력을 맘껏 발휘해볼 수 있는 일다운 일을 이제는 해보고 싶다는 말이지?"

출처 : 윤치영(2007). 설득 · 경청 논박의 기술. 일빛

■ 활 동

'공감적 이해가 중요하다'의 사례에서 볼 수 있듯이 경청을 통한 이해가 중요하다. 다음은 '잘 듣기'를 배우고 연습하는 프로그램으로서 일명 '앵무새 놀이'라는 것이다. 이제부터 다음의 지시를 충실히 따라 연습해 보자.

지시사항

- 이 놀이를 하는 사람들이 명심해야 할 점은 이 놀이를 할 때는 진지한 표정과 태도로 성실하게 임해야 한다는 것이다. 만약 그렇지 못하고 장난스럽게 하면 그것은 함께 연습하는 두 사람 서로에게 오히려 나쁜 영향만 주게 되므로 차라리 하지 않는 것이 더 낫다.
- 이 놀이는 상대방의 이야기를 들을 때 그 사람의 마음과 생각에 나의 관심을 집중시키는 것을 배우는 것이다. 그것을 장난처럼 하면 계속하기도 어려울 뿐만 아니라, 만약 계속하더라도 서로가 서로에게 실망하고 원망하는 마음만 생기게 된다. 그러나 이 놀이를 성실하게 한 사람들은 그 반대로 자기 이야기를 열심히 들어 준 상대방에게 고마운 마음이 들게 될 것이다. 그런 사람들은 이 경험을 마음 속에 소중히 간직하게 됨으로써 대화의 상황에 따라 적절하게 상대방의 말을 받아들여 반영, 요약, 정리할 수 있을 것이고, 그럼으로써 상대방과의 관계를 더욱 더 바람직하게 발전시켜 나갈 수 있을 것이다.

1. 두 사람이 가까이 마주 앉아 한 사람은 부하 직원, 한 사람은 상사의 역할을 맡는다.

2. 먼저 부하 직원의 역할을 맡은 사람이 부하 직원들이 자주 겪을만한 소재로 이야기를 한다.

"어제 밤에 아이가 아파서 우는 바람에 밤새 잠을 설쳤습니다."
"그러다 보니 오늘 오후에 너무 피곤해서 잠깐 졸았습니다."
"그러다가 운 나쁘게 과장님께 걸려서 야단을 맞았어요."
"자식을 키우다보면 그럴 수도 있는 일인데 이유도 안 물어보고 야단만 치시는 과장님이 원망스러웠습니다."

학습 8

3. 상사 역할을 맡은 사람은 부하 직원 역할을 맡은 사람이 한 말을 듣고 그대로 반복한다.

"어제 밤에 아이가 아파서 우는 바람에 밤새 잠을 설쳤다고요?"
"오후에 피곤해서 잠깐 졸았던 모양이군요."
"그러다가 운 나쁘게 과장님께 걸려서 야단을 맞았단 말이지요?"
"자식을 키우다보면 누구나 그럴 수 있는 일인데 이유도 안 물어보고 야단만 치시는 과장님이 원망스러웠겠군요."

4. 5분간 계속한 후 이번에는 서로 역할을 바꾸어서 연습한다.

5. 두 사람이 번갈아가며 '상대방의 말 그대로 반복하기'를 충분히 연습했으면, 이번에는 한 마다 말하고 한 마디 따라하기가 아니라 마디 수를 늘려서 말하는 사람은 2~5마디를 한 번에 이야기하고, 듣는 사람은 상대방의 이야기를 들은 후 그 말을 약간 요약하여 조금 다른 말로 되돌려 준다. 상대방이 한 말과 내용은 같되 표현만 조금 다르게 하여 대화를 좀 더 자연스럽게 하는 것이다. 그러나 여기에도 듣는 사람의 주관적인 평가나 판단이 개입되게 해서는 결코 안 된다. 이것도 역시 5분간 역할을 서로 번갈아가며 연습한다.

"이제 밤에 이이가 아파 밤새 우는 바람에 잠을 설쳐서 오늘 오후에 좀 졸았던 모양이군요?"
"아이고, 그러다가 운이 나빠서 과장님께 걸렸군요. 아이가 아픈 것도 걱정인데, 이유도 묻지 않고 다짜고짜 야단만 치시는 과장님이 꽤나 원망스러웠겠어요."

6. 5분간 계속한 후 이번에는 서로 역할을 바꾸어서 연습한다.

03 4차산업혁명의 핵심 기술 중 블록체인 전문가에 대하여 분석하라.

1. 어떤 일을 하나?

① 블록체인 전문가는 블록체인* 기술을 활용할 수 있는 분야나 산업을 찾고 이를 적용하기 위한 소프트웨어를 설계하고 개발한다.

② 블록체인 기반의 암호 화폐**를 개발한다.

③ 블록체인 기술이나 암호 화폐가 실생활에서 사용될 수 있도록 지속적으로 소프트웨어를 개선하고 보완한다.

2. 어느 분야에서 활동하나?

1) 관련 직업

블록체인 전문가와 관련이 높은 직업으로는 블록체인 소프트웨어 개발자, 암호학자, 정보 보호 전문가 등이 있다.

2) 활동 분야

주로 금융, 보안, 의료, 물류 등의 분야에서 활동하고 있으며 앞으로 블록체인 기술을 접목할 수 있는 거의 모든 산업 분야에서 활동할 수 있을 것이다.

3. 어떤 적성과 흥미가 필요한가?

1) 적 성

① 블록체인 전문가는 프로그래밍에 대한 이해를 바탕으로 블록체인 소프트웨어를 설계하고 개발하는 일을 하므로 체계적이고 논리적으로 사고하는 능력이 필요하다.

② 우리 일상생활을 더욱 편리하게 만들기 위하여 블록체인 기술을 어떻게 활용할지에

---

* 블록체인 : 누구나 열람할 수 있는 장부에 거래 내역을 공개적으로 기록하고 여러 대의 컴퓨터에 이를 복제하여 저장하는 기술이다. 다수의 합의로 결정된 장부를 여러 대의 컴퓨터가 동시에 저장하기 때문에 해킹을 막을 수 있고 조작이나 변경이 불가능하다.

** 암호 화폐: 실물 없이 사이버 상에서 전자 정보의 형태로 거래되는 전자화폐로, 복제나 위변조를 막기 위해 암호 기술을 통해 만들기 때문에 암호화폐라고 부르기도 하며, 블록체인 기반 암호화폐는 각국 정부나 중앙은행이 발행하는 일반 화폐와 달리 처음 개발한 사람이 정한 규칙에 따라 가치가 매겨지기도 한다.

학습 8

대한 분석이 필요하므로 독특하고 새롭게 생각하는 능력이 중요하다.

2) 흥 미

① 새로운 것을 탐구하고 분석하는 것을 즐기며 논리적이고 합리적으로 사고하는 사람에게 적합하다.

② 리더십으로 다른 사람을 이끄는 것을 좋아하며 다른 사람들의 생각이나 관점에 영향을 주고 싶어 하는 사람에게 적합하다.

4. 어떻게 준비하나?

1) 관련 전공

블록체인 전문가는 보통 대졸 이상의 학력이 필요하며 컴퓨터공학, 소프트웨어공학, 정보 보호학, 암호학(수학과) 등을 전공하는 것이 유리하다. 융합적인 지식이 필요하므로 경영학, 금융학, 산업공학, 경제학 등에 대한 지식도 함께 쌓으면 도움이 될 수 있다.

2) 훈련 과정

과학기술정보통신부에서 블록체인 전문 인력 양성 계획을 수립하여 교육 프로그램을 운영하고 있다. 이외에도 각종 직업훈련 기관과 민간 기업에서 블록체인 전문가 과정, 교육 프로그램, 훈련 과정을 운영하고 있다.

5. 어디에서 일할 수 있나?

① 블록체인 전문가는 주로 블록체인 기술을 개발하는 소프트웨어 회사에 취업해서 일을 한다.

② 은행과 같은 금융 기관에서도 일을 할 수 있으며, 블록체인 기술을 활용하는 민간 기업, 공공 기관에도 취업해서 일할 수 있다.

6. 어떻게 전문성을 높일 수 있나?

블록체인 분야는 다양한 기술들과 함께 복잡하게 발전하고 있는 분야이기 때문에 전문성 향상을 위해서 여러 분야에 대한 폭넓은 지식이 필요하다. 특히 최신 기술의 유행이나 흐름에 대해서 지속적으로 공부해야한다.

7. 이 직업의 미래는 어떤가?

블록체인 기술은 앞으로 금융이나 거래 서비스 분야만이 아니라 정보산업, 제조, 유통, 사회, 문화 등 다양한 분야에 활용될 수 있다. 이에 따라 우리나라를 포함한 주요 선진국에서는 블록체인 기술에 대한 많은 투자를 하고 있으며 이를 위한 전문 인력을 키우는 데에도 힘쓰고 있다.

2009년 비트코인의 등장과 함께 처음 등장한 블록체인 기술은 아직 발전 초기 단계이기 때문에 기술의 완성도가 높지 않고 해결해야 할 문제들이 많다. 따라서 앞으로 이를 해결하기 위한 기술 개발과 연구, 정부의 투자는 더욱 더 커질 것으로 예상되며 관련 일자리 수요도 크게 늘어날 것이다.

학습활동.8 교수 · 학습 방법

교수 방법

- 경청방법과 훈련에 대한 관련 용어, 구성, 방식 이해 정도를 파악한 후 수업을 진행한다.
- 교수자의 주도로 경청방법과 훈련 등의 내용을 PPT 자료로 제시한 후 설명한다.
- 가능하면 사전에 개인별 학습 자료를 준비하여 모든 학생이 참여할 수 있는 문제 해결식 수업, 협력 수업이 가능하도록 한다.
- 경청방법과 훈련응용 전 과정을 작업의 순서에 따라 단계적으로 실습이 이루어질 수 있도록 지도한다.
- 교재를 통해 수업을 준비하는데 있어서 필요한 모든 정보나 팁, 힌트 등 도움이 될 만한 내용들을 확인할 수 있다.
- 학생들이 만들게 될 각 모델들은 수업시간에 중점적으로 다뤄질 부분과 어휘, 질문, 답을 포함하고 있으며 또한 탐구할만한 추가적인 아이디어들도 포함하고 있다.

학습 방법

- 경청방법과 훈련에 대한 관련 용어를 숙지하고, 경청방법과 훈련에 대해 이해한다.
- 경청방법과 훈련의 각 단계별 중점 사항을 체계적으로 학습한다.
- 경청방법과 훈련의 수행순서의 전 과정을 실습한다.
- 경청방법과 훈련의 내용을 이해한다.
- 경청방법과 훈련을 이해하고 숙달이 될 때까지 학습한다.

학습활동.8 평가 및 피드백

평가 준거

- 평가자는 피평가자가 수행 준거 및 평가 내용에 제시되어 있는 내용을 성공적으로 수행할 수 있는 지를 평가해야 한다.

학습내용	평가항목	성취수준		
		상	중	하
경청방법과 훈련	경청방법과 훈련을 이해할 수 있다.			

평가 방법

• 작업 포트폴리오

학습내용	평가항목	성취수준		
		상	중	하
경청방법과 훈련	경청방법과 훈련을 이해할 수 있다.			

• 필기시험

학습내용	평가항목	성취수준		
		상	중	하
경청방법과 훈련	경청방법과 훈련을 이해할 수 있다.			

• 체크리스트를 통한 관찰

학습내용	평가항목	성취수준		
		상	중	하
경청방법과 훈련	경청방법과 훈련을 이해할 수 있다.			

• 피드백

1. 작업 포트폴리오
   - 제출한 보고서를 평가한 후 주요 사항에 대하여 표시하여 돌려준다.
2. 필기시험
   - 평가 결과 성적이 저조한 학생은 보고서 제출 기회를 부여한다.
3. 체크리스트를 통한 관찰
   - 실습 과정에서 평가한 후 개선해야 할 사항 등을 정리하여 돌려둔다.

학습 8

학·습·평·가

1. 경청을 하는데 있어서 올바른 자세가 아닌 것은?

   ① 상대를 정면으로 쳐다보면 상대방이 민망할 수도 있으니까, 눈을 마주치지 않는다.

   ② 손이나 다리를 꼬지 않는 소위 개방적 자세를 취한다.

   ③ 상대방을 향하여 상체를 기울여 다가앉는다.

   ④ 우호적인 눈의 접촉을 통해 자신이 관심을 가지고 있다는 사실을 알린다.

2. 다음 경청에 관한 설명 중 맞으면 ○, 틀리면 ×를 표시해 보자.

   - 경청능력은 연습하여 개발할 수 있다. (　　)
   - 대화법을 통한 경청훈련은 모든 인간관계에서 적용할 수 없다. (　　)
   - 적절한 맞장구는 대화하는데 방해가 된다. (　　)

3. 경청능력을 개발하기 위한 방법을 작성해 보자.

•
•
•
•
•

학습정리

1. 효과적인 경청방법은 다음과 같다.
   ① 준비한다 : 올바른 경청을 하려면 강의의 주제나 강의에 등장하는 용어에 친숙하도록 하기 위해 미리 읽어 두어야 한다.
   ② 주의를 집중한다 : 말하는 사람의 모든 것에 집중해서 적극적으로 들어야 한다.
   ③ 예측한다 : 대화를 하는 동안 시간 간격이 있으면, 다음에 무엇을 말할 것인가를 추측하려고 노력한다.
   ④ 나와 관련짓는다 : 상대방이 전달하려는 메시지가 무엇인가를 생각해보고 자신의 삶, 목적, 경험과 관련시켜 본다.
   ⑤ 질문한다 : 질문에 대한 답이 즉각적으로 이루어질 수 없다고 하더라도 질문을 하려고 하면 경청하는데 적극적이 되고 집중력이 높아진다.
   ⑥ 요약한다 : 대화 도중에 주기적으로 대화의 내용을 요약하면 상대방이 전달하려는 메시지를 이해하고, 사상과 정보를 예측하는데 도움이 된다.
   ⑦ 반응한다 : 피드백은 상대방이 말한 것에 대해 당신이 이야기하고, 질문을 던져 이해를 명료화하고 난 다음에 하는 것이다.

2. 대화를 통한 경청훈련을 하기 위해서는 다음에 중점을 두어 훈련한다.
   ① 주의를 기울여야 한다. 이 때 말하는 상대방을 바라보거나, 듣거나 따라한다. 상대방의 이야기에 주의를 기울일 때는 몸과 마음을 다하여 들을 수 있어야만 자신의 관심을 상대방에게 충분히 보여주는 것이 된다.
   ② 상대방의 경험을 인정하고 더 많은 정보 요청한다. 다른 사람의 메시지를 인정하는 것은 당신이 그와 함께 하며 그가 인도하는 방향으로 따라가고 있다는 것을 언어적·비언어적인 표현을 통하여 상대방에게 알려주는 반응이다.
   ③ 정확성을 위해 요약한다. 요약하는 기술은 상대방에 대한 자신의 이해의 정확성을 확인하는데 도움이 될 뿐만 아니라, 자신과 상대방을 서로 알게 하며 자신과 상대방의 메시지를 공유할 수 있도록 한다.
   ④ 개방적인 질문한다. 개방적인 질문은 보통 "누가, 무엇을 어디에서, 언제 또는 어떻게"라는 어휘로 시작된다. 이는 단답형의 대답이나 반응보다 상대방의 보다 다양한 생각을 이해하고, 상대방으로부터 보다 많은 정보를 얻기 위한 방법으로서 이로 인하여 서로에 대한 이해의 정도를 높이기 위해서다.
   ⑤ '왜?'라는 질문을 피한다. '왜?'라는 질문은 보통 진술을 가장한 부정적·추궁적·강압적인 표현이므로 사용하지 않는 것이 좋다.

참 | 고 | 문 | 헌

기초직업능력프로그램; 의사소통능력 매뉴얼, 한국산업인력공단

구현정 · 전영옥. (2005). 의사소통의 기법. 박이정.

김동규 · 이영찬. (2000). 직업윤리. 학교법인 기능대학.

박현석(역). (2004). 전달의 기술. 다연.

배상복. (2006). 일반인을 위한 글쓰기 정석. 경향미디어.

심재우. (2004). GE처럼 커뮤니케이션하라. 일빛.

윤치영. (2007). 설득 · 경청 논박의 기술. 일빛

임칠성 역. (1997). 대인의사소통. 한국문화사.

이창호. (2007). 스피치 달인의 생산적 말하기. 북포스

전영우. (2007). 귀담아듣는 언어생활 -적극적 경청법-. 민지사

조신영 · 박현찬. (2007). 경청-마음을 얻는 지혜. 위즈덤하우스

직업기초능력지도과정 자료집. (2005). 직업기초능력지도 과정. 서울대 농생대 부설 중등교육연수원.

허정훈 · 김상범. (2007). 건강과 능력개발. 한국폴리텍대학.

홍경자. (2007). 의사소통의 심리학. 이너북스.

황성근. (2006). 너무나도 쉬운 비즈니스 글쓰기. 한겨레출판.

신동아. http://shindonga.donga.com

조선일보. www.chosun.com

중앙일보. www.joins.com

한겨레신문. www.hani.co.kr

한국일보. www.hankooki.com

AM7. www.am7.co.kr

http://blog.naver.com/eob. 2007.8.27.

http://www.career.go.kr/

학습 1	의사소통의 개념 및 종류
학습 2	의사소통의 저해요인과 능력개발
학습 3	문서이해의 개념과 종류
학습 4	문서이해의 절차와 요약
학습 5	문서작성의 개념과 작성법
학습 6	문서작성의 원칙과 표현법
학습 7	경청의 개념과 방해요인
학습 8	경청방법과 훈련
학습 9	**의사표현의 개념과 방해요인**
학습 10	의사표현법과 지침
학습 11	기초외국어의 개념과 상황
학습 12	기초외국어의 표현방밥과 향상교육법
학습 13	질문활용능력

학습 목표

1. 의사표현의 개념과 중요성을 설명할 수 있다.
2. 올바른 의사표현을 방해하는 요인을 설명할 수 있다.

학습 9

9-1 의사표현의 개념

의사표현능력이란 말하는 사람이 자신의 생각과 감정을 듣는 사람에게 음성 언어나 신체언어로 표현하는 능력이다. 의사표현력은 의사소통의 중요한 수단으로 직장인들이 개인이나 조직 간에 원만하게 관계를 유지하고 업무성과를 높이기 위해서는 필수적인 능력이다. 해야 할 말을 자신있게 말하는 사람이야말로 진정 용기 있는 사람이다. 자신의 능력을 제대로 표현하기 위해서는 효과적인 의사표현능력을 갖추어야 한다.

1. 의사표현

의사표현이란 한마디로 말하기이다. 즉 말하는 이가 자신의 생각과 감정을 듣

는 이에게 음성 언어나 신체언어로 표현하는 행위이다. 의사표현에는

① 음성언어 : 입말로 표현하는 구어

② 신체언어 : 신체의 한 부분인 표정, 손짓, 발짓, 몸짓 따위로 표현하는 몸말을 의미

'말'이 우리 생활이 미치는 영향이 매우 크기 때문에 제대로 말을 하는 방법에 대한 노력이 그만큼 커지고 있는 것이다.

의사표현은 의사소통의 중요한 수단으로 특히, 말하는 이의 의도 또는 목적을 가지고 그 목적을 달성하는데 효과가 있다고 생각하는 말하기를 의미한다. 의사소통의 중요한 수단인 말하기가 사용되는 예를 들면 다음과 같다.

① 말하는 이가 듣는 이에게 어떤 영향을 미치기 위하여 주장하는 것이다. 즉 말하는 이는 듣는 이의 생각을 변화시키려는 의도로 주장하는 것이다.

② 필요한 정보를 제공받기 위하여 질문하는 것이다.

③ 어떤 일을 해주도록 요청할 때 하는 것이다.

의사표현의 종류는 상황이나 사태와 관련하여 공식적 말하기, 의례적 말하기, 친교적 말하기로 구분하며, 구체적으로 대화, 토론, 보고, 연설, 인터뷰, 낭독, 구연, 소개하기, 전화로 말하기, 안내하는 말하기 등이 있다.

첫째, 공식적 말하기는 사전에 준비된 내용을 대중을 상대로 하여 말하는 것이다. 공식적 말하기에는 연설, 토의, 토론 등이 있는데, 연설은 말하는 이 혼자 여러 사람을 대상으로 자기의 사상이나 감정에 관하여 일방적으로 말하는 방식이고, 토의는 여러 사람이 모여서 공통의 문제에 대하여 가장 좋은 해답을 얻기 위해 협의하는 말하기이다. 토론은 어떤 논제에 관하여 찬성자와 반대자가 각기 논리적인 근거를 발표하고, 상대방의 논거가 부당하다는 것을 명백하게 하는 말하기이다.

둘째, 의례적 말하기는 정치적 문화적 행사에서와 같이 의례 절차에 따라 하는 말하기이다. 예를 들어 식사, 주례, 회의 등이 있다.

셋째, 친교적 말하기는 매우 친근한 사람들 사이에 가장 자연스런 상태에 떠오르는 대로 주고받는 말하기이다.

2. 의사표현의 중요성

의사표현, 즉 말이 그 사람의 이미지를 결정한다. 누구나 시인이나 작가가 아니더라도 말을 할 때에, 영상언어를 사용해야 상대가 잘 기억한다는 것은 알고 있을 것이다. 마치 그림을 그리듯이 언어를 이용해서 이미지를 만들어내면, 그 미학적 효과로 인해서 그 말은 살아 있고 좀 더 역동적으로 상대방에게 전달된다는 것이다. 그러나 우리의 말에는 그보다 더한 힘이 감추어져 있다.

화룡점정(畵龍點睛)처럼 언어로 그리는 이미지로 인해서 우리의 이미지가 형상화될 수 있다. 즉, 우리가 자주 하는 말로 우리의 이미지가 결정된다는 것이다. 말로 먹고사는 직업을 택한 사람이 아닐지라도, 자신의 운명을 말과 더불어 하게 된다. 우울증에 걸려서 자살한 사람들의 특징을 아는가? 그들은 말끝마다 '죽고 싶다'를 연발한다. 죽고 싶은 생각이 들어서 우울증에 걸렸는지, 혹은 우울증에 걸려서 죽고 싶은 것인지는 전문가의 견해에 따라야 하겠지만, 문제는 그가 죽고 싶다는 생각을 계속적으로 내비치는 것에 있다. 죽고 싶다는 말을 통해서, 실상 살고 싶다는 마음 속의 인간 본연의 바람이 사라져버리고, 그의 사고를 착각하게 만들고 그의 마음을 병들게 하여 자살하는 것이다.

일반적으로 사람을 판단하는 데에 얼굴을 주로 본다. 그런데 관상가들의 말에 의하면, 관상이라는 것이 그 사람이 어떻게 어떤 마음으로 살아왔느냐에 따라서 조금씩 변한다고 한다. 인색하게 재물만 모을 것 같은 관상도 남에게 베풀고 선행에 앞장서는 행동을 여러 해 동안 하다보면, 후덕하고 온화한 상으로 변한다는 것이다. 그렇다면 우리도 말을 통하여 이미지를 바꾸는 것이 가능할 것이다. 말을 바꿈으로써 자기 자신의 이미지를 성공하는 사람으로 바꾸어보자.

3. 성공하는 사람의 이미지를 위한 의사표현

성공하는 사람의 이미지를 위해서는

첫째, 부정적인 말투를 고쳐야 한다.

무엇을 보든지 부정적으로 평가를 내리는 사람이 있다. 비평가도 아니면서 아닌 것부터, 부정적인 것부터 말하는 사람이 있다. 선물을 받고 나서도 기뻐하기

보다는 마음에 안 드는 점을 잡아 탓하기만 하는 어른들이 있다. 이 분들은 십중팔구 아랫사람으로부터 조그마한 선물도 받기 어려운 처지가 될 것이다. 무엇이든지 긍정적으로 말하자. 긍정적으로 말하고 힘이 부족하면 도움을 요청하고, 감사의 말을 하고 더 많이 감사할 일이 있을까를 생각하자. 장미에게 가시가 있어서 아름답다는 것을 생각하고 장미꽃뿐만 아니라 장미꽃 가시에게도 감사하자. 자기 자신이 긍정적으로 변할 때까지 긍정적인 말투를 사용하고, 긍정적인 자아상을 가질 때까지 긍정적으로 말하고 생각하자. 그러면 우리의 이미지와 환경이 긍정적인 모습으로 우리 앞에 나타날 것이다.

둘째, 상대의 말에 공감을 하자.

가장 쉽게 다른 이에게 친절을 베풀 수 있는 것은 무엇인가? 그것은 상대의 말을 듣고 그럴 수도 있다고 생각하는 것이다. 그리고 상대가 원하는 대답을 해주는 것이다. 분명 그것이 정답이 아니지만, 상대는 매우 고마워할 것이며, 우리도 그에게 긍정적인 대답을 들을 수 있을 것이다. 가는 말이 고우면 오는 말도 고운 것처럼 우리가 말로써 상대에게 심으면, 상대가 좋은 열매를 가지고 우리에게 주는 것은 당연한 결과일 것이다. 빈말인 줄 알면서도 여자들은 예쁘다는 말은 수없이 들어도 싫어하지 않는다고 한다. 남에게 기쁨이 되는 말을 하면, 그에게서 기쁨이 되는 말을 들을 수 있다. 그리고 그런 말을 자주 듣게 되면, 우리의 이미지도 스스로 기뻐할 만한 모습으로 변할 것이다.

셋째, 자신을 너무 과소평가하지 말자.

이 말은 낮은 자존감과 열등감으로 자기 자신을 대하지 말자는 것이다. 안 좋은 일이 생기면, "내가 못 배운 게 한이지." 혹은 "내가 가난한 게 죄지"라고 말하는 분들이 있다. 또한 평소에 죄송합니다. 미안합니다를 입에 붙들고 사는 사람들이 있다. 얼핏 보면 예의 바르게 보일지 모르나 꼭 필요한 경우가 아니라면 그렇게 해서 자신의 모습을 비하시키지 않기를 바란다.

넷째, 자신의 대화 패턴을 주의 깊게 살펴보자.

기회가 된다면 자기가 다른 사람과 대화하는 것을 녹음해서 들어보자. 불필요한 어휘나 부정적이거나 거부감을 주는 표현을 많이 쓰지는 않는지, 또는 상대방이 못 알아듣는 전문용어나 사투리를 사용하지는 않는지 점검해 보자. 좋지 않은 언어습관에 대해 지적해주는 이의 충고를 새겨듣자. 그리고 의식적으로 쓰는 말을 우리가 원하는 말로 바꿔서 자주 사용해 보자. 그래서 자신의 언어사용 패턴을 바꾸어보자. 얼마 지나지 않아 자기 자신의 이미지도 변하고 삶의 모습도 변할 것이다.

■ 북 리뷰〈스피치 달인의 생산적 말하기〉

의사표현에도 전략이 있다.

우리는 별 볼일 없는 것을 침소봉대하여 생각하는 경우가 많다. 이웃 간의 사소한 시빗거리를 가지고 감정을 못 이겨서 법정까지 가기도 한다. 논쟁을 좋아하는 민족이 아니지만, 필요 이상의 핏대를 올리며 자기 주장을 관철하고자 애를 쓰며, 상대가 자신의 주장을 받아들이지 않으면 참지 못하는 경향이 많다. 의사표현에 전략 없이 임하고 생각 없이 막말을 하기 때문일 것이다. 의사표현에도 전략이 있다.

1. 다른 사람의 기분에 좌우되지 않는다

침착함을 잃지 않을 때에야 비로소 이성적으로 생각할 수 있고 다른 사람의 공격으로부터 효과적으로 자신을 방어할 수 있다. 상대의 기분에 따라 변하지 않기 위해서는 마음의 보호막을 잘 쳐야 한다.

2. 당당하게 말하자

상대에게 위축된 모습을 보이면 그만큼 상대는 더 무자비하게 덤벼든다. 공격자는 자신의 개성을 마음껏 펼치지 못하는 사람들을 겨냥하는 법이다. 왜냐하면 그런 사람들은 스스로 자신을 약하게 만들기에 싸우지 않고서도 쉽게 이길 수 있기 때문이다. 사냥감이 되지 않으려면 자신감 넘치고 당당한 자세가 필요하다.

3. 강박감에서 벗어나자

공격을 당했을 때 불쾌함이나 무력감에 빠지는 경우가 있다. 이런 것에 강박증을 갖고 있는 사람이라면 심리적 안정을 되찾는 응급처치가 필요하다. 일단 어떤 사람에게 화가 났다면 심호흡을 하고 나서 자신의 주위에 공간을 두며, 시간적 여유를 가져야 한다. 일정 시간이 지나면 본연의 마음자세로 돌아갈 수 있을 것이다.

4. 상대를 제풀에 지쳐 나가떨어지게 하자

상대가 이를 악물고 거품을 물며 덤벼드는 이유는 우리도 같이 화를 내도록 만들기 위해서이다. 이럴 때에는 맞대응하지 말고 상대의 기분이 풀리기를 기다리는 것이 좋다. 이를 위해 첫째로 상대의 자극적인 말을 가슴에 담아두지 말고 무시하라. 둘째로 눈을 부릅뜨고 상대를 뚫어지게 쳐다보며 아무 말도 하지 말고, 오히려 친근하게 웃어주라. 셋째로 상대가 부주의하게 내뱉은 말이라면 아예 무시하고 잊어버리는 것이 좋다.

5. 화제를 바꿔보자

상대의 공격이 강화되면 거기에 신경이 쓰일 수밖에 없다. 이럴 때에는 상대의 공격이 불발로 끝나도록 아무 대꾸도 하지 않고, 오히려 완전히 다른 화제를 끄집어내는 것이 좋은 전략이다.

6. 한마디로 받아쳐라

상대방의 말을 잘 듣다 보면 모순이 발견될 것이다. 그것을 기회로 때때로 순발력 있고 재치 있게 반격하는 것이 좋다. 말을 많이 할 필요는 없다. 한마디면 충분하다. 직설적으로 한마디만 해도 된다. "그래서 어쨌다는 거예요?"

7. 속셈을 쉽게 드러내지 말자

상대는 자신의 공격이 먹히는 것을 기대하면서 계속적으로 공격하기를 즐긴다. 내가 공격당하고 있다는 것을 드러낼 필요는 없다. 오히려 나를 공격하는 것은 쓸데없는 짓이라는 것을 보여주어야 한다. 이럴 때에 관련이 없거나 의미 없는 말이나 속담을 함으로써 상대를 혼란스럽게 만드는 것도 괜찮은 방법이다.

8. 되물어서 독기를 빼자

나에게 상처를 주려는 말이 무슨 뜻인지 상대에게 그 즉시 되물어라. 그러면 세 가지의 유익이 있다. 첫째로 상대는 질문에 대해서 내가 납득할 수 있도록 설명해야 하는 상황에 처하게 된다. 둘째로 되묻기를 통해서 시간적 여유를 가질 수 있다. 셋째로 더 이상 상대에게 끌려가지 않고 대화의 주도권을 잡을 수 있다.

9. 마음의 균형을 잃게 하라

상대의 의견을 충분히 이해할 수 있다는 것을 보여주고 나서 자신의 이견을 단호하게 주장하는것이다. 상대를 칭찬해 궁지로 몰아넣을 수도 있다. 상대의 입지를 좁히는 것이다. 이것은 관대함이 밑받침이 되어야 성공할 확률이 높다. 그렇다고 해서 자신의 주장을 굽히라는 것은 아니다.

10. 감정적으로 받아치지 말라

공격에 대응하는 방법의 선택은 우리에게 달려 있다. 상대의 마음을 직접적으로 바꿀 수는 없지만 침착한 태도는 상대에게 영향을 미친다. 공격을 감정적으로 받아들이지 말고 상대를 자세히 관찰하여 현재 상태를 있는 그대로 지적해주라. 그리하면 상대는 자신을 객관화할 수 있는 기회를 가지게 된다.

11. 모욕적인 말은 저지하자

모욕적인 말을 듣고 나면 나도 모르게 똑같은 욕설을 내뱉음으로써 상대와 같은 수준이 돼버리기 쉽다. 이럴 때에는 지금까지의 대응 태도를 바꾸어서 극단적으로 대치하는 것이 좋다. 상대에게 나를 모욕했던 말이 무엇인지 분명하게 말하고 얼굴을 마주보며 사과를 요구하라. 한계를 명확히 설정하여 그런 식으로 취급하지 말라고 분명하게 말하는 것이 중요하다.

12. 핵심을 명확하게 말하자

상대의 행동에 일일이 대응하는 것은 에너지와 시간 낭비이다. 이럴 때에는 최선을 다해서 진솔하게 무엇이 자신을 아프게 하고 화나게 했는지 간단명료하게 말하라. 상대와 대화의 규칙을 정하고 갈등의 원인을 밝히자. 그리고 내 이야기를 간단하고 구체적으로 말하는 것이 좋다.

출처 : 이창호(2007). 스피치 달인의 생산적 말하기. 북포스

9-2 올바른 경청의 방해요인

1. 의사표현의 방해요인

의사표현에 영향을 미치는 요소는 여러 가지 열거할 수 있지만, 여기서는 연단공포증, 말, 음성, 몸짓, 유머 등 5가지에 대하여 알아보고자 한다.

1) 연단공포증

우리는 연단에 섰을 때, 정도의 차이는 있지만 누구나 가슴이 두근거리고 입술이 타고 식은땀이 나고 얼굴이 달아오르는 생리적인 현상을 느끼게 된다. 독일의 유명한 가수 슈만 하이크는 "음악회에서 노래를 부를 때 심리적 긴장감을 갖지 않느냐?"는 한 기자의 질문에 대해 "노래하기 전에 긴장감을 느끼지 않는다면, 그 때는 내가 은퇴할 때다."라고 솔직히 연단공포증을 고백한 바 있다. 또한 영국의 유명한 작가 버나드 쇼도 젊은 시절 매우 내성적인 청년이었기 때문에 잘 아는 사람의 집을 방문할 때도 그 집의 문을 두드리지 못하고, 20분이나 문 밖에서 망설이고 거리를 서성거렸으며, 이러한 그가 자신의 내성적인 성격을 극복하기 위하여 런던에서 공개되는 모든 토론에 의도적으로 참가한 결과 장년에 이르러서야 20세기 전반에 가장 재치와 자신이 넘치는 웅변가가 될 수 있었다고 그의 자서전에서 밝힌 바 있다. 이와 같이 연단공포증은 소수인의 심리상태가 아니라, 90% 이상의 사람들이 호소하는 불안이다. 그러므로 이를 걱정할 필요는 없으며, 오히려 이러한 심리현상을 잘 통제하면서 구두표현을 한다면 청자는 그것을 더 인간다운 것으로 생각하게 될 것이다.

이러한 공포증은 본질적인 것이기 때문에 이것을 완전히 치유할 수는 없다. 그러나 식사나 수면욕구를 다소 통제할 수 있듯이, 우리는 의사전달시 노력에 의해서 우리를 당황케 하는 심리적 불안을 얼마간 유화시킬 수 있다.

공포증을 심하게 느끼는 사람은 가까운 친척 친구들을 제외하고는 의사전달을 회피하려고 한다. 또는 다른 사람과 별로 접촉이 없는 직업을 선택하려고 하며, 인적이 드문 장소에서 기거하기를 좋아하게 된다.

학습 9

연단공포증의 원인은 아직 분명히 규명되고 있지는 못하다. 단지 인간이 선천적으로 가지고 있는 부끄러워하는 기질 또는 어린 시절부터 학습된 행동의 재현이라는 주장이 있다.

2) 말

한번 뱉은 말은 돌이킬 수 없는 말의 일회성 때문에 우리는 책임 있는 말을 하여야 한다. 또한 가능하면 간결하게 상대방에게 의사전달을 하여야 한다. 즉, 우리의 말은 마치 주방 일을 할 때 낀 고무장갑이 주는 편안한 감촉같이 그 말은 그 상황에 적절하게 어울려야 한다.

또한 화자의 발음이 정확한지의 여부도 그 사람의 의사표현에 미치는 영향은 매우 크다. 사회적으로 저명인사가 패배(敗北)를 '패북'이라 발음하고 도전(挑戰)을 '조전'이라고 태연하게 말했다고 상상해 보자. 그의 이야기가 아무리 무게 있고 귀중한 말이라도 그 가치는 땅에 떨어지고 신뢰성이 떨어질 것이다. 그럼 지금부터 말을 할 때 중요한 요소인 장단, 고저, 발음, 속도, 쉼, 띄어 말하기에 대하여 알아보자.

(1) 장 단

목소리의 길이는 한 음절을 얼마나 오래 끌며 발음하느냐를 뜻한다. 소리의 길이 문제도 우리말에서 그다지 큰 문제가 되지 않지만 같은 '말'이지만 짧게 발음하면 말(馬)이 되고, 길게 발음하면 말(語)이 된다.

즉, 표기가 같은 말이라도 소리가 길고 짧음에 따라 전혀 다른 뜻이 된다. 이런 단어의 경우 긴 소리와 짧은 소리를 구분하여 정확하게 발음할 필요가 있다.

우리가 영어를 배울 때 엑센트와 억양에 신경을 쓰고 발음을 연습하였다. 영어에서 엑센트는 한 단어 안에서 음절간의 강약, 고저의 힘을 주는 상태를 구분짓는 것이고, 억양은 한 문장 내에서 강약, 고저의 기복을 가리킨다. 우리말은 영어와 달리 단어를 발음할 때는 엑센트에는 별로 신경을 쓰지 않고 단지 그 길이, 즉 장단만을 구분한다.

(2) 고 저

우리말에는 낱말의 구조에 따라 소리남에 차이가 생기는 고조 현상이 있다.

'암행어사 출두요!'할 때 어사의 '어'음이 보통 '어린이'의 '어'음과는 소리남이 다르다. '아기를 등에 업다'와 '돈이 없다'에서 '업'의 경우도 마찬가지다. 음의 장단과 겹치는 현상이기도 한데, 이는 음의 고저에서 높은 '어'가 그 발음이 길기 때문이다. 이외에도 거북하다, 거룩하다, 거부권, 헌법, 건물, 검사, 서무과, 거인 등은 높은 '어'로 발음이 된다.

또한 "우리는 …해야 합니다. 그렇지 않습니까, 여러분!" 이라는 문장에서 '여러분'을 올리는 경우와 같이 선거연설에서도 흔히 들을 수 있는 발성 중의 하나이다. 물론 동의를 구하는 의도에서 이렇게 표현하는 것이다.

(3) 발 음

사람들과 말하는 것은 의사전달을 하기 위함이다. 그런데 발음이 분명하지 못하면 상대가 여러분이 말하고자 하는 것을 정확히 파악하기 어렵니다. 발음이 분명하지 못한 사람들은 대다수가 한 구절의 끝 부분을 얼버무린다. 사투리에 젖어 있는 사람도 마찬가지이다. 발음을 정확하게 하기 위해서는 천천히 복식호흡을 하여 깊은 소리를 내며 침착하게 이야기하는 습관을 가져야 한다.

발음을 바르게 내는 기본요령은 다음과 같다.

① 호흡을 충분히 한다.
② 목에 힘을 주지 않는다.
③ 입술과 혀와 턱을 빨리 움직인다.

우리말의 발음은 음가대로 발음해야 할 경우, 음가를 더해 내는 경우, 음가를 줄여 내는 경우, 음가를 바꾸어 내는 경우, 이 소리 저 소리 두루 쓰이는 경우 등으로 나누어 볼 수 있다. 음가를 바꾸어 내는 경우의 예를 들면 다음과 같다.

Tip

- '의'의 발음 : 어두의 '의' → 으이 : 의사당, 의무, 의협심, 의논
- 관습자음 : 암여우 – 암녀우 / 밤이슬 – 밤니슬 / 살고기 – 살코기 / 안밖 – 안팎
- 받침법칙 : 맏이 – 마지 / 값이 – 갑시 / 밖이 – 박기 / 꽃아리 – 꼬다리
- 두음법칙 : 녀자(女子) – 여자 / 뇨도(尿道) – 요도 / 니승(尼僧) – 이승
- 된소리 : 헌법 – 헌뻡 / 인권 – 인꿘 / 인격 – 인껵 / 옷감 – 옷깜
- 축약 : 어두운 – 어둔 / 하여서 – 해서 / 되어서 – 돼서
- 자음접변 : 백리 – 뱅리 / 신라 – 실라 / 국립 – 궁립 / 공로 – 공노

(4) 속 도

말을 할 때 속도에 의도적으로 변화를 주면 말하는 사람의 감정을 실어 표현할 수 있다. 날카롭게 또는 화나서 말하면 말이 빨라진다. 그러나 정중하게 또는 상냥하게 말하면 다소 느려진다.

중간 속도라는 것은 속도가 너무 빠르지도 느리지도 않게 말하는 것을 의미하는데, 여러 사람 앞에서 말할 때는 어느 정도의 속도가 가장 적당할까? 발표할 때 기본적인 말의 보통 속도는 10분에 200자 원고지 15장 정도로 하는 것이 적당하다. 목소리의 빠르기는 이 기준보다 얼마나 많은 말을 하느냐를 가리킨다. 빠르게 말하면 내용 전개가 빨라지기 때문에 청중이 듣기에 급급해서 생각할 겨를이 없게 되고 들어야 할 메시지를 놓친 것이 있다고 느낀다. 또한 말을 빨리하는 것은 말하는 사람이 바쁘고 성의 없는 느낌을 주게 된다.

반대로 느리게 말하면, 분위기가 처지게 되어 청중이 내용에 집중을 하지 못하게 되거나 과도하게 느리게 되면 화자가 생각하는 방식도 느리다고 청중은 인식하게 된다.

자신이 평소에 빠르거나 느리게 말하는 습관이 있다면 말하는 속도를 검토해보며 보통의 속도대로 말하려고 노력해야 할 것이다. 발표에 능숙하게 되면 청중의 반응을 감지하면서 분위기가 처질 경우 좀 더 빠르게, 내용 상 중요한 부분을 짚고 넘어가고자 할 경우는 조금 여유 있게 말하는 기술을 더하게 된다.

(5) 쉼

쉼이란 이야기 속에 주어지는 침묵의 시간을 말한다. 이는 심리적 효과를 증대시키기 위하여 의식적으로 말을 끊는 것으로, 이를 잘 활용함으로써 우리는 논리성, 감정제고, 동질감 등을 확보할 수 있다.

듣기 좋은 속도의 이야기에서 숨의 총량이 이야기 전체의 35~40%가 적당하다는 주장이 있다. 쉼의 경우는 여러 가지가 있는데, 이를 열거하면 다음과 같다.

① 이야기의 전이(轉移)시
② 양해, 동조, 반문의 경우
③ 생략, 암시, 반성의 경우
④ 여운을 남길 때

(6) 띄어 말하기

띄어 말하기란 분절에 의해 문장의 전후가 구분되는 호흡단위이다. 이러한 음성분절의 원인은 여러 가지다. 첫째로, 발화시(發火時)라도 숨을 들이쉬면 발음운동이 일시 정지되고, 둘째, 이야기를 남에게 쉽게 이해시키려면 일시 발언이 멈춰지고, 셋째, 국적 표현일 때 발언이 일시 공백이 필요한 경우가 있다. 넷째, 말을 잘못 했을 때 역시 음정이 분절된다.

3) 음 성

좋은 음성이란 개인의 취향, 시대, 지방, 직업에 따라 그 기준이 달라질 수 있다. 영국 NBC 방속국의 아나운서 켈리(Keely)가 "100명 중 5명만이 선천적으로 좋은 음성을 타고 났다."라고 말했듯이, 우리는 자신의 음성의 결함을 발견하고 그것을 고쳐보려는 노력을 부단히 해야 한다. 즉 녹음기에 자신의 스피치를 녹음해서, 음성, 고저, 명료도, 쉼, 감정이입, 완급, 색깔, 온도 등의 면에서 자기 목소리의 진상을 점검해 보아야 한다.

목소리는 메시지의 전달뿐만 아니라 화자에 대한 인상을 반영한다. 즉 약하고 여린 목소리는 화자의 용기와 열성을 감소시키며, 단조로운 목소리는 내적 열정을 잠자게 한다. 시각표현과 마찬가지로 청각표현도 청자의 주의를 환기시킨다.

좋은 목소리를 위해서는

① 편안한 마음으로 경청할 수 있는 적절한 크기

② 분명하고 명확한 음성

③ 음성에는 온도와 색깔이 있으므로 내용에 따라 음성을 변화시키는 요령 습득, 즉단어의 의미를 확산시키고 주의를 집중시키기 위하여 우리는 음성을 변화시켜야 한다. 최근의 스피치 연구가들은 일정한 음도를 유지하다가 보다 낮은 목소리로 갑자기 전환하는 것이 오히려 보다 높은 목소리로 전환하는 것보다 강조의 효과적 수단이라고 주장하고 있다.

④ 목소리는 그 사람의 개성, 연령, 인생체험의 깊이와 밀접한 연관을 갖는 만큼 개인의 여건에 맞는 진실된 목소리를 가져야 한다.

그럼, 느낌이 좋은 목소리를 만드는 방법 3가지를 살펴보자

① 복식 호흡

- 코로 천천히 숨을 들이 마신다.
- 아랫배에 모은 숨을 천천히 뱉어낸다.
- 배에서 소리를 낸다.

② 기본 모음의 입 모양 아, 이, 우, 에, 오

- '아'는 손가락 세 개가 들어갈 정도로 입을 크게 벌린다.
- '이'와 '에'는 입을 옆으로 최대한 크게 벌린다.
- '우'와 '오'는 입을 되도록 앞으로 많이 내민다.

③ 혀의 위치는 모음에 따라 변한다.
직접 소리내어 '아, 오 ,우', '아, 에, 이' 를 읽으며 혀의 위치를 확인하며 연습한다.

4) 몸 짓

우리는 각기 다른 정도이기는 하지만 의사를 표현할 때 두려움을 경험한다. 이 공포증을 감소시키기 위하여 우리는 준비를 하고, 심리적 불안은 정상적인 것으로 생각하여 안정을 회복하며, 내용에 부합되는 제스처로써 오히려 이것을 긍정적인 방향으로 전환해야 한다.

성공적인 화자는 언어적인 요소와 비언어적인 요소를 잘 결합하여, '어떻게'와 '무엇을'이 일치되도록 노력해야 한다. 청자에게 인지되는 비언어적 요소로 우리는 대체로 화자의 외모, 동작 등을 들 수 있다.

(1) 외 모

외모 면에서 자세, 복장, 얼굴 표정이 청자에게 보낼 수 있는 모든 신호일 것이다. 몸동작의 기초가 되는 것은 화자의 자세이다. 여기서도 자연스러운 자세가 화자에게 좋은 자세이다. 그러나 실제 문제는 어느 사람에게나 공통되는 좋은 자세가 있는 것은 아니라는 점이다. 좋은 자세란 화자의 몸이 정상적일 때를 말한다. 가령, 화자가 근육을 움직여도 어색하거나 부자연스러운 점이 없고, 또 호흡이나 발성에 부담을 주지 않는 자세가 좋은 자세다. 다시 말하면 몸 자체가 편안한 상태, 청자에게 불쾌감을 주지 않는 자세를 말하며, 이런 좋은 자세가 자연스럽게 취해지기 위해서는 사전에 말할 때와 자세를 가까운 사람에게 보이고 결함이 있으면 이를 고치도록 해야 한다.

(2) 동 작

화자의 동작은 그것이 의도적이든 아니든 청자에게 어떤 의미를 부여한다. 화자가 잠시 말을 멈추고 한 발짝 청중에게 다가갔다면, 그것은 상황에 따라서 "나의 신념을 믿으시오", "중요한 말을 하고자 합니다", "내 이야기를 어려워하지 마시오" 등의 의미를 가질 것이다. 또한 몸을 좌우 전후로 한 발짝 옮긴다면 이것은 사상의 이전 또는 심화를 의미할 수 있다. 이러한 동작에서 화자의 정신상태, 태도, 여건, 역할, 생명력 등이 은연 중에 표출된다고 보인다. 이것은 역으로 필요시 동작의 통제도 같은 효과를 나타낼 수 있음을 의미하는 것이라고 하겠다.

연단에서 온몸의 움직임은 부자연스러워서는 안 된다. 남녀노소는 각기 그 동작이 달라야 한다. 남성이나 젊은이가 여성이나 늙은이보다 힘 있고 움직임이 커야 하는 것은 당연한 사실이다. 연단에서 몸의 위치를 바꿀 때가 더러 있다. 위치를 바꾸는 것은 바꿀 필요가 분명할 때 행한다. 그렇지 않으면 무의미하게 몸을 움직이게 되어 청자를 불안하게 만든다. 분명한 동작, 명확한 움직임은 동작의 필수조건이다.

5) 유 머

유머가 없는 의사표현은 새가 없는 정원에 비유될 수 있다. 또한 일정한 속도로 달리는 고속버스같아 청자에게 지루한 감을 준다. 그리고 이미 다 아는 진부한 웃음거리는 재탕한 한약 같아서 혀를 쏘지 못하고 입안만 텁텁하게 할 뿐이다.

그렇다고 하루아침에 유머가 있는 구두표현을 할 수 있는 것은 아니며, 평소 일상생활을 통하여 머리를 회전시켜 부단히 유머 감각을 훈련하여야만 자연스럽게 상황에 맞는 유머를 즉흥적으로 구사할 수 있다. 대체로 한국 사람은 유머 감각이 둔한 편이라고 할 수 있다. 영국인에게 "당신은 유머 감각이 없는 사람이오"라고 말하는 것이 가장 모욕적인 말이라고 알려져 있다. 여기서 우리는 영국인은 유머를 일상생활의 한 방편으로 활용하고 있음을 알 수 있다. 건전한 유머를 만끽하며 살아갈 수 있다면 우리의 하루하루는 더욱 더 기쁘고 즐겁고 유쾌한 생활이 될 것이다.

유머는 흥미 있는 이야기로, 과장된 표현으로, 권위에 대한 도전으로, 자기 자신의 이유로, 엄숙한 분위기를 가볍게 만들 때, 변덕스러운 말로, 풍자 또는 비교로, 반대표현으로, 모방으로, 예기치 못한 방향전환으로, 아이러니 등의 방법이 완용될 때 그 성과를 기대할 수 있을 것이다.

2. 의사표현의 방해요인 제거방법

1) 연단공포증 극복 방법

익숙하지 못한 임무, 생소한 환경, 의사표현 성과에 대한 불안 등이 심리적 불안 요인이다. 이러한 요인들은 다음과 같은 방법으로 극복할 수 있다.

① 완전무결하게 준비하라.
② 청중 앞에서 말할 기회를 자주 가지라.
③ 시간보다 더 많이 준비하라.
④ 충분히 휴식하라.
⑤ 처음부터 웃겨라.
⑥ 심호흡을 하라.
⑦ 청자분석을 철저히 하라.
⑧ 청자를 호박으로 보라.
⑨ 청자의 코를 보라.

2) 말 연습방법

① 등이 의자 등에 닿지 않도록 몸을 앞으로 조금 당겨라.
② 앉은 채로 키를 최대한 높일 수 있도록 상체를 위로 쭉 뻗어라.
③ 가장 큰 소리로 말하는 것처럼 가능한 한 성대와 목의 근육을 조여라.
④ 한꺼번에 긴장된 모든 근육을 풀어라.
⑤ 가능한 한 몸을 이완시키고 곧바로 앉아, 목과 목구멍의 근육이 완전히 이완되도록 하라.
⑥ 머리를 정상적인 자세보다 더 어깨에 가까워져야 한다.
⑦ 말하는 동안 하품을 하는 자세로 목의 근육과 목청을 유지할 수 있도록 하품을 하여 보아라.
⑧ 이러한 자세를 계속 유지하면서 짧은 문장을 크게 소리 내어 읽어 보아라.

3) 음성을 좋게 하는 방법

① 숨을 얕게 들이마시면 목소리가 떨리기 때문에 숨을 깊게 들이마셔라.
② 음가를 정확히 내기 위해서는 입을 크게 벌려라.
③ 입안이 타는 듯 하면 소금을 먹어라.
④ 긴장이 되면 껌을 씹어라.
⑤ 당분과 지방질 음식이 성대 보호에 좋다(오미자차, 꿀, 과일, 쥬스, 사탕 등).
⑥ 술과 담배를 절제하고, 충분한 휴식을 취하라.

4) 몸짓을 자연스럽게 하는 방법

① 두 다리 사이를 너무 넓게 벌리지 않는다.
② 몸의 체중을 한 쪽 다리에 의존하지 않는다.
③ 지나치게 경직된 자세를 피한다.
④ 갑자기 자세를 고치지 않는다.
⑤ 뒷짐을 지든가, 팔짱을 끼든가, 손을 주머니에 넣지 않는다.
⑥ 화자와 청자의 시선을 연결시킨다.
⑦ 시선을 골고루 배분한다.
⑧ 눈동자를 함부로 굴리지 않는다.
⑧ 시선을 불안하게 두지 않는다.
⑨ 대화의 내용과 시선을 일치시킨다.

학습 9

5) 유머를 활용하는 방법

① 자기의 실패담을 이야기한다.
② 기발하고 참신한 자료를 찾는다.
③ 한 단계 더 파고 든다.
④ 습관적인 사고방식을 배제한다.
⑤ 청자 가운데 한 사람을 화제로 삼는다.
⑥ 쾌활한 태도로 간단한 이야기를 임기응변식으로 처리한다.
⑦ 이야기는 빨리 하고 빨리 끝낸다.
⑧ 서투른 유머를 해서는 안 된다.
⑨ 무리하게 웃기려고 하지 않는다.
⑩ 청자를 염두에 두고 이야기를 선택해야 한다.

⑪ 다른 사람의 기분을 상하게 하는 이야기는 하지 말아야 한다.
⑫ 화자가 먼저 웃어버리면 안 된다.
⑬ 진지한 내용의 연설을 전개할 때, 요점 보강에 주력하되 유머 삽입은 가능하면 피한다.

■ 북 리뷰<스피치 달인의 생산적 말하기>

남자와 여자는 말하는 법이 다르다.

남자는 직설적인 것을 선호하나 여자는 우회적인 것을 좋아하고, 남자는 구체적인 것을 좋아하나 여자는 추상적인 것으로 말하기를 좋아한다. 그래서 프로포즈할 때에는 직설적으로 “좋아합니다. 사랑합니다”라고 말하는 것보다 은근하게 하는 것이 좋다. 그것이 여자 입장에서도 받아들이기가 쉬울 것이다.

반대로 거절할 때에는 여자가 어색하게 웃거나 얼버무리는 모습을 보이면, 남자 입장에서는 어느 정도 부정적이지만 싫어하지는 않는다고 생각하게 된다. 다라서 거절할 때에는 단호하게 부정하는 것이 좋고, 거절하는 이유도 구체적으로 말하는 것이 상대 남자에게 효과적인 의사표시가 되는 것이다.

이러한 남녀의 차이를 사회학자들은 사회의 오래된 관습 때문에 표현과 사고가 고정화되었다고 보고 있으며, 심리학자들이나 과학자들은 대뇌의 작용과 호르몬의 영향으로 인해서 그렇게 된다고 보고 있다. 여자의 입장에서 단순히 동의를 바라는 질문에 대해서도 남자는 그것을 논쟁으로 비약시켜 즐기는 것과 이것과 연관이 있다. 다음은 남녀차이에 대해서 ‘남자와 여가의 차이 50가지’라는 통상적이고 유머러스한 견해이다.

1. 남자의 ‘사랑해’는 ‘현재는’이라는 단서의 생략이고 여자의 ‘사랑해’는 ‘당신이 사랑하는 한’이라는 조건의 생략이다.
2. 혼자서 술을 마시는 남자는 여자를 필요로 하는 것이고, 혼자서 담배를 피우는 여자는 남자에 지친 것이다.
3. 여자는 심리학의 원서, 남자는 누구나 서툰 번역서이다.
4. 남자의 사랑은 반복충동형, 여자의 사랑은 점층환상형
5. 여자는 모를수록 좋은 일을 너무 많이 알고, 남자는 꼭 알아두어야 할 일을 너무 모른다.
6. 남자는 경험으로 여자를 알지만, 여자는 본능적으로 남자를 안다.
7. 여자에게 가장 중요한 세 사람은 최초로 ‘사랑해’라고 말한 남자‘, '엄마‘ 소리를 처음 들려준 자식, 그리고 현재의 남편이다.
8. 여자의 눈을 호수라고 생각한 남자는 언젠가 그 호수레어 익사한다.

9. 여자가 멀리할 것은 돈과 남자며, 더욱 조심할 것은 돈 많은 남자이다.
10. 여자는 과거에 의지해서 살고 남자는 미래에 이끌려 산다.
11. 여자는 현미경으로 들여다보아야 하고, 남자는 망원경으로 바라보아야 한다.
12. 남자가 유명해지면 여자들의 관심을 끌게 되고 여자가 유명해지면 남자들의 경계를 받는다.
13. 많은 사람과 함께 있을 때, 여자들은 곧잘 자기 애인이 질투를 느끼도록 행동하고, 남자들은 자꾸만 영웅으로 보이려다가 바보가 되기 일쑤다.
14. 여자의 이혼 요청은 저주하기 위함이고 남자의 이혼 제기는 자존심 때문이다.
15. 남자의 포옹은 여자를 감추기 위함이고 여자의 포옹은 남자를 붙잡아두려는 것이다.
16. 여자는 용서하고 남자는 포용한다.
17. 여자는 결국 꾸준히 기다려준 남자에게로 돌아간다. 여자의 사랑에는 감사의 의미도 포함되어 있다.
18. 남자는 누드에, 여자는 무드에 약하다.
19. 남자들은 모이면 여장얘기를 꺼내고 여자들은 자식얘기부터 시작한다. 이것은 남자는 사랑의 대상에, 여자는 사랑의 결과에 집착하기 때문이다.
20. 여자는 잡아두면 도망가려 하고, 남자는 놓아주면 날아가려 한다.
21. 여자가 시선이 마주쳤을 때 그것을 피하는 것은 나 좀 오래 쳐다봐달라는 속셈이다.
22. 여자는 마음에 떠오른 말을 하고, 남자는 마음에 먹은 말을 한다.
23. 남자의 욕망은 출세, 여자, 돈 세 가지이지만 여자의 욕망은 출세해서 돈 많은 남자 하나이다.
24. 여자는 원망하면서 사랑하고, 남자는 사랑하면서 원망한다.
25. 여자는 말 속에 마음을 남기고, 남자는 마음 속에 말을 남긴다.
26. 남자는 사랑의 양을 자랑하지만, 여자는 사랑의 질을 기대한다.
27. 남자의 의상은 명예고, 여자의 명예는 의상이다.
28. 남자가 여자를 꽃이라 함은 꺾기 위함이요, 여자가 여자를 꽃이라 함은 그 시듦을 슬퍼하기 때문이다.
29. 요즘 여자들은 여자는 여자다워야 한다면 화를 내고, 남자들은 남자는 남자다워야 한다면 부끄러워한다.
30. 남자는 불행에 빠졌을 때 타락하고, 여자는 행복에 겨울 때 탈선한다.
31. 남자는 관악기라 막히면 안 되고, 여자는 현악기라 끊어지면 못 쓴다.
32. 남자는 모르는 것도 아는 체하고, 여자는 아는 것도 모르는 체한다.
33. 모든 남자들의 결론은 '여자는 할 수 없어'이고, 모든 여자들의 결론은 '남자는 다 그래'이다.
34. 남자의 용서는 처벌이고, 여자의 용서는 자위다.
35. 오직 한 여자와 사랑을 오래 나눈 남자가 사랑의 본질을 더 잘 알고 있다.
36. 여자는 최초로 '사랑해'라고 말한 사람을 잊지 못하고, 남자는 마지막으로 '행복하게 사세요'라고 말한 여자를 잊지 못한다.
37. 사랑이 식으면 여자는 옛날로 돌아가고, 남자는 다른 여자에게 간다.

38. 남자가 유명해지면 명함에 쓸 것이 많아지고, 여자가 유명해지면 핸드백 속에 남자의 명함이 많아진다.
39. 여자의 얼굴은 초대장이고, 남자의 얼굴은 이력서다.
40. 여자는 누구나 백마를 타고 오는 왕자를 꿈꾸지만, 실제로 맞이하고 보면 자기가 탈 말을 끌고 오는 마부인 경우가 허다하다.
41. 여자느 내가 필요할 때 친구가 되고, 남자는 그가 필요할 때 친구가 되어준다.
42. 한 여자를 버린 남자는 열 명의 우정을 망친다.
43. 거짓말 오아국에서 여자는 여왕이고, 남자는 성문지기였다.
44. 잊혀진 여자보다 더 불쌍한 것은 잊혀질 대상도 못 되는 여자다.
45. 노년의 남자에게 추운 겨울에 필요한 것은 따뜻한 난로보다 오래된 아내이다.
46. 도둑을 사랑한 여자는 천당으로 가지만, 사랑을 위해 도둑질한 남자는 감옥으로 간다.
47. 남자의 얼굴은 20대는 설계도, 30대는 기초공사, 40대는 마무리, 50대는 준공이지만, 여자의 얼굴은 20대에 완공, 30대에 균열, 40대에 붕괴, 50대에 폐가가 된다.
48. 여자는 약하기 때문에 '악하기' 쉽고, 남자는 착하기 때문에 '척하기'쉰다.
49. 여자는 모성으로 수용하고, 남자는 유아성으로 망각한다.
50. 여자는 감정의 변덕스런 귀족이고, 남자는 이성의 저질스런 재벌이다.

출처 : 이창소(2007). 스피치 달인의 생산적 말하기. 북포스.

수행 내용

재료 · 자료

• 의사표현의 개념과 방해요인 관련 자료

기기(장비 · 공구)

• 컴퓨터, 프린터, 주변기기

안전 · 유의사항

• 컴퓨터 및 주변기기의 전원을 관리한다.

수행 순서

01 의사표현의 개념, 방해요인의 사례와 활동에 대하여 분석하라.

P씨는 프레젠테이션에서 자신이 준비한 주제에 대해 발표를 하였으나 상사와 동료직원들은 대부분 내용을 이해하지 못했고, 게다가 주어진 시간 안에 준비하였던 내용을 다 끝내지도 못하였다. P씨는 발표상황만 되면 당황하게 되어 혼자 중얼거리거나, 헤매게 되는 경우가 종종 생기는데 P씨의 문제가 무엇인지 생각해 보자.

피터 드러커는 말하기를 "인간에게 가장 중요한 능력은 자기표현이며, 현대는 의사소통에 의해 좌우된다"고 언급했다. 해야 할 말을 자신 있게 말하는 사람이야말로 진정 용기 있는 사람이다. 오늘날은 의사표현의 시대이므로 표현을 못하면 자신의 능력을 충분히 표출하기 어렵다. 반면에 의사표현을 잘하면 인생의 목적을 쉽게 달성할 수 있게 된다.

학습 9

사 례

P씨의 프레젠테이션

광고회사에 다니는 P씨는 좋은 아이디어를 갖고 있어도, 이를 제대로 표현하지 못해 안타까운 상황이다. P씨는 남들 앞에서 프레젠테이션을 하는 상황만 되면 당황하여 혼자 중얼거리거나, 헤매게 되는 경우가 종종 발생된다.

P씨는 입술을 닫고 말하거나 분명치 않게 발음하는 것이 틀림없다. 지금 P씨가 중얼거리고 있다는 것은 듣고 있는 사람들 모두가 느끼고 있다. P씨가 중요한 부분에서 자꾸 중얼거리자 사람들은 말하는 내용이 갖는 진실성을 의심하기 시작했다.

또한 P씨는 자신이 말해야 될 내용을 순서에 따라 전개하지 못하고 중간에 딴 곳으로 흘러 말하는 경향이 있다. 듣는 사람들은 말하는 사람이 말하는 내용의 진위를 파악할 수 없으며, 말하는 사람의 지나친 반복과 앞 내용과 연결되지 못한 발표로 인해서 듣는 사람의 불만은 거세진다. 이러한 상황은 P씨의 발표 준비 부족과 돌출적인 성격 때문이다.

■ 활 동

"P씨의 프fp젠테이션"사례에서 볼 수 있듯이 의사표현능력은 개인의 능력에도 영향을 미칠 정도로 중요하다. 자신의 프레젠테이션 상황을 생각해보고, 자신의 의사표현 정도가 어느 정도인지 점검해 보자. 그리고 이를 바탕으로 올바른 의사표현을 위하여 자신에게 필요한 능력이 무엇이 있을지 생각해 보자.

내 용	전혀	가끔	거의	향상
1. 나는 프리젠테이션 상황에서 일방적인 전달자가 된다.	1	2	3	4
2. 나는 프리젠테이션 상황에서 시간분배를 제대로 하지 못 한다.	1	2	3	4
3. 나는 프리젠테이션 상황에서 설명이 정확하지 못하다.	1	2	3	4
4. 나는 프리젠테이션 상황에서 분위기를 딱딱하게 만든다.	1	2	3	4
5. 나는 프리젠테이션 상황에서 전문용어를 지나치게 쓴다.	1	2	3	4
6. 나는 프리젠테이션 상황에서 스크린만 쳐다본다.	1	2	3	4
7. 나는 프리젠테이션 상황에서 중얼거린다.	1	2	3	4
8. 나는 프리젠테이션 상황에서 간조어(아~, 에~)를 사용한다.	1	2	3	4
9. 나는 프리젠테이션 상황에서 종종 헤맨다.	1	2	3	4
10. 나는 프리젠테이션 상황에서 제스처를 안 쓴다.	1	2	3	4

① 30~40점 : 도움이 필요하다. 프리젠테이션 기술을 개발하기 위한 기법을 적극적으로 학습해야 한다.
② 20~29점 : 좋은 프리젠터이기는 하지만 앞으로 더 개선해야 한다.
③ 10~19점 : 프리젠테이션을 효과적으로 하는 사람이다.

02 올바른 경청의 방해요인 사례와 활동에 대하여 분석하라.

S사의 입사 3년차 K씨는 프레젠테이션을 잘 하고 싶지만, 항상 적절하지 못한 말의 억양과 속도로 어려움을 겪고 있다. 무엇이 K씨의 프리젠테이션을 방해하고 있으며, 이를 어떻게 개선할 수 있는지 알아보자.

말을 잘하고 싶지만, 뜻대로 되지 않은 경우가 많다. 말을 할 때 영향을 끼치는 요소는 여러 가지가 있다. 무엇이 원활한 의사표현을 방해하는지, 이를 개선하려면 어떠한 노력을 해야 하는지 알아보자.

사 례

K씨의 프레젠테이션 상황

S사 입사 3년차 K씨는 프레젠테이션에 자신이 없어 프레젠테이션 상황만 되면 겁낸다. 실제로 팀별과제로 준비한 프레젠테이션 도중 심하게 떨기도 한다.

K씨의 프레젠테이션 실패 사례를 분석한 결과 다음과 같은 이유가 있었다.

첫째, K씨 스스로 '나는 자료를 멋있게 만드는 손재주가 없어서'라고 하는 자료 작성의 어려움을 느낀다. 이는 결국 글쓰기 능력이 부족함을 의미한다.

둘째, '나는 목소리도 작고, 남들 앞에서는 떨려서 발표를 잘 못해요'라고 하는 사람은 프레젠터로서의 실전 경험 부족이다.

셋째, '제가 잘 모르는 내용을 어떻게 프레젠테이션하죠?'라는 프리젠터의 능력 문제이다.

어떻게 하면 자신감이 넘치는 강력한 프레젠터가 될 수 있을까. 성공적인 프레젠테이션에는 프레젠터의 실전 경험과 배짱 그리고 승부욕이 전제 조건이다.

출처: http://blog.naver.com/eob 2007.8.27

■ 활 동

'K씨의 프레젠테이션 상황'에서 볼 수 있듯이 원활한 의사표현을 방해하는 요소는 여러 가지가 있다. 자신의 의사표현을 하는 습관을 체크해보고, 또한 원활한 의사표현을 하기 위해서 현재 나는 어떠한 노력을 하고 있는지 작성해 보자.

1. 나는 분명하고 정확하게 발음하고, 알맞은 속도로 말한다.

▶

2. 나는 자연스럽고 듣기 좋은 목소리로 말한다.

▶

3. 나는 표준말을 상대나 상황에 맞는 어휘를 골라 품위 있게 쓴다.

▶

4. 나는 어법에 맞고 상대에 알맞게 예사말과 높임말을 가려 쓴다.

▶

5. 나는 말하는 상황에서 필요한 만큼의 정보를 제공한다.

▶

6. 나는 말할 내용을 차례로 순서 있고 조리 있게 말한다.

▶

7. 나는 내용의 요점을 빠뜨리지 않고 말한다.

▶

8. 나는 상대나 상황에 맞는 화제를 골라 말한다.

▶

9. 나는 상대를 존중하면서 상대편의 입장과 처지를 생각하면서 말한다.

▶

10. 나는 알기 쉽게 말한다.

▶

11. 나는 미리 계획하지 않고 순발력 있게 즉흥적으로 대응한다.

▶

12. 나는 활발하고 침착하고 협조적으로 말한다.

▶

13. 나는 상황에 어울리는 효과적인 동작과 표정으로 말한다.

▶

14. 나는 예의를 지키며 부드럽고 상냥하게 말한다.

▶

03 4차산업혁명의 핵심 기술 중 드론 전문가에 대하여 분석하라.

1. 어떤 일을 하나?

① 드론(drone)은 조종사 없이 무선으로 비행 및 조종이 가능한 비행기나 헬리콥터 모양의 무인 항공기를 말하며, 드론 전문가는 세부적으로 드론 개발자와 드론 조종사를 포함한다.

② 드론 개발자는 드론의 비행을 제어하는 소프트웨어를 개발한다. 또한 드론을 이용해 촬영, 스포츠, 관측, 감시, 정보 통신, 광고, 배달 등 다양한 응용 분야에서 임무를 수행하는데 필요한 응용 장치를 연구·개발한다.

③ 드론 조종사는 지상에서 원격조종을 통해 미리 정해둔대로 자동 또는 반자동으로 드론을 조종한다. 또한 지상 통제 장비(GCS), 통신 장비 및 지원 장비 등의 시스템을 운영·통제한다.

2. 어느 분야에서 활동하나?

1) 관련 직업

무인 항공촬영기사, 무인 항공기 표준 전문가, 무인 항공기 조종 인증 전문가, 무인 항공기 안전 운항 체계 전문가, 무인 항공기 시스템 개발자 등의 직업이 있다.

2) 활동 분야

드론 전문가가 활동할 수 있는 곳은 매우 다양하다. 드론 제작 및 교육 업체, 드론 촬영을 필요로 하는 방송국, 영화사, 영상 제작 업체, 드론 등록 및 운항 관리 기관 등에서 드론 전문가들이 많이 필요하다. 드론을 운전하는 경주 대회에 출전하거나, 드론을 활용한 무인 배송, 드론으로 방송용 촬영을 하는 등의 역할을 담당하고 있고, 앞으로 국경 감시, 불법 어업 단속, 조난자 위치 파악 등 사람의 손이 닿지 않는 여러 분야에도 더욱 활용될 것이다.

3. 어떤 적성과 흥미가 필요한가?

1) 적 성

① 드론 전문가가 되기 위해서는 항공기 운항 및 드론과 관련된 기본적인 지식을 이해하고 논리적으로 생각할 수 있어야 한다.

② 드론 조종사는 다양하면서도 변하기 쉬운 조종 환경을 파악하고 운행해야 하기 때문에 정확한 상황 판단력이 필요하다.

2) 흥 미

① 드론 전문가는 항공기 운항 및 드론과 관련된 새로운 기술에 대한 호기심과 이를 적용하는 것에 대해 노력하는 것을 좋아해야 한다.

② 드론은 사람이 하는 일을 대신하는 일이 대부분이기 때문에 평소에 인간이 하는 일에 대한 탐구하고, 이를 드론에 적용해볼 수 있는 도전 정신이 필요하다.

4. 어디에서 일할 수 있나?

① 드론 전문가는 드론을 개발하는 기업체에서 드론 개발자로 취업하거나 드론을 연구하고 개발하는 연구기관에서 일할 수 있다.

② 방송국과 언론기관에서 드론을 조종하여 높은 곳에서 영상이나 사진을 촬영하고 뉴

스에 필요한 정보 수집을 한다.

③ 드론 조종사 양성을 위한 교육기관에서 드론 조종을 가르치는 교관으로 일을 할 수 있다.

④ 드론이 안전하게 운항될 수 있도록 드론 관리 기관에서 드론 등록, 드론 운항 관리 등의 일을 할 수 있다.

5. 어떻게 전문성을 높일 수 있나?

새로운 기능과 성능을 가진 드론을 개발하기 위하여서는 인공지능, 사물 인터넷, 로봇 등과 같은 다양한 분야의 첨단 기술에 대한 폭넓은 지식이 필요하기 때문에 꾸준히 공부해야 한다.

6. 이 직업의 미래는 어떤가?

산림청은 산불을 예방하고 농작물의 병이나 해충에 의한 피해를 줄이기 위해, 한국도시가스는 기름을 옮기는 관을 점검하기 위해 드론을 활용할 예정이다. 그 외에도 많은 공공 기관에서 드론 도입을 본격화하고 있다. 또한 방송·미디어 분야에서도 낮은 비용으로 건물 전경이나 토지 등의 영상을 훨씬 더 자세하게 촬영할 수 있기 때문에 드론을 많이 활용하고 있다. 그 밖에도 드론의 활용 범위는 헤아릴 수 없을 만큼 넓어지고 있어 앞으로 매우 다양한 방면에서 드론 전문가가 많이 필요할 것이다.

학습활동.9 교수 · 학습 방법

교수 방법

- 의사표현의 개념과 방해요인에 대한 관련 용어, 구성, 방식 이해 정도를 파악한 후 수업을 진행한다.
- 교수자의 주도로 의사표현의 개념과 방해요인 등의 내용을 PPT 자료로 제시한 후 설명한다.
- 가능하면 사전에 개인별 학습 자료를 준비하여 모든 학생이 참여할 수 있는 문제 해결식 수업, 협력 수업이 가능하도록 한다.
- 의사표현의 개념과 방해요인 전 과정을 작업의 순서에 따라 단계적으로 실습이 이루어질 수 있도록 지도한다.
- 교재를 통해 수업을 준비하는데 있어서 필요한 모든 정보나 팁, 힌트 등 도움이 될 만한 내용들을 확인할 수 있다.
- 학생들이 만들게 될 각 모델들은 수업시간에 중점적으로 다뤄질 부분과 어휘, 질문, 답을 포함하고 있으며 또한 탐구할만한 추가적인 아이디어들도 포함하고 있다.

학습 방법

- 의사표현의 개념과 방해요인에 대한 관련 용어를 숙지하고, 의사표현의 개념과 방해요인에 대해 이해한다.
- 의사표현의 개념과 방해요인의 각 단계별 중점 사항을 체계적으로 학습한다.
- 의사표현의 개념과 방해요인의 수행순서의 전 과정을 실습한다.
- 의사표현의 개념과 방해요인의 내용을 이해한다.
- 의사표현의 개념과 방해요인을 이해하고 숙달이 될 때까지 학습한다.

학습활동.9 평가 및 피드백

평가 준거

- 평가자는 피평가자가 수행 준거 및 평가 내용에 제시되어 있는 내용을 성공적으로 수행할 수 있는 지를 평가해야 한다.

학습내용	평가항목	성취수준		
		상	중	하
의사표현의 개념과 방해요인	의사표현의 개념과 방해요인을 이해할 수 있다.			

평가 방법

• 작업 포트폴리오

학습내용	평가항목	성취수준		
		상	중	하
의사표현의 개념과 방해요인	의사표현의 개념과 방해요인을 이해할 수 있다.			

• 필기시험

학습내용	평가항목	성취수준		
		상	중	하
의사표현의 개념과 방해요인	의사표현의 개념과 방해요인을 이해할 수 있다.			

• 체크리스트를 통한 관찰

학습내용	평가항목	성취수준		
		상	중	하
의사표현의 개념과 방해요인	의사표현의 개념과 방해요인을 이해할 수 있다.			

• 피드백

1. 작업 포트폴리오
   - 제출한 보고서를 평가한 후 주요 사항에 대하여 표시하여 돌려준다.
2. 필기시험
   - 평가 결과 성적이 저조한 학생은 보고서 제출 기회를 부여한다.
3. 체크리스트를 통한 관찰
   - 실습 과정에서 평가한 후 개선해야 할 사항 등을 정리하여 돌려둔다.

학 · 습 · 평 · 가

1. 다음은 의사표현에 대한 설명이다. 잘못된 설명은?

① 의사표현이란 한마디로 말하기이다.

② 의사표현에는 음성으로 표현하는 것과 신체로 표현하는 것이 있다.

③ 의사표현은 현대사회에서 자신을 표현하는 첫 번째 수단으로 매우 중요한 능력이다.

④ 의사표현의 종류에는 공식적인 말하기와 의례적인 말하기가 있고, 친구들끼리의 사적인 대화는 포함되지 않는다.

2. 다음은 의사표현의 중요성에 대한 설명을 한 문장으로 요약해 보자.

"__________ **은 그 사람의** __________ **를 결정한다.**"

3. 성공하는 사람의 이미지를 위한 의사표현에 대한 설명이다. 잘못된 설명은?

① 부정적인 말을 하면 인생도 부정적으로 될 것이고, 긍정적인 말을 하면 인생도 긍정적으로 될 것이다.

② 상대의 말에 공감해야 한다.

③ 항상 공손한 자세로 "미안합니다.", "죄송합니다만"이라는 표현을 자주 써야 한다.

④ 자신의 대화 패턴을 주의 깊게 살펴본다.

4. "요령 있는 화자는 청중을 무시하지 않으면서도, 그들을 호박으로 볼 수 있는 자이다"라는 말이 있듯이, 90% 이상의 사람들이 연단에만 오르면 긴장하고, 당황하는 현상을 무엇이라고 하는가?

(   )

학습 9

5. 다음과 같은 상황은 원활한 의사표현을 하는데 있어서, 방해요인이 작용한 것이다. 어떠한 방해요인이 작용한 것인지 작성해 보자.

> 발표자는 빠른 걸음으로 연단을 향하여 돌진하거나, 불안한 자세를 취하면서 걸어 나오거나, 관심이 없는 듯이 거드름을 피우면서 걸어 나오거나, 원고를 둘둘 말아 가지고 나오는 상황이다.

(☞)

6. 연단공포증을 없애기 위한 방법에 대한 설명 중 잘못된 설명은 무엇인가?

① 인간의 언어 행위는 두뇌의 환기작용의 결과이기 때문에, 적절히 휴식한다.
② 청자가 나의 상사이거나, 장군이거나, 고관이거나, 연장자이라면 연단에서 청자의 신분을 의식해야 한다.
③ 할당된 시간보다 더 많은 시간 동안 스피치 할 내용을 준비한다.
④ 청중의 눈을 봐야 하는 상황이 어렵다면, 창밖을 쳐다보지 말고 청중의 코를 본다.

학습정리

1. 의사표현이란 한마디로 말하기이다. 즉, 말하는 이가 자신의 생각과 감정을 듣는 이에게 음성 언어나 신체언어로 표현하는 행위이다. 의사표현에는 음성언어와 신체언어가 있는데, 음성언어는 입말로 표현하는 구어이고, 신체언어는 신체의 한 부분인 표정, 손짓, 발짓, 몸짓 따위로 표현하는 몸말을 의미한다.

2. 의사표현이 중요한 이유는 의사표현, 즉 말이 그 사람의 이미지를 결정하기 때문이다.

3. 원활한 의사표현을 방해하는 요인들은 연단공포증, 말, 음성, 몸짓, 유머 등이 있다.
   ① 연단공포증 : 우리는 연단에 섰을 때, 정도의 차이는 있지만 누구나 가슴이 두근거리고 입술이 타고 식은 땀이 나고 얼굴이 달아오르는 생리적인 현상
   ② 말 : 말의 장단, 고저, 발음, 속도, 쉼, 띄어 말하기를 포함함
   ③ 음성 : 자신의 목소리로 음성, 고저, 명료도, 쉼, 감정이입, 완급, 색깔, 온도 등을 의미함
   ④ 몸짓 : 청자에게 인지되는 비언어적 요소로 우리는 대체로 화자의 외모, 동작 등을 의미함
   ⑤ 유머 : 웃음을 주는 것으로 흥미 있는 이야기나, 풍자 또는 비교로, 반대표현으로, 모방으로, 예기치 못한 방향전환으로, 아이러니 등의 방법을 활용함.

참 | 고 | 문 | 헌

기초직업능력프로그램; 의사소통능력 매뉴얼, 한국산업인력공단
구현정 · 전영옥. (2005). 의사소통의 기법. 박이정.
김동규 · 이영찬. (2000). 직업윤리. 학교법인 기능대학.
박현석(역). (2004). 전달의 기술. 다연.
배상복. (2006). 일반인을 위한 글쓰기 정석. 경향미디어.
심재우. (2004). GE처럼 커뮤니케이션하라. 일빛.
윤치영. (2007). 설득 · 경청 논박의 기술. 일빛
임칠성 역. (1997). 대인의사소통. 한국문화사.
이창호.(2007). 스피치 달인의 생산적 말하기. 북포스
전영우. (2007). 귀담아듣는 언어생활 -적극적 경청법-. 민지사
조신영 · 박현찬. (2007). 경청-마음을 얻는 지혜. 위즈덤하우스
직업기초능력지도과정 자료집. (2005). 직업기초능력지도 과정. 서울대 농생대 부설 중등교육연수원.
허정훈 · 김상범. (2007). 건강과 능력개발. 한국폴리텍대학.
홍경자. (2007). 의사소통의 심리학. 이너북스.
황성근. (2006). 너무나도 쉬운 비즈니스 글쓰기. 한겨레출판.
신동아. http://shindonga.donga.com
조선일보. www.chosun.com
중앙일보. www.joins.com
한겨레신문. www.hani.co.kr
한국일보. www.hankooki.com
AM7. www.am7.co.kr
http://blog.naver.com/eob. 2007.8.27.
http://www.career.go.kr/

학습 1	의사소통의 개념 및 종류
학습 2	의사소통의 저해요인과 능력개발
학습 3	문서이해의 개념과 종류
학습 4	문서이해의 절차와 요약
학습 5	문서작성의 개념과 작성법
학습 6	문서작성의 원칙과 표현법
학습 7	경청의 개념과 방해요인
학습 8	경청방법과 훈련
학습 9	의사표현의 개념과 방해요인

학습 10 의사표현법과 지침

학습 11	기초외국어의 개념과 상황
학습 12	기초외국어의 표현방밥과 향상교육법
학습 13	질문활용능력

학습 목표

1. 상황과 대상에 따른 의사표현법과 지침을 이해할 수 있다.

10-1 의사표현법

1. 상황과 대상에 따른 의사표현법

의사표현을 하다 보면 곤란한 말을 해야 할 때도 있고, 불쾌한 감정을 타인에게 전해야 할 때도 있다. 상황과 대상에 따른 의사표현법을 알아보자.

1) 상대방의 잘못을 지적할 때

상대방이 알 수 있도록 확실하게 지적한다. 모호한 표현은 설득력을 약화시킨다. 상대방의 잘못을 지적할 때는 먼저 상대방과의 관계를 고려한다. 힘이나 입장의 차이가 클수록 저항이 적다. 또한 지금 당장 꾸짖고 있는 내용에만 한정해야지. 이것저것 한께 꾸짖으면 효과가 없다.

아울러 뒤처리를 잊지 말아야 한다. 특히 명심할 것은 불필요한 한마디를 덧붙여서는 안 된다는 것이다. 상대방이 늦었을 경우에 '늦었다'는 사실을 지적하는 것은 괜찮지만, '당신은 왜 항상 늦는 거요?'라고 추궁하듯이 묻는 것은 금물이다.

2) 상대방을 칭찬할 때

칭찬은 별다른 노력을 기울이지 않아도 항상 상대방을 기분 좋게 만든다. 그러나 자칫 잘못하면 아부로 여겨질 수 있으므로, 칭찬도 센스 있게 해야 한다.

예를 들면, 본인이 중요하게 여기는 것을 칭찬한다. 처음 만나는 사람에게 말을 할 때는 먼저 칭찬으로 시작하는 것이 좋다. '사무실이 아주 좋은 곳에 있군요.' 같은 간단한 칭찬이 상대를 기쁘게 한다.

3) 상대방에게 부탁해야 할 때

먼저 상대의 사정을 듣는다. '괜찮습니까?' 하고 상대의 사정을 우선시하는 태도를 보여준다. 그런 다음, 응하기 쉽게 구체적으로 부탁한다. 기간, 비용, 순서 등을 명확하게 제시하면 상대방이 한결 받아들이기 쉽다. 거절을 당해도 싫은 내색을 하지 말아야 한다.

4) 상대방의 요구를 거절해야 할 때

먼저 사과한 다음, 응해줄 수 없는 이유를 설명한다. 불가능하다고 여겨질 때는 모호한 태도를 보이는 것보다 단호하게 거절하는 것이 좋다. 거절을 하는 경우에도 테크닉이 필요하다. 정색을 하면서 '안 된다'고 딱 부러지게 말을 하면 상대가 감정을 갖게 되고, 자칫하면 인간관계까지 나빠질 수 있으므로 주의해야 한다.

5) 명령해야 할 때

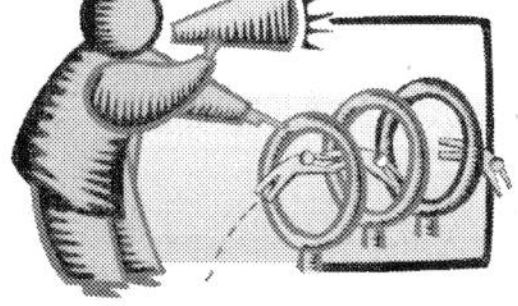

'○○을 이렇게 해라!' 식으로 하인 다루듯 강압적으로 말하기보다는 '○○을 이렇게 해주는 것이 어떻겠습니까?' 식으로 부드럽게 표현하는 것이 훨씬 효과적이다.

6) 설득해야 할 때

일방적으로 강요하거나 상대방에게만 손해를 보라는 식으로 하는 '밀어붙이기 식' 대화는 금물이다. 먼저 양보해서 이익을 공유하겠다는 의지를 보여주어야만 상대방도 받아들이게 된다. 따라서 자신이 변해야 상대방도 변한다는 사실부터 받아들여야 한다.

7) 충고해야 할 때

사람들은 자신의 존재와 능력을 인정해주고 칭찬해주는 사람에게 마음을 열게 되어 있다. 자신에게 부정적이거나 거부반응을 보이는 사람에게는 결코 타협적이거나 우호적일 수 없다는 사실을 잊어서는 안 된다. 충고는 마지막 방법이다. 하지만 그래도 충고를 해야 할 상황이면, 예를 들거나 비유법으로 깨우쳐주는 것이 바람직하다.

8) 질책해야 할 때

질책화법에 샌드위치 화법이 있다. 샌드위치 화법이란 '칭찬의 말' + '질책의 말' + '격려의 말'처럼, 질책을 가운데 두고 칭찬을 먼저 한 다음 끝에 격려의 말을 하는 것이다. 그렇게 하면 듣는 사람이 반발하지 않고 받아들이게 된다. 혹 비난을 하고 싶은 생각이 들 경우, 비난하거나 야유하는 말은 결국 부메랑이 되어 자신에게 다시 돌아온다는 사실을 먼저 떠올리도록 하자.

2. 원활한 의사표현을 위한 지침

원활한 의사표현을 하기 위해서는 다른 사람의 마음을 읽어낼 줄 알아야 한다. 좋은 말은 더 기분 좋게, 부담스러운 내용이라도 실망이나 다툼을 야기하지 않고 상호 이해할 수 있도록 부드럽게 처리하는 요령이 필요하다.

성의 있고 진실한 자세, 상대에 대한 세심한 관찰, 긍정과 공감에 초점을 둔 의사표현 기법을 습득하고 있다면 안정감 있는 인간관계를 이루는 것이 그리 어렵지는 않을 것이다.

1) 올바른 화법을 위해 독서를 하라

대화는 일방적인 것이 아니라 주고 받는 것이다. 따라서 상대방의 채널에 맞춘다는 기분으로 하는 것이 바람직한 의사표현법이다. 핵심은 구체적으로 짚되, 표현은 가능한 한 간결하게 한다. 중언부언은 가장 나쁜 의사표현 버릇이다. 상대방이 말할 때 '지금 당신의 이야기를 이해하고 있다'는 신호를 보내면서 가능한 한 끝까지 들어준다. 올바른 의사표현법의 기본은 독서에 있다. 유창하고 능숙한 말솜씨를 가지려면 풍부한 어휘력이 필요한데, 어휘력을 기르는 데는 책을 읽는 것이 크게 도움이 된다.

2) 좋은 청중이 되라

말을 잘 하는 사람은 남의 말을 잘 듣는 사람이다. 평판 좋은 이들을 보면 대개 말수가 적고, 상대편보다 나중에 이야기하며, 다른 이의 말에 세심히 귀를 기울임을 알 수 있다. 의사표현의 목적을 파악한 뒤 그 기준에 맞추어 상대방의 말을 경청한다. 상대방의 말이 채 끝나기 전에 어떤 답을 할까 궁리하는 것은 좋지 않다. 주의가 분산돼 경청에 몰입하는 것이 어려워지기 때문이다. 불필요한 감정, 시간의 소모 없이 생산적인 의사표현을 이끌어가기 위해서는 상대방의 성격, 인품, 습관을 미리 파악하는 것도 한 방법이다.

3) 칭찬을 아끼지 마라

사람은 자신을 칭찬하는 사람을 칭찬하고 싶어 한다. 그러므로 남을 칭찬하는 것은 곧 나를 칭찬하는 일이다. 누구라도 한 두가지 장점을 갖고 있게 마련이다. 그것을 발견하여 진심 어린 말로 용기를 북돋워준다. 간혹 보면 거짓 찬사를 늘어놓는 사람이 있는데, 그럴 경우 오히려 관계를 더 뒤틀리게 할 수도 있으므로 주의해야 한다. 아첨인지 칭찬인지는 듣는 사람이 더 빨리 파악하게 된다.

4) 공감하고, 긍정적으로 보이게 하라

가장 쉬운 방법은 상대편의 말을 그대로 받아서 맞장구를 치는 것이다. '요즘 사업하기 너무 힘들어!'라는 말을 들었을 때, 곧 '정말 힘이 드시겠군요.' 하고 맞장구를 쳐주면 상대방이 편안함을 느낄 것이다. 사람은 자신의 희로애락에 공

감하는 이들에게서 안정감과 친근감을 느끼기 때문이다. 긍정의 기술도 필요하다. '얼굴이 왜 그렇게 안 좋아요?'라고 하는 것보다는 '요즘 바쁘신가 봐요. 역시 능력 있는 분은 다르군요'라고 말해주는 편이 훨씬 효과적이다. 또한 '당신이 이렇게 멋있었나!'라고 하는 것보다, '당신 정말 멋있어!'라고 표현하는 쪽이 훨씬 더 담백하고 긍정적으로 보이게 한다. 그때그때 적절한 감탄사를 동원하여 맞장구를 치는가 하면, 조심스럽게 의견을 제시해 보자. 그렇게 하면 상대방은 당신이 자신의 말을 경청하고 있음을 확실히 느낄 것이다.

5) 겸손은 최고의 미덕임을 잊지 마라

누구나 다른 사람 앞에서 자신의 장점을 자랑하고 싶은 심리가 있다. 그러나 이러한 욕구를 적정선에서 제어하지 못하면 만나는 게 부담스럽고 껄끄러운 사람으로 낙인찍힌다. 내면적으로 자신감을 갖고 있는 것과 잘난 척하는 것 사이에는 큰 차이가 있다. 장점은 남이 인정해주는 것이지, 자신이 애써 부각시킨다고 해서 공식화되는 것이 아니다. 또 너무 완벽해 보이는 사람에겐 거리감이 느껴질 수도 있으므로, 자신의 단점과 실패담을 앞세움으로써 더 많은 지지자를 얻을 수 있다는 사실을 기억해야 한다.

6) 과감하게 공개하라

비밀의 공유는 강력한 유대감을 불러온다. 좋은 관계를 유지하고 싶은 상대방에게 먼저 자신의 속내를 드러낸다면 상당한 효력을 발휘할 것이다. 이는 곧 '나는 당신을 나 자신처럼 믿는다' 는 신뢰의 표현이기 때문이다.

7) '뒷말'을 숨기지 마라

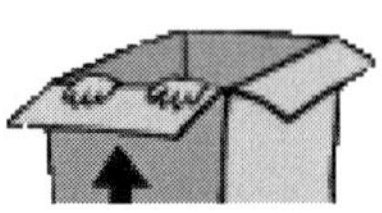

별것 아닌 일에도 버릇처럼 중의적인 표현을 사용하는 사람들이 있는데, 이는 곧이곧대로 칭찬하거나 감탄하는 대신에 석연치 않은 뉘앙스를 풍겨 상대방을 몹시 기분 나쁘게 한다. 피해야 할 대표적인 어법 중 하나이다. 특수한 상황이 아니라면 비꼬거나 빈정대는 듯한 표현은 삼가는 것이 좋다. 산뜻한 칭찬과 비판은 의사표현의 격을 높인다. 반대로 단정적인 말은 금물이다. 따라서 같은 내용이라도 보다 완곡하게 표현할 수 있도록 평소에 훈련해야 한다.

8) '첫마디'말을 준비하라

의사표현에도 준비가 필요하다. 첫 만남을 앞둔 시점이라면 어떤 말로 이야기를 풀어갈지 미리 생각해두는 것이 좋다. 재치 있는 말이 떠오르지 않을 때는 신문 또는 잡지를 참고하거나, 그 날의 대화주제와 관련된 옛 경험을 떠올려보는 것도 한 방법이다. 사업상의 만남일 경우, 상대방이 미처 생각하지 못하고 있을 법한 분야에 대한 지식을 한두 가지라도 쌓아두면 큰 도움이 된다.

9) 이성과 감성의 조화를 꾀해라

논리적 언변은 대화를 이끌어가는 데 큰 힘이 된다. 그러나 이견이 있거나 논쟁이 붙었을 때 무조건 앞뒤 말의 '논리적 개연성'만 따지고 드는 자세는 바람직하지 않다. 그러한 자세는 사태 해결에도 도움이 되지 않지만, 설사 논쟁에서 승리한다 해도 두 사람의 관계를 예전으로 돌려놓는 것은 거의 불가능해진다. 학문적, 사업적 토론에는 진지하게 임하되 인신공격성 발언은 피하도록 한다. 또한 제압을 위한 논리를 앞세우지 말고, 합의를 위한 논리를 지향해야 한다. 논쟁이 일단락된 다음에는 반드시 서로의 감정을 다독이는 과정을 밟도록 한다. 논쟁 자체가 큰 의미가 없는 것일 땐 감정에 호소하는 말로 사태를 수습하는 것도 나쁘지 않은 방법이다.

10) 대화의 룰을 지켜라

좋은 의사표현에는 일정한 규칙이 있다.

① 상대방의 말을 가로막지 않는다.
② 혼자서 의사표현을 독점하지 않는다.
③ 의견을 제시할 땐 반론 기회를 준다.
④ 임의로 화제를 바꾸지 않는다.

익히 알고 있는 것들이지만 지키기는 쉽지 않다. 말을 주고받는 순서, 그리고 자기가 하려는 말의 분량을 늘 염두에 두고 있으면 실수를 줄일 수 있다.

11) 문장을 완전하게 말해라

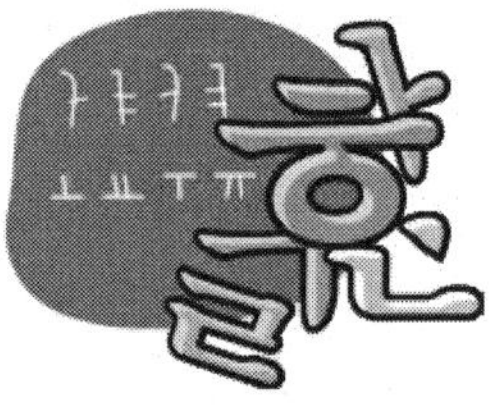

그냥 '됐어요'라고 하는 것보다는 '저 혼자 옮길 수 있습니다'라든지, '갈게요'보다는 '다녀오겠습니다'가 훨씬 단정하고 분명하다. 축약된 말은 자칫 무례하거나 건방지다는 느낌을 줄 수 있지만, 바른 말로 이루어진 완전한 문장은 말하는 이의 품격을 높여줄 뿐 아니라 원활한 의사소통에도 도움이 된다.

Tip 의사표현의 오해를 풀기 위한 10가지 충고

1. 명령하는 듯한 말을 쓰지 마라(반항을 일으키는 불씨다)
2. 비판보다 칭찬거리를 먼저 찾으라(칭찬해서 싫어할 사람은 없다)
3. 상대에게 호의를 베푸는 연습을 시작하라(좋아하려고 노력하고 좋아지도록 연습해야 한다)
4. 상대방의 반항을 존중하라(반항은 단지 존재가치를 느끼고 싶기 때문이다)
5. 싸우지 마라(말이나 행동에 의한 적대 감정을 피하라. 윽박질러 놓으면 결과는 손해다)
6. 상대방이 틀렸다고 마구 꾸짖지 마라(틀리고, 나쁜 점을 증명해보라. 이점은 없다)
7. 큰소리가 'NO'라는 뜻이 아님을 알라(80%는 반항함으로 잊고 만다)
8. '나는 당신이 지금 어떤 기분인지를 압니다'라는 말을 애용하라(놀라운 효과가 있다)
9. 무언가 질문하고 그 얘기에 귀를 기울여라(진지하게 자기의 말을 들어주는 사람을 싫어할 사람은 없다)
10. 상대를 위해 기도하고 용서하라(사랑으로 감싸는 모습을 마음 속으로 그려라)

출처 : 이창호(2007). 스피치 달인의 생산적 말하기. 서울 : 북포스.

■ **북 리뷰**

칭찬은 고래도 춤추게 한다

이 책의 주인공 웨스 킹슬리는 회사의 중역으로 회사와 가정에서의 인간관계로 많은 고민을 하는 사람이다. 그는 플로리다에 출장을 가 있는 동안 우연한 기회에 씨월드 해양관에서 범고래의 멋진 쇼를 보게 되는데, 크게 기대하지 않았던 그 쇼에서 무게 3톤이 넘는 범고래들의 멋진 쇼를 보고 어떻게 범고래로 하여금 그렇게 멋진 쇼를 하게 만들었는지 알고 싶어진다.

범고래에게 배우는 칭찬의 지혜와 마력!

범고래 조련사인 데이브는 웨스에게 범고래와의 관계는 인간 사이의 관계와 다르지 않으며, 멋진 쇼를 하게 만드는 비결은 상대방에 대한 긍정적인 관심과 칭찬, 그리고 격려라고 말해준다. 그리고

구체적으로 어떻게 긍정적으로 바라보고 칭찬과 격려를 해야 하는지에 대해서는 데이브의 친구이자 세계적인 컨설턴트인 앤 마리가 '고래 반응'이라는 용어를 통해 자세하게 설명해준다. 데이브와 앤 마리의 도움으로 웨스는 가정에서는 두 아이와 아내로부터 사랑받는 가장이 되고, 직장에서는 보다 높은 성과를 올려 동료들과 부하직원들로부터 존경받는 상사가 되는 데 성공한다.

'뒤통수치기 반응'은 가정과 회사를 망친다!

누구나 인간관계에서 긍정적 관심과 칭찬 그리고 격려가 중요하다고 생각한다. 그러나 실제로 가정과 직장의 일상생활에서 다른 사람에 대해 긍정적 관심을 가지고 지속적으로 칭찬과 격려를 하는 사람은 드물다. 오히려 우리 삶은 타인에 대한 무관심과 부정적 반응으로 둘러싸여 있다. 잘 생각해 보면 우리 모두는 가정과 직장에서 다른 사람들이 일을 잘하고 있을 때는 무관심하다가 잘못된 일이 생겼을 때만 흥분하고 질책한다. 이 책에서는 그러한 부정적 반응을 '뒤통수치기 반응'이라고 말한다. 사람들이 실수를 저지를 때 뒤통수를 치듯 반응한다는 의미이다. '뒤통수치기 반응'에 둘러싸인 환경에서는 결코 사람들이 최선을 다하지도 않고 열정을 바치지도 않는다.

'고래 반응'이 존경받는 부모, 성과 높은 비즈니스맨을 만든다!

무게 3톤이 넘는 범고래의 쇼를 본 적이 있는가? 플로리다에 있는 씨월드라는 해양관에서는 바다의 포식자로 알려진 거대한 몸통의 범고래가 환상적인 점프를 통해 멋진 쇼를 펼쳐보인다. 그런데 조련사는 어떻게 해서 범고래로 하여금 그렇게 멋진 쇼를 펼쳐보일 수 있게 만든 것일까? '고래 반응(Whale Done response)'이라 불리는 범고래 훈련법은 성공적인 인간관계를 위한 훈련법과 다르지 않다. '

출처 : 네이버 북리뷰. http://book.naver.com/bookdb/book_detail.php?bid=118838

학습 10

10-2 설득력 있는 의사표현 지침

1. 'Yes'를 유도하여 미리 설득 분위기를 조성하라

Yes라고 긍정할 때는 몸의 생리 구조가 이완되어 외부의 자극을 편안히 받아들이는 부드러운 상태가 된다. 단호하게 거절하는 사람은 NO라는 정신적 준비 상태에 놓여 있으므로 거북한 표정이나 자세를 취하는 것이 보통이다. 이러한 사람에게 다짜고짜 자기 의견을 늘어놓으면 오히려 NO라는 정신적 준비 상태를 더 강화시켜 줄뿐이다. 상대방을 설득하는 것이 아니라 NO라는 마음을 더욱 확고히 해주는 꼴이 된다. 이 때 먼저 상대방이 긴장을 풀고 반사적으로 'Yes'라고 대답할 수 있는 평범한 질문을 의도적으로 몇 가지 던져 보는 것이 좋다. 특히 여성은 이러한 설득법에 약하다. Yes라는 대답을 계속해 나가는 동안 NO라는 정신적 준비 상태가 자연히 Yes라는 정신적 준비 상태로 바뀐다. 이때를 포착하여 본론에 들어가면 상대방은 기분 좋게 Yes라고 대답할 것이다. 거절의 이유가 확실한 상대방의 마음을 돌리는 것은 매우 어려운 일이다. 상대방에게 수긍할 수밖에 없는 확고한 거절 이유가 있는 것을 알면서도 용건을 꺼내는 것 또한 매우 어려운 일이다. 이러한 사람은 심리적 방어도 철저해서 "어떻게 좀…"하면서 부탁해 보아도 서로간의 거리감만 더 생길 뿐이다. 이처럼 난공불락인 상대의 마음을 돌리기 위해서는 상대방이 거절하는 이유를 찬사의 말로 바꾸어 주면 효과가 있다.

2. 대비 효과로 분발심을 불러 일으켜라

사물을 판단할 때 우리는 무의식중에 여러 조건을 대비시켜 본다. 이쪽에서 어떤 조건을 제시하면 상대방은 일방적인 상식을 기준으로 그것을 판단하려 한다. 일반적 판단 기준과 제시되는 조건을 대비시켜 그것을 평가하려는 것이 인간의 심리이다. 상대방에게 상식에 벗어나는 조건과 자기가 제시하고자 하는 조건을 동시에 제시해 보라. 이것이 소위 '대비 효과'라는 것으로서 큰 손해를 입기보다는 작은 손해를 감당하는 것이 낫다는 심리에서 비교적 손해가 덜한 것을 선택하는 것이다. 아인슈타인의 상대성 이론을 인용하지 않더라도 이 세상에서 일어나는 모든 일은 상대적인 것이다. 따라서 어떤 현상에 대한 절대적인 평가나 판단기준은 있을 수 없다.

3. 침묵을 지키는 사람의 참여도를 높여라

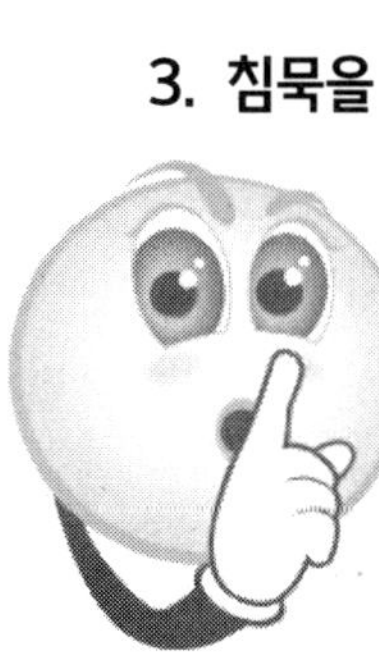

경험이 많은 노련한 교사는 결코 아이의 머리를 쥐어박거나 야단치지 않는다. 떠드는 아이의 옆자리 아이를 의도적으로 지명하여 교과서를 읽힌다든지 질문에 답하도록 한다. 그렇게 하면 떠들던 아이는 당황하여 떠들기를 멈추고 수업에 집중한다. 이것은 일종의 간접적 설득이라고 할 수 있다. 직접 하지 않아도 스스로 떠들기를 멈추고, 또 다른 아이들에게도 쓸데없는 긴장감을 주지 않으므로 아주 좋은 방법이라고 생각된다. 이 기법은 회의에서도 많이 이용된다. 회의에서는 흔히 있는 일이지만, 참석한 사람이 많을수록 발언하는 사람만 계속 발언한다. 심리기법 가운데 발언을 시키고 싶은 사람을 직접 지명하지 않고 일부러 그 좌우에 앉아 있는 사람에게 집중적으로 의견을 묻는 방법이 있다. 자기의 옆 사람이 발언하면 무관심하게만 앉아 있을 수 없는 것이 사람의 심리이다. 이처럼 희생양을 내세워 시범을 보이고 그것을 본보기로 삼아 상대방을 설득하는 수법은 일상 생활에서 흔히 있는 일이다. 중간 관리자가 부하 직원을 다루기 위해 자주 쓰는 방법인데, 실수를 범한 부하 직원에게 직접 주의를 주지 않고 일부러 다른 부하 직원을 꾸짖음으로써 그를 깨우치게 하는 방법이다. 이것을 심리학에서는 '암묵적 강화법'이라고 한다. 꾸짖으려는 대상을 직접 꾸짖는 것보다 더 효과가 있을 수 있다.

4. 여운을 남기는 말로 상대방의 감정을 누그러뜨려라

우리는 집요한 항의나 요구에 압도되는 경우가 자주 있다. 듣는 쪽에서는 정말 어이없는 일이어서 그런 요구를 도저히 들어줄 수 없는데도 상대방은 상당히 강경하게 자기의 요구가 부당한 것이 아니라고 우길 때, "잘 알겠습니다."라고 더 이상 말을 꺼내지 못하게 한다. 사실 '알겠습니다'라는 말에는 미묘한 뉘앙스가 담겨 있다. 말하는 편에서 보면 당신이 무엇을 말하려 하는지 알겠다는 의미이지만, 그렇다고 확답이나 승낙의 의미까지 포함하는 것은 아니다. 이러한 언어적 트릭을 사업상의 분쟁에 사용하면 효과적으로 대처할 수 있다.

학습 10

5. 하던 말을 갑자기 멈춤으로써 상대방의 주의를 끌어라

강연을 하다가 어수선할 때 의식적으로 말소리를 낮추면 오히려 청중들이 귀를 기울인다. 강연이 아닌 개인과 개인의 대화에서도 마찬가지다. 한 사람은 열심히 말을 하는데, 전혀 맞장구도 치지 않고 관심을 보이지 않는 사람이 있다. 그런 태도로 나오는데도 이쪽 말만 계속하면 상대방은 대수롭지 않게 여기고 딴전만 부린다. 심리적으로 상대방이 우위에 있을 때 이런 경우가 많

다. 말하는 사람이 집요하게 매달릴수록 상대방은 더 무시하는 태도를 취한다. 이쪽이 얼굴을 붉혀서 설득하려고 하면 할수록 상대방은 소 귀에 경 읽기로 더욱 쌀쌀한 태도로 나온다. 이미 이쪽의 이야기는 상대방에게 단순한 배경 음악으로밖에 들리지 않아 아무리 설득해도 소용이 없다. 이럴 때 이야기하는 도중에 소리의 크기를 갑자기 낮춘다든지, 얼마간 말을 멈추거나 하여 소리에 변화를 주면 귀를 막고 마음의 문을 닫아 두고 있던 사람이라도 작은 목소리를 내거나 하면 먼저 반응을 보이면서 마음의 문을 열게 된다. 상대방이 스스로 이야기를 들으려는 자세를 취했을 때 설득을 시도해야 효과적이다.

6. 호칭을 바꿔서 심리적 간격을 좁혀라

일반적으로 사람들은 심리적 거리가 멀다고 여기기 때문에 마음의 문을 잘 열지 않는다. 따라서 고의적이라는 인상을 주지 않는 범위 내에서 친근감이 있는 호칭을 사용하면 의외로 빨리 심리적 거리감을 좁힐 수 있다. 반대로 상대방의 마음을 상하게 하지 않고 요구를 거절할 때는 의식적으로 존경어를 사용함으로써 상대방과의 사이에 심리적 거리감을 두는 방법이 효과적이다. 이처럼 우리가 인간관계가 소원하면 무의식중에 존경어를 사용한다. 따라서 친한 사이에 의식적으로 존경어를 사용하는 것은 상대방과의 심리적 접촉을 피하려는 완곡한 의사표현이라고 할 수 있다. 상대방이 처음에는 서먹서먹하게 느낄지 모르지만, 심리적 거리감이 생겼다는 것을 알게 되면 무리한 요구는 하지 않을 것이다.

7. 끄집어 말하여 자존심을 건드려라

비즈니스에서 협상 상대와의 관계는 갑작스레 가까워질 수가 없다. 이러한 관계는 서로 상대방의 눈치를 살피거나 속마음을 떠보는 등 표면적인 수준에 지나지 않는다. 그러나 이런 관계가 계속 지속되면 협상이나 상담은 좀처럼 진전되지 않는다. 그럴 때 보통 때라면 도저히 할 수 없는 상대방의 성격적 결함이나 단점을 넌지시 지적해 주는 것도 하나의 방법이 될 수 있다. 예를 들어 “걱정하시는 이유는 알겠지만, 왜 그렇게 나쁜 쪽으로 성급하게 결론을 내리려고 하십니까?”라든지 "실례지만, 너무 지나치게 따지는 것 같은데요."라는 식으로 말하면, 겉치레 인사만 들어오던 상대방에게는 오히려 신선한 놀라움을 줄 것이다. 그 순간부터 당신에 대한 상대방의 평가도 지금까지와는 달라질 것이다. '나의 그런 면까지 주시하고 있다는 말인가?'라는 생각을 상대방이 가진다면, 그것은 그의 마음 속에 당신에 대한 신뢰가 싹튼다는 것을 말한다. 이러한 지적을 함으로써 형식적이었던 관계가 서로 허물없이 마음을 터놓는 방향으로 움직이기 시작할 것이다. 그러나 상대방의 잘못을 지적하고 비판할 때는 말씨나 표현에 주의해야 한다. 헐뜯으려는 것이 아니라 애정이 담긴 충고라는 이미지를 남기는 것이 중요하다. 아울러 이럴 때 무리한 충고를 하지 말고 '어차피 당신은 알아주시지 않겠지만', '어차피 받아들이지 않을 것이므로 말씀드리지 않겠습니다.'라고 말하는 등 변죽을 울리는 것이 필요하다. 즉, 상대방에게 설득 불가능의 선입견을 표시함으로써 상대방이 반사적으로 그 선입견을 없애기 위한 심리적 요인을 작동시키게 한다. "완고하다", "벽창호다"라는 평가를 붙이면 "그렇지 않다"라고 반발하는 것이 인간의 심리이다.

8. 정보전달 공식을 이용하여 설득하라

정보전달 공식을 이용하면 자기와 라이벌 관계에 있는 사람에 대한 나쁜 평가를 유도해 내기 쉽다. 마치 다른 사람에게서 들은 것처럼 제3자에게 "이런 이야기가 있는데 정말일까?"라는 식으로 말하는 것이다. 사람은 직접 이야기를 들어서는 믿지 못할 것도 전혀 이해 관계가 없는 제3자에게서 듣게 되면 더 잘 믿는 경향이 있다. 그렇다고 이런 기법을 악용하여 절대 다른 사람을 기만해서는 안 된다. 처음부터 큰 전류를 흐르게 하면 충격을 크게 느끼지만, 서서히 전류의 강도를 높이면 그렇게 충격을 느끼지 않는다. 마찬가지로 심리적인 충격도 작은 것에서 점점 큰 것을 경험하면 언젠가 큰 충격이 와도 그렇게 크게 느끼지 않는다.

9. 상대방의 불평이 가져올 결과를 강조하라

논란이 되는 문제를 상당히 중대한 것처럼 강조하면 상대방은 사건의 중대성에 놀라 불평을 누그러뜨린다. 그 순간을 놓치지 않고 사리에 따라 설명하면 상대방도 자기의 실수라고 솔직히 인정한다. 노사분규에서 노사간에 타협점을 찾

지 못하고 교착 상태에 빠지는 수가 많다. 조합원이 자기의 주장이나 요구 등을 굽히지 않는 것은 그 요구가 정당하며 타당하다고 믿기 때문이다. 그런 요구를 물리치기 위해 경영자가 사용하는 작전의 하나는 먼저 그 요구가 부당하고 지나치다는 것을 이해시키는 방법이다. 그 요구가 정당한 것이냐 부당한 것이냐 하는 것은 어차피 주관적이고 상대적이기 쉽다. 그럴 때는 요구를 하는 상대방보다 훨씬 비참한 사람, 불행한 사람을 예로 들어준다. "내가 잘 아는 회사가 얼마 전에 도산했다고 하네. 불황이어서 다시 취직할 길도 없고 하여 사원들은 불안한 나날을 보내고 있는 모양이야." 라고 말하면, 조합 측에서는 이러한 비교에 대해 자신들은 아직 형편이 더 낫다고 생각을 하게 되면서 자기들의 요구가 너무 지나치다는 것을 깨닫고 기세를 누그러뜨릴 것이다.

10. 권위 있는 사람의 말이나 작품을 인용하라

일반인들은 신문이나 잡지 서평에서 권위 있는 사람이 추천하는 책은 좋은 책이라는 생각을 하게 된다. 이것은 일종의 착각이다. 우리는 추천된 책과 추천자의 권위를 무의식적으로 동일시하고 있다. 이러한 심리는 일상 생활의 여러 장면에서 나타난다. 텔레비전의 광고나 홍보 포스터에 저명인이나 권위자를 등장시키는 것도 똑같은 심리학적 원리를 응용한 것이라고 할 수 있다. 광고의 수신자는 선전되는 상품과 등장 인물의 이미지를 심층 심리에서 일치시켜 인지한다. 이러한 심리적 효과는 절대적인 힘을 가진다. 그러므로 설득에 뛰어난 사람은 권위 있는 사람의 말이나 작품을 인용하여 자신의 말을 정당화시킨다. 그러나 이 기법을 사용할 때 의외로 주의할 점이 많다. 예를 들어 텔레비전 광고에서 선전하려는 상품과 등장 인물의 이미지가 합치되지 않으면 오히려 역효과를 낸다는 것이다. 이처럼 저명인이나 권위자를 내세워 자기 말을 정당화하려 할 때는 상대방이 무엇을 기대하고 무엇에 약한가를 사전에 면밀히 조사해 두어야 한다.

11. 약점을 보여 주어 심리적 거리를 좁혀라

설득하려는 상대방의 심리적 에너지나 감정 상태를 잘 파악하여 자신의 주장을 펼치는 것이 설득에서는 매우 중요하다. 설득하는 쪽이 실수 하나 없이 좀처

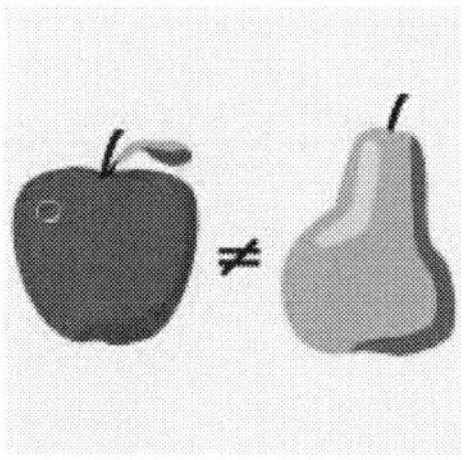

럼 약점을 보이지 않는 우위의 입장에 있으면 상대방은 더욱 더 마음의 벽을 단단히 쌓아 마음의 문을 열지 않게 된다. 이러한 경우에는 일시적으로 자신의 약점을 털어놓아 상대방에게 우월감을 갖게 하는 기법이 필요하다. 이 때 주의해야 할 점은 어디까지나 약점을 진정으로 털어놓을 것이 아니라 제스처에 불과한 정도로 드러내야 한다는 것이다. 실제로 인간의 심리는 묘한 것이어서 약점을 지적받기 전에 본인 스스로가 그것을 인정하고 나오면 상대방은 그 약점에 무관심해 진다. "지루하신 것 같은데요"라고 말함으로써 자기 이야기의 지루함을 감출 수도 있고, "되풀이되는 것 같지요?"라고 말하여 이야기의 단조로움을 어느 정도 줄일 수는 있다. "극단적인 이야기 같습니다만"이라고 전제해 두면 듣는 사람에게 극단적인 인상을 주지 않게 된다. "어디까지나……", "……같습니다만"이라고 모호하게 말하는 것이 이 기법의 요점이다. 열등 의식과 지나친 경계심을 가진 상대를 설득하기란 대단히 어렵다. 갈수록 마음의 벽이 두꺼워져 좀처럼 마음을 열려고 하지 않는다. 이러한 마음의 벽을 무너뜨리려면 그 사람만이 열등한 것이 아님을 인식시켜야 한다.

12. 이상과 현실의 구체적 차이를 확인시켜라

가정에서도 용돈 인상 요구, 귀가 시간 연장 요구 등의 구체적 문제로 자녀들의 요구가 거세어지는 경우가 많다. 이 때 그들은 눈앞의 현실에만 집착하여 자신의 주장만을 늘어놓을 것이다. 그런 이들은 평범한 설득으로는 물러서려 하지 않고 잔뜩 벼르고 있으므로 논리적인 설득도 별반 효과가 없을 것이다. 구체적이고 현실적인 요구의 밑바탕에 있는 보다 근본적이고 추상적인 문제를 이끌어 내는 것이 좋다. 예를 들어 용돈을 많이 올려주기를 바라는 자녀들에 대해서는 성인이 될 때까지 드는 비용이나 불황에 허덕이는 경제, 가정 경제와의 관계, 또 그들이 해야 할 본분 등의 기본 문제를 들려준다. 이런 식으로 자신의 요구가 현실과 괴리되어 있다는 점을 서서히 인식시켜 주는 것이다. 이상과 현실의 격차를 메우는 방편이 바로 내용이다. '내용만으로 살아가면 될 것 아니냐'라는 말도 성립될 수 있을 것 같지만, 이상이 현실에 부딪치면 결국 방향 전환을 해야 하므로 내용만으로 살아가기도 어렵다. 이상을 내세우는 사람에게 반론을 제기하기 힘든 가장 큰 이유는 그것이 궁극의 목적이라고 우기기 때문이다. 그릇된 이상은 내용은 거부하면서 형식은 받아들이려 한다. 그렇다면 '(이상)=(형식을 내용으로)=(형식)'으로 되돌리면 되지 않겠느냐는 것이다. 이것은 상대방으로 하여금 이상을 구체적으로 설명하게 하는 기법이다.

13. 자신의 잘못도 솔직하게 인정하라

자기 주장을 굽히지 않는 상대방에게는 '밀어서 안 되면 당겨보라'라는 전략을 사용하는 것도 한 가지 방법이 된다. 자기 주장을 일단 양보하여 의견의 일치를 보이는 자세를 취함으로써 강경한 태도를 굽히지 않던 상대방을 결국 이쪽으로 끌어올 수 있다. 회사에서는 누군가의 제안에 논리적인 근거 없이 반대를 위한 반대를 하는 심술꾸러기에서부터 그 날의 기분에 좌우되어 반대하는 이해심 없는 사람까지 여러 종류가 있다. 의논이라는 것은 대립하면 할수록 반대 의견을 가진 사람은 더 한층 강한 반대 의사를 나타낸다. 따라서 이러한 사람을 설득하여 자기 뜻에 따르도록 하려면, 일단 자기 의견을 양보하여 상대방의 의견에 따르는 체하는 것이 효과적이다. 이쪽이 자기 주장을 부정하고 상대방의 주장을 따르는 듯한 자세를 취하면 상대방도 자기 주장만 내세울 수 없게 된다. 다시 말하면, 분위기가 반전되어 이쪽이 주도권을 쥘 수 있는 상황으로 바뀐다. 공격형인 사람을 설득한다든지 그의 집요한 추궁에서 벗어나려면 먼저 이쪽에서 솔직히 인정하는 것도 하나의 방법이다.

14. 집단의 요구를 거절하려면 개개인의 의견을 물어라

일단 상대방의 입장에 서서 지금까지의 노고를 치하할 필요가 있다. 상대방에게 있어 가장 견디기 힘든 것은 지금까지 열심히 해 온 일을 대수롭지 않게 여기는 때이다. 그래서는 설득하기가 어려울 수밖에 없다. 그러므로 "당신들이 열심히 해 온 것을 잘 압니다. 그러나 문제가 있는 것도 사실입니다."라고 강조하는 것이 중요하다. 그리고 "지금까지 애써 왔지만 보다 완벽한 것이 될 수 있도록 한 번 더 노력해 주기를 바랍니다."라고 부탁하면 상대방은 지금까지의 노력이 허사가 되지 않게 하기 위해서 보다 전향적인 자세로 이쪽의 요구에 응하게 된다.

15. 동조 심리를 이용하여 설득하라

인간은 동조심리에 의해 행동하는 수가 많다. 한 마디로 말하면 대부분의 다른 사람들과 같은 행동을 하고 싶어하는 심리이다. 이것은 유행이라는 현상을 생각하면 쉽게 알 수 있다. 다른 사람들과 같아지고 싶은 충동이 유행을 추구하게 만든다. 사람들끼리 다툰다거나 반감을 가지고 있을 때는 이러한 동조 심리가 작동하지 않는다. 회사에 불만이 가득한 부하 직원이 있다고 하자. 이런 부하 직원을 회사 일에 적극적으로 협조하게 만들려면 그와 공동의 적을 만드는 방법이 있다. "이번에도 실적이 떨어지면 자네와 나는 지방 영업소로 밀려나겠지?"라는 식으로 가상의 적을 만들면 동조 심리가 적용하여 불평만 늘어놓던 부하 직원은 상사에게 협력하게 된다. 또한 라이벌 의식을 부추기는 것도 한 가지 방법이다. 좀처럼 협력하지 않는 상대를 설득시키려면 공동의 적을 만들어 함께 방어할 생각을 가지게 하면 효과적이다. 이쪽에서 열심히 설득하면 '자기 넋두리만 늘어놓고 있군'. 하면서 오히려 반발심을 가진다. 이러한 유형의 사람은 '자아'라는 방벽을 튼튼히 쌓아두고 있으므로 어떤 설득에도 움직이려 하지 않는다. 이러한 사람을 설득하기 위해서는 '우리'라는 표현을 자주 사용함으로써 서로 공통점이 있다는 것을 깨우쳐 주어야 한다. 이런 타입은 자아에 민감하고 귀속 의식도 강하므로 '우리'라는 말을 자주 쓰면 이쪽으로부터 강요받고 있다는 생각을 가지지 않게 된다. 다시 말하면 강요받기를 싫어하는 상대방에게는 이쪽의 주관만 내세우지 말고 공동의 목표를 찾아보자고 회유해야 한다. 남녀 사이라면 '나와 당신'이나 '나와 너'가 아니라 '우리'라고 하는 것이 상대방에게 일체감을 주어 설득력을 높일 수 있다. 반드시 상대방이 자아가 강한 사람이 아니라 할지라도 설득하려는 당신이 '자기만 아는 사람'이라는 평을 받지 않으려면 의식적으로 '우리'라는 말을 사용하는 것이 좋다.

학습 10

16. 지금까지의 노고를 치하한 뒤 새로운 요구를 하라

일단 상대방의 입장에 서서 지금까지의 노고를 치하할 필요가 있다. 상대방에게 있어 가장 견디기 힘든 것은 지금까지 열심히 해 온 일을 대수롭지 않게 여기는 때이다. 그래서는 설득하기가 어려울 수밖에 없다. 그러므로 "당신들이 열심히 해 온 것을 잘 압니다. 그러나 문제가 있는 것도 사실입니다."라고 강조하는

것이 중요하다. 그리고 "지금까지 애써 왔지만 보다 완벽한 것이 될 수 있도록 한 번 더 노력해 주기를 바랍니다." 라고 부탁하면 상대방은 지금까지의 노력이 허사가 되지 않게 하기 위해서 보다 전향적인 자세로 이쪽의 요구에 응하게 된다. 한편 "당신이 불쾌하게 생각하시리라는 것을 알면서도 ……", 라고 한마디 하면 상대방도 힐책하고 싶은 생각이 사라진다. 상대방이 미리 예상하고 있는 감정을 그대로 드러낸다는 것이 우스꽝스럽다는 생각이 들기 때문이다. 자기의 태도가 미리 드러나게 되면 방어본능에서 '나는 절대로 그렇게 하지 않는다.' 라는 심리가 작용한다. 그에게는 '상대방에게 감정을 그대로 드러내 보일 정도로 나는 째째한 사람이 아니야.' 라는 자존심도 있다. 이러한 몇 가지 요소가 더해지면 아무리 이야기 내용이 불쾌해도 불쑥 화를 내지 못한다. 이처럼 상대방이 당연히 느낄 것이라고 생각되는 감정을 이쪽에서 미리 밝혀 감정을 드러내지 못하게 한 뒤 본론에 들어가면, 상대방은 아주 불쾌하게 신경을 건드리는 내용도 비교적 냉정하게 받아들인다.

17. 담당자가 대변자 역할을 하도록 하여 윗사람을 설득하게 하라

예를 들어 당신의 회사에서 개발한 신제품을 판매하기 위해 거래처를 방문했다고 하자. 아무리 찾아가도 담당자가 좀처럼 반응을 보이지 않는다. 결정을 본인 마음대로 못하기 때문이다. 이런 때는 우선 담당자의 윗사람이 어떤 타입의 인물인가를 파악해야 한다. 그런 후에 "당신의 과장님은 숫자에 밝으시니까, 이런 숫자를 제시하면 당신을 다시 보게 되고 칭찬해 주실 것입니다." 라는 식으로 윗사람을 설득하기 위한 힌트를 준다. 구체적인 방향을 제시하면 담당자는 단순한 전달 역할만 하는 것이 아니라, 세일즈맨 측의 대변자로서의 역할도 하게 된다. 이러한 설득 기술을 교묘하게 구사하여 성과를 거두어야 뛰어난 세일즈맨이다.

18. 겉치레 양보로 기선을 제압하라

자기 논리의 약점을 인정함으로써 이론가처럼 자신하는 상대방을 설득하는 전략으로 설득이 교착 상태에 빠진 때에는 겉치레 양보가 주효할 수 있다. 교착 상태란 서로가 양보하지 않겠다고 팽팽히 맞서는 상태를 말한다. 이럴 때에는 모양

만 갖출 정도로 양보하면 된다. 무엇보다도 상대방의 기선을 제압하여 양보하는 것이 비결이다. 그렇게 하기 위해서는 처음부터 어느 정도의 복선을 깔아둔다. 즉 필요 이상으로 많은 요구를 해 놓고는 "이것도 양보하고 저것도 양보하겠습니다. 그러나 이것만은 ……," 이라고 하여 자기가 바라던 선을 지키는 방법이다. 예를 들어 상대가 도저히 지급할 수 없다고 할 때 지불 기일을 연기해주거나 분할하여 지급할 수 있도록 해준다거나 절차를 간단하게 해주는 식의 겉치레 양보를 함으로써 결국 상대가 지급하도록 만드는 것이다.

19. 변명의 여지를 만들어 주고 설득하라

적극성 없이 우물쭈물하는 태도를 취하는 사람이라고 생각되면, 변명할 여지를 미리 만들어주어 책임감을 덜어줄 필요가 있다. 그런 다음 이야기를 진전시켜 나가면 이런 유형의 사람은 의외로 쉽게 설득된다. 우물쭈물하면서 책임을 전가하려는 사람에게는 한 방향으로 밀어붙이기보다는 빠져나갈 여지를 미리 만들어주는 것이 설득에 더 효과적이다. 말하자면 이것은 시간차 공격인데, 이런 인간관계 기법은 오랫동안의 체험에서 터득해야 한다. 전날 밤 온갖 생각을 다 짜내어 연애 편지를 썼는데, 그 다음날 읽어보니 도저히 창피하여 보내지 못한 경험은 누구에게나 한 번쯤 있는 일이다. 시간을 늦춤으로써 자기를 객관적으로 살펴볼 수 있었기 때문이다. 상대방의 반론을 봉쇄하고 이쪽의 주장을 관철하려 할 때도 이러한 인간의 심리를 이용하면 효과가 있다. 이처럼 적극적이기 못한 사람에게는 먼저 상대방의 이야기를 잠자코 들어주는 것이 필요하다. 그 뒤에 적당한 시간을 선택해서 자기 주장을 펼친다. '서두르면 일을 그르친다.' 라는 속담처럼 냉각기간을 두는 것이 마음 먹은 대로 일을 진척시킬 수 있는 지름길이다.

20. 혼자 말하는 척하면서 상대의 잘못을 지적하라

예를 들어 한겨울에 난방이 너무 잘 되어 사무실 안이 덥다고 하자. 이럴 때 다른 사람들은 보통 "창문 좀 열지 그래," 라고 하지만, 그는 그렇게 하지 않는다. 무척 더운 표정을 지으며 "왜 이렇게 덥지?"라고 혼잣말을 한다. 이것을 두

번 정도 반복하면 가까이 있는 여직원이 창문을 열게 된다. 꾸중을 들어도 별로 반성할 기미가 없는 사람들은 구체적인 대상에 대하여 꾸짖는 것이 아니라 막연하게 혼잣말을 하는 식으로 꾸짖을 때 더 잘 알아듣는 경향이 있는 것 같다. 설득해야 할 상대에 따라서는 얼굴을 마주하고 설득할 수 없는 경우가 자주 있다. 상대가 선배라거나 신세를 진 사람일 때는 독백작전이 효과적이다. 다른 사람을 나무란 경험은 누구에게나 있겠지만 상대방을 반성하도록 만들기란 매우 어렵다. 우리는 보통 "어떻게 그럴 수 있어, 약속도 지키지 않고,", "그래서 그렇게 주의를 주었는데도." 등 계속 꾸짖으며 말로 이해시키려 한다. 그 때 상대방이 조금이라도 반항적인 태도를 보이면 "뭐야, 조금도 반성하고 있지 않잖아" 라고 계속 잔소리를 하게 된다. 그러나 심하게 나무라면 나무랄수록 상대의 반발심은 더욱 커진다. 너무 말을 많이 해도 오히려 반발심을 불러일으킨다. 그것이 서로의 신뢰관계를 붕괴시켜 돌이킬 수 없게 되는 수도 있다. 이처럼 빗나가는 상대에게는 그 에너지를 다른 곳으로 돌리게 하는 방법이 필요한데, 여기에는 독백 작전이 효과적이다. 그렇게 되면 반발 에너지는 반성 에너지로 바뀐다.

수행 내용

재료 · 자료

- 의사표현법과 지침 관련 자료

기기(장비 · 공구)

- 컴퓨터, 프린터, 주변기기

안전 · 유의사항

- 컴퓨터 및 주변기기의 전원을 관리한다.

수행 순서

01 효과적인 의사표현방법의 사례와 활동에 대하여 분석하라.

회의시간이면 회의를 주도적으로 운영하는 P과장이 있다. 그는 과연 어떠한 능력이 있으며, 어떻게 의사표현을 하는지 알아보자.

말하는 것을 보면 그 사람의 교양, 마음씨, 인격을 알 수 있다. 즉 말과 인격, 말과 교양은 종이의 앞뒷면과 같아서 훌륭한 인격과 교양을 가진 사람은 자연히 예의바르고 품위 있는 말을 쓰게 된다. 상황과 대상에 따라 의사표현을 어떻게 해야 하는지 알아보자.

학습 10

사 례

나도 MC처럼 좌중을 휘어잡을 수 있을까-고수들의 화법 5가지

모임의 성격과 분위기에 따라 자신을 바꿀 수 있는 사람이 일상의 토크쇼에서 MC가 될 수 있다. 신동엽 · 유재석 · 강호동 · 김용만 등 개그맨 출신 MC들이 TV 토크쇼를 싹쓸이 하

고 있다. 이들은 게스트를 휘어잡으면서 프로그램을 이끌기도 하고, 자신을 낮추면서 시청자들에게 웃음을 주기도 한다. 사람들은 "나도 MC처럼 좌중을 휘어잡으면서 분위기를 이끌고 싶다"고 부러워한다.

우리의 일상은 '토크쇼'와 다를 바가 없다. 술자리나 회의 자리에서 분위기를 주도하면서 리드하는 사람이 있는 반면, 있는지 없는지 모를 정도로 존재감이 없는 사람도 있게 마련이다. '일상의 토크쇼'에서 인기 MC가 되고 싶다면 꼭 알아둬야 할 화법 5가지가 있다.

Point 1. 눈치 100단의 노련함
Point 2. 변화무쌍한 캐릭터 변신
Point 3. 말보다 '손'을 사용해라
Point 4. 회의 자리에서 '절대'라는 단어는 '절대'쓰지 마라
point 5. 웃긴 얘기는 '외우지 마라'

출처 : 뉴스메이커 731호

활 동

다음은 프레젠테이션에 서투른 A씨의 사례를 분석한 결과이다. 자신이 프레젠테이션을 하는 상황을 생각해 보고, A씨와 비교하여 어떠한 수준인지 생각해 보자.

단 계	분 석	결 과	반 성
사전준비	1) 청중의 요구조사가 정확히 되었는가?	• 하 : 고객사가 현재 시스템에 대하여 가장 아쉬워하는 부분이 파악이 안됨	
	2) 청중의 질문에 대하여 순발력 있는 답변이 가능한가?	• 중 : 시스템의외의 질문에는 전문지식이 미흡하여 답변이 안됨	
	3) 청중의 수준,직급,신분에 맞는 용어나 자료가 표현되는가?	• 하 : 청중은 대표이사부터 부서담당자까지 다양한 직급이모인 상황이라 일일이 맞추어 줄 수 없었을 뿐더러 극히 기술적인 용어를 자주 사용함.	
	4) 리허설이 선행되어 졌나?	• 하 : 한 번도 진행안함.	
	5) 발표자는 발표하는 내용에 대한 전문지식을 가지고 있는가?	• 하 : 미리 조사가 이루어지지 않았음	
	6) 적절한 발표 매체를 이용하고 있나?	• 중 : Projector 1대만 이용했을뿐 책자 배포가 없었음.	

단 계	분 석	결 과	반 성
발표자료	7) 발표자료에 자료 수집은 철저히 되어 있나?	• 하 : 예전에 다른 업종에 사용하던 자료를 그대로 활용함.	
	8) 발표자료가 서론, 본론, 결론등 스토리보드구성이 적절한가?	• 중 : 시장동향의 설명, 문제점의 제기, 그에 대한 해결방안등 적절한 발표시나리오를 가지고 발표함. 하지만 해당 업종에 꼭 맞는 자료는 아니였음.	
	9) 다양한 시청각 자료를 이용하는가?	• 중 : Projector 1대만 활용함.	
	10) 객관적이고 구체적인 자료를 준비해서 발표하는가?	• 중 : 예전 자료를 그대로 사용하니 객관성에서 뒤떨어지진 않지만 해당업계와 동떨어진 자료로 구체적이진 않음.	
발표기법	11) 적절한 유머를 사용하며 분위기를 좋게 유도하는가?	• 하 : 딱딱한 분위기로 자료의 발표에만 치중함	
	12) 프리젠터의 의상, 태도는 양호한가?	• 중 : 의상은 일반 정장차림으로 양호 했지만 가끔 머리를 쓸어 올리고, 주머니에 손을 넣기도 함.	
	13) 프리젠터의 음량과 억양은 적절한가?	• 상 : 양호함.	
	14) 발표 시간은 잘 지켜졌는가?	• 하 : 질문과 답변이 좀 길어져서 시간이 많이 초과됨. 점심식사시간 때문에 진행 도중에 마침.	
	15) 프리젠터는 원고를 읽고만 있지는 않는가?	• 하 : 50%정도는 원고의 내용을 그대로 읽어 내려감.	
	16) 가벼운 시작으로 분위기를 유도해 가는가?	• 하 : 지금 발표드릴 내용은...하고 곧바로 시작함. 인사도 안함.	
	17) 발표하고자 하는 핵심 주제는 잘 전달하고 있는가?	• 하 : 고객이 듣고자 하는 내용에서 어려번 빗나가고 중간중간에 다른 업체의 상호를 실수로 부르기도 함.	
	18) 발표자와 청중이 컨센서스를 이루며 발표가 이루어 졌나.	• 하 : 대부분의 청중은 주의 깊게 듣지 않고, 중간에 자리를 비운다든지, 발표자가 놓치는 핵심을 다시 짚어 준다던지 함.	

학습 10

02 설득력있는 의사표현의 사례와 활동에 대하여 분석하라.

K씨는 항상 최고의 판매왕으로 선정되었고, 이번 달에도 목표실적을 초과달성하였다. 판매왕인 K씨의 능력은 과연 어디에서 나오는지, 어떻게 설득력 있게 말을 하여 판매를 하는지 많은 동료직원들은 궁금해 한다. 과연 설득력 있게 말하기 위해서는 어떻게 해야 하는지 알아보자.

인간은 다른 사람과의 관계 속에서 도움을 주기도 하고 받기도 하면서 살아가는 존재이다. 아무리 아는 것이 많고 실력이 뛰어난 사람이라도 모든 일을 스스로 해결할 수는 없다. 따라서 다른 사람의 도움을 얼마만큼 잘 받아낼 수 있느냐가 그 사람의 실력을 평가하는 잣대가 되기도 한다. 그런데 사람마다 각자 성격과 생각이 다르고 처한 입장이 다르기 때문에 다른 사람을 내 뜻대로 움직여서 내 사람으로 만드는 일이 결코 쉽지만은 않다.

이러한 설득의 기술은 어떤 특별한 이론이 필요한 것은 아니지만, 상황에 맞는 전략과 요령이 필요한 것은 분명한 사실이다. 주변 사람들이 자신을 따르게 하기 위해서는 지금과는 다른 새로운 설득 기술이 필요하다.

사 례

판매왕 K씨

화장품 회사에 다니는 K씨는 이번 달도 목표 실적 이상을 달성했다.

K씨의 영업비결에 대한 인터뷰를 한 결과, K씨는 다음과 같이 말을 하였다.

"먼저 고객이 될 만한 사람을 생각해보세요. 그리고 그 사람들을 짧은 시간에 많이 만날 수 있는 곳을 찾아가는 것이 좋겠지요. 언뜻 상품이 주로 피부와 관련된 아아템인 것 같으니 피부과나 피부관리실 마사지 사우나 같은 곳도 생각해 볼 수 있겠네요. 아마 먼저 하고 계신 분들을 보면 어디를 가야 효과적인지 쉽게 아실 수 있을 겁니다."

생전 처음 보는 남에게 말 거는 것이 어떤 분에게는 쉽다지만, 대부분 사람들이 불편하고 힘든 일입니다. 용기를 내서 문을 열고 들어갔다가 심하게 거절당하면 모욕감도 들고 자존심도 상하지요.

먼저 혼자 머리 속으로 상상을 해보세요. 예를 들어 피부과 문을 열고 들어섰을 때 창구의 간호사에게 어떤 인사말을 할 것인지. 간호사의 반응을 예상해보시고 그에 대한 대꾸도 생각해 보세요. 대부분 바쁘니 나중에 오라거나 그런 상품 취급하지 않는다고 거절하겠죠.

바쁘다고 했을 때 어떻게 응대할 것인가? 그럼 나중에 다시 오겠다고 바로 나오기보다는 카탈로그라도 몇 부 놓고 가게 해달라든지 그도 안 되면 한번 읽어나 보시라고 한부만 놓고 온다든지 샘플을 주고 온다든지. 정말 바쁘면 다음에 온다고 하고 나온다든가... 이런 식으로 시나리오를 수 십가지 상황을 상상해서 미리 마음속으로 준비해두세요. 가능한 한 구체적으로요.. 몇 번 가면 그간호사도 영업사원에게 친밀감을 느끼게 되고 영업은 그때부터 시작이겠지요. 이런 시나리오를 상상함으로서 실제로 거절을 당해도 적절히 대처할 수 있고 마음의 상처(?)도 덜 받게 됩니다. 예상했던 시나리오에 있던 상황이니까요...

또 한 가지, 말을 청산유수처럼 잘해야 영업을 잘한다고 생각하지 마세요. 약장사처럼 술술 말 잘하는 영업사원 중에도 훌륭한 영업사원 많습니다. 그러나 그렇지 않은 판매왕들도 많습니다. 그러나 그분들 화법의 공통점은 설득력이 있고 믿음이 간다는 점입니다.

먼저 판매하실 제품을 확실히 파악하세요. 그리고 그 제품이 지금 상담중인 고객에게 왜 필요한지를 가장 효과적으로 전달할 문장을 생각해 두세요. 예를 들어 아토피로 고생하는 아이엄마들에게 할 말과 건성피부로 고민하는 아가씨에게는 다른 말을 해줘야 겠지요. 만병통치약이라는 식으로 아토피에도 좋고 건성피부에도 좋고 한참 떠들어도 설득력만 오히려 약해집니다. 너무 많은 것을 고객에게 전달하려고 노력하기 보다는 눈앞의 고객에게 매치되는 포인트를 확실하게 전달해주세요. 영업사원하고 한 시간 떠들어도 영업사원 나가고 나면 머리 속에 남는 거 별로 없습니다. 수다 말고 메시지를 전달하는 영업을 하세요. 물론 인간적으로 친해지기 위해서는 수다도 필요하겠지만요...

모든 일이 그렇치만 가장 중요한 것은 초심을 잃지 않는 것 같습니다. 성실하고 꾸준하게, 잘 안돼면 방법을 바꿔가면서 쭉 밀고 나가는 거죠. 그냥 저도 하는 일이 비슷해서 느낀대로 주절주절 했습니다. 부디 성공하세요.

■ 활 동

자신이 상대방에게 설득당한 상황을 생각해보고, 판매왕 K씨의 사례에서 어떤 부분에 설득 포인트가 있는지 작성해 보자.

	K씨	설득 포인트
1	휴대폰 기능을 설명하는 상황	
	K씨는 휴대폰의 기능을 설명하는 상황에서, 고객이 무엇을 원하는지 미리 파악하고, 새로운 정보를 제공하며, 이를 입증할 만한 새로운 자료를 미리 준비하여 설명한다.	
2	새로운 제품에 대한 호기심이 있는 고객과 적대심이 있는 고객을 응대하는 상황	
	K씨는 새로운 제품에 호기심이 있는 고객에게는 고객이 새로운 제품을 선택해야 한다고 강조한 후, 그에 대한 이유와 논거를 설명한다. 반면에 적대심 있는 고객에게는 다양한 상황과 이유 및 논거를 설명한 후, 이러하기 때문에 이 제품은 꼭 고객에게 필요하다고 설명한다.	
3	고객이 실수하여 제품이 손상된 상황	
	K씨는 감정이입을 해서 고객의 입장을 자신의 입장처럼 생각하고 걱정해준다. 실수를 탓하기 전에, 자신도 그 상황에서는 그럴 수밖에 없었을거라고 위로를 하고, 그 이후에 문제해결을 한다.	

03 4차산업혁명의 핵심 기술 중 디지털 큐레이터 전문가에 대하여 분석하라.

1. 어떤 일을 하나?

① 디지털 큐레이터*는 인터넷에 있는 수많은 정보 중에서 사용자가 원하면서 가치 있는 정보를 찾아 쉽게 이용할 수 있도록 하는 일을 한다.

② 사용자가 정보를 쉽게 활용할 수 있도록 인터넷에 등록된 다양한 정보를 비교 및

분석하고 정리하는 일을 한다.

③ 포털 사이트, 블로그, SNS 등 인터넷에는 수많은 최신 정보가 등록되면서 기존 정보를 찾기 어렵게 됩니다. 디지털 큐레이터*는 유용한 정보를 하나의 화면에 보기 좋게 배치하여 사용자가 원하면서 가치 있는 정보를 편하게 찾을 수 있도록 한다.

2. 어느 분야에서 활동하나?

1) 관련 직업

디지털 큐레이터와 관련된 직업으로는 소셜 큐레이션 서비스 기획자, 웹 서비스 기획자, 모바일 서비스 기획자, 큐레이터, 사서 등이 있습니다. 웹이나 모바일 서비스를 제공하는 회사에 소속되어 웹 기획자, 컴퓨터 프로그래머, 웹 서비스 운영자, 웹 마케터와 같은 사람들과 함께 일을 한다.

2) 활동 분야

일반 기업이나 공공 기관에서 페이스북, 트위터, 인스타그램, 핀터레스트, 피키캐스트와 같은 소셜 네트워크 서비스에서 유용한 정보를 사용자들에게 추천하여 제공하는 소셜 큐레이터나 소셜 큐레이션 서비스 기획자로 활동하고 있다. 해외의 경우에는 디지털 큐레이션 전문 기관에 소속되어 활동하는 경우도 있다.

3. 어떤 적성과 흥미가 필요한가?

1) 적 성

① 디지털 큐레이터는 사용자가 원하는 정보를 쉽게 보여주기 위한 다양한 방법들을 생각해 낼 수 있는 창의력이 필요하다.

② 정보를 파악하고 추천해야 하기 때문에 새로운 정보를 검색하는 능력과 정보를 분석하는 능력, 보기 쉽게 정보를 구성하는 능력이 필요하다.

2) 흥 미

① 디지털 정보의 추천을 위해서는 인터넷 사용자들의 최신 유행을 알아야 하고 문화, 예술, 언어 등 생활 전반에 대한 흥미가 있는 사람에게 유리하다.

② 평소 인터넷 사용에 능숙하고 다양한 소셜 네트워크 서비스를 이용하는 것을 좋아

* 큐레이터: 박물관·미술관에서 자료 수집, 보존, 관리, 전시 등을 담당하는 사람을 말한다. 여기서 의미가 확장되어 인터넷에서 정보를 선택해 제공하는 사람을 '디지털 큐레이터'라 한다.

하고 사람들이 무엇을 좋아하는지 잘 이해하는 사람에게 유리하다.

4. 어디에서 일할 수 있나?

디지털 큐레이터는 소셜 큐레이션 전문 기업, 일반 기업이나 공공 기관의 홍보나 마케팅을 담당하는 부서에서 소셜 큐레이터, 전자 상거래 큐레이터, 맞춤형 큐레이터로 취업할 수 있다.

5. 어떻게 전문성을 높일 수 있나?

① 디지털 콘텐츠를 직접 기획하거나 만드는 교육을 받은 뒤에 보다 높은 품질의 콘텐츠를 제작할 수 있다.

② 사용자가 원하는 정보를 보다 쉽게 파악하기 위해 웹 기획, 홍보나 마케팅, 빅 데이터 분석 등을 배우면 도움이 될 수 있다.

③ 디지털 큐레이션 실무 경력을 쌓고 프리랜서로 독립하여 일하거나 소셜 큐레이션 기업을 창업할 수도 있다.

6. 이 직업의 미래는 어떤가?

소셜 네트워크 서비스의 사용자가 늘어나고 수많은 콘텐츠가 제공됨에 따라 원하는 정보를 쉽게 찾기를 바라는 사람들이 늘고 있습니다. 국내에서도 일정한 고객이나 회사에 온라인 디지털 콘텐츠를 큐레이션 해주는 일을 하는 기업이 많이 생기고 있다. 공공 기관이나 일반 기업에서도 홍보와 마케팅을 소셜 네트워크 서비스를 통해 제공함에 따라 디지털 큐레이터가 더 많이 필요해지고 있다.

학습활동.10 교수 · 학습 방법

교수 방법

- 의사표현법과 지침에 대한 관련 용어, 구성, 방식 이해 정도를 파악한 후 수업을 진행한다.
- 교수자의 주도로 의사표현법과 지침 등의 내용을 PPT 자료로 제시한 후 설명한다.
- 가능하면 사전에 개인별 학습 자료를 준비하여 모든 학생이 참여할 수 있는 문제 해결식 수업, 협력 수업이 가능하도록 한다.
- 의사표현법과 지침 전 과정을 작업의 순서에 따라 단계적으로 실습이 이루어질 수 있도록 지도한다.
- 교재를 통해 수업을 준비하는데 있어서 필요한 모든 정보나 팁, 힌트 등 도움이 될 만한 내용들을 확인할 수 있다.
- 학생들이 만들게 될 각 모델들은 수업시간에 중점적으로 다뤄질 부분과 어휘, 질문, 답을 포함하고 있으며 또한 탐구할만한 추가적인 아이디어들도 포함하고 있다.

학습 방법

- 의사표현법과 지침에 대한 관련 용어를 숙지하고, 의사표현법과 지침 에 대해 이해한다.
- 의사표현법과 지침의 각 단계별 중점 사항을 체계적으로 학습한다.
- 의사표현법과 지침의 수행순서의 전 과정을 실습한다.
- 의사표현법과 지침의 내용을 이해한다.
- 의사표현법과 지침을 이해하고 숙달이 될 때까지 학습한다.

학습활동.10 평가 및 피드백

평가 준거

- 평가자는 피평가자가 수행 준거 및 평가 내용에 제시되어 있는 내용을 성공적으로 수행할 수 있는 지를 평가해야 한다.

학습내용	평가항목	성취수준		
		상	중	하
의사표현법과 지침	의사표현법과 지침을 이해할 수 있다.			

평가 방법

• 작업 포트폴리오

학습내용	평가항목	성취수준		
		상	중	하
의사표현법과 지침	의사표현법과 지침을 이해할 수 있다.			

• 필기시험

학습내용	평가항목	성취수준		
		상	중	하
의사표현법과 지침	의사표현법과 지침을 이해할 수 있다.			

• 체크리스트를 통한 관찰

학습내용	평가항목	성취수준		
		상	중	하
의사표현법과 지침	의사표현법과 지침을 이해할 수 있다.			

• 피드백

1. 작업 포트폴리오
   - 제출한 보고서를 평가한 후 주요 사항에 대하여 표시하여 돌려준다.
2. 필기시험
   - 평가 결과 성적이 저조한 학생은 보고서 제출 기회를 부여한다.
3. 체크리스트를 통한 관찰
   - 실습 과정에서 평가한 후 개선해야 할 사항 등을 정리하여 돌려둔다.

학 • 습 • 평 • 가

1. 상황과 대상에 따른 의사표현법의 설명으로 잘못된 것은?

① 상대방의 잘못을 지적할 때는 확실하게 말하기보다는 돌려서 말해 준다.

② 상대방에게 부탁해야 할 때는 기간, 비용, 순서 등을 명확하게 제시해야 한다.

③ 상대방의 요구를 거절해야 할 때는 정색을 하면서 '안된다'고 말하기보다는 먼저 사과를 한 후에, 이유를 설명한다.

④ 설득해야 할 때는 자신이 변해야 상대방도 변한다는 사실부터 받아들여야 한다.

2. 다음은 효과적인 의사표현을 위한 방법에 대한 설명이다. 잘못된 설명은?

① 독서를 많이 하여 상대방의 기선을 제압할 수 있도록 어려운 말을 섞어서 쓴다.

② 상대편의 말을 그대로 받아서 맞장구를 치면 상대방이 친근감을 느끼게 된다.

③ 특수한 상황이 아니라면 비꼬거나 빈정대는 듯한 표현은 삼가는 것이 좋다.

④ 축약된 말보다는 문장을 완전하게 말해라.

3. 논리적이고 설득력 있는 의사표현의 대하여 20가지 지침을 살펴보았다. 다음 상황에서는 어떤 지침을 이행해야 하는지 작성해 보자.

1) 한 사람은 열심히 말을 하는데, 전혀 맞장구도 치지 않고 관심을 보이지 않는 사람이 있다. 말하는 사람이 집요하게 매달릴수록 상대방은 더 무시하는 태도를 보이는 상황

☞ ______________________________

____

____

2) '어차피 당신은 알아주시지 않겠지만', '어차피 받아들이지 않을 것이므로 말씀드리지 않겠습니다' 라고 말하는 등 상대방의 성격을 어느 정도 건드려야 하는 상황

☞

학습정리

1. 원활한 의사표현을 위한 지침
   ① 올바른 화법을 위해 독서를 하라
   ② 좋은 청중이 되라
   ③ 칭찬을 아끼지 마라
   ④ 공감하고, 긍정적으로 보이게 하라
   ⑤ 겸손은 최고의 미덕임을 잊지 마라
   ⑥ 과감하게 공개하라
   ⑦ '뒷말'을 숨기지 마라
   ⑧ '첫마디' 말을 준비하라
   ⑨ 이성과 감성의 조화를 꾀해라
   ⑩ 대화의 룰을 지켜라
   ⑪ 문장을 완전하게 말하라

2. 논리적이고 설득력 있는 의사표현의 지침은 다음과 같다.
   ① 'Yes'를 유도하여 미리 설득 분위기를 조성하라
   ② 대비 효과로 분발심을 불러 일으켜라
   ③ 침묵을 지키는 사람의 참여도를 높여라
   ④ 여운을 남기는 말로 상대방의 감정을 누그러뜨려라
   ⑤ 하던 말을 갑자기 멈춤으로써 상대방의 주의를 끌어라
   ⑥ 호칭을 바꿔서 심리적 간격을 좁혀라
   ⑦ 끄집어 말하여 자존심을 건드려라
   ⑧ 정보전달 공식을 이용하여 설득하라
   ⑨ 상대방의 불평이 가져올 결과를 강조하라
   ⑩ 권위 있는 사람의 말이나 작품을 인용하라
   ⑪ 약점을 보여 주어 심리적 거리를 좁혀라
   ⑫ 이상과 현실의 구체적 차이를 확인시켜라
   ⑬ 자신의 잘못도 솔직하게 인정하라
   ⑭ 집단의 요구를 거절하려면 개개인의 의견을 물어라
   ⑮ 동조 심리를 이용하여 설득하라
   ⑯ 지금까지의 노고를 치하한 뒤 새로운 요구를 하라
   ⑰ 담당자가 대변자 역할을 하도록 하여 윗사람을 설득하게 하라
   ⑱ 겉치레 양보로 기선을 제압하라
   ⑲ 변명의 여지를 만들어 주고 설득하라
   ⑳ 혼자 말하는 척하면서 상대의 잘못을 지적하라

참 | 고 | 문 | 헌

기초직업능력프로그램; 의사소통능력 매뉴얼, 한국산업인력공단

구현정 · 전영옥. (2005). 의사소통의 기법. 박이정.

김동규 · 이영찬. (2000). 직업윤리. 학교법인 기능대학.

박현석(역). (2004). 전달의 기술. 다연.

배상복. (2006). 일반인을 위한 글쓰기 정석. 경향미디어.

심재우. (2004). GE처럼 커뮤니케이션하라. 일빛.

윤치영. (2007). 설득 · 경청 논박의 기술. 일빛

임칠성 역. (1997). 대인의사소통. 한국문화사.

이창호.(2007). 스피치 달인의 생산적 말하기. 북포스

전영우. (2007). 귀담아듣는 언어생활 -적극적 경청법-. 민지사

조신영 · 박현찬. (2007). 경청-마음을 얻는 지혜. 위즈덤하우스

직업기초능력지도과정 자료집. (2005). 직업기초능력지도 과정. 서울대 농생대 부설 중등교육연수원.

허정훈 · 김상범. (2007). 건강과 능력개발. 한국폴리텍대학.

홍경자. (2007). 의사소통의 심리학. 이너북스.

황성근. (2006). 너무나도 쉬운 비즈니스 글쓰기. 한겨레출판.

신동아. http://shindonga.donga.com

조선일보. www.chosun.com

중앙일보. www.joins.com

한겨레신문. www.hani.co.kr

한국일보. www.hankooki.com

AM7. www.am7.co.kr

http://blog.naver.com/eob. 2007.8.27.

http://www.career.go.kr/

학습 1	의사소통의 개념 및 종류
학습 2	의사소통의 저해요인과 능력개발
학습 3	문서이해의 개념과 종류
학습 4	문서이해의 절차와 요약
학습 5	문서작성의 개념과 작성법
학습 6	문서작성의 원칙과 표현법
학습 7	경청의 개념과 방해요인
학습 8	경청방법과 훈련
학습 9	의사표현의 개념과 방해요인
학습 10	의사표현법과 지침
학습 11	**기초외국어의 개념과 상황**
학습 12	기초외국어의 표현방밥과 향상교육법
학습 13	질문활용능력

학습 목표

1. 외국어 의사표현의 개념과 상황을 이해할 수 있다.

11-1 기초외국어 능력의 개념과 필요성

기초외국어능력은 직장생활 중 외국어로 된 간단한 자료를 이해하거나, 외국인의 의사표현을 이해하는 능력을 의미한다. 21세기 지구촌은 국경을 초월한 개방화, 정보화, 세계화가 이루어지고 있으며, 이에 따라 세계 각국의 사람들과 함께 일을 해야 하는 경우가 많아졌다. 따라서 세계화시대에 능력 있는 직업인이 되기 위해서는 기초외국어능력을 길러야 할 필요성이 증대되었다.

우리는 국제화, 세계화 시대에 살고 있다. 국경과 장벽이 허물어지고 있으며, 직업생활에 있어 나라간 물적, 인적자원의 자유로운 이동으로 우리나라에서뿐만 아니라 국가 간 영향을 받으며 업무를 추진하고 있다. 이렇게 국가 간 서로 의사소통을 하기 위해서 기초외국어능력을 갖추는 것이 더욱 필요하게 되었다.

1. 기초 외국어 능력이란

기초외국어능력이란 직업생활에 있어 우리의 무대가 세계로 넓어지면서 한국어만이 아닌 다른 나라의 언어로 의사소통을 하는 능력을 말한다. 기초외국어능력은 외국인들과의 유창한 의사소통을 뜻하는 것은 아니다. 즉, 직업생활 중에 필요한 문서이해나 문서작성, 의사표현, 경청 등 기초적인 의사소통을 기초적인 외국어로서 가능하게 하는 능력을 말한다.

기초외국어능력은 크게 다음과 같다.

① 외국어로 된 간단한 자료 이해
② 외국인과의 전화응대와 간단한 대화
③ 외국인의 의사표현을 이해하고, 자신의 의사를 외국어로 표현할 수 있는 능력

2. 기초외국어능력은 왜 필요하고 중요한 것일까?

국제화, 세계화 시대에 살고 있는 우리들은 다른 나라와의 무역을 당연하고 여긴다. 다른 나라와의 무역을 위해서는 우리의 언어가 아닌 국제적인 통용어를 사용하거나, 경우에 따라서는 그들의 언어로 의사소통을 해야 하는 경우가 생기기도 한다. 기초외국어능력은 외국어로 된 메일을 받고 이를 해결하는 상황, 외국인으로부터 걸려온 전화 응대, 외국어로 된 업무관련 자료를 읽는 경우, 외국인 고객을 상대하는 경우 등 다양한 상황에서 필요한 능력이다.

하지만 기초외국어능력이 필요한 경우는 비단 외국인들과의 업무가 잦은 특정 직업인의 경우에만 필요한 것은 아니다. 우리의 주변을 둘러보면 흔히 컴퓨터에서부터 공장의 기계사용, 외국산 제품의 사용법을 확인해야하는 경우에 이르기까지 외국어로 작성되어 있는 것이 많고, 이때 기초외국어를 모르면 불편한 경우가 많기 때문에 기초외국어능력은 직업인으로서 중요하다고 할 수 있다.

■ 관련 TV 프로그램

MBC 스페셜-2006, 대한민국 영어보고서

점점 더 어리게, 점점 더 오래... 18개월부터 시작된 영어교육은 직장에 들어가서도 계속된다. 좋은 대학에 가기 위해, 승진과 연봉을 위해, 남보다 앞서기 위해 필수조건처럼 되어버린 영어. 대한민국 국민들에게 영어는 어떤 의미가 있을까?

2006년 5월, 한국영어교육학회와 MBC 스페셜 제작팀은 대한민국 영어교육의 현주소를 직접 진단하기로 했다.

현직 교수들이 현장에서 쓴 영상보고 '2006년 대한민국 영어보고서'

① 72개사 인사담당자 대상 설문조사
"영어가 승진과 연봉책정에 영향을 미친다 79.2%"
② 실태조사 - 중소도시 평범한 대학생 중학교부터 현재까지 영어에 15,548시간 2148만원 투자
③ 영어공부의 해법을 찾아라
한국외대부속외고 토플 만점자들이 말하는 영어 잘하는 비결
토익만점 형제의 영어 비결
읽고 쓰진 못해도 말하는 건 문제 없어요... 강릉의 여중생!

• 72개 사 인사담당자 79.2% '영어가 승진과 연봉책정에 영향을 미친다'

이번 프로그램을 위해 MBC 스페셜 제작팀은 채용포털 사이트 커리어를 통해 대기업과 중소기업을 포함한 72개사의 인사담당자를 대상으로 설문조사를 실시했다.

조사결과 영어가 승진과 연봉정책에 영향을 미친다는 응답이 79.2%에 달해 영어실력이 직장생활의 필수조건임을 말하고 있다.

• 10년간 영어에 투자한 시간이 약 15,548시간, 2천여만원 투자.

우리나라 사람들은 대학을 졸업할 때까지 얼마나 많은 시간을 영어 교육에 투자하는가?

취재도중 만난 중소도시의 평범한 대학생 정다운씨의 경우, 중학교 1학년부터 대학교 4학년까지 10년간 영어교육에 투자한 시간이 15,548시간에 총 투자비용은 2148만원에 이른 것으로 밝혀졌다.

2006년, 대한민국에서 영어가 갖는 의미는...

영어 모르면 눈뜬 소경

프로그램의 첫 출발점은 영어를 모르면 눈뜬 소경이라는 탈북 대학생의 고백으로 시작된다. 북한을 탈출해 따뜻한 남쪽나라로 왔지만, 이들은 '치킨집' '헤어샵' '초콜릿과 캔디'조차 못알아 듣는 이방인이 되고 말았다. 마치 서구의 나라에서 온 듯 우리말의 70%는 알아듣지 못한다고 고백하는 새터

학습 11

민(탈북자)들. 그들은 영어가 생존조건이라고 말하는데... 과연 생존조건으로 꼽는 이들은 그들뿐인가?

대한민국은 영어공화국

일주일에 두세시간 영어에 매달리는 새터민 뿐만 아니라, 순천에서는 소먹이는 농장주 000씨도, 환갑을 앞둔 선생님도.. 시간을 쪼개 경운기를 몰고 군청에서 마련한 영어교실에서 원어민 선생님에게 영어를 배운다. 전주에서는 '코리안 피자- 빈대떡'을 외치는 작은 식당이 명소가 되기도 한다.

서울은 어떤가? 강남 학원가에서는 초등학교 5,6학년을 대상으로 민사고 대비 초등학생반을 운영하고, 각종 특목고에 들어가기 위해 영어에 매달리는 아이들이 늘고 있다. 취재가 진행되는 동안에도 국제중학교를 비롯한 특목중고 입시설명회가 이어졌고, 강남의 학원가는 밤 늦도록 부나방처럼 몰려다니는 학생들로 불야성을 이루었다.

남보다 한발 앞서고자 하는 이들의 바램처럼 영어는 이미 사회의 권력이 된 듯 보인다.

네티즌 설문조사 '영어공부, 왜 하십니까?'

한국 영어교육학회와 MBC 스페셜 제작팀은 포털사이트 다음을 통해 영어공부를 하는 이유에 대해 설문조사를 실시했다. 그 결과 1907명의 응답자 중 28.6%인 546명은 영어공부의 목적을 승진 등 자기계발이라고 답변했다.

• 목표는 오직하나 '취직 뿐'

프로그램을 촬영하며 만난 취업준비생 정다운씨. 4학년 복학 후, 2학기를 반납한 채 6개월 간 고시원 쪽방에 기거하며 불철주야 영어공부를 하는 그의 목표는 오직 하나, 좋은 회사에 취직하는 것이다.

• I don't know!

10년 동안 2천여만원을 투자해 영어공부에만 매달린 사람들, 과연 이들은 영어로 의사소통이 가능할까? 제작팀은 국내 초행인 외국인을 앞장세워 거리 실험을 실시했다. 실험대상은 무작위로 선출한 일반인이다.

교사가 살아야 영어가 산다

한국영어교육학회와 MBC스페셜 팀이 공동으로 의뢰한 설문조사에서는 영어교육을 못하는 이유 2위로 영어교사의 자질이 거론되었다.

제작팀과 한국영어교육학회가 관심을 갖고 있는 분야 또한 교사문제. 원어민 교사의 확충과 함께 기존 교사들에 대한 재교육의 필요성이 제기되고 있는 것이다.

교사들 스스로 방과 후 원어민 교사와 함께 영어교육에 대해 고민하는 현장은 물론 영어경진대회에 출전하며 스스로를 점검하는 교사들의 모습 속에 우리 영어 교육의 미래가 달려있다.

역설적이게도, 뼈를 깎는 노력을 통해 거듭나려는 교사들의 모습은 앞으로 대한민국의 영어교육 현장이 장밋빛이 되리라는 반증처럼 보인다.

출처 : MBC 스페셜 인터넷 홈페이지. www.imbc.com/broad/tv/culture/mbcspecial/

11-2 의사표현능력으로써 기초외국어 능력

직장생활에서 기초외국어능력은 매우 중요하며, 직장인의 의사소통은 매우 다양하게 이루어지고 있다. 기획서나 보고서의 작성 등의 문서적인 의사소통능력과 동료와의 대화 등을 통한 언어적인 의사소통 외에도 국제화, 세계화 시대에 접어들면서 직업인에게는 기초외국어능력이 직업생활의 의사소통능력으로서 필요성을 더하고 있다.

1. 직장인에게 필요한 기초외국어능력의 의미

1) 기초외국어 능력

기초외국어능력은 외국어로 된 간단한 자료를 이해하거나, 외국인과의 전화응대와 간단한 대화 등 외국인의 의사표현을 이해하고, 자신의 의사를 기초외국어로서 표현할 수 있는 능력이다.

2) 직장인에게 요구되는 기초외국어 능력

① 국제화, 세계화 시대를 살아가는 직장인에게 요구되는 의사소통능력으로서의 기초 외국어능력은 직업생활 중에 필요한 문서이해나 문서작성, 의사표현, 경청 등 기초적인 의사소통을 기초적인 외국어로서 가능하게 하는 능력을 말한다.

② 직장생활 속에서 컴퓨터의 사용이나, 공장의 기계의 간단한 외국어 표시 등을 이해하는 것을 포함한다.

학습 11

2. 기초외국어능력을 대하는 마음가짐

1) 상대방과 목적을 공유하라

자신이 전달하고 싶은 것을 생각하고, 이를 기초외국어로 표현하는 것이 중요하다. 현재 자신이 맡고 있는 업무에서 기본적인 의사소통, 예를 들어 고객의 전화응대나 안내, 메일 작성이나 다양한 문서작성과정에서 기초외국어를 통해 의사소통을 하는 것이 가장 중요한 점이다.

2) 외국어를 너무 어렵게만 생각하지 마라

외국인과의 의사소통이라고 하여 독특한 그들만의 방식이 있는 것은 아니며, 우리가 흔히 하는 의사소통을 다만 외국어로 하는 것이다. 직장인들은 기초외국어조차 하기 어렵다고 자신을 책망하기 보다는 조금이나마 자신이 아는 것을 자신있게 표현하여 외국인들과 즐거운 의사소통을 하는 것이 중요하다.

3) 자신을 극복하라

외국어에 대한 자신감이 부족한 사람들이 가지는 특징은 외국어를 잘 못한다는 지나친 의식, 불명확한 의사표현, 의견정리의 어려움, 표현력의 저하 등이다. 그러므로 이러한 마음상태를 극복하고, 자신만의 기초외국어로의 의사소통방법을 만들어나가는 것도 기초외국어능력을 높이는 좋은 방법이라 할 수 있다.

Tip 외국어 자신감 부족형의 특징

- 처음부터 잘 못한다는 사실을 지나치게 의식한다.
- 자신의 의사를 명확히 표현하지 못한다.
- 자신의 의사를 간단하게 정리하지 못한다.
- 심한 긴장감으로 위축되어 표현력이 떨어진다.

■ **관련 신문기사**

강소국의 조건 - 외국어 능력

每日新聞 www.imaeil.com

스위스 국제경영개발원(IMD)의 2007년도 국가경쟁력보고서에 따르면 우리나라의 국가경쟁력은 지난해보다 세 단계 뛰어올라 29위를 기록했다. 하지만 GDP규모의 세계 순위(13위)에는 훨씬 미치지 못했다. 국가경쟁력 상위 10개국 중에서 8개국이 强小國(강소국)이다. 싱가포르와 홍콩은 지난해에 이어 국가경쟁력이 미국에 이어 각각 2, 3위에 올랐다. 룩셈부르크, 덴마크, 스위스, 아이슬란드, 네덜란드, 스웨덴 등 유럽의 강소국들이 그 뒤를 잇고 있다. 행복이 성적순이 아니듯이 국가경쟁력도 결코 덩치순이 아니라는 것을 말해주고 있다.

이처럼 국가경쟁력이 앞선 강소국들의 공통점으로는 작은 정부, 규제완화, 개방성, 유연한 노사관계, 우수한 인적 자원, 그리고 외국어 능력을 들 수 있다. 특히 글로벌 경제와 지구촌 시대를 맞아 국민의 외국어 능력은 강소국들의 중요한 성공요소이다.

싱가포르와 홍콩이 세계적인 물류와 금융의 허브 역할을 하고, 국가경쟁력이 늘 앞자리를 차지하고 있는 데에는 비즈니스와 금융부문의 세계 공용어인 영어가 자유롭게 통하고 영어에 능통한 전문 인력이 많기 때문이라 할 수 있다. EU집행위원회가 조사한 바에 따르면, 모국어 외에 하나 이상의 외국어를 구사할 줄 아는 국민의 비율이 룩셈부르크가 99%, 네덜란드 91%, 덴마크 88%, 스웨덴 88%, 핀란드 66%이다. 이들 유럽 강소국 국민의 외국어 사용인구의 비율은 유럽 평균 50%를 크게 웃돌고 있다. 범 불어권의 맹주로 프랑스어에 대한 자긍심으로 똘똘 뭉쳐 있고 반개방적 문화가 남달리 강해 전 국민의 45%만 외국어를 구사할 수 있는 프랑스의 국가경쟁력이 28위에 머문 것은 결코 우연이라고 할 수만은 없을 것이다.

부존자원이 적을 뿐더러 대외의존도가 70%를 웃도는 우리나라가 이들 강소국을 본받아야하는 것은 두말할 나위도 없다. FTA 체결로 국경 없는 무한경쟁의 길로 들어선 우리나라가 선진국과 개도국의 틈바구니에서 살아남기 위해서는, 세계와 교류하고 소통하기 위한 수단인 외국어 경쟁력을 더욱 키우지 않으면 안 될 것이다. 외국어 중에서도 세계 공용어이자 지식정보화 시대의 중심 언어인 영어 구사 능력은 개인은 물론 국가 경쟁력의 핵심이라 아니할 수 없다. 세계 3억 2천200만 명의 인구가 영어를 모국어나 공용어로 쓰고 있고, 인터넷 콘텐츠의 68%가 영어로 되어 있다. 과학인용지수(SCI)와 사회과학인용지수(SSCI)에 등재된 학술지 중에서 각각 73%와 85%가 영어를 사용하고 있으며, 뉴스위크지가 꼽은 세계 100대 대학도 75개가 영어권에 속해 있다.

날로 성장하고 있는 금융산업도 예외는 아니다. 국제 금융거래의 공용어는 바로 영어다. 홍콩에 아시아 지역본부를 둔 다국적 기업이 1천167개이고 싱가포르는 350개인데 비해 서울은 고작 11개에 불과하다. 이는 싱가포르에 본부를 둔 한 컨설팅회사가 아시아 12개 국가 중에서 우리나라를 '영어로 의사소통하기 가장 힘든 나라'로 꼽고 있는 것과 무관치 않다. 이제껏 추진해온 '동북아 금융허브'도 선진금융 기법과 영어에 능통한 금융전문 인력의 확보가 관건이라 할 수 있다.

이젠 영어 조기교육에 대한 소모적 논쟁을 접고, 광풍에 가까운 영어 사교육 시장을 바로잡는 한편, 해외 유학과 어학연수에 의한 막대한 규모의 국부 유출을 막는 공교육 시스템의 정상화에 힘을 쏟을 때가 아닌가 한다. 언어학자들의 연구결과에 따르면, 인간 뇌 속의 LAD(언어습득장치)는 14세 무렵까지 왕성하게 작용하다가 그 이후부터는 점차 쇠퇴한다고 한다. 언어습득의 결정적 시기인 LAD 작용기에 언어 환경에 자연스럽게 노출된다면 몇 개의 언어라도 모국어처럼 배울 수 있다고 한다. 이 마법과도 같은 언어습득 능력을 살려주는 일은 일차적으로는 부모의 책임이지만 국가의 책무이기도 하다.

우리나라의 영어 교육은 십수 년을 공부하고도 외국인과 제대로 의사소통하지 못하는 학생들을 양산하는 비효율의 극치를 보여주면서 혼란과 파행을 거듭해 왔다. 영어의 중요성은 커지는데 공교육을 믿지 못하는 학부모들은 너도나도 아이들을 학원과 해외로 내몰고 있다. 나라 안팎에서 지출하는 영어 사교육비 규모가 15조 원에 육박하고 있는데 비해, 세계 토플 성적 순위는 148개국 중 103위에 머물러 있다.

그러나 이들 학부모의 행위를 무모하다거나 비합리적인 행위라고 마냥 탓하고 있을 수만은 없다. 외국어가 개인과 국가의 경쟁력인 만큼, 우리 경제의 규모와 위상에 비해 턱없이 떨어지는 국내 외국어 교육을 하루빨리 정상화해야 할 것이다. 조기 외국어 교육 방안을 하루빨리 마련하고 다양한 프로그램을 통해 외국어에 노출되는 환경을 제도적으로 마련해야 할 것이다.

외국어가 돈을 벌고 부가가치를 창출해내는 촉매제 역할을 하고, 개인과 국가의 경쟁력이 외국어 능력에 의해 좌우되고 있다. 개방화와 세계화가 성장의 엔진 역할을 해야 할 우리에게 외국어능력이야말로 치열한 글로벌 경쟁에 맞서기 위한 강력한 무기이자 인프라이기도 하다.

출처 : 매일신문, 2007년 8월 22일자. 이화언 대구은행장

11-3 기초외국어 능력이 필요한 상황

국제화시대가 가속화됨에 따라 직업인들은 외국인과 함께 일할 기회가 증가되었지만, 그들과의 의사소통을 위한 기초외국어능력의 부족으로 때로는 심각한 결과에 이르는 경우가 있다. 이러한 실수를 막기 위해서는 먼저 자신의 업무를 파악하고, 자신의 업무에서 기초외국어능력이 필요한 상황에는 어떤 상황이 있을지 아는 것이 중요하다. 외국인이라고 해서 그들과의 의사소통에 특별한 방법이 있을 것이라고 생각하지 말고, 그들도 우리와 똑같은 업무를 보지만 사용하는 언어가 우리와 다르다고 생각하면 외국어로 의사소통하는 일이 그리 어렵지만도 않다고 느낄 것이다.

1. 기초외국어 능력이 필요한 상황은?

외국인과 함께 일하는 국제 비즈니스에서는 의사소통이 매우 중요하다. 직업인은 자신이 속한 조직의 목적을 달성하기 위해 외국인을 설득하거나 이해시켜야 한다. 하지만 이런 설득이나 이해의 과정이 모든 업무에서 똑같이 이뤄지지는 않는다. 예를 들어, 비서업무를 보는 사람은 외국인과의 의사소통 상황에서 전화응대나, 안내 등의 기초외국어를 숙지하는 것이 필요하고, 공장에서 일하는 사람의

경우에는 새로 들어온 기계가 어떻게 작동되는지 매뉴얼을 봐야하는 상황에서 기초외국어능력이 필요하며, 일반 회사원의 경우 다양한 상황에 직면할 수 있지만 주로 외국으로 보낼 서류를 작성하거나, 외국에서 온 서류를 이해하여 업무를 추진해야 하는 상황과 관련된 기초외국어능력이 필요할 것이다.

기초외국어능력은 직업생활에 따라 다양한 상황에서 필요한 것이며, 외국어라고 해서 꼭 영어만 중요하거나 필요한 것은 아니고, 자신의 분야에서 주로 상대해야하는 외국인 고객이나 외국회사에 따라 요구되는 언어는 다양하다. 무엇보다 중요한 것은 자신에게 기초외국어능력이 언제 필요한지 잘 숙지하고, 그에 대비하여 자신의 업무에서 필요한 기초외국어를 적절하게 구사하는 것이다.

2. 지금 내게 필요한 능력은?

직업인으로서 자신에게 기초외국어능력이 필요한 상황을 잘 생각해보았다면, 지금 나에게 어떤 외국어가 필요한지, 주로 어떤 내용의 대화나 문서가 오고 가는지, 그러한 내용에 적절하게 응답하기 위해서는 외국어에서 어떤 표현이 필요한지 알 수 있을 것이다. 무엇보다 중요한 것은 자신이 왜 의사소통을 하려고 하는지 상대방과 목적을 공유하는 것이다. 그러기 위해서는 자신이 전달하고 싶은 것을 먼저 생각하는 사고력이 필요하고, 생각한 내용을 어떤 형태로 표현할 것인가를 결정하는 표현력이 중요하다.

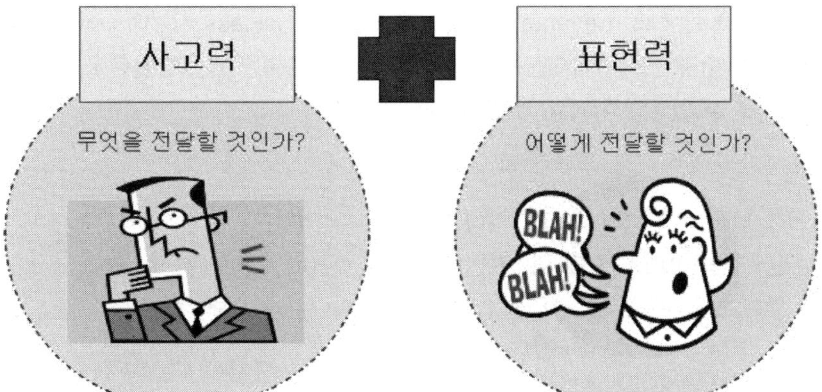

■ 자 료

비즈니스 프리젠테이션 교육과정 소개

International Business Presentation

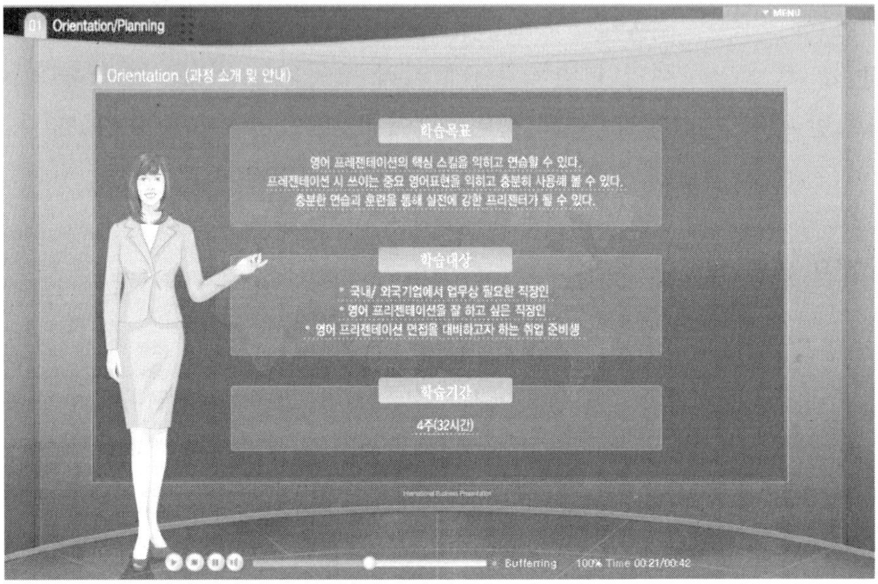

e-IBP (국제비즈니스프레젠테이션)

학습개요

'International Business Presentation' 과정은 Global business 시대에 communication의 중요성이 확대됨에 따라 프레젠테이션의 핵심 스킬을 익혀 충분한 연습과 훈련을 통해 실전에 강한 프리젠터가 될 수 있도록 기획된 과정입니다.

학습목표

- 영어 프레젠테이션의 핵심 스킬을 익히고 연습할 수 있다.
- 프레젠테이션 시 쓰이는 중요 영어표현을 익히고 충분히 사용해 볼 수 있다.
- 충분한 연습과 훈련을 통해 실전에 강한 프리젠터가 될 수 있다.

학습대상

- 국내/외국기업에서 업무상 필요한 직장인
- 영어 프레젠테이션을 잘 하고 싶은 직장인
- 영어 프레젠테이션 면접을 대비하고자 하는 취업 준비생

출처 : 커리어 사이버 연수원. http://career.campus21.co.kr/

수행 내용

재료 · 자료

• 기초외국어의 개념과 상황 관련 자료

기기(장비 · 공구)

• 컴퓨터, 프린터, 주변기기

안전 · 유의사항

• 컴퓨터 및 주변기기의 전원을 관리한다.

수행 순서

01 기초외국어 능력의 개념의 사례와 활동에 대하여 분석하라.

직장생활을 하다보면 외국인과 업무를 추진해야하는 경우가 종종 생긴다. 자동차부품 조립 업체에 다니는 M씨는 외국 B사와 계약을 추진하는 일을 맡게 된 후 외국인 고객으로부터 종종 전화를 받게 됐다. 하지만 간단한 외국어대화가 되지 않아 매번 통역을 찾아다니느라 바쁘다. 직업인이 왜 기초외국어능력을 키워야 하는지 알아보자.

세계가 지구촌화되고 있음에 따라 업무 상 다른 나라를 방문하거나 외국인과 거래해야 할 상황이 많아지고 있다. 이때 기초외국어조차 구사하지 못한다면 개인적 불편함을 넘어 조직 전체의 손실로 이어질 수 있다. 기초외국어능력을 갖추어 국내고객뿐 아니라 다양한 외국고객과 의사소통을 해야 할 필요성이 증대되고 있다.

학습 11

사 례

어? 어? 우리말이 아니네?

국내 자동차부품 조립업체에 다니는 M씨는 요즘 전화 받기가 두려워졌다. 회사가 국내시장을 넘어 외국의 자동차부품 납품을 시작하여 성실하기로 소문난 M씨도 관련 업무를 맡게 되었기 때문이다. 외국 B사와의 계약추진이 좋은 성과를 이루어 해외에서도 발주량이 늘게 되었다.

그러면서 외국 B사에서 전화가 오곤 하는데 M씨는 수화기 넘어로 외국어가 들리면 아득해질 때가 한 두번이 아니다. 기본적인 기초외국어도 어려워 외국 B사 관계자와 통화를 할 때마다 통역을 해 줄 수 있는 직원을 찾아다니느라 정신이 없고 그동안 외국 B사 관계자는 기다리기 일쑤다. 의욕적이었던 업무도 서서히 전화소리만 들려도 걱정이 앞서는 상황이 되어버려 M씨는 속이 상한다.

결국 M씨는 외국 B사를 직접 응대하는 업무가 아닌 다른 업무로 위치를 바뀌게 되었고, 그제서야 기초외국어의 필요성을 절실히 느끼고, 공부를 시작했다.

활 동

"외국어 공부 스트레스"사례에서 볼 수 있듯이 학교나 직장생활을 하다보면 기초외국어 능력이 요구되는 상황이 다양하게 발생하는 경우가 있다. 학교나 직장생활에서 기초외국어능력이 필요한 상황이 있는지 생각해보고, 어떤 상황에서 어떤 형태의 기초외국어 능력이 요구되는지 정리해 보자.

자신의 전공과 관련한 기초외국어 능력이 필요한 상황은?

(예)

위의 상황에서는 어떤 형태로 기초외국어 능력이 요구되는가?

(예)

02 의사소통능력으로써 기초외국어 능력의 사례와 활동에 대하여 분석하라.

의사소통능력으로서 기초외국어능력도 필요하다. 입사 1년차인 H사원은 회사 내 필리핀 글로벌 캠프 단장으로 선발되어 필리핀에서 두 달간 영어공부를 열심히 하고 돌아왔다. 전에는 외국인을 보면 겁부터 나고 자리를 피하기도 했지만 이제는 회사에서 외국인 바이어를 만나 인사를 하거나 필리핀에서 만났던 외국친구들과 메일을 주고받아도 전혀 당황하지 않고 즐겁게 영어공부를 하게 되었다. 지금은 직장에서 배울 수 있는 모든 영어교육프로그램에 자발적으로 참여하고 같은 부서에서 일하고 있는 중국인 직장동료들과도 친하게 지내면서 중국어 회화를 잘하고 싶은 욕심이 생겼다. 그렇다면 직장인에게 필요한 기초적인 외국어능력이 무엇인지 알아보자.

대부분의 사람들은 기초외국어 능력을 아주 어려운 것이며 유창하게 구사할 수 있어야 하는 것처럼 생각한다. 하지만 직장인의 의사소통능력으로서의 기초외국어 능력은 상대방의 말을 잘 듣고, 상대방이 원하는 바를 잘 이해하거나, 외국어로 된 문서를 이해할 수 있는 능력을 의미하는 것이다.

사 례

세계 인구의 3분의 1이 영어 쓸 것

인터내셔널 헤럴드 트리뷴(IHT)은 현재 세계 인구 65억 명 중 4분의 1 정도가 영어로 의사소통을 할 수 있다고 전했다. 영어를 모국어로 쓰는 인구는 4억 명 정도에 불과하지만 제1외국어로 쓰는 사람이 5억 명에 육박한다. 여기에 제2외국어로 영어를 배워 의사소통이 가능한 인구가 또 7억5000만 명에 이른다. 영국 언어학자 데이비드 그래돌은 “조만간 영어 사용자가 세계 인구의 3분의 1로 늘어날 것”이라고 전망했다.

인터넷의 발달도 영어가 세계 공용어의 지위를 굳히는 데 큰 힘이 되고 있다. 현재 인터넷에 저장된 정보의 80%가 영어로 돼 있다. 미국 맨해튼연구소의 언어학자 존 맥워터는 “최근 중국어를 사용하는 인터넷 인구가 늘고 있지만 프로그램 용어와 문서가 대부분 영어로 돼 있어 영어를 위협하기에 역부족”이라며 “러시아 영향권인 발트해의 에스토니아에서도 인터넷 때문에 영어가 제1외국어로 자리 잡았다”고 말했다.

중동과 이슬람 세계에서도 영어 교육 바람이 불고 있다. IHT는 “아랍 테러리스트들도 선전 방송은 영어로 할 정도”라고 전했다. 또한 인도네시아의 자카르타 포스트는 자국의 이슬람식 기숙학교가 최근 영어 수업을 하기로 결정했다고 보도했다. 이 학교의 유디안 와흐유디 교장은 “이슬람 세계가 국제적으로 인정받기 위해서는 영어를 잘하는 것이 매우 중요하다”라고 말했다.

출처 : 중앙일보 2007. 4. 11일자

활 동

사례에서 보았듯이 세계는 점점 좁아지고, 영어를 비롯한 기초외국어능력이 점차 중요해 지고 있다. 자신이 알고 있는 외국어의 종류는 어떤 것들이 있는지 작성해보고, 앞으로 자신의 직장에서 외국어가 필요한 상황을 생각해보고, 무엇보다 현재 나의 기초외국어수준을 파악하여 나에게 필요한 기초외국어 능력에 대해 생각해 보자.

외국어의 종류에는 무엇이 있을까?	나의 업무에서 외국어가 필요한 상황은?	우리 회사에서 거래하는 외국기업과 국가는?
예) 영어, 중국어 등...	예) 주문서 작성	예) 샤명주식회사,태국

나에게 필요한 외국어능력?

예) 영어 혹은 태국어

03 필요한 기초외국어 능력에 대한 사례와 활동에 대하여 분석하라.

기초외국어조차 하지 못하면 직장생활을 하는 데 있어 많은 불편을 겪게 된다. L씨는 최근 미국에서 새로 들여온 기계를 사용하고 있는데 모두 영어로 적혀있어 일을 할 때 마다 쩔쩔매고 있다. 이렇게 업무상 기초외국어능력을 갖추는 것은 중요한데 나에게 있어 필요한 기초외국어능력은 무엇인지 알아보자.

현재 우리는 다양한 외국의 선진기술을 접할 기회가 증가하고 있다. 이때 다른 나라의 기술이나 기계 등은 시스템 자체가 우리나라의 것과는 다른 경우가 종종 있다. 그러므로 원활한 업무를 위하여 이와 관련한 간단한 기초외국어를 익혀둔다면 갑작스러운 상황이 닥쳐도 당황하지 않고 업무를 해결해 나갈 수 있을 것이다.

학습 11

사 례

이게 어떻게 작동하는 거지?

L씨가 다니는 회사는 양말을 만드는 회사이다. 이 회사는 히트상품 생산과 기술혁신으로 원가를 절감하면서 물건가격을 낮춰 양말업계에서 최근 선두기업으로 각광받고 있는 기업이다.

평소에 열심히 일하기로 소문난 L씨가 승진을 하면서 미국에서 새로 들여온 기계의 관리와 그 기계로 생산하는 양말을 전담하게 되었다. 하지만 L씨는 기계 작동법이 담신 매뉴얼이 모두 영어인 것을 알고 막막해졌다. L씨는 기초외국어조차 어렵기 때문이다.

어느 날 L씨는 늘어난 주문량에 맞추기 위해 새로 들여온 기계 앞에 섰다. 이 기계는 특별한건 아니지만 예전의 기계보다는 속도가 2배 이상이라지만 L씨는 하루 종일 고민만 할 수 밖에 없었다. 외국어로 써 있는 기계사용 매뉴얼을 이해하지 못해 결국 주문량만큼 생산이 늦어져 회사에 막대한 손해를 입혔기 때문이다.

활 동

기초외국어능력의 부족으로 회사에 막대한 손해를 끼친 L씨의 사례에서 보듯이 기초외국어능력은 직장생활을 하다보면 직무와 관련하여 다양한 상황에서 요구되기 마련이다. 다음의 다양한 업무상황을 보고 각각의 상황에 맞는 내용을 나열한 것을 확인해 보자. 그리고 추가적으로 어떠한 상황에서 기초외국어능력이 더 필요할지 생각해 보자.

예) 기업홍보, 비즈니스 약속과 회사방문,
제품주문에 관한 고객응대, 문서관리, 직원회의

A: This is Mr. Miller of ABC Trading Company.
B: How are you, Mr. Miller? As a matter of fact, I was about to get in touch with you. Mr. Kim told me a lot about you. What time shall we meet?
A: Well, I'll arrange my schedule to fit yours. So, just tell me what time of the day is good for you.

A: ABC 무역회사의 미스터 밀러입니다.
B: 안녕하세요. 밀러씨? 사실 당신에게 막 연락하려던 참이었습니다. 미스터 Kim 에게 말씀 많이 들었습니다. 몇시에 만날까요?
A: 글쎄요, 그쪽 스케줄에 맞출게요. 편리한 시간을 말씀해주세요.

Have you filed the documents?
그 서류를 철해 두셨나요?

There are a few pending problems to be discussed.
몇가지 협의해야 할 현안 문제가 있습니다.

A: I want to order more products from your company.
B: I'm sorry. The product is temporarily out of stock.
A: When is it possible?
B: At the end of this month.

A: 당신 회사로부터 제품을 더 주문하고 싶습니다.
B: 죄송합니다. 현재 잠시 재고가 떨어진 상태입니다.
A: 언제 가능하겠습니까?
B: 이번 달 말쯤에나 가능합니다.

A: Could you explain about your company?
B: Our company is one of the emerging companies in my country.
A: What's the main product of your company?
B: Semi conductor and passenger vehicles.

A: 당신 회사에 대해 설명해 주시겠습니까?
B: 우리 회사는 우리 나라에서 신흥 회사 중의 하나입니다.
A: 당신 회사의 주요 제품은 무엇입니까?
B: 반도체와 승용차입니다.

이밖에 어떤 상황에서 기초외국어능력이 필요한지 생각해 봅시다.

▶

04 4차산업혁명의 핵심 기술 중 개인미디어 콘텐츠 제작(크리에이터) 전문가에 대하여 분석하라.

1. 어떤 일을 하나?

① 개인 미디어 콘텐츠 제작자는 미디어 플랫폼 서비스(유튜브, 트위치TV, 아프리카TV, 팟캐스트, 페이스북 등)에 영상과 오디오로 된 미디어 콘텐츠를 만들어 올린다.

② 콘텐츠를 만들기 위한 자료 조사와 기획·연출, 영상 촬영과 편집, 제작한 미디어 파일 업로드 등 다양한 여러 가지 일을 직접한다.

③ 제작자 개인의 적성과 취향에 따라 표현하고 싶은 주제의 콘텐츠를 제작한다.

④ 미디어 콘텐츠 제작은 개인이 모든 것을 스스로 만드는 경우와 팀 단위로 모여 만드는 경우가 있다.

2. 어느 분야에서 활동하나?

1) 관련 직업

개인 미디어 콘텐츠 제작자는 미디어를 제공하는 플랫폼에 따라 유튜버, 트위처, 인터넷 방송 진행자(BJ), 크리에이터, 팟캐스트 제작자 등으로 다양하게 불린다.

미디어 콘텐츠를 팀으로 제작하는 경우에는 미디어 기획자 및 연출자, 시나리오작가, 영상 촬영자, 영상 편집자, 음향 편집자, 번역가와 같은 사람들과 함께 일하게 된다.

2) 활동 분야

개인 미디어 콘텐츠 제작자는 영상 콘텐츠를 제작하여 업로드하는 미디어 콘텐츠 크리에이터와 실시간으로 영상을 방송하고 시청자와 소통하는 인터넷 방송 진행자(BJ), 오디오로 콘텐츠를 만들고 다양한 주제의 방송을 녹음하여 팟캐스트를 통해 방송을 제공하는 팟캐스터 등으로 활동하고 있다.

최근에는 유명한 개인 미디어 콘텐츠 제작자들이 지상파방송이나 케이블방송, 라디오에 출연하거나 프로그램을 진행하고, 제작자 이름을 브랜드로 한 화장품, 식품, 캐릭터, 장난감 등 각종 제품이 출시되기도 한다.

3. 어떤 적성과 흥미가 필요한가?

1) 적 성

① 자신이 제작하고 싶은 콘텐츠를 주제에 맞고 조화롭게 구성할 수 있는 연출, 영상 촬영 및 편집을 할 수 있는 예술시각능력이 필요하다.

② 창의적이고 유연한 사고를 통해 떠오르는 아이디어들을 미디어 콘텐츠로 실제로 만들어 낼 수 있는 창의력이 필요히다.

2) 흥 미

① 평소 자신의 생각을 미디어 콘텐츠로 표현하는 것을 즐기고 좋아하는 사람에게 유리하다.

② 콘텐츠 제작에 필요한 아이디어를 얻기 위해 여러 주제에 대한 영상 채널을 구독하거나 팟캐스트를 청취하고, 문화 예술 분야에 대해 관심이 많거나 뉴스를 구독하는 등 문화와 사회 전반에 대해 관심이 많은 사람에게 유리하다.

4. 어디에서 일할 수 있나?

① 개인 미디어 콘텐츠 제작자는 취업보다는 주로 개인 채널을 운영한다. 제작자가 플랫폼(유튜브 등)에 자기 채널을 만들고, 구독자를 확보하여 플랫폼에서 제공하는 광고를 보여주면, 플랫폼 회사로부터 광고 수익의 일부를 받는다.

② 일부 유명한 제작자들은 미디어 콘텐츠(MCN-multi channel netwok) 회사*에 소속되어 활동하기도 한다.

③ 이 같은 MCN 회사에 공개 모집이나 특별 모집을 통해 계약을 맺고 활동을 하게 된다. 다이아TV, 트레져헌터, 샌드박스 네트워크, 비디오빌리지, 쉐어하우스 같은 회사들이 대표적인 MCN 회사이다.

5. 어떻게 전문성을 높일 수 있나?

개인 미디어 콘텐츠 제작 경력은 다양한 콘텐츠 제작에 적용될 수 있다. 혼자서 콘텐츠 제작을 하다가 다른 사람과 팀을 구성하거나 전문 MCN 기업과 계약을 맺고 활동할 수 있다. 그리고 자신의 전문성을 토대로 직접 미디어 콘텐츠 제작과 관련해 회사를 차리거나 프리랜서 활동을 할 수 있으며 개인 미디어 콘텐츠 전문가를 키우기 위한 교육 활동도 할 수 있다.

6. 이 직업의 미래는 어떤가?

국내외의 미디어 플랫폼 사용자는 꾸준히 증가하고 있다. 최근에는 포털에서 키워드로 검색하는 것보다 영상 플랫폼을 통해 검색하고 관련된 콘텐츠를 이용하는 사람들이 늘고 있다. 개인이 제작한 미디어 콘텐츠는 지상파방송이나 케이블방송에서 다루지 않는 주제를 다루거나, 새로운 방식으로 표현한다는 점에서 인기를 얻고 있고 새로운 영상 콘텐츠를 원하는 사람들도 점점 늘어나고 있다.

학습 11

---

* MCN 회사 : 개인 미디어 콘텐츠 제작자를 관리하는 일종의 기획사. 멀티 채널 네트워크(MCN)이라고 부르는 이유는 해당 회사가 여러 채널과 협력하여 서비스를 제공하는 회사이기 때문이다.

학습활동.11 교수 · 학습 방법

교수 방법

- 기초외국어의 개념과 상황에 대한 관련 용어, 구성, 방식 이해 정도를 파악한 후 수업을 진행한다.
- 교수자의 주도로 기초외국어의 개념과 상황 등의 내용을 PPT 자료로 제시한 후 설명한다.
- 가능하면 사전에 개인별 학습 자료를 준비하여 모든 학생이 참여할 수 있는 문제 해결식 수업, 협력 수업이 가능하도록 한다.
- 기초외국어의 개념과 상황 전 과정을 작업의 순서에 따라 단계적으로 실습이 이루어질 수 있도록 지도한다.
- 교재를 통해 수업을 준비하는데 있어서 필요한 모든 정보나 팁, 힌트 등 도움이 될 만한 내용들을 확인할 수 있다.
- 학생들이 만들게 될 각 모델들은 수업시간에 중점적으로 다뤄질 부분과 어휘, 질문, 답을 포함하고 있으며 또한 탐구할만한 추가적인 아이디어들도 포함하고 있다.

학습 방법

- 기초외국어의 개념과 상황에 대한 관련 용어를 숙지하고, 기초외국어의 개념과 상황에 대해 이해한다.
- 기초외국어의 개념과 상황의 각 단계별 중점 사항을 체계적으로 학습한다.
- 기초외국어의 개념과 상황의 수행순서의 전 과정을 실습한다.
- 기초외국어의 개념과 상황의 내용을 이해한다.
- 기초외국어의 개념과 상황을 이해하고 숙달이 될 때까지 학습한다.

학습활동.11 평가 및 피드백

평가 준거

- 평가자는 피평가자가 수행 준거 및 평가 내용에 제시되어 있는 내용을 성공적으로 수행할 수 있는 지를 평가해야 한다.

학습내용	평가항목	성취수준		
		상	중	하
기초외국어의 개념과 상황	기초외국어의 개념과 상황을 이해할 수 있다.			

평가 방법

• 작업 포트폴리오

학습내용	평가항목	성취수준		
		상	중	하
기초외국어의 개념과 상황	기초외국어의 개념과 상황을 이해할 수 있다.			

• 필기시험

학습내용	평가항목	성취수준		
		상	중	하
기초외국어의 개념과 상황	기초외국어의 개념과 상황을 이해할 수 있다.			

• 체크리스트를 통한 관찰

학습내용	평가항목	성취수준		
		상	중	하
기초외국어의 개념과 상황	기초외국어의 개념과 상황을 이해할 수 있다.			

• 피드백

1. 작업 포트폴리오
   - 제출한 보고서를 평가한 후 주요 사항에 대하여 표시하여 돌려준다.
2. 필기시험
   - 평가 결과 성적이 저조한 학생은 보고서 제출 기회를 부여한다.
3. 체크리스트를 통한 관찰
   - 실습 과정에서 평가한 후 개선해야 할 사항 등을 정리하여 돌려둔다.

학 • 습 • 평 • 가

1. 다음은 기초외국어능력에 대한 설명이다. 이와 관련하여 괄호 안에 맞으면 ○를, 틀리면 ×를 표시해 보자.

   • 기초외국어능력은 외국인과의 유창한 의사소통능력을 말한다. (　　)

   • 기초외국어능력은 외국인과의 업무가 잦은 사람만 필요하다. (　　)

   • 기초외국어능력은 외국어로 된 e-mail을 받고 이를 해결하는 상황, 외국인으로부터 걸려온 전화 응대 등 다양한 상황에서 필요하다. (　　)

2. 다음 중 기초외국어 능력이 필요한 상황과 관련된 설명으로 잘못된 것은?

   ① 누구에게나 똑같은 상황에서 기초외국어능력이 필요하다.

   ② 외국어라고해서 꼭 영어만 필요한 것은 아니고, 자신이 주로 상대하는 외국인들이 구사하는 언어가 필요한 것이다.

   ③ 자신에게 기초외국어능력이 언제 필요한지 잘 아는 것이 중요하다.

   ④ 자신의 업무에서 필요한 기초외국어를 적절하게 구사하는 것이 중요하다.

3 기초외국어로 의사소통할 때 무엇이 필요한지 작성해 보자.

학습정리

1. 기초외국어능력이란 글로벌 시장에서 한국어만이 아닌 다른 나라의 언어로 의사소통을 하는 능력을 말한다.
   기초외국어능력은 외국어로 된 간단한 자료를 이해하거나, 외국인과의 전화응대와 간단한 대화 등 외국인의 의사표현을 이해하고, 자신의 의사를 외국어로서 표현할 수 있는 능력이다.

2. 외국인과의 의사소통에 있어 어려울 것이라는 선입견을 갖지 말고, 단지 사용하는 언어가 다르다고 생각한다면 외국어로 의사소통하는 일이 그리 어렵지 않게 느껴질 것이다. 무엇보다 중요한 것은 상대방과 대화할 때 그 목적을 공유하는 것이다. 그러기 위해서는 자신이 전달하고자 하는 것을 먼저 머릿속으로 정리해 보고, 그 내용을 어떻게 표현할지 생각하는 과정이 중요하다.

참 | 고 | 문 | 헌

기초직업능력프로그램; 의사소통능력 매뉴얼, 한국산업인력공단

구현정 · 전영옥. (2005). 의사소통의 기법. 박이정.

김동규 · 이영찬. (2000). 직업윤리. 학교법인 기능대학.

박현석(역). (2004). 전달의 기술. 다연.

배상복. (2006). 일반인을 위한 글쓰기 정석. 경향미디어.

심재우. (2004). GE처럼 커뮤니케이션하라. 일빛.

윤치영. (2007). 설득 · 경청 논박의 기술. 일빛

임칠성 역. (1997). 대인의사소통. 한국문화사.

이창호.(2007). 스피치 달인의 생산적 말하기. 북포스

전영우. (2007). 귀담아듣는 언어생활 -적극적 경청법-. 민지사

조신영 · 박현찬. (2007). 경청-마음을 얻는 지혜. 위즈덤하우스

직업기초능력지도과정 자료집. (2005). 직업기초능력지도 과정. 서울대 농생대 부설 중등교육연수원.

허정훈 · 김상범. (2007). 건강과 능력개발. 한국폴리텍대학.

홍경자. (2007). 의사소통의 심리학. 이너북스.

황성근. (2006). 너무나도 쉬운 비즈니스 글쓰기. 한겨레출판.

신동아. http://shindonga.donga.com

조선일보. www.chosun.com

중앙일보. www.joins.com

한겨레신문. www.hani.co.kr

한국일보. www.hankooki.com

AM7. www.am7.co.kr

http://blog.naver.com/eob. 2007.8.27.

http://www.career.go.kr/

학습 1	의사소통의 개념 및 종류
학습 2	의사소통의 저해요인과 능력개발
학습 3	문서이해의 개념과 종류
학습 4	문서이해의 절차와 요약
학습 5	문서작성의 개념과 작성법
학습 6	문서작성의 원칙과 표현법
학습 7	경청의 개념과 방해요인
학습 8	경청방법과 훈련
학습 9	의사표현의 개념과 방해요인
학습 10	의사표현법과 지침
학습 11	기초외국어의 개념과 상황
학습 12	**기초외국어의 표현방법과 향상교육법**
학습 13	질문활용능력

학습 목표

1. 외국어의 표현방법과 향상교육법을 이해할 수 있다.

12-1 외국인과의 언어소통 방법

외국인과의 언어적인 의사소통은 의사를 전달할 때 외국어를 사용하는 것이며, 이것은 외국어 사용능력에 따라 의사소통의 편이성이 크게 좌우된다. 그러나 비록 기초외국어능력이 부족하다 하더라도 원활하게 업무를 추진할 수 있는 경우가 많은데, 이는 비언어적 의사소통의 특징을 재빨리 파악하면 훨씬 수월하다. 아무리 외국어를 유창하게 하더라도 외국인이 몸짓과 표정 무의식적으로 기분과 느낌을 표현하는 것을 알아채지 못한다면 의사소통이 원만히 이뤄지지 않을 수도 있다. 따라서 직장생활에서 외국인과 성공적인 협력을 위해서는 기초외국어능력을 키우는 것뿐만 아니라 그들의 무의식적인 바디랭귀지를

학습 12

포함한 그들만의 표현방식을 이해하는 능력을 키우는 것도 중요하다.

1. 표정으로 알아채기

외국인과 대화할 때 그들의 감정이나 생각을 가장 쉽게 알 수 있는 것이 얼굴 표정이다. 웃는 표정은 행복과 만족, 친절을 표현하는데 비해서 눈살을 찌푸리는 표정은 불만족과 불쾌를 나타낸다. 또한 눈을 마주 쳐다보는 것은 흥미와 관심이 있음을, 그리고 그렇게 하지 않음은 무관심하다는 것을 의미한다.

2. 음성으로 알아채기

거리상 멀리 떨어져 있는 외국회사의 담당자들과는 직접 마주보고 대화하는 경우보다는 서면이나 전화로 업무를 하는 경우가 많다. 전화를 통해서는 서면으로 의사소통하는 것과는 달리 상대방의 목소리나 어조, 크기, 음속 등이 의사소통의 수단이 되기도 한다.

① 어조 : 높은 어조 - 적대감이나 대립감
낮은 어조 - 만족이나 안심
② 목소리 크기 : 큰 목소리 - 내용 강조, 흥분, 불만족
작은 목소리 - 자신감 결여
③ 말의 속도 : 빠른 속도 - 공포나 노여움
느린 속도 - 긴장 또는 저항

3. 외국인과의 의사소통에서 피해야 할 행동

① 상대를 볼 때 흘겨보거나, 아예 보지 않는 행동
② 팔이나 다리를 꼬는 행동
③ 표정 없이 말하는 것
④ 대화에 집중하지 않고 다리를 흔들거나 펜을 돌리는 행동
⑤ 맞장구를 치지 않거나, 고개를 끄덕이지 않는 것
⑥ 자료만 보는 행동
⑦ 바르지 못한 자세로 앉는 행동
⑧ 한숨, 하품을 하는 것

⑨ 다른 일을 하면서 듣는 것

⑩ 상대방에게 이름이나 호칭을 어떻게 할 지 먼저 묻지 않고 마음대로 부르는 것

Tip 각 국의 바디랭귀지

Body Language	국 가	의 미
"O"	영어권	좋다, Great
	프랑스	제로, 무(無)
	일본	돈
	지중해	동성연애(끝)
	브라질	외설적 표현
엄지세우기	공통	권력, 우월, 지배, 최고
	영국, 호주, 뉴질랜드	자동차 세우기
	그리스	저리가, 꺼져
	유럽	비웃기
가운데 손가락	공통	외설
"V"	안쪽 보이게	원스턴 처칠의 승리
	바깥쪽 보이게	경멸, 외설
머리 긁기	서양	비듬, 가려움
	동양	미안함, 답답함
입 가리기	서양	거짓말
	동양	창피
귀 움직이기	인도	후회
	브라질	칭찬
고개 끄덕	불가리아, 그리스	No
	기타	Yes
옆으로 고개 흔들기	네팔	Yes
	기타	No
손가락 교차	유럽	경멸
	브라질	행운
손바닥 아래·위로 흔들기	미국	Bye(헤어질 때 인사)
	유럽	No
	그리스	모욕

학습 12

12-2 기초외국어 능력의 향상교육법

국제화시대에 살아가는 우리들은 국내시장중심의 업무반경이 세계로 넓혀지면서 기초외국어능력에 대한 관심이 더욱 증대되고 있다. 특히 영어뿐만 아니라 다른 외국어 한 가지 정도는 잘해야 한다는 강박관념에 시달리고 있는 현대 직업인들이 많은 것이 현실이다.

유창한 외국어실력을 갖추지 못했다 할지라도 이제는 기초적인 외국어만은 필수적으로 갖추어야 하는 시대이다.

1. 기초외국어능력 향상을 위한 공부법

벅찬 업무에 시달리는 현대 직업인들은 외국어공부를 위한 시간을 갖기 어렵다. 하지만 많은 노력을 들이지 않고도 외국어공부를 할 수 있는 다음과 같은 방법이 있다.

① 왜 외국어공부를 해야 하는지 그 목적부터 정하라.
② 매일 30분씩 눈과 손과 입에 밸 정도로 반복하여 공부하자.
③ 실수를 두려워하지 말고, 기회가 있을 때 마다 외국어로 말하라.
④ 외국어와 익숙해 질 수 있도록 쉬운 외국어 잡지나 원서를 읽자.
⑤ 혼자 공부하는 것보다는 라이벌을 정하고 공부하라.
⑥ 업무와 관련된 외국어 주요용어는 꼭 메모해 두자.
⑦ 출퇴근 시간에 짬짬이 외국어방송을 보거나, 라디오를 들어라.
⑧ 외국어 단어를 암기할 때 그림카드를 사용해보라.
⑨ 가능하면 외국인 친구를 많이 사귈 수 있는 기회를 만들어 대화를 자주 나눠보라.

기초외국어능력 향상을 위해서 가장 중요한 점은 다른 나라와 문화에 대해 적극적으로 관심을 가지고 새로운 것을 받아들이는 것이다.

또한 기초외국어능력은 하루아침에 길러지는 것이 아니므로, 매일 규칙적으로 실행하여 축적해나가면 어느새 향상된 외국어 실력을 발견할 수 있을 것이다.

■ 북 리뷰 〈난생 처음 쓰는 영어일기-직장인 편〉

난생 처음 쓰는 영어일기-직장인 편

회사원도 자신 있게 쓸 수 있는 영작문의 힘! 이 책은 〈난생 처음 쓰는 영어일기〉와 〈난생 처음 쓰는 영어일기-초급편〉에 이어, 직장인과 성인을 대상으로, 초급 영작문에 더욱 실질적인 도움이 될 수 있도록 구성과 예문을 새롭게 업그레이드 한 영작문 가이드북이다. 이 책이 제시하는 각 단계를 잘 밟아가면서 다양한 주제에 대한 반복적인 훈련을 한다면 자신만의 독창적인 영어일기를 쓸 수 있도록 알차게 구성하였다. 이 책은 영어일기라는 수단을 통하여 영작문이라는 어려운 과제에 접근하고자 하는 직장인 및 일반 성인들을 위한 가이드이다.

특 징

- 50개의 기본 영문법과 필수 패턴을 공략함으로써 웬만한 내용은 모두 영어로 쓸 수 있게 한다.
- 매 페이지마다 직접 써보는 코너를 마련해 한 장 한 장 채워가는 재미가 있다.
- 주제 중심 글쓰기의 기본을 다져주어 영어 글쓰기의 탄탄한 기초를 세운다.

학습개요

- 회사원도 자신 있게 쓸 수 있는 영작문의 힘! 이런 분들을 위해 기획된 과정입니다.
- 영어로 된 문서작성이 힘드신 분들을 위해 기획되었습니다.
- 하루 일과를 영어로 작성해보세요. 하루하루가 지나면 자신도 모르게 영어로 된 문서작성이 가능해집니다.
- 쓰긴 써야겠는데 무엇을 써야 할지 모르시는 분들을 위해 기획되었습니다.
- 한 문장에서부터 한 편의 일기에 이르기까지, 제시된 내용을 따라 작성하시다 보면 어느새 내공이 저절로 쌓이게 됩니다.

수행 내용

재료 · 자료

- 기초외국어의 표현방법과 향상교육법 관련 자료

기기(장비 · 공구)

- 컴퓨터, 프린터, 주변기기

안전 · 유의사항

- 컴퓨터 및 주변기기의 전원을 관리한다.

수행 순서

01 기초외국어 능력을 향시키는 방법의 사례와 활동에 대하여 분석하라.

기초외국어능력이 부족해도 비언어적 의사표현을 이해한다면 의사소통이 어느 정도 가능하다. 직장인 H씨는 기초외국어능력이 부족하기는 하지만 외국인과의 의사소통을 어려워하지 않는다. 그는 그들의 손짓이나 표정 등 비언어적인 표현까시도 잘 이해하기 때문이라고 얘기했다. 의사소통이 어려운 외국인과의 비언어적 의사소통에 대해 알아보자.

업무를 수행하다 보면 외국인과 의사소통을 하게 되는 경우가 많이 있지만 누구나 외국어실력이 뛰어난 것은 아니다. 하지만 기초외국어실력이 부족하다고 하여도 그들의 문화를 이해하고 표정이나 몸짓 등에서 알 수 있는 비언어적 의사표현을 이해한다면 의사소통이 어려운 외국인이라 해도 어느 정도 기초적인 의사소통은 가능하다.

사 례

당신과 계약하겠습니다.

일본의 한 기업에서 신제품 런칭과 사업권입찰을 함께 진행 중이어서 직장인 H씨는 동료 직원 몇 명과 함께 일본에 갔다. 신제품 런칭을 위한 파티에는 H씨가 다니는 회사 말고도 사업권입찰에 참여한 우리나라의 몇몇 기업의 직원들도 보였다.

H씨가 주위를 둘러보니 행사를 주최한 일본기업의 입찰담당직원이 사업권입찰에 참여한 우리나라 몇몇 기업직원들과 담소를 나누는 모습이 보였다. 그런데 H씨는 그 일본인 직원이 대화를 나누면서 고개를 끄덕이며 웃는 얼굴로 "YES"라고 이야기하면서 환하게 웃고 있었지만 자주 머리를 긁적이는 것을 발견했다. 이미 H씨는 그러한 비언어적 표현이 다소 혼란스러운 감정을 숨기려는 일본인들의 습성이라는 것을 알고 있었기에 조용히 H씨에게 다가가서 대화할 기회를 포착하여 일본인 직원을 편안하게 해주고, 대화를 리드하도록 했다. 그리고 그게 건넨 명함을 재빨리 넣지 않고, 그의 앞에서 주위 깊게 살펴본 후 앞의 테이블 위에 잘 보이도록 올려두고 대화를 이어나갔다. 다음날 사업권입찰에서 H씨의 회사가 사업권을 따냈는데, 일본인 직원이 설명하기를 입찰에 참여한 회사들의 내용은 거의 같았다고 했다. 그리고 의사소통도 원활히 잘 이루어졌다고 했다. 하지만 그들을 좀 더 이해해줄 수 있는 것은 언어뿐만 아니라 비언어적 표현조차 놓치지 않고 이해해준 H씨와 그의 회사가 더욱 일본과의 합작에는 어울릴 것이라고 판단했기 때문이라고 한다.

■ 활 동

'당신과 계약하겠습니다' 사례에서 보듯이 사회생활을 하다보면 자신의 업무와 관련하여 외국인들과 의사소통을 해야 하는 경우가 많이 있다. 외국인 고객을 응대할 때 비록 기초외국어능력이 탁월하지 않다고 하여도 사례에 나타난 H씨처럼 비언어적인 표현을 이해한다면 어느 정도의 의사소통은 가능하다. 의사소통은 특정 국가의 외국인만을 상대하는 것이 아니기 때문에 다양한 국가의 비언어적 의사소통 표현법을 이해하는 것이 필요하다. 다음 국가의 대표적인 비언어적 의사표현법은 무엇이 있을지 찾아 정리해 보자.

학습 12

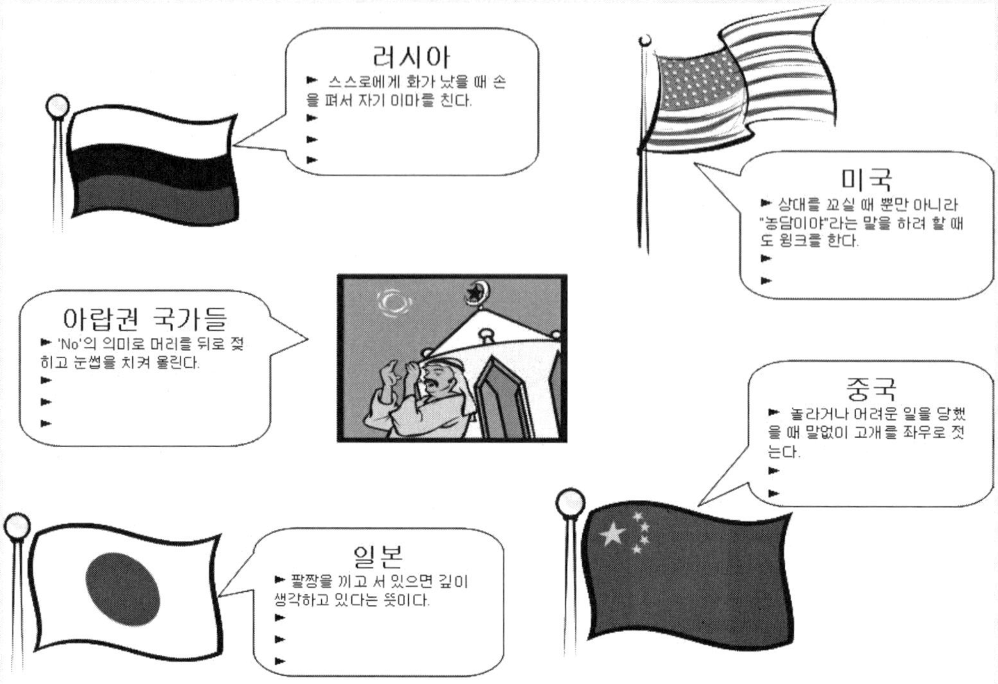

02 기초외국어 능력을 향상시키는 방법의 사례와 활동에 대하여 분석하라.

꾸준한 노력으로 기초외국어실력을 쌓다 보면 어느새 기본적인 회화는 소화할 수 있는 외국어실력을 갖추게 된다. K사의 입사 4년차 정대리는 출퇴근 시간을 활용해 영어공부를 열심히 하였다. 그 결과 필리핀 지점으로 파견근무도 다녀오게 되었고 그 곳에서 외국인 동료들도 많이 사귀게 되었다. 이제는 외국인을 대하는 것이 두렵지 않고 외국어로 업무상 필요한 일들을 처리하는 데 큰 어려움이 없다. 그럼 직장인으로써 갖춰야 하는 기초외국어능력을 높이기 위한 방법을 알아보자.

국제화·세계화가 시대에 맞추어 외국인과 함께 일을 해야 하는 경우가 많아지고 있으며, 그에 따라 외국인과의 의사소통능력의 중요성이 날로 커지고 있다. 누구나 기초외국어능력이 중요하다는 것은 알지만 이를 향상시키기 위한 노력은 쉽지 않은 것이 현실이다. 그러므로 자신에게 맞는 기초외국어능력 향상을 위한 공부법을 찾아 체계적으로 외국어공부를 시작해야 할 것이다.

사 례

"영어공부 매일 조금씩 꾸준히 하는 것이 비결이죠"

K사의 입사 4년차 정대리는 매일 꾸준히 영어공부를 열심히 하고 있다. 먼저 하루에 단어 10개씩 책상위에 붙여 놓고 외웠고, 사내 영어회화모임을 만들어 영어실력을 쌓기 위해 스터디를 했다. 회사에는 'English Zone'이라 해서 외국인이 항상 상주하면서 언제든지 영어회화를 연습할 수 있도록 도와주는 프로그램이 있어 점심식사 후 매일 간단한 영어회화를 연습한다. 결국 필리핀 지점으로 파견근무를 가게 되었고 영어실력을 더욱 키울 수 있었다. 메일을 영어로 주고받다 보면 단어공부도 자연스럽게 되는 것 같아 좋은 방법인 것 같다. 처음에는 어려웠지만 이제는 점점 외국인을 대하는 것이 자신있게 되었다.

■ 활 동

기초외국어능력의 중요성을 이미 잘 알고 있지만 막상 공부하려고 하면 어디서부터 시작해야할 지, 어떻게 해야 할지 막막하게만 느껴진다. 특히 시간적 여유가 없다는 핑계로 미루기 일쑤인데, 꾸준한 노력으로 외국어 실력을 갖춘 예를 보고, 무엇을 본받아야 하는지 생각해 보자. 그리고 우리는 실력 향상을 위해 어떻게 노력해야 할지 생각해 보자.

56세에 토익 만점 中企사장 이태수씨
"영어소설과 업무용 이메일 통해 공부"

50대 후반의 중소기업 사장 이태수씨가 토익(TOEIC) 시험에서 만점을 기록해 화제를 모으고 있다. 이씨는 51세였던 2002년 10월부터 매달 시험에 응시했고 45번의 시험 끝에 지난 8월 실시된 토익에서 만점(990점)을 받았다.

이씨는 만점을 목표로 학원이나 문제집 대신 자신만의 독특한 공부 방법을 만들어가기 시작했다. 영어소설 읽기와 물류회사 업무에서 큰 비중을 차지하는 영문 이메일 교신을 적극 활용한 것.

그는 "독해력을 키우기 위해 지난 5년 동안 다빈치코드와 스타워즈 등 재미가 있는 포켓판 영어소설을 20여권 읽었다"고 말했다. 소설 속의 살아있는 영어를 자주 접하면서 영어에 대한 감각을 놓치지 않을 수 있었다는 게 그의 설명이다.

이씨는 또 "토익에 등장하는 업무메뉴얼과 근무평가서, 입사지원서 등은 실제 업무에서 그대로 볼 수 있는 실용적인 것"이라며 "따라서 토익 시험 대비를 염두에 두고 업무용 메일을 썼더니 많은 도움이 됐다"고 말했다.

이씨가 매 시험마다 950점이 넘는 고득점을 기록하자 한 헤드헌터는 두바이에 있는 대형 물류업체의 싱가포르 현지 사장 자리를 추천하기도 했다. 창업에 뜻이 있어 제안을 고사했지만 50대의 나이에 토익점수를 통해 해외업체의 관심을 받고 자신의 능력을 선보일 기회를 갖게 돼 큰 자신감을 얻었다고 한다.

출처 : 연합뉴스 2007년 9월 26일

배워야 할 점

-
-
-
-

나만의 실력향상 전략

-
-
-
-

03 4차산업혁명의 핵심 기술 중 지능형로봇 서비스 전문가에 대하여 분석하라.

1. 어떤 일을 하나?

① 로봇공학자는 크고 작은 부품과 장치들을 연구·개발하고 하나의 로봇으로 조립하여 만드는 일을 합니다. 로봇을 개발, 운용, 정비, 수리하는 사람들도 넓은 의미에서 로봇공학자라고 할 수 있다.

② 로봇을 개발하기 위한 기초 기술(인공지능, 센서, 기계 부품, 하드웨어, 소프트웨어 제작 등)을 연구하여 제조로봇 등 공장에서 사용되는 산업용로봇, 수술로봇이나 배달로봇 같은 전문서비스 로봇 그리고 로봇 청소기, 하습 지원 로봇 등 개인 서비스 로봇을 개발하는 일을 한다.

2. 어느 분야에서 활동하나?

1) 관련 직업

로봇공학자는 로봇을 개발하거나 생산하는 직업, 그리고 로봇을 실제 사용하거나 잘 사용할 수 있도록 로봇을 설치하고 운영하며 관리를 하는 직업 등이 있다.

2) 활동 분야

로봇을 연구 개발하고 생산하는 로봇회사 외에도 로봇을 활용하는 분야에서 일할 수 있다. 예를 들어 자동차 회사, 가전제품 회사처럼 로봇을 이용하여 제품을 생산하는 회사, 로봇을 이용하여 물건을 배달하거나 교육을 하는 회사 등 다양한 분야에서 일할 수 있다.

3. 어떤 적성과 흥미가 필요한가?

1) 적 성

① 하나의 로봇을 만들기 위해서는 무한한 노력과 끈기가 필요합니다. 인내를 가지고 새로운 것에 대한 궁금해하며, 창의적인 방법으로 문제를 해결하는 것을 좋아하여야 한다.

② 인간의 생각과 행동을 이해하고 논리적으로 분석해, 로봇이 인간을 위해서 해야할

일을 찾아내는 판단력이 필요하다.

2) 흥 미

① 로봇공학자는 소프트웨어, 인공지능, 전자회로, 로봇 설계 등에 대한 지식과 응용능력을 바탕으로 신기술을 끊임없이 배워야 하므로 궁금한 것이 많으며 탐구하는 것을 즐긴다.

② 로봇의 활용 영역이 확대되면서 로봇도 끊임없이 새로워지고 있으므로 새로운 기술을 배워 적용하고 실험할 수 있는 자세가 필요하다.

4. 어디에서 일할 수 있나?

① 로봇공학자는 로봇을 개발하고 생산하는 로봇 업체, 로봇을 이용하여 제품을 생산하는 자동차 회사, 가전제품 회사, 반도체 회사 로봇을 이용하여 서비스하는 의료업체, 엔터테인먼트 업체 등에 진출할 수 있다.

② 산업용로봇을 만들고 운영하는 회사에 로봇을 관리하는 책임자가 되거나, 군대나 군대에서 필요로 하는 무기나 장비를 만드는 회사에서 로봇을 군대와 접목시키기 위한 연구를 할 수도 있다.

5. 어떻게 전문성을 높일 수 있나?

스카라 로봇 및 협동 로봇 활용 실무, FPGA 디지털 설계 및 응용, 파이선 프로그래밍 과정 등 한국로봇산업진흥원에서 운영하는 과정이나 E-Mobility 기술 세미나, 재활 로봇 심포지엄 및 한국로봇산업협회의 지능형로봇표준포럼 참석 등을 통해 전문적인 교육을 받을 수 있다.

6. 이 직업의 미래는 어떤가?

앞으로 개인 서비스용 로봇 시장이 급속히 성장하고, 공장에서 쓰이는 로봇 시장도 성장을 지속할 것이다. 사람처럼 생각하고 행동하는 지능형 로봇도 더욱 발달해서 의료, 간병, 교육, 공연 등의 분야에도 진출할 수 있습니다. 미국, 일본, EU, 중국, 등 주요국은 각국 상황에 맞게 로봇 산업을 적극 지원하고 있다. 전통적으로 공장에서 필요한 로봇을 만들던 기업들이 사업 분야를 다양하게 확대하고, 중국 시장에도 진출하고 있습니다. 최근에는 글로벌 정보 통신 대기업들도 적극적으로 로봇 산업에 뛰어들고 있다. 이렇게 로봇이 필요한 곳이 많아져 로봇공학 기술자의 일자리는 늘어날 것이다.

04 4차산업혁명의 핵심 기술 중 무인자동차 전문가에 대하여 분석하라.

1. 어떤 일을 하나?

① 무인 자동차 엔지니어는 무인 자동차가 도로를 달리는 데에 필요한 전문 분야의 첨단 기술을 설계하고 개발하는 일을 한다.

② 복잡한 여러 전문 기술들을 다양한 방식으로 결합하여 무인 자동차를 설계하고 만드는 업무를 수행하는 것이다.

③ 여기에 필요한 주요 기술에는 무인 자동차 주변의 상황을 파악하는 기술, 자동으로 무인 자동차의 움직임을 조절하는 기술 등 다양한 기술 분야가 필요하다.

2. 어느 분야에서 활동하나?

1) 관련 직업

전통적인 자동차 제조사와 소프트웨어 전문 기업이 함께 무인 자동차를 개발하고 있으며, 빅 데이터를 가진 기업의 참여가 필요하기도 하다. 따라서 이들 기업에서 일할 수 있는 자동차 엔지니어, 소프트웨어 개발자, 빅 데이터 전문가, 인공지능 전문가 등의 직업과 관련성이 높다.

2) 활동 분야

무인 자동차 엔지니어는 운전자가 따로 운전하지 않아도 스스로 도로 상황을 파악해 자동차가 목적지에 도착할 수 있도록 하는 일을 한다. 구체적으로 도로표지판을 읽어내는 영상 카메라와 위성 위치 확인 시스템(GPS) 등의 장치가 들어가는 무인 자동차를 개발하고 검사, 수리하는 일을 한다.

3. 어떤 적성과 흥미가 필요한가?

1) 적 성

① 무인 자동차 엔지니어는 자동차가 스스로 주행할 수 있도록 도와주는 레이더, 위성 위치 확인 시스템(GPS), 카메라 데이터 등에 대한 정보를 통합하여 논리적으로 이해할 수 있어야 한다.

② 자동차 운행에 필요한 정보인 도로 주변 환경에 대해 이해할 수 있는 능력이 필요하다.

2) 흥 미

① 안전한 자동차 주행을 위해서 차량이 움직일 때 일어날 수 있는 다양한 상황에 대한 자료를 수집하고 이를 명확하게 이해할 수 있어야 한다.

② 자율로 운행하는 무인 자동차는 인공지능, 빅 데이터, 사물 인터넷 등 새로운 기술을 찾아서 적용해야 하므로 도전 정신이 필요하다.

4. 어떻게 준비하나?

1) 관련 전공

무인 자동차 엔지니어가 되기 위해서는 물리학, 컴퓨터공학, 자동차공학, 기계공학, 전기공학. 전자공학 등을 전공하여 관련 지식을 쌓는 것이 중요하다.

2) 훈련 과정

사물 인터넷을 기술을 적용하여 스마트 차량 제작을 할 수 있도록 도와주는 훈련 과정이 K-ICT 디바이스 랩에서 운영된다.

3) 관련 자격

무인 자동차 엔지니어와 관련된 자격으로는 자동차, 기계 제작, 전자, 정보 기술 분야의 국가 기술 자격이 있다.

5. 어디에서 일할 수 있나?

① 무인 자동차 엔지니어는 무인 자동차를 개발하는 기업에서 일할 수 있다. 기업에서 주로 핵심 부품 개발, 자동차에 들어가는 전기 시스템 및 각종 기구 설계 등을 담당한다. 기업 말고도 정부의 교통이나 정보 통신 관련 기관, 연구기관에서도 일할 수 있다.

② 자신의 전문성을 토대로 직접 창업하거나 프리랜서 활동을 할 수 있으며 무인 자동차 엔지니어를 길러내는 교육 활동도 할 수 있다.

6. 어떻게 전문성을 높일 수 있나?

무인 자동차 기술은 기계, 전기, 전자, 정보 통신 등과 같은 다양한 분야에 적용될 수 있기 때문에 전문성만 갖춘다면 진출할 수 있는 분야가 상당히 넓다. 따라서 진출가능한 분야와 관련된 이론과 정보를 끊임없이 공부해야 한다.

7. 이 직업의 미래는 어떤가?

비디오카메라, 방향 표시기, 인공지능 소프트웨어, 위성 위치 확인 시스템(GPS) 등을 기반으로 작동하는 무인 자동차는 교통사고 예방, 운전자의 자유로운 시간 활용, 효율적 차량 운행을 통한 탄소 배출 등에 효과를 발휘할 것입니다. 미국뿐만 아니라 일본, 독일, 영국 등 여러 자동차 강국에서도 자율 주행차 개발과 상업적인 활용을 지원하기 위해 정부가 직간접적으로 나서면서 자율 주행차 시장은 계속 커질 것으로 보인다.

학습활동.12 교수 · 학습 방법

교수 방법

- 기초외국어의 표현방법과 향상교육법에 대한 관련 용어, 구성, 방식 이해 정도를 파악한 후 수업을 진행한다.
- 교수자의 주도로 기초외국어의 표현방법과 향상교육법 등의 내용을 PPT 자료로 제시한 후 설명한다.
- 가능하면 사전에 개인별 학습 자료를 준비하여 모든 학생이 참여할 수 있는 문제 해결식 수업, 협력 수업이 가능하도록 한다.
- 기초외국어의 표현방법과 향상교육법 전 과정을 작업의 순서에 따라 단계적으로 실습이 이루어질 수 있도록 지도한다.
- 교재를 통해 수업을 준비하는데 있어서 필요한 모든 정보나 팁, 힌트 등 도움이 될 만한 내용들을 확인할 수 있다.
- 학생들이 만들게 될 각 모델들은 수업시간에 중점적으로 다뤄질 부분과 어휘, 질문, 답을 포함하고 있으며 또한 탐구할만한 추가적인 아이디어들도 포함하고 있다.

학습 방법

- 기초외국어의 표현방법과 향상교육법에 대한 관련 용어를 숙지하고, 기초외국어의 표현방법과 향상교육법에 대해 이해한다.
- 기초외국어의 표현방법과 향상교육법의 각 단계별 중점 사항을 체계적으로 학습한다.
- 기초외국어의 표현방법과 향상교육법의 수행순서의 전 과정을 실습한다.
- 기초외국어의 표현방법과 향상교육법의 내용을 이해한다.
- 기초외국어의 표현방법과 향상교육법을 이해하고 숙달이 될 때까지 학습한다.

학습활동.12 평가 및 피드백

평가 준거

- 평가자는 피평가자가 수행 준거 및 평가 내용에 제시되어 있는 내용을 성공적으로 수행할 수 있는 지를 평가해야 한다.

학습내용	평가항목	성취수준		
		상	중	하
기초외국어의 표현방법과 향상교육법	기초외국어의 표현방법과 향상교육법을 이해할 수 있다.			

학습 12

평가 방법

- 작업 포트폴리오

학습내용	평가항목	성취수준		
		상	중	하
기초외국어의 표현방법과 향상교육법	기초외국어의 표현방법과 향상교육법을 이해할 수 있다.			

- 필기시험

학습내용	평가항목	성취수준		
		상	중	하
기초외국어의 표현방법과 향상교육법	기초외국어의 표현방법과 향상교육법을 이해할 수 있다.			

- 체크리스트를 통한 관찰

학습내용	평가항목	성취수준		
		상	중	하
기초외국어의 표현방법과 향상교육법	기초외국어의 표현방법과 향상교육법을 이해할 수 있다.			

- 피드백

1. 작업 포트폴리오
   - 제출한 보고서를 평가한 후 주요 사항에 대하여 표시하여 돌려준다.
2. 필기시험
   - 평가 결과 성적이 저조한 학생은 보고서 제출 기회를 부여한다.
3. 체크리스트를 통한 관찰
   - 실습 과정에서 평가한 후 개선해야 할 사항 등을 정리하여 돌려둔다.

학 · 습 · 평 · 가

1. 다음은 외국인과의 의사소통에서 비언어적인 의사소통에 대한 설명이다. 잘못된 설명은?

   ① 눈을 마주 쳐다보는 것은 흥미와 관심이 있음을 나타낸다.

   ② 어조가 높으면 만족과 안심을 나타낸다.

   ③ 말씨가 매우 빠르거나 짧게 얘기하면 공포나 노여움을 나타내는 것이다.

   ④ 자주 말을 중지하면 결정적인 의견이 없음을 의미하거나 긴장 또는 저항을 의미한다.

2. 외국인과의 의사소통에서 피해야 할 행동들을 작성해 보자.

3. 기초외국어능력 향상과 관련된 다음의 설명 중 맞으면 ○, 틀리면 ×를 표시해 보자.

- 출퇴근 시간에 외국어방송을 보거나, 듣는 것만으로는 안된다. (　　)
- 외국어공부의 목적부터 정하라. (　　)
- 혼자서도 소홀해지지 않고 공부할 수 있다. (　　)
- 실수를 두려워하지 말고, 기회가 있을 때 마다 외국어로 말하라 (　　)
- 매일 30분씩 눈과 손과 입에 밸 정도로 반복하라 (　　)

학습정리

1. 외국어로 의사소통을 함에 있어 대화뿐 아니라 몸짓과 표정, 무의식적인 행동으로 자신의 기분과 느낌을 표현하는 것도 함께 이해해야 한다. 즉, 직업 활동에 있어 외국인과의 성공적으로 협력하기 위해서는 기초외국어능력을 키우는 것뿐만 아니라 그들의 바디랭귀지를 포함한 문화를 이해하려는 노력도 중요하다.

2. 직업활동에서 요구되는 기초외국어능력은 전문가와 같은 실력을 요구하는 것이 아니다. 기초외국어능력 향상을 위해 가장 중요한 점은 실력은 하루아침에 길러지는 것이 아니기 때문에 매일 규칙적으로 연습을 해야 한다는 것이다. 또한 다른 나라의 문화에 대해 적극적으로 관심을 가지고 새로운 것을 열린 마음으로 받아들이는 자세일 것이다.

참 | 고 | 문 | 헌

기초직업능력프로그램; 의사소통능력 매뉴얼, 한국산업인력공단

구현정 · 전영옥. (2005). 의사소통의 기법. 박이정.

김동규 · 이영찬. (2000). 직업윤리. 학교법인 기능대학.

박현석(역). (2004). 전달의 기술. 다연.

배상복. (2006). 일반인을 위한 글쓰기 정석. 경향미디어.

심재우. (2004). GE처럼 커뮤니케이션하라. 일빛.

윤치영. (2007). 설득 · 경청 논박의 기술. 일빛

임칠성 역. (1997). 대인의사소통. 한국문화사.

이창호.(2007). 스피치 달인의 생산적 말하기. 북포스

전영우. (2007). 귀담아듣는 언어생활 -적극적 경청법-. 민지사

조신영 · 박현찬. (2007). 경청-마음을 얻는 지혜. 위즈덤하우스

직업기초능력지도과정 자료집. (2005). 직업기초능력지도 과정. 서울대 농생대 부설 중등교육연수원.

허정훈 · 김상범. (2007). 건강과 능력개발. 한국폴리텍대학.

홍경자. (2007). 의사소통의 심리학. 이너북스.

황성근. (2006). 너무나도 쉬운 비즈니스 글쓰기. 한겨레출판.

신동아. http://shindonga.donga.com

조선일보. www.chosun.com

중앙일보. www.joins.com

한겨레신문. www.hani.co.kr

한국일보. www.hankooki.com

AM7. www.am7.co.kr

http://blog.naver.com/eob. 2007.8.27.

http://www.career.go.kr/

학습 1	의사소통의 개념 및 종류
학습 2	의사소통의 저해요인과 능력개발
학습 3	문서이해의 개념과 종류
학습 4	문서이해의 절차와 요약
학습 5	문서작성의 개념과 작성법
학습 6	문서작성의 원칙과 표현법
학습 7	경청의 개념과 방해요인
학습 8	경청방법과 훈련
학습 9	의사표현의 개념과 방해요인
학습 10	의사표현법과 지침
학습 11	기초외국어의 개념과 상황
학습 12	기초외국어의 표현방밥과 향상교육법

학습 13 질문활용능력

학습 목표

1. 원활한 소통을 위해 질문이 왜 중요한지 이해할 수 있다.
2. 다양한 상황 속에서 대화를 이끌어가기 위한 질문 기술을 활용할 수 있다.

13-1 질문의 개념과 효과성

사람들은 모든 의사소통 시에 '서술하기' 또는 '질문하기' 두 가지 방식 중에 하나를 선택하여 이야기한다. '서술하기'란 내가 가지고 있는 의견이나, 지식 등의 정보를 제공하는 것이고, '질문하기'란 상대방 또는 상황에 대한 정보를 확인하거나 새롭게 얻는 것이다.

따라서 질문은 짧은 시간 내에 상대방과 서로를 이해하고, 보다 효율적으로 자신의 의견을 전달하며 원하는 방향으로 상황을 이끌 수 있는 훌륭한 의사소통 도구이다.

의사소통에 있어 질문은 다음과 같은 능력을 가지고 있다.

1. 질문은 사람의 마음을 열리게 한다

사람들은 누구나 자기 자신이 가장 중요하기에 다른 사람의 이야기를 듣는 것보다 자신에 대한 이야기를 하고 싶어 한다. 예를 들면 자신이 좋아 하는 것, 자신의 관심사, 자신이 고민하고 있는 것, 최근 자신이 힘들었던 것들에 대한 이야기를 하고 싶어 한다.

따라서 사람들의 마음을 열게 만드는 손쉬운 방법은 그들에 대해 질문하는 것이다. 질문을 통해 상대방은 대화의 주인공이 된다. 그러면 상대방은 어느새 질문을 한 사람에게 관심이 생기고, 호감을 느끼게 되어 마음을 열게 된다.

누군가에게 관심을 끌고 싶거나 말을 잘하는 사람이라는 이야기를 듣고 싶다면 그들에 대한 이야기를 많이 물어보자. 그들이 어떻게 살아왔는지, 어떤 고민을 가지고 있는지, 최근 그들이 경험했던 즐거웠던 일은 언제였는지 등을 이야기해달라고 해보자,

2. 질문은 보다 많은 양의 정보를 가져다준다

영어로 질문은 'Question'이다. 이 단어는 뭔가를 발견하거나 구하는 탐색이나 추구를 의미하는 'Quest'라는 단어에서 파생되었다. 따라서 질문은 필요한 정보를 얻고 의사소통의 방해요소가 되는 불필요한 정보들을 걸러내는 중요한 도구가 된다.

의사소통을 잘 하기 위해서는 상황을 제대로 파악하는 것이 중요하다. 지금 말을 걸어야 할 상황인지, 중요한 포인트를 언제 이야기하는 것이 좋을지, 부탁이나 요청, 설득까지도 상황을 얼마나 제대로 파악하고 있는가가 관건이 된다. 그 상황을 제대로 파악하기 위해서는 얼마나 많은 정보를 가지고 있는가에 달려있다.

현명한 결정을 내리기 위해, 새로운 것을 배우기 위해, 상대방을 보다 잘 이해하기 위해, 원하는 것을 얻기 위해 정보를 얻을 수 있는 질문을 해야 한다.

3. 질문은 상대방의 사고를 자극하고 대답하게 만든다

사람들은 매일 수없이 다양한 반사 작용을 경험하게 된다. 뜨거운 그릇을 만지면 즉시 손을 떼며 움츠리게 되고, 어디선가 큰 소리가 나면 눈을 깜빡이며 몸을 움츠리게 된다. 질문 역시 강력한 반사 작용을 가져온다. 우리는 대부분 누군가에게 질문을 받게 되면 나도 모르게 즉시 질문 받은 내용에 대해 생각해보게 되고 대답을 하게 된다.

질문은 두뇌의 신경계를 자극해서 빠르게 뇌세포 활동을 하게한다. 즉, 그 즉시 생각하게 만드는 것이다. 따라서 내가 원하는 방향으로 상대방의 생각과 감정이 움직이도록 만들기 위해서는 적절한 질문을 하는 것이 중요하다.

4. 질문은 설득력을 높여준다

우리는 모두 끊임없이 자신의 생각을 다른 사람에게 설득하고 있다. 상대방에

게 어떤 행동을 하도록 만들거나, 다른 식의 사고를 하게하고, 느끼지 못했던 감정을 느끼게 만들도록 설득한다. 하지만 아무리 의도가 좋더라도 상대방이 설득 또는 일방적인 지시를 당하고 있다는 느낌을 받으면 상황은 전혀 원치 않는 방향으로 나아가게 된다. 예를 들면 열심히 TV를 보고 있다가 이제 그만 끄고 공부를 해야지 하고 리모컨을 집어 들었을 때 엄마가 "이제 TV 그만보고 공부 좀 해라. 넌 도대체 언제 공부할 거야."라고 말하면 갑자기 하려고 했던 공부가 하기 싫어진다. 이런 현상을 '심리적 반발 이론'이라 부른다. 내가 스스로 생각하고 행동하는 것이 아닌 다른 외부에서 자신의 생각이나 행동을 통제하려고 하면 이를 견디지 못하고 심리적으로 반발하게 된다. 사람들은 자신의 운명을 스스로 결정할 자유를 원하는데, 자유가 억압을 받으면 상대방의 요구에 반발하기 때문에 이런 현상이 나타나게 된다.

그럼 어떻게 설득하는 것이 효과적일까? 상대방에게 명령이나 지시가 아닌 질문을 통해 스스로 생각하고 대답하게 만들면 이런 심리적 반발 현상을 많이 줄일 수 있다. "저녁 먹기 전까지 다 해놔." 라는 명령조보다 "저녁 먹기 전까지 끝내는 게 좋지 않을까?"라고 말하면 상대방의 이야기에 반감이 들기보다 상대방이 자신에게 의견을 물었고, 결정권 또한 자신에게 있다는 느낌을 받게 되어 훨씬 의견을 수렴시키기 수월하다. 그리고 질문에 긍정적인 대답을 했다면 자신이 내뱉은 말을 행동으로 옮기려는 의지도 더욱 커지게 된다. 누군가를 설득하는 최선의 방법은 스스로가 설득되도록 만드는 것이다.

Tip 상대방에게 질문을 하기 전 생각해야 할 4가지

1. **이 질문을 해서 정확히 내가 얻으려고 하는 것은 무엇인가?**
   도움, 조언, 정보, 약속을 원하는가? 토의를 하고, 새로운 아이디어를 개발하고, 의견이나 입장을 끌어내려는 것인가? 동의를 구하거나 어떤 행동, 생각이나 결정을 제안하기 위한 것인가?

2. **누구에게 질문할 것인가?**
   잘 아는 사람, 아니면 전혀 모르는 사람, 상급자나 부하 직원?

3. **질문을 하기에 적절한 시기나 상황은?**
   타이밍이 중요하다. 크리스마스 파티에서 업무에 관련된 질문을 하거나 이사회에서 개인적인 질문을 하지 말라.

4. **이 질문은 어떤 영향을 미칠까?**
   질문은 여러 가지 방식으로 할 수 있다. "만일 내가 이런 식으로 질문을 하면 어떤 대답이 나올 것인가? 좀 더 구체적인 대답을 얻기 위해서 좀 더 구체적인 질문을 할 수 없을까?

출처 : 도로시 리즈(2002). 질문의 7가지 힘. 더난출판

■ 자 료

질문 행동 진단 체크리스트

자신의 질문 행동을 진단해보면 질문 스킬을 향상시키는 데 많은 도움이 된다. 자신이 어떻게 질문을 던지고 응답에 반응하는가를 파악하면 어떤 점을 개선해야 하는지를 분명히 알 수 있기 때문이다.

다음에 열거된 각 행동이 자신을 얼마나 잘 설명하는지 체크한다.

* 1 = 거의 또는 전혀 하지 않는다.
2 = 어느 정도 그렇다.
3 = 매우 그렇다.

1) 질문의 중요성을 알고 있다.
2) 다른 사람이 쉽게 이해할 수 있도록 질문을 명확하게 한다.
3) 어려운 사안에 대해 대화해야 할 때 사전에 질문을 준비한다.
4) 대화 시 상황 파악을 위한 질문을 한다.
5) 다른 사람이 깊이 있게 생각하도록 자극하는 질문을 한다.
(예, 관련성을 묻거나 평가 또는 새로운 아이디어를 찾도록 도움을 주는 질문)
6) 다른 사람이 미처 생각하지 못한 것을 생각하도록 하는 질문을 한다.
7) 긍정적으로 질문한다.
8) 탐색 질문을 한다(자세한 설명이나 구체적인 예를 요청하는 질문)
9) 개방형 질문을 사용한다.
10) 어떤 질문과 답이라도 오갈 수 있는 편안한 분위기를 조성한다.
11) 다른 사람이 질문을 하거나 응답을 하면 칭찬을 해준다.
12) 상대방의 질문을 끝까지 경청하고 응답을 한다.
13) 여러 사람과 대화 시 모든 사람들이 질문과 응답을 하도록 격려한다.
14) 질문을 던진 후 상대방이 나의 질문에 대해 충분히 생각하고 답을 할 시간을 준다.
15) 나의 질문 행동 중 잘한 행동과 개선해야 할 행동에 대해 성찰을 한다.

** 각 항목의 점수를 더해 합계를 구한다.
25점 이하 : 질문 스킬 매우 부족, 질문 스킬 향상 위해 많은 노력 필요
40점 미만 : 어느 정도 스킬은 있으나 향상 시킬 부분 있음
40점 이상 : 뛰어난 질문 스킬 보유

출처 : 이태복, 최수연(2011). 질문 파워. 패러다임.

학습 13

13-2 질문의 종류

질문은 기대와 목적, 상황에 따라서 달라질 수 있다. 나는 상대방과 대화를 나눌 때 어떤 질문 형식을 자주 사용하는지 살펴보자.

1. 개방형 질문

개방형 질문은 열린 질문이라고도 하며, 상대방이 이야기 하고 싶은 방향으로 자유롭게 이야기하도록 함으로써 1개의 대답보다 풍성한 정보를 얻을 수 있다. 또한 상대방을 이해하고 보다 상황을 빠르게 이해하기 위해서는 많은 정보를 얻을 수 있는 개방형 질문으로 시작하는 것이 효과적이다.

예시 이번 여름휴가는 어떻게 보낼 계획이세요?
오늘 하루는 어땠어?
왜 그것을 선택하게 되었나요?
전 직장에서는 어떤 일을 했나요?
이 사람에 대해 어떻게 생각하십니까?

2. 폐쇄형 질문

폐쇄형 질문은 닫힌 질문이라고도 하며, 상대가 '예', '아니요' 또는 단답형 대답만 하게 되어 얻게 되는 정보에 제한이 있을 수 있고, 대화가 길게 이어지지 않을 수 있다. 대답과 결론이 빨리 나오기 때문에 이 질문을 스피드 퀘스천 speed question이라고도 한다. 정보를 확실히 이해했는지 확인하고 싶을 때나, 상대방에게 양해를 구해야 할 때, 가부를 확인할 때 효과가 있다. 대화가 진행되면서 점차 구체적인 정보를 얻기 위해서도 폐쇄형 질문을 사용할 수 있다.

예시 뮤지컬 좋아하세요?
다음달 세미나에 참석하실 수 있나요?
이 업무에 도움이 될 만한 기술이나 경험을 가지고 있습니까?
회의는 방금 끝났나요?
음식이 더 있나요?

3. 인터뷰형(심문형) 질문

어떠한 상황에 대해 자세히 따져 묻거나 원인을 밝혀내기 위해 질문하는 것을 말한다. 듣는 사람의 입장에서 준비되어 있지 않는 내용이라면 당황스럽거나 기분이 좋지 않을 수 있다.

예시 왜 이렇게 마무리가 늦어졌나요?
이런 일을 말하지 않았던 이유가 뭐지요?
왜 지금의 상황까지 오게 된 건가요?

4. 무응답 질문

상대에게 대답을 구하는 질문의 형식이지만, 실제로는 감정적인 말과 질책을 하는 화법이다. 이 질문은 상대방이 침묵하거나 "잘못했다.", "미안하다."는 말만 반복하게 된다.

예시 도대체 할 줄 아는 게 뭐예요?
얼마나 내가 더 설명해줘야겠어요?
대체 매번 왜 이렇게 늦는 겁니까?

5. 인사형 질문

상대방에게 건네는 인사를 질문의 형식으로 하는 화법이다. 상대방에게 구체적인 이야기를 듣기 위함이라기보다 반가움 또는 호의를 표현하려는 경우가 대부분이다.

예시 안녕하셨어요?
그동안 잘 지내셨지요?
오랜만이지요?

6. 6하원칙(5W1H) 질문

구체적인 정보를 얻고자 할 경우나 자세한 상황을 파악하고자 할 경우, 상대방의 사고를 자극하고자 할 경우에 효과적인 화법이다. 상대방과의 대화가 중간에 막혔을 때도 사용하면 좋다.

예시 A : 드릴을 하나 사려고 하는데요.
B : (When) 언제 사용하실 건가요?
(Who) 누가 사용하실 거지요?
(What) 무엇을 뚫으셔야 하나요?
(Why) 왜 그렇게 되신 건가요?
(Where) 어디에서 사용하시나요?
(How) 어떻게 작동하는지 방법 알고 계신가요?

7. 퀴즈형 질문

퀴즈처럼 정답이 이미 정해져 있어 상대방에게 질문자가 생각한 정답만을 요구하는 질문이다. 상대방이 알지 못하는 내용에 대한 질문이라면 상대를 긴장시키거나 위축시킬 수도 있고, 때론 불쾌하게 느껴질 수도 있으니 질문의 내용에 주의해야 한다.

예시 오늘이 며칠이지요?
조금 전에 내가 했던 말이 뭐였지?
내가 손에 든 게 뭘까?

8. 유도형 질문

질문 안에 은연중 결과를 암시하거나 가정이 숨어 있는 질문, 질문의 형식이지만 명령이나 강압적인 형식의 질문, 문장 끝에 "그렇지 않습니까?"라고 추가해서 물어보는 부가의문문 모두 유도형 질문이라고 할 수 있다. 이러한 유도형 질문을 받으면 질문자의 의도를 거스르는 답을 하기가 곤란해진다.

예시 지금 이걸 마무리하지 않고 퇴근하면 내일 무슨 말을 들을 것 같니?
올해 물가가 많이 오를 거라고 하던데, 힘들어지겠지요?
오늘 모임에 나올 거지요? 그렇죠?
이런 보고를 할 때 미리 나와 상의하지 않으면 어떻게 되는지 아시죠?

■ 자 료

MIT대학의 에드거 쉐인 교수가 제안하는 질문의 3가지 유형

1. 상황 파악 질문

상황을 충분히 파악하기 위해서 던져야 하는 질문이다.

- 그 일이 어떻게 돌아가고 있습니까?
- 상황을 설명해주시겠습니까?
- 현재 어떤 상황입니까?
- 그 일을 마무리하는 데 시간이 얼마나 걸리나요?
- 보수는 얼마나 되나요?

2. 진단 질문

상황 파악 후 상대방이 그 상황에 대해 어떻게 느끼는지, 어떤 행동을 했고, 왜 그렇게 했는지 등을 이해하기 위한 질문이다.

1) 감정의 탐색

- 그것에 대해 어떻게 느꼈습니까?
- 다른 사람들은 어떻게 느꼈습니까?

2) 액션이나 사건의 이유 탐색

- 당신은 왜 그런 행동을 했습니까?
- 다른 사람들은 왜 그렇게 했습니까?

3) 액션의 탐색

- 당신은 무엇을 했습니까?

3. 해결안 질문

마지막으로 던져야 하는 질문으로써 자신이 생각하는 해결안을 제시하거나 상대방이 어떤 해결안을 갖고 있는지를 묻기 위한 질문이다.

- 어떤 방법을 생각해보셨습니까?
- 이런 방법으로 해보지 않겠습니까?
- 다른 방법을 생각해보셨습니까?

13-3 마음을 열고 소통하기 위한 질문

1. 자연스럽게 상대방과 친해질 수 있는 질문

상대방에게 이것저것 무엇인가 알려고 드는 인터뷰식 질문보다는 상대가 편안하고 쉽게 대화에 참여할 수 있는 가벼운 질문인 스몰토크(small talk)를 하는 것이 좋다. 스몰토크란 어색한 분위기를 깨고 서로 친해지기 위해 시작하는 짧은 대화 정도의 의미를 가지고 있다.

예를 들면 날씨나 장소에 관한 이야기부터 최근 인기가 있는 TV프로그램이나 영화, 취미, 상대의 의상이나 소품 등에 대해서 질문을 던지는 것이다. 이 때 상대방의 사생활이나 종교, 정치적 성향에 대한 이야기는 하지 않는 것이 좋으며, 상대방의 외모에 집중된 칭찬이나 드러내기 싫은 부분에 대해 억지로 칭찬하는 것도 좋지 않다. 상대방에게 관심을 가지고 관찰하며 상대방의 취향이나 패션 등에서 장점을 찾아보자. 또한 심문하는 식으로 물어보면 상대의 마음을 열 수 없으니 조심하자.

예시1

A : 과장님, 최근에 K방송사에서 하는 음식 프로그램 보셨어요? 제가 최근에 재미있게 본 프로그램인데요. 우리나라 음식을 외국에 가져가서 그 사람들 입맛에 맞추어 조금 바꿔서 장사를 하는 프로그램인데, 외국 손님들의 반응이 꽤 재미있어요.

B : 아, 그래요? 그 프로그램 들어본 것 같은데, 재미있나보군요. 어떤 음식을 팔던가요?

A : 이번에는 짜장면을 팔았어요. 저도 짜장면을 좋아하는데, 외국인들이 한국식 짜장면을 무척 맛있어하더라고요. 과장님도 짜장면 좋아하세요?

예시2

C : 대리님, 오늘 스카프가 너무 예쁘네요. 직접 고르셨어요?

D : 네, 주말에 지나가다가 예쁘길래 샀는데, 잘 어울려요?

C : 네, 핑크색 컬러가 너무 잘 어울리세요. 저도 예쁜 스카프를 하고 싶은데 스카프를 매는 방법도 어렵더라고요. 간단하게 스카프 매는 방법 중 알고 계신 거 하나만 알려주실 수 있으세요?

예시3

E : 날씨가 많이 풀린 것 같지요?

F : 네, 날씨가 많이 풀렸네요.

E : 이제 봄이 오는 것 같네요. 주말에 어디 나들이 계획이라도 있으세요?

회사 로비 혹은 엘리베이터 등 이야기 건네기 어려운 상사나 동료들을 마주칠 때 스몰 토크를 이용해서 질문해 보자. 자연스러운 대화가 이어지면서 친밀감이 생겨날 것이다.

2. 질문으로 상대방을 기분 좋게 만들어 주는 칭찬법

질문만 잘해도 상대방과의 거리감이 빠르게 줄어들 수 있다. 특히나 상대가 자신에게 물어봐주었으면 하는 내용이나 자랑하고 싶은 일이 생겨서 다른 이들에게 알리고 싶어 하는 내용이 있다면 더욱 좋은 기회이다. 가끔씩 사람들은 다른 사람들과 함께 있으며 그 틈 속에서 '나 좋은 일 생겼는데, 누가 물어봐줬으면..' 하거나 '나 이 이야기 하고 싶은데..'라고 바라기도 한다. 본인 입으로 먼저 이야기를 꺼내기는 자랑하는 것 같아 쑥스럽거나 부끄러워 말을 못 꺼내는 상황에서 누군가가 자신을 대신해 먼저 물어봐주거나 이야기를 꺼내주면 너무나 고마운 감정이 들게 된다.

공개적인 자리에서 상대방을 인정하고 공로나 성과를 높여주는 칭찬을 질문형으로 바꿔 이야기하는 것은 매우 효과적이다. 직접적으로 건네는 칭찬은 자칫 상대가 부담스러워 할 수도 있고, 진심이 담겨 있지 않는 립 서비스로 생각하기 쉽다. 상대방을 인정하고 높이는 칭찬형 질문화법을 사용하면 자연스럽게 상대방에게는 부담을 주지 않으면서도 상대를 웃게 만드는 진심 어린 칭찬이 된다. 또한 상대방이 즐겁게 말할 수 있는 자리를 만들어 주게 되어 함께 기분 좋은 분위기가 형성될 것이다.

예시1

A : 과장님, 축하드려요. 이번에 아드님이 공무원 시험에 한 번에 합격했다면서요? 이 좋은 소식 언제 알려주시려고 하셨어요?

B : (기분 좋아하며) 하하하. 감사합니다. 아들이 열심히 했나봅니다.

C : 와, 과장님. 축하드립니다. 아드님이 공부를 참 잘 했나 봐요. 자식 농사 잘 지으셔서 뿌듯하시겠어요.

B : 하하하. 네, 성실하게 하더니 이번에 합격했네요. 무척이나 자랑스럽습니다. 제가 오늘 기분도 좋은데 한턱내겠습니다. 다 같이 가시지요.

예시2

D : 관리를 참 잘하시나 봐요. 평소에 특별히 하는 운동이 있으세요?

E : 하하. 네, 특별한 건 아니고 매일 30분씩 자기 전에 스트레칭을 꼭 하고 있어요.

D : 와, 그러시구나. 제가 요새 어깨가 좀 뭉치는데, 간단한 스트레칭 동작 하나 제게도 알려주실 수 있을까요?

자세나 용모 등 상대방의 겉모습을 칭찬하고자 할 때는 직접적인 부분에 대한 칭찬보다는 배경과 과정에 대해 질문하는 것이 좋다. 그러면 어떤 한 부분에 대한 직접적인 단순한 칭찬보다 상대에 대한 관심과 호감이 더 효과적으로 전달된다. 그리고 필요에 따라 가르쳐줄 수 있는지 묻는 것도 좋다.

3. 상대방이 쉽게 입을 열게 만드는 질문

상대방의 말문을 열고 싶다면 우선 상대방이 가장 편안하게 알고 있고 자신감을 갖고 있는 분야를 알아보는 질문을 하자. 남자들이 여자들보다 이야기를 잘 안 하려고 하지만 그래도 그들의 입을 열게 만들 수는 있다. 우선 상대방이 편안하게 느끼는 화제를 찾아야 한다. 사는 지역에 대한 질문 또는 관심 있는 분야에 대한 질문도 좋다. 상대가 자신감을 느끼는 주제를 시작으로 이야기를 해서 점점 자신이 원하는 분야로 화제를 옮겨간다.

참고로 질문 받는 사람의 이름과 함께 상대의 직급을 알고 있다면 같이 언급하는 것이 좋다.

예시

- 부산에서 생활하면 어떤 부분이 좋으세요? 저는 바다를 자주 보는 거일 것 같은데, 맞나요?
- 김보라 박사님, 이 분야에 대해 저술하신 책들이 많으시던데, 저희에게 좋은 조언 좀 부탁드려도 될까요?
- 지금 하시는 일은 어떻게 해서 시작하게 되셨어요? 선택하시게 된 동기가 있으실 것 같아요.

4. 폭넓은 이야기가 나올 수 있는 질문

상대방의 이야기에서 키워드를 찾게 되면 좀 더 깊은 질문과 대화로 이어질 수 있다. 질문만 적절히 잘 한다면 말재주가 좋지 않더라도 상대방에게서 폭넓은 이야기들을 이끌어낼 수 있다.

대화를 술술 잘 풀리게 하려면 '과거에 있었던 일'이나 '어떤 일을 하게 된 동기' 등 쉽게 꺼낼 수 있는 사실 자체에 대한 질문을 해야 한다. 그 다음에는 대화를 이어나가기 위해 들었던 내용에 대해 확인하거나 특정 부분에 대해 더 상세한 질문을 하는 것도 좋다.

예시

- 그 일을 잘 하시게 된 비결이 있다면 어떤 건가요?
- 그 후에 어떤 부분이 가장 많이 변하게 되었나요?
- 어떤 계기로 이 일을 시작하게 되셨나요?
- 어려웠던 부분들이 무엇이었나요?
- 그 분과는 어떻게 알게 되신 건가요?
- 방금 전에 하신 말씀은 ㅇㅇㅇ이라는 뜻인가요?
- ㅇㅇ을 어떻게 하셨는지 여쭤봐도 될까요?
- 그 밖에 또 어떤 사례가 있을까요?
- 말씀하신 부분을 ㅇㅇ에 응용 해봐도 괜찮을까요?

■ **북 리뷰**

삶을 변화시키는 질문의 기술

"이게 내가 '선택의 지도'라고 부르는 거예요. 갈림길에 선 저 사람을 보세요. 그는 당신과 나를 나타냅니다. 혹은 우리 모두가 될 수 있지요. 우리는 매 순간 지도에서 보여주는 것처럼 두 갈래길에서 선택에 직면하게 됩니다. 하나는 학습자의 길이고, 다른 하나는 심판자의 길이죠. 저 사람보다 조금 작은 사람들은 각자가 선택한 길에 따라 각 단계에서 어떤 질문을 던지는지, 그리고 그 질문으로 어떤 결과를 맞게 되는지를 보여줍니다."

조셉은 지도에 그려진 두 개의 작은 안내판을 번갈아 가리켰다.

"지금 무슨 생각 하고 있어요?"

조셉이 물었다. 나는 너무 당혹스런 나머지 내 마음속에서 일어나고 있는 생각을 숨기지 못했다.

"혹시 저를 은근히 '심판자'로 생각하시는 것은 아니겠죠? 아니면 저를 '패배자'로?"

우리는 인생의 거의 매 순간 선택에 직면합니다. 우리가 그 사실을 인식하든 안 하든 관계없이 '심판자'와 '학습자'의 사고방식을 놓고 끊임없이 선택하고 있어요. '심판자'의 사고방식을 택하면 결국에는 진흙탕에 처박히게 되죠. 반면에 '학습자'의 사고방식을 택하는 사람은 새로운 길과 가능성을 발견하게 됩니다.

조셉은 다시 선택의 지도로 걸어가 심판자의 함정 앞에 섰다.

자신에게 이런 질문들을 던져보세요.

〈심판자의 질문〉

'누구 탓이지?'

'내가 뭘 잘못했지?'

'난 왜 이렇게 형편없는 낙오자가 되었을까?'

'어쩌다 내가 패배했지?'

'내가 옳다는 것을 어떻게 입증할 수 있을까?'

'어쩌다 이런 최악의 팀에 끼어 옴짝달싹 못할까?'

'왜 날 괴롭히지?'

그가 이 질문들을 늘어놓자 가슴이 답답해졌다.

자, 이제는 다른 길을 점검해보죠. 학습자의 길은 어떤지 살펴야겠지요. 자, 여기에는 앞엣것과는 다른 종류의 질문이 한 묶음 있어요.
자신에게 한번 물어보세요.

〈학습자의 질문〉
'무슨 일이 일어난 거지?'
'여기서 도움이 될 만한 일이 뭘까?'
'나는 뭘 원하지?'
'내가 배울 점은 뭘까?'
'다른 사람들이 생각하고, 느끼고, 필요로 하고, 원하는 것은 뭘까?'
'어떻게 하면 양쪽에 다 유리하게 만들까?'
'어떤 일이 가능할까?'
'어떤 선택을 할까?'
'지금 할 수 있는 최선의 일은 뭘까?'

순간 나는 가벼운 흥분을 경험했다. 호흡도 한결 편해졌다. 앞에서 제기된 질문의 묶음을 들었을 때는 느껴보지 못했던 기꺼운 마음과 열린 마음이 느껴지기 시작했다. 한 가지 사실이 특히 두드러졌다. 어깨에 긴장이 풀렸다는 점이다. 생각해보니 그런 기분을 느껴본 것이 참으로 오랜만이었다.

우리가 던지는 질문은 '심판자의 질문'과 '학습자의 질문'으로 나눌 수 있다. "누구 탓이지?" "그들은 왜 그렇게 어리석고 실망스러울까?" 등 심판자의 질문은 우리를 절망과 무기력, 패배감으로 몰아넣는다. 반면 "무슨 일이 일어난 거지?" "이 상황에서 배울 점은 뭘까?" 등 학습자의 질문은 호기심을 자극하고 영감을 불러일으키며, 우리를 성공의 길로 이끈다. 질문의 성격은 인간관계와 커리어뿐 아니라 사고방식과 행동, 성과에도 크나큰 차이를 가져온다. 진정한 패러다임의 혁신이 질문의 기술로부터 시작된다!

출처 : 마릴리 애덤스(2005). 삶을 변화시키는 질문의 기술. 김영사

13-4 정보를 얻기 위한 질문

1. 좀 더 구체적인 정보를 얻고자 할 때

학습 13

상대방에게 질문을 한 후에 듣게 된 대답에서 정보가 충분하지 않거나 이해하지 못했을 때 추가적인 질문을 통해 구체적이고 깊이 있는 정보를 얻을 수 있다.

1) 1단계 : 도입 질문

도입 질문은 상대방에게 건네는 첫 질문으로 관심 있는 것이나 궁금했던 것을 물어보게 된다.

예시

A : 대인관계를 잘 하려면 어떻게 해야 할까요?

2) 2단계 : 탐색 질문

1단계에서 물어보고 얻게 된 대답에서 추가적인 정보를 얻고자 할 때 사용할 수 있는 질문으로 육하원칙(언제, 어디서, 누가, 무엇을, 왜, 어떻게) 질문을 이용한다.

예시

A : 대인관계를 잘 하려면 어떻게 해야 할까?

B : 상대방의 이야기를 잘 경청할 수 있어야겠지.

A : 그럼 어떻게 해야 잘 경청할 수 있을까?

3) 3단계 : 심층 질문

2단계의 탐색 질문을 통해 얻게 된 정보를 더욱 깊이 있는 알고자 할 때 사용한다.

- 그 때 알게 된 것이 더 있을까요?
- 구체적인 예를 들면 어떤 것이 있을까요?
- 그 상황에 대해 제가 더 알아두면 좋을 것이 있을까요?
- 그렇게 되면 어떤 느낌이 들까요?
- 반대적인 상황은 없을까?
- 다른 사람들은 어떻게 생각할까?

예시

A : 대인관계를 잘 하려면 어떻게 해야 할까?

B : 상대방의 이야기를 잘 경청할 수 있어야겠지.

A : 그럼 어떻게 해야 잘 경청할 수 있을까?

B : 나는 상대방의 얼굴을 바라보며 듣는 것이 중요하다고 생각해.

A : 아, 그래. 얼굴을 보는 게 중요하겠다. 그럼 얼굴 중에 구체적으로 어디를 보는 게 좋을까?

B : 아마도 눈이 아닐까? 눈을 바라보며 이야기를 들어야 잘 듣고 있다는 걸 알릴 수 있겠지.

위 3단계 질문을 통해서 질문자는 상대에게서 구체적인 정보를 얻을 수 있고 상대방은 생각의 자극을 받게 되어 새로운 사고의 확장을 경험해볼 수 있다. 하지만, 상대방이 진지하게 이야기를 나눌 상황이 갖춰져 있지 않거나, 심리적으로 편안하지 않을 때 심층 질문까지 받게 되면 귀찮아지거나 자신에게서 무언가를 캐내려고 한다는 느낌을 받을 수 있으니 질문을 하기 전 상황을 잘 살피는 것이 필요하다.

2. 다양하고 폭넓은 사고의 자극이 필요할 때

좋은 질문은 다른 관점을 생각해보게 만들고, 보다 폭 넓은 사고를 하도록 이끌어준다. 따라서 질문에 의해 생각이 확장되어 대답이 달라지면 그 이후의 결과는 전혀 다르게 된다.

다양한 정보와 새로운 관점이 필요할 때 상대방과 자신에게 던지는 질문은 매우 중요하니 다음의 질문들을 자주 사용해보길 바란다.

1) 익숙하고, 당연한 것에 대해 다시 한 번 생각해보게 만드는 질문

- 이걸 매번 이렇게 하는 것이 최선일까?
- 왜 그렇게 되는 거지?
- 이렇게 처리하는 것이 업무상 옳은 것일까?
- 왜 이것을 해야 하는 걸까?

2) 나의 입장이 아닌 상대방의 입장이 되어 사고하게 만드는 질문

- 조금 전에 한 말이 그 사람 입장에서 어떻게 느껴졌을까?
- 고객의 입장이라면 어떻게 느껴질까?
- 이것을 판매하게 된다면 무엇부터 이야기할까요?
- 그들은 무엇을 기대할까요?
- 이것이 어떤 의미로 받아들여질까?

3) 문제를 해결하거나 개선하기 위한 질문

- 어떻게 하면 잘 될 수 있을까요?
- 어떤 방법들이 더 있을까요?
- 어떤 부분을 보완하면 가능할까요?
- 어떻게 해야 그 부분을 해결할 수 있을까요?
- 누구의 도움이 필요할까요?
- 가장 먼저 무엇을 해야 할까요?
- 순서를 바꾸면 어떻게 될까요?

4) 새로운 아이디어를 얻기 위한 사고의 필요할 때 유용한 질문

- 최근 사람들이 어떤 것들에 관심이 많나요?
- 주변에서 가장 많이 듣게 되는 이야기는 어떤 건가요?
- 그들은 무엇을 하며 시간을 보낼까요?
- 누구에게 가장 많은 의견을 묻게 되나요?
- 마음대로 할 수 있다면 어떻게 하시겠어요?
- 예산이 충분하다면 무엇을 할 수 있을까요?

5) 원하지 않은 상황이 발생했을 때 반복적인 실수를 줄이기 위한 질문

- 이 경험을 어떻게 응용할 수 있을까?
- 여기에서 무엇을 배울 수 있을까?
- 이 일을 통해 알게 된 것은 무엇일까?
- 이 경험을 통해 기억해야 하는 것은 무엇일까?
- 이 상황에서 긍정적인 면이 있다면 무엇일까?
- 지금 할 수 있는 일은 무엇인가?
- 똑같은 상황이 반복된다면 그때는 내가 어떻게 하면 좋을까?

6) 새로운 일을 시작하기에 앞서 해봐야 할 질문

- 이 작업을 할 가치가 있는가?
- 이 일로 인해 무엇을 얻게 되는가?
- 이 일의 결과로 지속적인 이익을 얻게 되는가?
- 진행하기 위해 필요한 자원(인적, 시간적, 경제적 자원 등)은 충분한가?

- 이 일을 완수하기 위해서 무엇을 줄여야 하는가?
- 만일 원하는 성과가 나오지 않는다면 어떻게 할 것인가?

■ 자 료

미국 스탠퍼드 대학 〈질문 목록 가이드〉

다음 내용은 미국 스탠퍼드 대학에서 학생들에게 주는 '질문 목록 가이드'예이다. 이 질문들은 통합과 비교, 대조, 탐색을 돕는다. 이 목록을 참고하여 상황에 따라 자신에게 필요한 질문 목록을 만들면 유용할 것이다.

- 왜 그런다고 생각합니까?
- 어떻게 그런지 설명해주시죠?
- 무슨 의미입니까?
- 왜 그런 일이 발생했습니까?
- 주요 아이디어는 무엇입니까?
- 그 문제의 해결안은 무엇입니까?
- 만일 A라면 어떻게 되지요?
- 우리가 도출한 결론이 무엇입니까?
- 최적의 대안은 무엇이라고 생각하십니까?
- 그 이유는 무엇인가요?
- A는 B에게 어떤 영향을 미칠까요?
- A와 B는 어떤 관계가 있습니까?
- 전에 배웠던 것과 어떤 관련이 있나요?
- A와 B는 어떤 유사성이 있습니까?
- A를 B에 어떻게 활용할 수 있을까요?
- 그것의 강점과 약점은 무엇입니까?
- 또 다른 방법은 없을까요?
- 새로운 예는 어떤 것이 있을까요?
- 이것을 어떻게 적용할 수 있을까요??
- 만일 A조건이라면 무슨 일이 발생할까요?
- 왜 그것이 중요하다고 생각하십니까?

출처 : 이태복, 최수연(2011). 질문 파워. 패러다임

학습 13

수행 내용

재료 · 자료

- 질문의 개념 및 종류, 질문 활용 방법 관련 자료

기기(장비 · 공구)

- 컴퓨터, 프린터, 주변기기

안전 · 유의사항

- 컴퓨터 및 주변기기의 전원을 관리한다.

수행 순서

01 질문의 개념과 종류에 대한 사례와 활동에 대하여 분석하라.

K씨는 회사의 새로운 제품을 판매하기 위해 고객과 만남을 가졌다. 고객이 오자마자 반갑게 인사를 나눈 뒤 K씨는 곧바로 새로 나온 신제품을 꺼내어 고객에게 설명하기 시작했다. 제품에 대한 설명을 마친 뒤 마지막에 고객에게 구매의사를 물으니 고객은 좀 더 생각해보고 나중에 연락 주겠다며 자리를 일어났다. K씨는 열심히 설명했고, 고객도 잘 듣는 것 같아 거래가 성사될 것으로 기대했지만, 결과는 생각대로 되지 않아 어리둥절하였다. K씨가 했던 과정에서 무엇을 개선하면 좋았을지 생각해 보자.

상대방에게 신뢰감과 설득력을 높이기 위해서는 서술형의 화법보다 질문형의 화법이 효과적이다. 상대방의 마음을 열게 하기 위한 좋은 방법 또한 질문을 던져 내가 아닌 상대방이 자신의 근황이나 생각을 더 많이 이야기 하도록 만들어야 한다. 질문은 상대방의 의견을 알기 위해서도 활용하지만, 동시에 자신의 생각과 의견을 상대에게 제대로 이해시키기 위해서도 활용된다.

사 례

어떻게 말해야 효과적일까?

다음의 두 가지 상황을 비교해 보자.

〈상황 A〉

최 팀장 : 강 대리, 이번 상품 전시 계획서는 다 됐나?

강 대리 : 아니요.

최 팀장 : 아직도 안 된 거야? 대체 지시한 게 언젠데 아직도 못한 거야?

강 대리 : ...

최 팀장 : 이렇게 느려서야 원.. 금요일까지는 끝낼 수 있겠지?

강 대리 : 네, 금요일까지 보고하겠습니다.

〈상황 B〉

김 부장 : 이 팀장, 신상품 마케팅 기획은 어떻게 진행되고 있나?

이 팀장 : 이제 마무리 단계로, 신상품에 대한 소비자 반응을 알아보기 위한 리서치 조사만 끝내면 마무리 될 것 같습니다.

김 부장 : 그래, 그럼 언제까지 리서치가 마무리될 것 같은가?

이 팀장 : 현재 어떤 소비자 계층부터 시작해야 할지 팀 내 의견이 다양해서 생각했던 시일보다 조금 늦어지고 있습니다.

김 부장 : 어쩐지 생각보다 보고가 늦어진다 했는데 그런 이유가 있었군. 내가 어떤 도움을 주면 좋을까?

■ 활 동

위 사례에서 볼 수 있듯이 〈상황 A〉에서 나누는 대화와 〈상황 B〉에서 나누는 대화의 방식은 많은 차이가 있다. 두 상황에서 사용된 질문 화법의 종류와 특징에 대해 작성해보고, 〈상황 A〉에서 최 팀장이 어떻게 질문하는 것이 더 나은 의사소통 결과를 가지고 올 수 있을지 최 팀장의 질문 화법을 바꿔보자.

변경 전 질문	변경 후 질문
이번 상품 전시 계획서는 다 됐나?	
아직도 안 된 거야? 대체 지시한 게 언젠데 아직도 못한 거야?	
금요일까지는 끝낼 수 있겠지?	

02 마음을 열고 소통하기 위한 질문의 사례와 활동에 대하여 분석하라.

새로운 직장에 들어가거나, 업무 협업으로 인해 다른 사람들과 마주하게 될 때 가벼운 질문은 좀 더 빠른 시간 내에 사람들과 가까워지게 만들어줄 뿐만 아니라 호감도와 신뢰도까지도 높여주는 역할을 한다.

언제나 말주변이 없어 사람들과의 만남이 불편하고 힘들었던 H씨는 어느 날 회사 엘리베이터에서 우연히 사장님과 단 둘이 마주하게 되었다. H씨는 이 상황이 어색하고 당황스러웠지만 이내 머릿속으로 어떤 말을 해야 사장님에게 좋은 이미지를 남길 수 있을까 고민하였다. 상대방의 마음을 열고 분위기를 좋게 만들려면 어떤 대화를 해야 할까 함께 생각해 보자.

사 례

엘리베이터 안 H씨의 고민

외부 시장조사를 마치고 회사로 다시 복귀한 H씨는 엘리베이터 앞에서 엘리베이터가 오기를 기다렸다. 마침 1층에 도착한 엘리베이터 안에는 사장님이 타고 있었다. 엘리베이터 문이 열리고 사장님과 눈이 마주치자 잠시 얼음처럼 서 있던 H씨에게 사장님이 말했다. "자네, 안 탈건가?"

H씨는 서둘러 엘리베이터 안으로 들어가며 사장님에게 목 인사를 한 뒤, 둘만 있는 엘리베이터 안에서 어색하고 고요한 분위기를 깨기 위해 어떤 말을 해야 할지 고민이 되었다. 이왕이면 사장님에게 호감을 얻을 수 있는 좋은 대화를 하고 싶은데 어떻게 말해야 할까 마른 침을 삼키는 H씨였다.

■ 활 동

'엘리베이터 안 H씨의 고민' 사례에서 볼 수 있듯이 상대방의 마음을 열게 만들어 호감을 얻는 말을 건네야 할 상황은 일상 속에서 빈번하게 일어날 수 있다. H씨가 엘리베이터 안에서 사장님과 나눌 수 있는 가벼운 질문들을 생각해보고, 자신이 평소에 사용할 수 있는 가벼운 질문들을 미리 준비해 보자.

03 정보를 얻기 위한 질문의 사례와 활동에 대하여 분석하라.

이 팀장은 아이디어 회의를 진행할 때마다 팀원들의 토론 참여가 원활하게 이뤄지지 않아 늘 고민이었다. 회의 시간은 점점 길어지고, 나오는 의견들은 매번 만족스럽지 않았다. 팀원들 역시 아이디어 회의를 진행하겠다는 이야기만 나오면 긴장부터 된다. 어떻게 하면 회의를 진행하면서 다양한 의견이 나올 수 있는 적극적인 참여형 토론이 될 수 있을지 개선 방안을 알아보자.

좋은 질문은 사고를 자극하고 다양한 방법을 생각할 수 있도록 유도한다. 주어진 시간 내에 다양한 의견과 방법들을 찾아야 하는 상황에서 어떻게 질문하는 것이 효과적인지 알아보자.

사 례

효율적인 토의를 위한 유용한 질문

다음 내용은 마크 크리거 박사가 말하는 토의 시 활용할 수 있는 질문들이다.

1) 토의를 시작할 때 활용할 수 있는 질문
토의를 시작할 때 토의 진행자가 일방적으로 어떠한 사항을 어떻게 토의할 것인지 말하는 것보다 참가자들이 능동적으로 토의에 참여할 수 있도록 다음과 같은 질문을 활용할 수 있다.

- 우리가 다룰 이슈가 몇 가지 있는데, 어느 것부터 다룰까요?
- 이 사례를 읽고 함께 토의하고 싶은 사항은 무엇인가요?
- 우리가 중요하게 다뤄야 할 이슈는 무엇인가요?

2) 분석과 평가를 위한 질문
토의할 문제나 이슈에 대해 명확히 이해하거나 내용을 분석, 평가하기 위해 다음과 같은 질문을 활용할 수 있다.

- 우리가 이 이슈를 분석하기 위해 어떤 이론, 모델 또는 방법을 사용해야 한다고 생각하십니까?

- 우리가 지금까지 논의한 해결안들을 평가하기 위해 어떤 방법을 사용할까요?

3) 액션을 위한 질문

토의 참가자들이 스스로 어떤 액션을 취할지 질문을 통해 생각하도록 한다.

- 이 상황에서 무엇을 해야 하나요?
- 구체적으로 어떤 단계를 거쳐 이 해결안을 실행할 수 있을까요?
- 지금부터 우리는 무엇을 해야 할까요?
- 만일 자신이 이 사례에 있는 관리자라면 무엇을 하겠습니까?

4) 방향 전환을 위한 질문

토의를 하는 중간에 토의 내용의 방향을 전환해야 할 필요가 있거나 한 단계를 끝내고 다음 단계로 넘어가야 할 때도 질문을 사용하면 효과적이다. 상황별 질문의 예시를 보자.

다음 수준의 분석을 위한 질문
"이 정보가 다른 부문에는 어떤 영향을 미칠 것으로 생각합니까?"

다른 의견을 요청하는 질문
"다른 의견을 가진 분이 있습니까?"

특정한 개인의 동의나 반대 의견을 묻는 질문
"김 대리, 이 의견에 대해 동의합니까?"

다른 관점을 묻는 일반적 질문
"다른 의견이 있습니까?"

사실 질문
"이 회사의 인건비 비율은 어떻게 됩니까?"

구체화를 위한 질문
"지금 말씀하신 아이디어에 대해 좀 더 구체적으로 설명해주시겠습니까?"

모험을 격려하는 질문
"실행 가능성을 염두에 두지 않는다면 어떤 방법들이 있을까요?"

요약 또는 마무리 질문
"오늘 우리가 토의한 것 중 가장 중요한 사항을 두세 가지 고른다면 무엇이 있을까요?", "우리가 내린 결론은 ㅇㅇ인데 맞나요?"

출처 : 이태복, 최수연(2011). 질문 파워. 패러다임

■ 활 동

'효율적인 토의를 위한 유용한 질문'의 사례에서 볼 수 있듯이 의견을 나눠야 하는 토의 시 적절하고 목적에 맞게 질문을 던지면 참가자들의 폭넓은 사고를 자극하게 되어 좋은 아이디어를 많이 얻게 될 수 있을 뿐 만 아니라 토의 분위기도 활기차게 만들 수 있다. 정보를 얻기 위한 질문들을 활용하여 다음 주제에 대한 토의를 나눠보고 아이디어를 적어보자.

주제 1 - 어떻게 하면 무단횡단 사고를 줄일 수 있을까?

주제 2 - 행복한 삶이란 무엇일까?

주제 3 - 화가 날 때 현명하게 행동하기 위한 방법은 무엇일까?

04 4차산업혁명의 핵심 기술 중 생체인식 전문가에 대하여 분석하라.

1. 어떤 일을 하나?

- 생체 인식[1] 전문가는 디지털카메라, 스캐너 등의 센싱장치로 생체 정보(지문, 얼굴, 눈동자의 홍채, 정맥 등)를 파악하여, 이를 통해 본인임을 확인해 주는 장치를 만드는 일을 한다.
- 본인 확인을 위해 사용될 영상 정보를 컴퓨터가 처리할 수 있는 상태로 저장하는 프로그램을 만든다.
- 지문이나 얼굴 등을 인식할 수 있는 인식기와 같은 하드웨어 부분을 개발한다.

2. 어느 분야에서 활동하나?

1) 관련 직업

생체 인식 시스템 개발자로 불리기도 하며, 지문 인식 전문가, 얼굴 인식 전문가, 서명 인식 전문가, 손구조 인식 전문가, 제스처 인식 전문가, 홍채 인식 전문가, 정맥 인식 전문가 등과 관련이 있다.

2) 활동 분야

생체 인식은 신분증명서나 비밀번호와는 달리 사람마다 다르게 갖고있는 고유한 신호를 이용하기 때문에 도난이나 분실의 염려가 없고 위조 및 변조가 어렵다. 따라서 (정보) 보안이 필요한 산업 분야에서 주목을 받고 있다. 또한 금융 서비스·통신·의료·치안 관리·전자 상거래 등의 분야에도 응용이 가능하다.

3. 어떤 적성과 흥미가 필요한가?

1) 적 성

- 개발 과정에서 복잡한 계산 규칙을 이해해야 하므로 수학을 잘 알아야하고 논리적으로 생각할 수 있어야 한다.
- 다른 사람과 다르게 생각하고 새로운 방법으로 문제를 해결하려는 창의력이 필요하다.

---

1) 생체 인식 : 사용자 신체의 특정 부분을 읽고 분석한 후에 기존에 저장된 데이터와 비교해서 본인임을 확인하는 기술을 말한다.

2) 흥 미

• 생체 인식 전문가는 기본적으로 컴퓨터 언어와 프로그래밍에 흥미가 있어야 한다.

• 기계 장치나 장비를 다루는 일을 즐기고, 반복적인 실험과 실수를 통해 문제를 해결해 나가는 방식에 흥미를 느낄 수 있어야 한다.

3. 어떻게 준비하나?

1) 관련 전공

생체 인식 개발자는 컴퓨터의 복잡한 계산 규칙뿐만 아니라 광학 기술 등에 대해 배워야 합니다. 최근에는 생체 인식을 융합하는 기술이 발전하여 융합 보안학 등에 대한 학습이 필요하다. 인공지능 기술(패턴 인식) 관련 석박사 학위 취득 시 취업에 유리하다.

2) 관련 자격

정보처리기사, 정보통신기사, 전파통신기사, 방송통신기사, 전파전자기사

4. 어디에서 일할 수 있나?

생체 인식 전문가는 관련 분야를 공부하고 생체 인식 개발 관련 기업이나 관련 연구소에서 일을 할 수 있습니다. 또한 생체 인식이 필요한 의료, 통신, 금융, 치안 관련 분야에서 개발 및 시스템 유지 관리자로 일할 수 있다.

5. 어떻게 전문성을 높일 수 있나?

생체 인식의 개발 분야가 다양해짐에 따라 공부해야 할 분야가 많습니다. 새로운 기술과 연구 결과에 대해 꾸준히 찾고 연구해야 한다. 기술의 경험이 쌓이면 회사를 차려서 새로운 상품을 개발하고 판매할 수 있다.

6. 이 직업의 미래는 어떤가요?

생체 인식 기술은 이미 우리 생활에 많이 도입되어 있습니다. 또한 그 분야도 지문, 홍채, 얼굴, 목소리, 정맥 등을 넘어서 심전도, 뇌파, 피부, 손바닥, 걸음걸이, 말투, 귀모양, 유전자 정보 등으로 다양하다. 인식의 정확도를 높이기 위해 다양한 기술을 융합하는 단계에 이르렀으며, 이러한 보안성과 편리함을 기반으로 생체 인식 관련 다양한 기술 및 기기의 보급이 확대되면서 공공, 금융, 통신, 보안, 자동차, 의료 등의 분야에서 폭넓게 이용되고 있다. 앞으로의 발전 가능성도 매우 높아서 생체 인식 기술 분야의 전문가가 꾸준히 늘어날 것이다.

학습활동.13 교수 · 학습 방법

교수 방법

- 질문활용능력에 대한 관련 용어, 구성, 방식 이해 정도를 파악한 후 수업을 진행한다.
- 교수자의 주도로 질문활용능력의 내용을 PPT 자료로 제시한 후 설명한다.
- 가능하면 사전에 개인별 학습 자료를 준비하여 모든 학생이 참여할 수 있는 문제 해결식 수업, 협력 수업이 가능하도록 한다.
- 질문활용능력 전 과정을 작업의 순서에 따라 단계적으로 실습이 이루어질 수 있도록 지도한다.
- 교재를 통해 수업을 준비하는데 있어서 필요한 모든 정보나 팁, 힌트 등 도움이 될 만한 내용들을 확인할 수 있다.
- 학생들이 참여하게 될 활동들은 수업시간에 중점적으로 다뤄질 부분과 어휘, 질문, 답을 포함하고 있으며 또한 탐구할만한 추가적인 아이디어들도 포함하고 있다.

학습 방법

- 질문활용능력에 대한 관련 용어를 숙지하고, 질문활용능력에 대해 이해한다.
- 질문활용능력의 각 단계별 중점 사항을 체계적으로 학습한다.
- 질문활용능력의 수행순서의 전 과정을 실습한다.
- 질문활용능력의 내용을 이해한다.
- 질문활용능력을 이해하고 숙달이 될 때까지 학습한다.

학습활동.13 평가 및 피드백

평가 준거

- 평가자는 피평가자가 수행 준거 및 평가 내용에 제시되어 있는 내용을 성공적으로 수행할 수 있는 지를 평가해야 한다.

학습내용	평가항목	성취수준		
		상	중	하
질문활용능력	질문활용능력을 이해할 수 있다.			

평가 방법

• 작업 포트폴리오

학습내용	평가항목	성취수준		
		상	중	하
질문활용능력	질문활용능력을 이해할 수 있다.			

• 필기시험

학습내용	평가항목	성취수준		
		상	중	하
질문활용능력	질문활용능력을 이해할 수 있다.			

• 체크리스트를 통한 관찰

학습내용	평가항목	성취수준		
		상	중	하
질문활용능력	질문활용능력을 이해할 수 있다.			

• 피드백

1. 작업 포트폴리오
   - 제출한 보고서를 평가한 후 주요 사항에 대하여 표시하여 돌려준다.
2. 필기시험
   - 평가 결과 성적이 저조한 학생은 보고서 제출 기회를 부여한다.
3. 체크리스트를 통한 관찰
   - 실습 과정에서 평가한 후 개선해야 할 사항 등을 정리하여 돌려둔다.

학 · 습 · 평 · 가

1. 질문의 긍정적인 효과가 아닌 것은?

① 상대의 감정을 자극하여 대답할 수 없게 만든다.
② 보다 많은 양의 정보를 얻게 된다.
③ 호감과 관심을 자연스럽게 표현할 수 있다.
④ 상대방 스스로가 설득되게 한다.

2. 상대방과 자연스럽게 친해질 수 있는 가벼운 질문으로 좋은 것은?

① 결혼 하셨어요?
② 그 신발 브랜드가 뭐예요?
③ 날씨가 많이 풀린 것 같지요?
④ 나이가 어떻게 되세요?

3. 다음의 폐쇄형 질문을 개방형 질문으로 바꿔보자.

3-1. 홍보 제안서는 다 썼나요? →
3-2. 제가 도와드릴까요? →
3-3. 음식은 더 없나요? →
3-4. 제품이 많이 필요하신가요? →

4. 정보를 얻기 위한 심층 질문으로 옳지 않은 것은?

① 구체적인 예가 있다면 어떤 걸까요?
② 순서를 바꿔보면 어떤 결과가 나올까요?
③ 제가 더 알아두면 좋을 것이 있을까요?
④ 마지막 방법이 좋은 것 같은데 그렇지 않나요?

학습정리

1. 질문의 개념과 효과는 다음과 같다.

   1) 질문의 개념 : 질문은 짧은 시간 내에 상대방과 서로를 이해하고, 보다 효율적으로 자신의 의견을 전달하며 원하는 방향으로 상황을 이끌 수 있는 의사소통 도구이다.

   2) 질문의 효과

      ① **질문은 사람의 마음을 열리게 한다** : 질문을 통해 상대방은 대화의 주인공이 되고, 그러면 어느새 질문을 한 사람에게 관심이 생기고, 호감을 느끼게 되어 마음을 열게 된다.

      ② **질문은 보다 많은 양의 정보를 가져다준다** : 질문은 필요한 정보를 얻고 의사소통의 방해요소가 되는 불필요한 정보들을 걸러내는 중요한 도구가 된다.

      ③ **질문은 상대방의 사고를 자극하고 대답하게 만든다** : 질문은 두뇌의 신경계를 자극하여 빠른 뇌세포 활동으로 질문을 듣는 즉시 생각하게 만들고 답을 내뱉게 된다.

      ④ **질문은 설득력을 높여준다** : 상대방에게 명령이나 지시형 화술이 아닌 질문형 화술로 이야기할 때 자신의 의견을 물어주고 결정권 또한 자신에게 주었다는 생각에 긍정적으로 의견을 수렴하기 수월해지며, 자신이 내뱉은 대답을 통해 그 말을 행동으로 옮기려는 의지도 커지게 만든다.

2. 질문의 종류는 다음과 같다.

   1) 개방형 질문 : 상대방이 이야기 하고 싶은 방향으로 자유롭게 이야기하도록 하는 열린 질문이다.

   2) 폐쇄형 질문 : '예', '아니요' 또는 단답형 대답을 하게 만드는 닫힌 질문이다.

   3) 인터뷰형(심문형) 질문 : 어떠한 상황에 대해 자세히 따져 묻거나 원인을 밝혀내기 위한 질문이다.

   4) 무응답 질문 : 상대에게 대답을 구하는 질문의 형식이지만, 실제로는 감정적인 말과 질책을 하는 화법이다.

   5) 인사형 질문 : 상대방에게 건네는 인사를 질문의 형식으로 하는 화법이다.

   6) 육하원칙 질문 : 구체적인 정보를 얻고자 할 경우나 자세한 상황을 파악하고자 할 경우, 상대방의 사고를 자극하고자 할 경우에 효과적인 화법이다.

   7) 퀴즈형 질문 : 퀴즈처럼 정답이 이미 정해져 있어 상대방에게 질문자가 생각한 정답만을 요구하는 질문이다.

   8) 유도형 질문 : 질문 안에 은연중 결과를 암시하거나 가정이 숨어 있는 질문으로 명령이나 강압적인 형식의 질문도 포함된다.

3. 마음을 열고 소통하기 위해서 다음의 질문들을 활용할 수 있다.

1) 자연스럽게 상대방과 친해질 수 있는 질문 : 상대가 편안하고 쉽게 대화에 참여할 수 있는 가벼운 질문인 스몰토크형 질문으로 날씨나 장소, 취미, 관심사, 상대의 의상이나 소품 등에 대해 질문을 던지는 것이다.

예) 날씨가 많이 풀린 것 같지요?
점심 식사는 하셨어요?

2) 상대방을 기분 좋게 만들어 주는 칭찬 질문 : 상대방의 성과, 공로, 겉모습 등을 질문형으로 바꿔 상대방에게는 부담을 주지 않으면서도 상대를 웃게 만드는 질문 방식이다.

예) 축하드립니다. 이번에 승진하셨지요?
관리를 참 잘하시네요. 평소에 하시는 운동이 따로 있으세요?

3) 상대방이 쉽게 입을 열게 만드는 질문 : 상대방의 말문을 열고 싶다면 우선 상대방이 가장 편안하게 알고 있고 자신감을 갖고 있는 분야를 알아보는 질문을 하자. 사는 지역에 대한 질문이나 하고 있는 일에 대한 질문도 좋다.

예) 부산에서 생활하면 어떤 부분이 좋으세요?
이 분야에 대해 저술하신 책들이 많으시던데, 저희에게 좋은 조언 좀 부탁드려도 될까요?

4) 폭넓은 이야기가 나올 수 있는 질문 : 상대방에게 '과거에 있었던 일'이나 '어떤 일을 하게 된 동기' 등 쉽게 꺼낼 수 있는 사실 자체에 대한 질문을 한 뒤 들었던 내용에 대해 확인하거나 특정 부분에 대해 더 상세한 질문을 한다.

예) 그 후에 어떤 부분이 가장 많이 변하게 되었나요?
그 밖에 또 어떤 사례가 있을까요?

4. 정보를 얻기 위해서 다음의 질문들을 활용할 수 있다.

1) 좀 더 구체적인 정보를 얻고자 할 때

① 1단계. 도입 질문 : 관심 있는 것이나 궁금했던 것을 물어보게 된다.
예) 대인관계를 잘 하려면 어떻게 해야 할까요?

② 2단계. 탐색 질문 : 추가적인 정보를 얻고자 할 때 육하원칙(언제, 어디서, 누가, 무엇을, 왜, 어떻게) 질문을 이용한다.
예) 누구한테 그 정보를 얻을 수 있을까요?
어디에서 그 제품을 찾아볼 수 있을까요?
왜 그렇게 될 수밖에 없었나요?

③ 3단계. 심층 질문 : 2단계에 얻게 된 정보를 더욱 깊이 있게 알고자 할 때 이용한다.
예) 구체적인 예를 들면 어떤 것이 있을까요?
반대적인 상황은 없을까요?

1) 다양하고 폭넓은 사고의 자극이 필요할 때

① 익숙하고, 당연한 것에 대해 다시 한 번 생각해보게 만드는 질문

- 이걸 매번 이렇게 하는 것이 최선일까?
- 왜 그렇게 되는 거지?
- 이렇게 처리하는 것이 업무상 옳은 것일까?
- 왜 이것을 해야 하는 걸까?

② 나의 입장이 아닌 상대방의 입장이 되어 사고하게 만드는 질문

- 조금 전에 한 말이 그 사람 입장에서 어떻게 느껴졌을까?
- 고객의 입장이라면 어떻게 느껴질까?
- 이것을 판매하게 된다면 무엇부터 이야기할까요?
- 그들은 무엇을 기대할까요?

3) 문제를 해결하거나 개선하기 위한 질문

① 어떻게 하면 잘 될 수 있을까요?

② 어떤 방법들이 더 있을까요?

③ 어떤 부분을 보완하면 가능할까요?

④ 어떻게 해야 그 부분을 해결할 수 있을까요?

4) 새로운 아이디어를 얻기 위한 사고의 필요할 때 유용한 질문

① 최근 사람들이 어떤 것들에 관심이 많나요?

② 주변에서 가장 많이 듣게 되는 이야기는 어떤 건가요?

③ 마음대로 할 수 있다면 어떻게 하시겠어요?

④ 예산이 충분하다면 무엇을 할 수 있을까요?

5) 원하지 않은 상황이 발생했을 때 반복적인 실수를 줄이기 위한 질문

① 이 경험을 어떻게 응용할 수 있을까?

② 여기에서 무엇을 배울 수 있을까?

③ 이 일을 통해 알게 된 것은 무엇일까?

④ 이 경험을 통해 기억해야 하는 것은 무엇일까?

6) 새로운 일을 시작하기에 앞서 해봐야 할 질문

① 이 작업을 할 가치가 있는가?

② 이 일로 인해 무엇을 얻게 되는가?

③ 이 일의 결과로 지속적인 이익을 얻게 되는가?

④ 진행하기 위해 필요한 자원(인적, 시간적, 경제적 자원 등)은 충분한가?

참 | 고 | 문 | 헌

이태복, 최수연(2011). 질문 파워. 패러다임.

도로시 리즈(2002). 질문의 7가지 힘. 더난출판.

마릴리 애덤스(2005). 삶을 변화시키는 질문의 기술. 김영사.

임철웅(2019). 스몰토크. 42미디어콘텐츠.

이혜범(2019). 어색한 사람과 편하게 대화하는 질문법. 원앤원북스.

히오다 마사토, 마쓰다 미히로(2018). 능력있는 사람은 질문법이 다르다. 쌤앤파커스.

김호(2019). 그렇게 물어보면 원하는 답을 들을 수 없습니다. 위즈덤하우스.

아와즈 교이치로(2019). 굿 퀘스천. 이새.

Center for teaching and learning, Stanford University.

Schein, E. (1998). *Process consultation : Its role in organization development,* Volume 1, 2nd ed., Prentice hall organizational development Series.

http://www.career.go.kr/

총괄평가

1. 다음의 내용을 읽고, 무엇에 대한 정의를 설명한 것인지 쓰시오.

> 원래 뜻은 '상호 공통점을 나누어 갖는다.' 로 라틴어 'communis(공통, 공유)'에서 나온 말이다. 두 사람 또는 그 이상의 사람들 사이에서 일어나는 의사의 전달과 상호교류가 이루어진다는 뜻이며, 어떤 개인 또는 집단이 개인 또는 집단에 대해서 정보, 감정, 사상, 의견 등을 전달하고 그것들을 받아들이는 과정을 의미한다.

2. 직장생활에서 의사소통의 기능으로 옳지 <u>않은</u> 것을 고르시오.

① 조직과 팀의 효율성과 효과성을 성취할 목적으로 이루어지는 구성원간의 정보와 지식의 전달 과정이다.
② 공통의 목표를 추구해 나가는 집단내의 기본적인 존재 기반이고 성과를 결정하는 핵심 기능의 역할을 한다.
③ 자신의 생각과 느낌을 일방적으로 표현하여, 어떠한 상황에서도 자신의 의견을 상대방에게 주장할 수 있도록 한다.
④ 조직 구성원 간의 정보를 공유하는 역할을 한다.

3. 의사소통의 올바른 태도에 대해 작성하시오.

4. 다음은 무엇에 대한 설명인가?

> 상황과 목적에 적합한 문서를 시각적이고 효과적으로 작성하기 위한 능력

① 문서이해 능력　　② 문서작성 능력
③ 언어이해 능력　　④ 언어표현 능력

5. 직장인에게 요구되는 의사소통 능력 중 언어적인 측면에 해당하는 두 가지를 쓰시오.

6. 다음 중 '기초외국어 능력'을 대하는 마음가짐으로 옳지 않은 것을 고르시오.

① 상대방과 목적을 공유하라
② 외국어를 너무 어렵게만 생각하지 마라
③ 자신을 극복하라
④ 자신의 부족한 외국어 실력을 의식하여, 실수하지 않도록 한다.

7. 다음 중 의사소통의 저해요인에 해당되지 않는 것을 고르시오.

① 표현능력의 부족
② 평가적이며 판단적인 태도
③ 상대방을 배려하는 마음가짐
④ 선입견과 고정관념

8. 의사소통능력을 개발하기 위해서 필요한 것이 무엇인지 작성하시오.

※ 〈9~11〉 다음의 네모칸 아래의 설명을 읽고, 적절한 문서의 종류를 각각 고르시오.

ㄱ 기획서	ㄴ 기안서	ㄷ 보고서

9. 회사의 업무에 대한 협조를 구하거나 의견을 전달할 때 작성하며 흔히 사내 공문 서로 불린다. (정답 :   )

10. 특정한 일에 관한 현황이나 그 진행 상황 또는 연구 · 검토 결과 등을 보고하고자할 때 작성하는 문서이다. (정답 :   )

11. 적극적으로 아이디어를 내고 기획해 하나의 프로젝트를 문서형태로 만들어, 상대방에게 기획의 내용을 전달하여 기획을 시행하도록 설득하는 문서이다. (정답 :   )

12. 다음은 무엇에 대한 설명인지 쓰시오.

개인의 가정환경과 성장과정, 입사 동기와 근무자세 등을 구체적으로 기술하여 자신을 소개하는 문서이다.

13. 다음 중 '문서이해를 위한 구체적인 절차' 6단계 중 가장 먼저 행해져야 할 사항은 무엇인가?

① 문서의 목적을 이해하기
② 문서가 작성된 배경과 주제를 파악하기
③ 현안문제를 파악하기
④ 내용을 요약하고 정리하기

14. 다음 중 '설명서'의 올바른 작성법에 해당되지 **않는** 것을 고르시오.

① 정확한 내용 전달을 위해 명령문으로 작성한다.
② 상품이나 제품에 대해 설명하는 글의 성격에 맞춰 정확하게 기술한다.
③ 정확한 내용전달을 위해 간결하게 작성한다.
④ 소비자들이 이해하기 어려운 전문용어는 가급적 사용을 삼간다.

15. 다음 중 '기획서'의 올바른 작성법에 해당되지 **않는** 것을 고르시오.

① 내용이 한눈에 파악되도록 체계적으로 목차를 구성하도록 한다.
② 핵심 내용의 표현에 신경을 써야 한다.
③ 효과적인 내용전달을 위해 내용과 적합한 표나 그래프를 활용하여 시각화하도록 한다.
④ 인용한 자료의 출처는 기입하지 않는다.

16. 다음 중 '문서작성의 원칙'으로 옳지 **않은** 것을 고르시오.

① 문장을 짧고, 간결하게 작성하도록 한다.
② 정확한 의미전달을 위해 한자어를 최대한 많이 사용한다.
③ 간단한 표제를 붙인다.
④ 문서의 주요한 내용을 먼저 쓰도록 한다.

17. 다음은 의사소통 능력 중 무엇에 대한 설명인가?

다른 사람의 말을 주의 깊게 들으며, 공감하는 능력이다. 대화의 과정에서 상대방에게 신뢰를 쌓을 수 있는 최고의 방법이다.

18. 다음 중 경청을 방해하는 요인에 해당되지 <u>않는</u> 것을 고르시오.

① 상대방의 말을 짐작하면서 듣기
② 대답할 말을 미리 준비하며 듣기
③ 상대방의 마음상태를 이해하며 듣기
④ 상대방의 말을 판단하며 듣기

19. 다음 중 효과적인 경청방법으로 옳지 <u>않은</u> 것을 고르시오.

① 주의를 집중한다.
② 나와 관련지어 생각해 본다.
③ 상대방의 대화에 적절히 반응한다.
④ 상대방의 말을 적당히 걸러내며 듣는다.

20. 효과적인 의사표현을 위해 고려해야 할 사항으로 옳지 <u>않은</u> 것을 고르시오.

① 음성 ② 몸짓
③ 적절한 유머 ④ 현란한 언어구사력

21. 다음 중 '의사소통의 방해요인' 중 '말'에서 고칠 수 <u>없는 것</u>은 무엇인가?

① 말의 장단 ② 말의 고저
③ 발음 ④ 목소리

22. 연단공포증을 극복하기 위한 방법을 쓰시오.

23. 설득력 있는 의사표현을 하기 위한 방법(지침)을 쓰시오.

24. 직장생활에서 '기초외국어능력'이 필요한 상황은 언제이며, 상황에 따라 효과적으로 외국어 활용을 하기 위해 어떻게 해야 하는지 자신의 생각을 작성하시오.

25. '의사소통능력'의 모든 과정을 마무리하면서, 훌륭한 의사소통 능력을 갖추기 위해 자신에게 반드시 필요한 점이 무엇이고, 그런 점을 갖추기 위한 나만의 **실천사항 3가지**를 쓰시오.

학습1장 의사소통의 개념과 종류

01 의사소통의 개념

1 정답　(A)=의사의 전달, (B)=상호교류

해설　의사소통이란 기계적으로 무조건적인 정보의 전달이 아니라 두 사람 또는 그 이상의 사람들 사이에서 의사의 전달과 상호교류가 이루어진다는 뜻이며, 어떤 개인 또는 집단에 대해서 정보, 감정, 사상, 의견 등을 전달하고 그것들을 받아들이는 과정이다.

2 정답　X, X, ○

해설　의사소통은 내가 상대방에게 메시지를 전달하는 과정이 아니라, 상대방과의 상호작용을 통해 메시지를 다루는 과정이다. 과거에는 기계적인 정보의 전달만으로 이해가 되었지만, 의사소통은 정보의 전달 이상의 것이다. 우리가 남들에게 일방적으로 언어 혹은 문서를 통해 의사를 전달하는 것은 의사소통이라고 할 수 없다. 성공적인 의사소통을 위해서는 내가 가진 정보를 상대방이 이해하기 쉽게 표현하는 것도 중요하지만, 상대방이 어떻게 받아들일 것인가에 대한 고려 역시 바탕이 되어야 한다.

3 정답
- 문서적인 의사소통 : 문서이해능력, 문서작성능력
- 언어적인 의사소통 : 경청능력, 의사표현력

해설　직업생활에서 요구되는 문서적인 의사소통능력은 문서로 작성된 글이나 그림을 읽고, 내용을 이해하고 요점을 판단하며, 이를 바탕으로 목적과 상황에 적합하도록 아이디어와 정보를 전달할 수 있는 문서를 작성하는 능력을 말한다. 또한 직업인에게 요구되는 언어적인 의사소통능력은 상대방의 이야기를 듣고, 의미를 파악하며, 이에 적절히 반응하고, 이에 대한 자신의 의사를 목적과 상황에 맞게 설득력을 가지고 표현하기 위한 능력을 말한다.

4 정답

문서적인 의사소통능력 •	• 감정적인 정보전달
	• 상황과 목적에 적합한 문서작성
언어적인 의사소통능력 •	• 상대방의 이야기를 듣고 의미파악

(문서적인 의사소통능력 — 감정적인 정보전달, 상대방의 이야기를 듣고 의미파악 / 언어적인 의사소통능력 — 상황과 목적에 적합한 문서작성)

해설 언어적인 의사소통능력은 문서적인 의사소통과는 달리 상대방의 이야기를 듣거나 감정적인 정보전달을 할 수 있는 반면, 문서적인 의사소통능력은 상황과 목적에 맞는 문서작성으로 감정적이라기 보다는 권위적이며, 정확성이 있는 의사소통이라 할 수 있다.

학습2장 의사소통의 저해요인과 능력개발

01 의사소통 저해요인 찾기

1 정답 선입견과 고정관념, 의사소통 기법의 미숙, 표현 능력의 부족, 이해 능력의 부족 등...

해설 앞의 내용부분에서 공부한 내용들을 중심으로 의사소통의 저해요인을 기술하거나 자신이 생각하고 있는 바람직한 의사소통을 저해하는 요인을 작성해 보도록 한다. 개인별 의견을 작성한다면 특별한 정답이 있는 것은 아니며, 저해요인을 찾기 어려워하는 학습자를 위해 본문 내용을 중심으로 의사소통 저해요인을 작성하도록 한다.

02 의사소통능력을 개발하려면 어떻게 해야 할까?

1 정답 ×, ×, ○

해설 전문용어의 사용은 그 언어를 사용하는 집단 구성원들 사이에 사용될 때에는 이해를 촉진시키지만, 조직 밖의 사람들에게 예를 들어 고객에게 사용했을 때에는 의외의 문제를 야기할 수 있기 때문에 의사소통을 할 때 주의하여 단어를 선택하는 것이 필요하다.
듣는 것은 수동적인 데 반해 경청은 능동적인 의미의 탐색이므로 이야기를 들어주는 것과 경청의 의미는 다르다.

2 정답 메모하는 습관 기르기, 다른 사람 이야기에 관심가지기 등...

해설 의사소통능력을 개발하는데 자신이 실천할 수 있는 작은 변화를 위한 습관부터 고려할수록 좋으므로 자신의 내재적인 특징이나 목표, 자신의 성격 등을 모두 고려하여 작성한다.

3 정답 의사소통에 앞서 생각을 명확히 하라, 평범한 단어를 쓰라, 피드백을 받으라, 말하고 있는 바에 관한 생각과 사전정보를 동원하여 말하는데 몰입하라, 들은 내용을 요약하라.

해설 자신이 말하는 과정과 상대방의 말을 듣는 과정에 관련된 장애요인을 극복하는 방안이다. 방해요인을 잘 아는 것만큼이나 장애요인 극복방법을 아는 것이 중요하므로, 아는 것도 되짚어보는 마음으로 작성한다.

03 인상적인 의사소통

1 정답 ○, ○, ○, ×

해설 인상적인 의사소통을 위해서는 자주 사용하는 표현은 섞어 쓰지 않으면서 자신의 의견을 잘 전달하는 것이 중요하다.

학습3장 문서의 개념과 종류

1 정답 (A)=내용이해, (B)=요점파악 (C)=필요한 행동을 추론

해설 직업생활에서 문서이해능력은 원활한 업무처리를 위해 필수적이며, 우리는 문서이해를 통해 주어진 문서에 나타난 내용을 이해하고, 말하고자 하는 요점을 파악하여 우리에게 필요한 행동을 추론하는 것을 목적으로 한다. 이를 잘 파악하여 문서이해의 개념을 확인하는 것이 중요하다.

2 정답 상대방의 의도 파악, 원활한 업무처리 등...

해설 문서이해를 통해 무엇을 하고자 하는지 각지 생각하는 점을 작성해 보는 시간을 갖도록 한다. 문서이해를 통해 얻고자 하는바는 개인에 따라 다를 것이므로 특별한 정답은 없지만, 보편적으로 문서이해를 통해 상대방의 의도를 파악하여, 요점을 도출하고, 나의 행동을 변화시키거나 원활하게 업무를 처리하는 것을 목적으로

함을 잊지 않는 것이 중요하다.

3 정답　보고서, 기획서, 보도자료, 비즈니스 레터 & 메모

해설　우리는 흔히 보아온 문서만이 직업생활에서 중요한 문서라고 생각하는 경향이 있다. 하지만 문서의 종류는 상당히 다양하고, 그에 따라 이해방법이 다름을 잊지 말아야 한다.

4 정답

결산보고서	진행됐던 사안의 수입과 지출결과를 보고하는 문서
보도자료	각종 조직 및 단체 등이 언론을 상대로 자신들의 정보가 기사로 보도되도록 하기 위해 보내는 자료
기획서	상대방에게 기획의 내용을 전달하여 기획을 시행하도록 설득하는 문서
기안서	회사의 업무에 대한 협조를 구하거나 의견을 전달할 때 작성하는 문서

학습4장 문서의 이해와 종합

1 정답　(A)=필요한 정보획득, 수집, 종합하는 능력 , (B)정리하는 습관

해설　주어진 문서를 이해했더라도 모든 문서의 내용을 기억하기 어렵기 때문에 획득한 정보를 요약하고 수집, 종합하는 능력의 필요성을 설명하는 것이다. 문서의 이해와 이를 통한 정보획득은 단기간에 이루어지는 것이 아니기 때문에 지속적인 연습과 노력이 필요함을 강조한다.

2 정답　1. 목적을 이해하기, 4. 내게 요구되는 행동에 관한 내용을 분석하기,
5. 행동을 생각하고 결정하기, 6. 메모하여 요약, 정리해보기.

해설　2번 문제는 학습자들이 문서이해의 구체적인 절차를 이해했다면 배운 내용을 중심으로 작성할 수 있다.

학습5장 문서작성의 개념과 작성법

1 정답 대상, 목적, 시기, 기대효과

해설 문서는 왜 작성하여야 하며, 문서를 통해 무엇을 전달하려 하는지 명확히 한 후에 작성해야 한다. 문서를 작성할 때에는 작성하는 개인의 사고력과 표현력이 총동원된 결정체이며, 문서에는 대상과 목적, 시기가 포함되어야 하며, 기획서나 제안서 등 경우에 따라 기대효과 등이 포함되어야 한다.

2 정답 품위 있고 짜임새 있는 골격, 객관적이고 논리적이며 체계적인 내용, 이해하기 쉬운 구조, 명료하고 설득력 있는 구체적인 문장, 세련되고 인상적인 레이아웃

해설 직업인이 작성하는 문서는 치열한 경쟁상황에서 상대를 설득하거나 조직의 의견을 전달하는 기능을 하기 때문에 일관적이며 통일성을 갖추고 전체 흐름이 일목요연한지, 객관적인 근거가 정확한지, 핵심사항이 정확한지를 확인하여 작성해야 한다.

3 정답

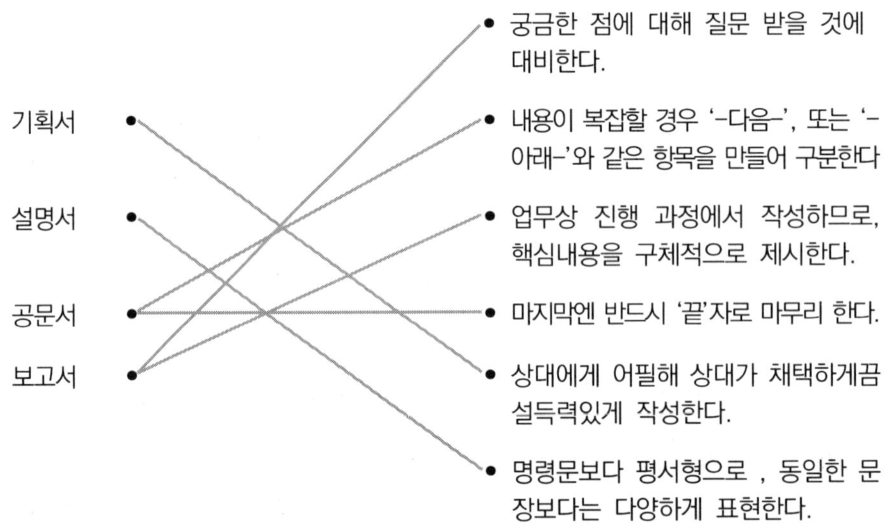

해설 직업생활 중에는 다양한 상황에서 목적에 맞는 다양한 문서를 작성해야한다. 이에 대비하여 내용에 제시된 각 문서의 특징을 잘 알도록 해야 한다.

4 정답 제안서, 기획서

해설 일을 하다 보면 업무에 대한 제안을 하거나 기획을 해야 할 때가 생긴다. 이때 필요한 문서는 제안서와 기획서이며, 회사의 중요한 업무를 추진할 때 많이 작성하므로 꼭 알아두어야 한다.

학습6장 문서작성의 원칙과 표현법

1 정답 ①

해설 문서의 작성은 작성 시기가 중요하다. 문서가 작성되는 시기는 문서가 담고 있어야 하는 내용에 상당한 영향을 미친다. 또한 필요한 자료 이외에는 첨부하지 말아야 하며, 작성후에는 반드시 검토해야 하고, 금액이나 수량 등의 수치가 정확히 기재되어야 한다.

2 정답 ×, ×, ○

해설 문서작성은 공적으로 자신을 표현하고, 대외적인 문서의 경우 회사를 대표하는 것이기 때문에 문서작성의 원칙에 따라 주의하여 작성해야한다. 문장은 간결한 문장으로 작성해야 하며, 문장은 긍정문의 형식으로 작성해야 한다.

3 정답 간결체로 작성한다.

해설 직장에서의 문서작성은 일반 글에 비해 형식적인 면이 중요하고, 내용 또한 일목요연하고 간단하게 전개해야 이해가 빠르다.

4 정답

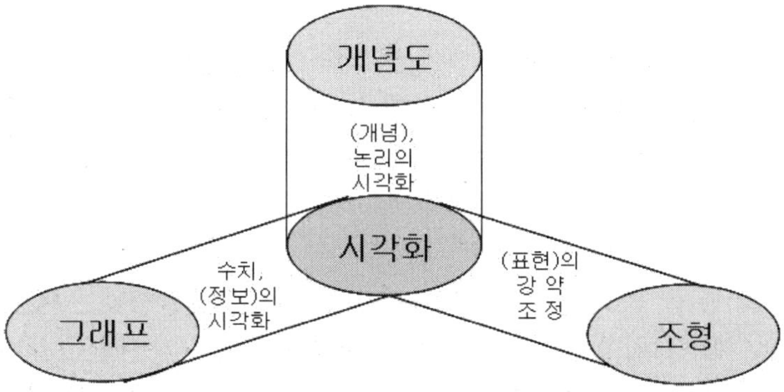

해설 문서의 내용을 시각화하기 위해서는 전하고자 하는 내용의 개념이 명확해야 하고, 수치 등의 정보는 그래프 등을 사용하여 시각화 하며, 특히 강조하여 표현하고 싶은 내용은 조형을 이용할 수 있다.

5 정답 보기 쉬워야 한다, 이해하기 쉬워야 한다, 다채롭게 표현되어야 한다. 숫자는 그래프로 표시한다.

해설 문서의 내용을 시각화 한다고 하여 무조건 그림이나 사진, 표 등을 넣는 것이 아니다. 말하고자 하는 내용을 보기 쉬워야 하고, 이해하기 쉬워야 한다. 하지만 숫자는 그래프로 표현하는 것이 좋고, 내용이 다채롭게 표현되어야 한다.

학습7장 경청의 개념과 방해요인

1 정답 ③

해설 우리가 경청하면 상대는 본능적으로 안도감을 느끼고, 경청하는 우리에게 무의식적인 믿음을 갖게 된다. 그리고 우리가 말을 할 경우, 자신도 모르게 더 집중하게 된다. 이런 심리적 효과로 인해 우리의 말과 메시지, 감정은 아주 효과적으로 상대에게 전달된다. 우리가 경청하는 만큼, 상대방은 우리의 말을 경청할 수밖에 없는 것이다. 자기 말을 경청해주는 사람을 싫어하는 사람은 세상에 존재하지 않는다.

2 정답 (A) - 존중, (B) - 성실한, (C) - 공감

해설 의사소통은 내가 상대방에게 메시지를 전달하는 과정이 아니라 상대방과의 상호작용을 통해 메시지를 다루는 과정이다. 따라서 성공적인 의사소통을 위해서는 내가 가진 정보를 상대방이 이해하기 쉽게 표현하는 것도 중요하지만, 상대방이 어떻게 받아들일 것인가에 대한 고려가 바탕이 되어야 한다. 즉, 의사소통을 하기 위한 기본적인 자세는 경청하는 일이다.

3-1 정답 조언하기

해설 지나치게 상대방의 문제를 본인이 해결해 주고자 한다. 말끝마다 조언하고 충고하며 끼어들면 상대방은 제대로 말을 끝맺을 수 없다. 조언하기는 올바른 경청을 방해하는데 중요한 요인이 된다.

3-2 정답 짐작하기

해설 상대방의 말을 듣고 공감하기 보다는 자신의 생각에 들어맞는 단서들을 찾아 자신의 생각을 확인하는 것이다. 이는 상대방이 하는 말의 내용은 무시하고 자신의 생각이 옳다는 것만 확인하려 한다. 짐작하기는 올바른 경청을 방해하는데 중요한 요인이 된다.

스스로 경청의 기술을 개발하기 위해서는 다음과 같이 한다.

1. 눈으로 들어라 : 일반적으로 의사소통의 80%는 비언어적이다. 보편적으로 표정과 몸짓이 말 속에 숨어 있는 참 의미를 전달하게 되므로 대화할 때 상대방을 바라보는 것이 좋다.
2. 마음으로 들어라 : 상대방에게 공감의 자세를 보여주도록 하고, 말 속에 묻어나는 상대방의 감정에 민감해야 한다.
3. 당신 주변에 있는 사람들의 이야기를 듣기 위해 시간을 구별하라
   발로 직접 뛰어다니면서 사람들과 시간을 보내는 것으로써 자신을 관리하라.

학습8장 경청방법과 훈련

1 정답 ①

해설 상대를 정면으로 마주하는 자세는 그와 함께 의논할 준비가 되었음을 알리는 자세이다. 따라서 눈을 마주치지 않고 피하면 상대방이 의논할 자세가 안 되었다고 느끼게 해주기 때문에, 올바른 경청자세가 아니다.

2 정답 (A) = ○, (B) = ×, (C) = ×

해설 (A) 경청능력은 연습하여 개발할 수 있다. 따라서 안된다고 생각하지 말고, 대화법을 통한 경청훈련, 놀이를 통한 경청훈련, 공감적 이해 등 경청능력을 개발할 수 있도록 노력해야 한다.

(B) 대화법을 통한 경청훈련은 모든 인간관계에서 적용할 수 있다. 부부관계, 부모-자녀관계, 친구관계, 직장동료 관계, 직장 상사와 부하직원과의 관계 등 모든 인간관계에서 그대로 적용된다는 점을 명심해야 한다.

(C) 적절한 맞장구는 대화하는데 필수적이다. 듣기를 잘하는 사람은 맞장구를 잘 치는 사람이다. 적절하게 맞장구를 치면 말하는 사람의 의욕이 북돋아져 이야기에 더욱 열의가 생기게 된다.

3 정답
- 대화법을 통한 경청훈련
- 적절한 맞장구를 통한 경청훈련
- 놀이를 통한 경청훈련
- 잘 듣기 연습(공감적 이해)을 통한 경청훈련

해설
- 대화법을 통한 경청훈련
  - 주의 기울이기(바라보기, 듣기, 따라하기)
  - 상대방의 경험을 인정하고 더 많은 정보 요청하기
  - 정확성을 위해 요약하기
  - 개방적인 질문하기
  - '왜'라는 질문 피하기
- 적절한 맞장구를 통한 경청훈련
  - 치켜 올리듯 가볍게 하는 맞장구
  - 동의하는 맞장구
  - 정리하는 맞장구
  - 재촉하는 맞장구
- 놀이를 통한 경청훈련
  - '앵무새놀이'를 통해 상대방의 말을 받아들여 반영, 요약, 정리할 수 있도록 한다.

• 잘 듣기 연습(공감적 이해)을 통한 경청훈련
  - 활동에 제시한 L씨, M씨, N씨의 사례를 통해 공감적 이해의 세 가지 수준을 이해하고, 긍정적인 공감적 이해능력을 키울 수 있도록 한다.

학습9장 의사표현의 개념과 방해요인

1 정답 ④

해설 의사표현의 종류는 상황이나 사태와 관련하여 공식적 말하기, 의례적 말하기, 친교적 말하기로 구분하며, 구체적으로 대화, 토론, 보고, 연설, 인터뷰, 낭독, 구연, 소개하기, 전화로 말하기, 안내하는 말하기 등이 있다. 따라서 친구들끼리의 사적인 대화도 포함된다.

2 정답 말, 이미지

해설 말은 말하는 사람의 이미지를 결정한다. 따라서 말을 통하여 이미지를 바꾸는 것이 가능할 것이다. 말을 바꿈으로써 자기 자신의 이미지를 성공하는 사람으로 바꾸도록 노력할 필요가 있다.

3 정답 ③

해설 의사표현을 하는데 있어서 자신을 너무 과소평가하지 말아야 한다. 즉, 낮은 자존감과 열등감으로 자기 자신을 대하지 말자는 것이다. 안 좋은 일이 생기면, "내가 못 배은 게 한이지." 혹은 "내가 가난한 게 죄지"라고 말하는 분들이 있다. 또한 평소에 죄송합니다. 미안합니다를 입에 붙들고 사는 사람들이 있다. 얼핏 보면 예의 바르게 보일지 모느라, 꼭 필요한 경우가 아니라면 그렇게 해서 자신의 모습을 비하시키지 않기를 바란다.

4 정답 연단공포증

해설 연단공포증은 소수인의 심리상태가 아니라, 90% 이상의 사람들이 호소하는 불안이다. 그러므로 이를 걱정할 필요는 없으며, 오히려 이러한 심리현상을 잘 통제하면서 구두표현을 한다면 청자는 그것을 더 인간다운 것으로 생각하게 될 것이다. 이러한 공포증은 본질적인 것이기 때문에 이것을 완전히 치유할 수는 없다. 그러나 식사나 수면욕구를 다소 통제할 수 있듯이, 우리는 의사전달시 노력에 의해서 우리를 당황케 하는 심리적 불안을 얼마간 유화시킬 수 있다.

5 정답 몸짓

해설 스피치는 화자의 얼굴을 청중 앞에 드러낼 때부터 시작된다고 말하는 것이 좋을 것이다. 화자는 대개 연단 앞에 서기 이전의 시간을 별개로 취급하는 경향이 있지만 화자가 청중 앞에 최초로 몸을 드러내는 순간에 청중은 이미 화자에 대한 첫인상을 마음에 새겨 두는 것이다. 자신과 용기와 겸손과 주의력을 다듬어진 단정한 몸가짐과 시선, 그리고 얼굴표정을 밝게 관리하지 않으면 결코 좋은 인상을 주지 못한다.

6 정답 ②

해설 청자의 호박으로 보라는 말이 있다. 청중의 신분과 숫자는 일정한 것이 아니다. 때에 따라서는 사회 저명인사일수도 있고, 또한 수백 명 수천 명일수도 있다. 우리가 연단에 섰을 때 청자의 나이와 사회적 신분만을 생각한다면 말하기 전에 위축되어 스피치를 할 수 없게 된다. 비단 청자가 나의 상사이거나, 장군이거나, 고관이거나, 연장자일지라도, 연단에서는 순간 하나의 무생물로 인식해야 한다. 이 문제에 관한 한 나는 권위자이며, 그의 신분이 어떠하든 간에 결국 청자와 나는 똑같은 평범한 인간이라는 생각을 가지고 연단에 서야 한다.

학습10장 의사표현법과 지침

1 정답 ①

해설 상대방이 알 수 있도록 확실하게 지적한다. 모호한 표현은 설득력을 약화시킨다. 상대방의 잘못을 지적할 때는 먼저 상대방과의 관계를 고려한다. 힘이나 입장의 차이가 클수록 저항이 적다. 또한 지금 당장 꾸짖고 있는 내용에만 한정해야지. 이것저것 함께 꾸짖으면 효과가 없다.

2 정답 ①

해설 의사표현은 일방적인 것이 아니라 주고 받는 것이기 때문에, 상대방의 채널에 맞춘다는 기분으로 하는 것이 바람직한 의사표현법이다. 따라서 풍부한 어휘력을 갖기 위하여, 책을 읽는 것이 크게 도움이 된다.

3-1 정답 하던 말을 갑자기 멈춤으로써 상대방의 주의를 끌어라

해설 상대방이 관심이 없을 때 이야기하는 도중에 소리의 크기를 갑자기 낮춘다든지, 얼마간 말을 멈추거나 하여 소리에 변화를 주면 귀를 막고 마음의 문을 닫아 두고 있던 사람이라도 작은 목소리를 내거나 하면 먼저 반응을 보이면서 마음의 문을 열게 된다. 상대방이 스스로 이야기를 들으려는 자세를 취했을 때 설득을 시

부록

도해야 효과적이다.

3-2 정답 끄집어 말하여 자존심을 건드려라.

해설 상대방에게 설득 불가능의 선입견을 표시함으로써 상대방이 반사적으로 그 선입견을 없애기 위한 심리적 요인을 작동시키게 한다. "완고하다", "벽창호다"라는 평가를 붙이면 "그렇지 않다"라고 반발하는 것이 인간의 심리이다.

3-3 정답 상대방의 불평이 가져올 결과를 강조하라.

해설 자신들은 아직 형편이 더 낫다고 생각을 하게 되면서 자기들의 요구가 너무 지나치다는 것을 깨닫고 기세를 누그러뜨릴 것이다.

학습11장 기초외국어의 개념과 상황

1 정답 ×, ×, ○

해설 세계화가 진행됨에 따라 오늘날 직업생활은 비단 우리나라만을 위한 업무에 한정된 것이 아니라 치열한 글로벌 경쟁체제 속에서 제품 또는 서비스를 외국에 판매하고 외국으로부터 여러 가지 서비스나 원자재를 수입하는 상황이다. 이에 따라 직업인은 기초외국어능력이 절실하게 되었으며, 이는 외국인과의 업무가 잦은 사람이 유창한 실력으로 필요한 능력이 아니라 누구나 직업인으로서 다양한 상황에서 필요한 능력임을 알아야 한다.

2 정답 ①

해설 외국인과 함께 일하는 국제 비즈니스에서는 의사소통이 매우 중요하다. 직업인은 자신이 속한 조직의 목적을 달성하기 위해 외국인을 설득하거나 이해시켜야 한다. 하지만 이런 설득이나 이해의 과정이 외국인의 전화 응대, 기계 매뉴얼 보기 등 모든 업무에서 똑같이 이뤄지는 것은 아니다.

3 정답 사고력, 표현력

해설 의사소통에서 중요한 것은 자신이 왜 의사소통을 하려고 하는지 상대방과 목적을 공유하는 것이다. 그러기 위해서는 자신이 전달하고 싶은 것을 먼저 생각하는 사고력이 필요하고, 생각한 내용을 어떤 형태로 표현할 것인가를 결정하는 표현력이 중요하다.

학습12장 기초외국어의 표현방법과 향상교육법

1 정답 ②

해설 비언어적인 의사소통은 조금만 주의를 기울이면 상대방의 의도나 감정상태를 쉽게 알 수 있다. 보통 의사소통에서 어조가 높다는 것은 만족과 안심의 상태를 나타낸다기 보다는 흥분과 적대감을 내타내는 것이므로 주의해야 한다.

2 정답 상대를 볼 때 흘겨보거나, 노려보거나, 아예 보지 않는 행동, 팔이나 다리를 꼬는 행동, 표정이 없는 것, 다리를 흔들거나 펜을 돌리는 행동, 맞장구를 치지 않거나, 고개를 끄덕이지 않는 행동, 생각 없이 메모하는 행동, 자료만 들여다보는 행동, 바르지 못한 자세로 앉는 행동, 한숨, 하품, 신음소리를 내는 행동, 다른 일을 하며 듣는 행동

해설 2번 문제는 학습자들이 앞에서 배운 내용을 바탕으로 외국인과의 의사소통에서 피해야 할 점들을 작성할 수도 있지만, 학습자 스스로 생각하여 작성해보도록 유도해 좋다.

3 정답 ×, ○, ○, ×, ×, ○, ×

해설 외국어공부를 위한 시간을 내기 어려운 직업인이 많다. 하지만 직업생활에서 요구되는 기초외국어능력의 향상은 그리 거창하지 않아도 된다. 조금의 노력으로 일상에서 이뤄나갈 수 있는데, 많은 노력을 들이지 않고도 출퇴근 시간을 이용하여 외국어방송을 보거나 듣는 방법, 기회가 있을 때마다 외국어로 말하는 방법, 매일 30분씩 반복하여 공부하는 방법을 통해 실천할 수 있다.

학습13장 질문활용능력

1 정답 ①

해설 질문은 두뇌의 신경계를 자극하여 빠른 뇌세포 활동으로 질문을 듣는 즉시 생각하게 만들고 답을 내뱉게 된다. 따라서 질문은 상대방의 사고와 감정을 자극하여 대답하게 만든다.

2 정답 ③

해설 자연스럽게 친해질 수 있는 가벼운 질문으로는 상대가 편안하고 쉽게 대화에 참여할 수 있는 날씨나 장소, TV프로그램, 취미 등에 대해서 질문을 던지는 것이 좋다.

결혼 유무나 나이, 신발 브랜드에 대한 대답은 상대방이 이야기하길 꺼려할 수 있다.

3 정답 3-1. 홍보 제안서는 어디까지 썼나요? 또는 홍보 제안서는 언제까지 마무리되나요?

3-2. 제가 무엇을 도와드릴까요? 또는 제가 어떻게 도와드리면 좋을까요?

3-3. 음식은 얼마나 있나요?

3-4. 제품이 얼마나(또는 어느 정도) 필요하신가요?

해설 폐쇄형 질문을 개방형 질문으로 바꾸기 위해서 가장 간단한 방법은 육하원칙(5W1H-누가, 언제, 어디서, 무엇을, 어떻게, 왜)을 사용하는 것이다. 폐쇄형 질문을 개방형 질문으로 바꿔서 하면 대화를 통해 정보를 더 많이 얻게 되고, 상대방의 사고를 자극하며 상대가 의견이나 감정을 보다 편하게 이야기하도록 만든다.

4 정답 ④

해설 질문 내용에 자신의 의견을 넣어 질문하는 것은 상대의 사고를 자극하지 않을 뿐만 아니라 대답을 유도하게 만들어 구체적이고 깊은 쌍방향 의사소통이 이루어지기 어렵다.

부록 : 2. 총괄평가 정답 및 해설

1. 정답 의사소통

2. 정답 ③

해설 자신의 생각과 느낌을 효과적으로 표현하는 것과 타인의 생각과 느낌, 사고를 이해하는 상대방을 배려하는 태도가 직장생활에서 필요한 의사소통의 기능 중에 하나이다.

3. 정답 및 해설

- 성공적인 의사소통을 위해서는 자신이 가진 정보와 의견을 상대방이 이해하고 쉽게 표현하는 것 뿐 아니라, 상대방이 어떻게 받아들일 것인가를 반드시 고려해야 한다.
- 의사소통이란 다른 이해와 의미를 가지고 있는 사람들이 공통적으로 공유할 수 있는 의미와 이해를 만들어 내기 위해 서로 언어 또는 문서, 그리고 비언어적인 수단을 통해 상호 노력하는 과정이다. 따라서, 일방적인 말하기가 되지 않도록 의사소통의 정확한 목적을 알고, 의견을 나누는 자세가 필요하다. 의 내용의 50%정도 유사 시 정답처리

4. 정답 ②

해설 문서작성능력에 대한 정의이다.

5. 정답 경청능력과 의사표현력

해설 의사소통 능력은 문서적인 측면과 언어적인 측면이 있다.
- 언어적인 측면 : 경청능력과 의사표현력
- 문서적인 측면 : 문서이해능력과 문서작성능력

6. 정답 ④

해설 외국어에 대한 자신감이 부족한 사람들이 가지는 특징은 외국어를 잘 못한다는 지나친 의식, 불명확한 의사표현, 의견정리의 어려움, 표현력의 저하 등이다. 그러므로 이러한 마음상태를 극복하고, 자신만의 기초외국어로의 의사소통 방법을 만들어나가는 것도 기초외국어능력을 높이는 좋은 방법이라 할 수 있다.

7. 정답 ③

해설 의사소통 시 '상대방을 배려하는 마음가짐'은 성공적인 대화를 위해 필수적으로 갖춰야 하는 마음가짐이다. 그러므로 의사소통의 저해요인이 될 수 없다.

8. 정답 및 해설

사후검초와 피드백 주고받기, 언어의 단순화, 적극적인 경청, 감정의 억제 중 2개 이상 작성 시 정답처리

9. 정답 ㄴ 기안서

10. 정답 ㄷ 보고서

11. 정답 ㄱ 기획서

12. 정답 자기소개서

13. 정답 ①

해설 문서를 이해하기 위해 가장 먼저 행해져야 할 것은 문서의 목적을 먼저 이해하는 것이다. 목적을 명확히 해야 문서의 작성 배경과 주제, 현안문제를 파악할 수 있다. 궁극적으로 문서에서 이해한 목적달성을 위해 취해야 할 행동을 생각하고 결정할 수 있게 된다.

14. 정답 ①

해설 설명서는 명령문이 아닌 평서형으로 작성해야 한다.

15. 정답 ④

해설 인용한 자료의 출처는 반드시 밝혀야 할 뿐 아니라, 그 출처가 정확한지 확인한다.

16. 정답 ②

해설 문서의미의 전달에 그다지 중요하지 않은 경우에는 한자사용을 최대한 자제하도록 하며, 상용한자의 범위 내에서 사용하는 것이 상대방의 문서이해에 도움이 될 것이다.

17. 정답 경청

18. 정답 ③

해설 상대방의 마음상태를 이해하며 듣는 것은 올바른 경청방법으로 방해요인에 해당되지 않는다.

19. 정답 ④

해설 경청을 방해하는 요인으로 상대방의 말을 듣기는 하지만 듣는 사람이 임의로 그 내용을 걸러내며 들으면 상대방의 의견을 제대로 이해할 수 없는 경우가 있다. 효과적인 경청자세는 상대방의 말을 전적으로 수용하며 듣는 태도이다.

20. 정답 ④

해설 효과적인 의사표현을 위해 말, 음성, 몸짓, 유머 등을 고려해야 하며, 현란한 언어구사력은 오히려 상대방에게 반감을 일으킬 수 있다. 현란한 언어구사력보다 상대방에게 신뢰감을 줄 수 있는 솔직하고 차분하게 의사를 표현하는 것이 효과적이다.

21. 정답 ④

해설 목소리는 타고난 것으로 바꿀 수 없다. 그러나 목소리의 인격인 '음성', 즉 말투는 말하는 사람의 인격을 반영하는 것으로, 예의바른 말투를 구사하면 좋은 음성을 갖출 수 있게 된다.

22. 정답 및 해설

완전무결하게 준비하라
청중 앞에서 말할 기회를 자주 가지라
시간보다 더 많이 준비하라
충분히 휴식하라
처음부터 웃겨라
심호흡을 하라
청자분석을 철저히 하라
** 중 3가지 이상 유사내용 작성 시 정답처리

23. 정답 및 해설

"YES"를 유도하여 미리 설득 분위기를 조성한다.
대비 효과로 분발심을 불러 일으킨다.
침묵을 지키는 사람의 참여도를 높인다.
여운을 남기는 말로 상대방의 감정을 누그러뜨린다.
하던 말을 갑자기 멈춤으로써 상대방의 주의를 끈다.
호칭을 바꿔서 심리적 간격을 좁힌다.
끄집어 말하여 자존심을 건드린다.
정보전달 공식을 이용하여 설득한다.
상대방의 불평이 가져올 결과를 강조한다.

권위있는 사람의 말이나 작품을 인용한다.
약점을 보여 주어 심리적 거리를 좁힌다.
이상과 현실의 구체적 차이를 확인시킨다.
자신의 잘못도 솔직하게 인정한다.
동조심리를 이용하여 설득한다.
변명의 여지를 만들어 주고 설득한다.
혼자 말하는 척하면서 상대의 잘못을 지적한다.
** 중 3가지 이상 유사내용 작성 시 정답처리

24. 정답 및 해설

본문의 기초외국어 능력이 필요한 상황에 따라 자신의 생각을 정성껏 작성하면 정답처리

25. 정답 및 해설

실천사항 3가지 이상 정성껏 작성하면 모두 정답 처리

저자약력

■ 남 상 엽

- 공학박사
- 삼성종합기술원 정보시스템연구소 근무
- 모토로라반도체통신 기술연구소 근무
- 국제대학교 교수(현재)

■ 이 현 선

- 삼성화재 근무(공채 및 사내강사)
- 삼성SDS 근무(멀티캠퍼스 교육사업팀)
- 국제대학교 초빙교수
- 주간인물 '대한민국 미래창조 신지식인' 선정
- 삼성그룹, 서울시 인재개발원 등 300개 이상 기업 및 공공기관 강의(대인관계 커뮤니케이션)
- 현) 성균관대학교(C-School) 자문위원
- 현) 더체인지 전략컨설팅 대표

의사소통능력

2020년 3월 25일 1판 1쇄 발행

저 자 남상엽 · 이현선
발행인 남 승 우

발행처 도서출판 상尙 학學 당堂
서울특별시 동작구 사당로9가길 6
TEL : 02) 595-1692~4
FAX : 02) 595-1394
E-mail : namdoo6@unitel.co.kr
신고 : 2-155호 (1968. 11. 29)

정가 28,000원

ISBN 978-89-6587-193-4 93000

〈디자인〉 편집 엄해숙 / 표지 토틀컴